大学生演讲与口才

李彩英　著

首都师范大学出版社
CAPITAL NORMAL UNIVERSITY PRESS

图书在版编目(CIP)数据

大学生演讲与口才 / 李彩英著. —北京：首都师范大学出版社，2022.7

ISBN 978-7-5656-6984-2

Ⅰ.①大… Ⅱ.①李… Ⅲ.①演讲—高等学校—教材②口才学—高等学校—教材 Ⅳ.①H019

中国版本图书馆 CIP 数据核字(2022)第 080001 号

DAXUESHENG YANJIANG YU KOUCAI

大学生演讲与口才

李彩英　著

责任编辑　林　尧

首都师范大学出版社出版发行

地　址　北京西三环北路 105 号

邮　编　100048

电　话　68418523(总编室)　68982468(发行部)

网　址　http://cnupn.cnu.edu.cn

印　刷　中煤(北京)印务有限公司

经　销　全国新华书店

版　次　2022 年 7 月第 1 版

印　次　2022 年 7 月第 1 次印刷

开　本　710mm×1000mm　1/16

印　张　23

字　数　362 千

定　价　59.00 元

前　　言

2017年1月，教育部、国家语委颁布并实施《关于进一步加强学校语言文字工作的意见》；2017年9月，中共中央办公厅、国务院办公厅印发《关于深化教育体制机制改革的意见》，指出在培养学生基础知识和基本技能的过程中，强化学生关键能力培养，引导学生具备语言表达和文字写作的素养。这标志着我国对人才培养中提高语言表达和文字写作素养的重视迈上新台阶，促使演讲与口才专业发展在高校获得突破性进展。

随着我国进入中国特色社会主义新时代，我国的社会政治体制与文化体制改革也逐步深化，人才竞争体制也愈加规范系统。彰显个体综合内在素质、助力个体赢得发展机遇的演讲才能越来越受到大众的青睐。大学生在其成长与发展过程中，在学好专业知识、学会做人做事的同时，还应养成各种自我展示能力，包括演讲表达能力。对于他们来说，无论是参加论文答辩，还是参加演讲、辩论及各种竞选、竞聘活动，或是参加面试活动等，都需要拥有良好的演讲和口才表达能力，以保障他们获得预期成功与发展。

注重大学生演讲与口才能力的培养是高校人才培养所需，更是当今时代与社会发展所需。近年来，全国许多高校纷纷加大对大学生演讲与口才能力培养的力度。除了提升演讲与口才通识课的教学质量之外，还在全校层面设立演讲与口才教研室，授课教师更是倾注前所未有的精力与智慧，将演讲与口才课作为重点打造的精品课程，对学生进行科学、规范与系统的演讲与口才能力培养。

以培养师范生为重要特色的首都师范大学，早在20世纪80年代，即由在全国演讲与口才专业领域享有盛誉的李燕杰教授牵头，率先在高校中开设“教育艺术与演讲美学”公选课，满足大学生，尤其是师范生对于提升演讲与口才能力的需求。

笔者自1988年7月留任首都师范大学工作，从担任李燕杰教授的助教到独立讲授“演讲与口才”课程至今已33年。在长期的教学与研究工作中，逐渐形成了较为科学与系统的自编讲义。本教材即选取讲义中最让学生受益的内容，提升大学生演讲与口才表达能力，有针对性地帮助他们成功开展演讲实践活动，满足他们成长与发展的需要，同时达到与演讲专家进行交流与切磋的目的。

本教材的每个章节最后都设有演讲实例、互动练习、思考题等，便于学生参照学习与开展训练。通过对这些内容的学习并参加实践活动，大学生可以有效掌握演讲理论知识与技能，从而获得较高的演讲自我满意度，进而以提升演讲才能为突破口提高自身综合素养。

本教材的内容具有以下三个特点。一是本教材是笔者在多年来为大学生讲授“演讲美学”“演讲艺术”“演讲心理与人格”“教师教学语言表达”等多门课程基础上形成的主要内容。由于长期指导大学生的演讲实践活动，因此，教材的写作风格不囿于对演讲理论与知识的演绎、论证，更贴近大学生的文化素质提升、价值观养成等方面。依据大学生年龄特征和具体的学习愿望，突出演讲能力提高的实操性、互动性，着眼学生如何科学有效地掌握各种演讲主题表达，从而为学生参加各类演讲及比赛活动提供有针对性的指导。从这个意义上说，学生在阅读本教材的过程中，可获得真实而有意义的参与感。

二是为了使学生在学习过程中有针对性地提升自身的演讲与口才表达素养，教材写作在很大程度上注重引导学生发现自身在口语表达、演讲稿写作、现场表现方面存在的弱点和不足，针对学生在实际学习中遇到的各种问题，进行答疑解惑式的思考，以助力学生获得启发与提高。激发学生找到进一步成长的目标，在实现演讲目的的过程中能按照演讲学确立的演讲标准强化演讲自我认知，发现自身在演讲理论知识素养、演讲人格素养、演讲道德素养、演讲心理素养和有效与听众交流互动方面存在的不足，并积极寻求改进的路径与方法，在学习、思考、实践中不断有所收获，不断提高和成长。

三是本教材借鉴了组织学生开展演讲小组活动的教学经验，提炼出实训演讲才能与心理素质培养的关联内核，注重学生演讲自我认知水平的提高，注重学生演讲表达能力的持续提升。

总之，培养和提升大学生演讲与口才表达能力，在加强对大学生进行系统、科学、规范的演讲理论与技能教学的同时，还应尽可能帮助他们保持健康的演讲心理状态，多为他们创设演讲实践的机会，为他们成功开展演讲实践活动进行及时的讲评和辅导，以上各方面综合发力，方能达到有效的育人效果。

最后，衷心感谢首都师范大学教务处与出版社各位领导和老师的大力支持与帮助，更感谢对本教材顺利出版给予关心与鼓励的所有亲人、朋友和学生，在此一并致以深深谢意。

目　　录

第一章　演讲学习与成长发展 …………………………………………… (1)

第一节　演讲对社会发展的积极促进作用 ………………………… (2)

第二节　学习演讲助力大学生健康成长 ………………………… (13)

第三节　学习演讲对大学生成长的意义 ………………………… (18)

第四节　大学生提升演讲能力需求现状 ………………………… (24)

第二章　演讲学习的途径与方法 ………………………………… (35)

第一节　激发演讲学习内生动力 ………………………………… (36)

第二节　精彩的“讲”与恰当的“演” ………………………………… (48)

第三节　勤于“讲”“演”与勤于“思” ………………………………… (56)

第四节　演练规范与演讲实战 …………………………………… (69)

第三章　演讲要素与演讲目的 …………………………………… (82)

第一节　演讲概念与内涵解读 …………………………………… (82)

第二节　演讲基本要素 …………………………………………… (95)

第三节　演讲目的与演讲动机 ………………………………… (104)

第四章　演讲总体特征 ………………………………………… (120)

第一节　演讲的语言特征 ……………………………………… (121)

第二节　演讲的现实性特征 …………………………………… (127)

第三节　演讲的艺术性特征 …………………………………… (130)

第四节　演讲的美学特征 ……………………………………… (139)

第五章　演讲稿写作意义与技能 ……………………………… (152)

第一节　树立正确的演讲稿写作理念 ………………………… (153)

第二节　科学认知演讲稿的写作价值 ………………………… (157)

第三节　演讲稿的谋篇布局与表达 …………………………… (162)

第四节　演讲稿写作的三个环节 ……………………………… (174)

第五节　演讲稿的三种呈现形态 …………………………………… (179)

第六章　演讲素材收集与使用 …………………………………… (188)

第一节　演讲素材分类与收集 …………………………………… (189)

第二节　合理选用演讲素材 …………………………………… (198)

第三节　演讲素材组织规则与要求 …………………………………… (204)

第七章　心理健康与成功演讲 …………………………………… (219)

第一节　提升演讲能力需保持心理健康 …………………………………… (220)

第二节　大学生常见的演讲心理问题 …………………………………… (224)

第三节　积极维护演讲者的健康心态 …………………………………… (228)

第四节　健康人格与演讲能力提升 …………………………………… (237)

第八章　高校校园情境类演讲 …………………………………… (256)

第一节　主题演讲比赛 …………………………………… (257)

第二节　即兴演讲比赛 …………………………………… (262)

第三节　论辩演讲与辩论赛 …………………………………… (280)

第九章　大学生演讲恐惧心态管理 …………………………………… (296)

第一节　大学生演讲恐惧心态现状与成因 …………………………………… (297)

第二节　科学认知和把控演讲恐惧心态 …………………………………… (306)

第三节　缓解演讲恐惧心态的途径和方法 …………………………………… (311)

第十章　演讲者礼仪表达素养 …………………………………… (328)

第一节　演讲者礼仪表达素养概要 …………………………………… (329)

第二节　演讲者有声语言礼仪表达素养 …………………………………… (334)

第三节　演讲者态势语礼仪表达素养 …………………………………… (342)

【演讲箴言】

讲好中国故事，传播中国好声音

——习近平

青年是我师，我是青年友；听众是我师，我是听众友。

——李燕杰

第一章　演讲学习与成长发展

【学习目标】

1. 明确学习演讲的意义，提升演讲学习内驱力。
2. 领悟演讲的社会价值，有效践行演讲理念。
3. 发挥演讲助人成才的作用，助力大学生健康发展。
4. 把握大学生对提升演讲能力的需求，及时满足学生成长愿望。

相对于我国高等教育尚未设置演讲专业与学位来讲，西方发达国家高校在这方面的教育已经非常规范与成熟。对此我走访过美国和德国的部分高校，查阅了他们的演讲课程设置与专业发展的相关资料。了解到他们的高等院校设置演讲院系和演讲专业，培养可以获得各类演讲专业学位的高等教育人才，包括演讲专业本科生、演讲专业硕士生及演讲专业博士生。培养演讲专业人才的教师，专门从事演讲专业的研究与教学工作，可以依据教研业绩晋升演讲学助教、讲师、教授或终身教授等各类学术职称。2000—2001年间我作为学校公派访问学者前往美国莫尔黑德州立大学(Morehead State University)，走访他们学校的演讲系(Speech Department)，从中了解到演讲系为全校学生开设30多门演讲专业的学分课程。教授“公共演讲”(Public Speech)课程的教师为演讲专业教师。我选听了一门 The Fund of Speech 课程随堂听课学习，任课教师为演讲学教授，曾获演讲学专业的博士学位。

尽管我国高校并未设置演讲专业学科，但在开设和举办演讲学相关课程和实践活动方面一贯都很重视。演讲与口才能力培养一直以来始终是高校培养学生综合素养方面的一大亮点。首都师范大学在教务系统中一直将“演讲与口才”课程纳入选修课程系统中，后纳入通识教育课程体系。有许多教师对此专业进行研究和教学工作，最著名的演讲学教师是20世纪80年代影响面波及全国的教育艺术演讲家李燕杰教授，同一时期他在高校系统讲授“演讲美学”课程，主持创立青年教育艺术研究所，在全国演讲理论研究与实践领域享有盛誉。他创刊《教育艺术》杂志，刊登发表演讲词与演讲学研究论文。

在高校教学系统中，“演讲艺术”“演讲口才”课程已成为学生成长与发展不可或缺的素质教育课程，这既包含课上的理论知识教学，也包括课外丰富多彩的学生演讲活动。比如各级各类的演讲比赛、辩论赛、师范生技能赛等，共同服务于师范生素养提升、高校人才培养。演讲实践活动证明，学生学习演讲获得了快速成长，他们把握演讲机遇，培养较强的心理素质，在各专业学科中体现出了学习优势。同时，演讲能力的提升促使学生潜在地实现了与国际化教学接轨的需求，拓宽了视野，增强了自信，提升了专业素养。

第一节　演讲对社会发展的积极促进作用

演讲在社会发展中发挥着越来越重要的作用，一是其本身具有重要和强大的功能，这种功能只能并且只有在社会群体或社会实践中才能体现价值与能量；二是社会发展需要演讲人才，需要演讲人才在社会发展领域积极应用演讲语言表达工具，推动各项工作顺利开展。作为以口头语言表达为主，以态势语表达为辅的演讲实践活动，它以演讲者的语言表达为依托，就某一事理进行阐述，与听众进行真实的思想与情感交流。演讲者与听众进行交流分享的本身就是个体表达功能与社会群体发生作用功能的彰显，它综合了演讲者和听众的思想、心理与情感的交互作用，或开展信息交流，或产生情感共鸣，或引领发展方向，以对社会发展进步发挥出语言表达的影响力量。

一、演讲功能与社会价值

演讲实践活动是社会群体性活动，这是由演讲者的思想与情感须获得听众认可和接纳的传播规律决定的。从表达的外在形式上看，演讲实践活动由演讲者个体完成。从他接受演讲任务，收集符合演讲主题的必备素材，到写作演讲稿，最后当众发表演讲，这似乎都是单向个体性行为。但上述所有环节，如果离开了听众的具体需求，如果离开了社会发展的需求，演讲活动本身的价值与意义也就不复存在了。

演讲的发展标志着语言表达水平达到了较高境界。具有较强演讲素养的个体对口语表达与态势语表达的把控与展现能力，可以对社会群体发挥有效的教育和美育功能。演讲水平高，可以深刻体现演讲者的思想力、情感力与人格魅力，可以有效体现语言表达的逻辑力、知识力与传递力，从而在社会进步与发展中发挥连接人群、凝心聚力、以文化人、以美育人等多方面作用，体现演讲的社会价值与作用。

(一)演讲的社会功能

演讲的社会功能，即演讲的价值在于影响社会群体。其社会影响面越广，影响力越长久，影响度越深刻，演讲的社会功能就会发挥得越到位，越有效，越有意义。演讲需要在社会人群中发挥作用，由此才能体现其应有的价值与功能。否则演讲者就是在自说自话、自言自语，这是难以实现演讲社会功能与作用的。演讲个体做得再好，想法再有价值，如不进行有意义的表达，总是难以被社会群体理解和接受，也就不能发挥出应有的社会作用了。

在演讲者向听众传递信息，与听众进行情感沟通的过程中，演讲者可以迅速使听众了解自己，接纳自己传递的思想与知识，实现演讲的预期目的。尤其是在社会发生突发事件时，演讲的这一社会功能体现得最为明显和独特。演讲的社会功能促使社会人群可以快速、有效地接收信息，达到稳定心态、保证社会和谐稳定与有序发展的效果。演讲中演讲者的专业表达，令人信服的口才能展现出演讲者的语言表达才能，赢得听众的尊敬和喜爱，体现出演讲应有的社会价值与存在意义。

关于演讲可以在社会群体中迅速发挥作用这一点，这里以 2003 年北京抗击“非典”为例。当时面对公众突发事件，演讲及时发挥了社会功能。电视新闻演讲人通过及时通报“非典”信息，对广大民众起到了稳定民心的作用。每天的新闻演讲向市民及时通报疫情的最新动向，公布北京市政府对防治“非典”工作的最新安排，对政府出台的相关法令进行解释或答疑，对社会流传的谣言和传闻及时进行澄清，对社会消极现象及时做出合理解释，有效消除了市民的恐慌和紧张心理。对有效预防“非典”的措施与方法的介绍，对市民应采取的正确态度和行动进行的统一部署等，体现了演讲强大的社会功能。可以说，如果没有及时有效的演讲，当时的社会秩序就有可能陷入混乱，社会群体更有可能受到社会动荡不安的困扰。

2020 年遭遇新冠疫情，演讲的社会功能在疫情防控中更彰显作用。从各级领导的现场演讲，到医疗新闻系统组织的电视演讲；从围绕驰援武汉医疗救治的现场演讲，到医疗队出发前与平安归来时的代表演讲；从医护人员发至网上的视频演讲，到医疗机构组织的以防疫为主题的演讲比赛；从知名演讲人疫情期间及时发表的演讲，到每一次疫情报告会上发言人的演讲，再到世界关注的焦点——我国外交部发言人的演讲，每一次演讲都发挥出独特的社会功能，对社会的稳定发挥了及时有效的正确引导与引领作用。

(二)演讲的教育功能

演讲实现思想观念与信息传播作用。演讲发挥正确的思想导向是演讲的重要目标。演讲活动本身具有鲜明、正确、深刻的教育功能，也是实现国家教育目的的最有效方式。演讲活动中的演讲者与听众，双方都有交流正向价值取向的需求与能力。在演讲活动中，演讲者应以听众为主体，从演讲主题的设定到演讲内容的传达，都要以使听众接受最好的教育为目标，力求演讲内容让听众听得清、听得进，实现入耳、入脑、入心的教育效果。演讲的教育功能在于让听众接受知识，培养能力，提高思想道德素养水平。在此过程中，演讲者也获得自我教育与提高。所谓“听众是我师，我是听众友”，即是说演讲者在演讲活动中也获得自我教育与成长。

衡量演讲是否发挥了教育功能，要看演讲内容是否积极健康向上，是否能对听众发挥教育启迪作用。毋庸置疑，能够发挥教育功能的演讲是成功的、有价值和有意义的演讲。发挥教育功能的演讲，具有影响、引导、教育听众的作用；发挥教育功能的演讲，表达的思想观点必须要正确，要能切合听众的利益和心理需求，要能解释听众心中的疑惑。演讲者在演讲中要能旗帜鲜明地表明立场，情理交融地表述正确的思想观点。

演讲的教育功能不仅是演讲者要阐明对某一问题的看法，更重要的是能向听众宣传真理，促使听众追求真理，坚持原则，摒弃谬误。演讲者要能通过演讲解答听众的存疑，帮助听众客观分析社会热点与难点，发挥演讲正确的引导作用，助力听众牢固树立社会主义核心价值观。演讲者要针对听众关注的热点问题，以及心里存在的困惑，有效地传递马克思主义的思想方法，教授科学的心理调节技术，帮助听众掌握科学的生活理念，保持健康的生活方式与生活习惯，有效消除他们已然存在的困惑与困扰。

(三)演讲的美育功能

真实有效的演讲往往发挥着歌颂真善美、抨击假恶丑的作用。演讲者可以传递社会大众想讲但并不能完善表达的愿望和心声，由此演讲者所表达出的思想、观点、希望等，演讲中所有的一切都必须是真的、善的和美的，要能综合体现演讲的美好特性，体现演讲美育价值和意义。

听众反馈如何是衡量演讲是否具有美育功能的有效见证。如果听众评价聆听演讲获得了一次美的享受，演讲者的形象很美好，演讲者的思想情感很美好，演讲者的声音美好动听，演讲者的态势语表达美好感人，这样的演讲就可以说是体现美育功能的，对听众感受美、理解美、追求美发挥了一定的引领示范作用。如果演讲不能彰显美育功能，演讲的吸引力、感召力、影响力就会被削弱。演讲者要善于运用多种修辞手法，善于运用多种艺术表现手法和技巧，以展现演讲者的思想美、情感美、哲理美、艺术美与意境美，这些都是演讲要发挥美育功能的需要与内容。

演讲是演讲者个体与听众群体之间真实的思想与情感交流过程。在此过程中，无论是从演讲的具体内容，还是从演讲的展现形式，演讲者对听众都表现了足够而充分的爱与关怀，体现了人与人之间最美好的情感。在真挚诚恳的演讲实践交流活动中，演讲者与听众对演讲内容、演讲采用的方式获得美的直接感知和体验，由此激发出的生动美感相互渗透、相互交织，综合而形成爱与美的心灵宝藏。

演讲实践活动整体符合美学原则和规律，综合体现美育特征，蕴含美的真谛。追求美的演讲者是真善美的创造者。体现美育功能的演讲彰显演讲者美的人格、美的气质、美的风度、美的仪表、美的态势、美的情感与美的语言；体现美育功能的演讲，其内容美好受听众欢迎，因为它体现出美的思想、美的哲理、美的道德、美的主题、美的事例与美的效果；体现美育功能的演讲创设的情境美，在美的演讲情境中演讲者与听众一同获得美的感受与陶冶。

体现美育功能的演讲符合表达流畅之美的标准，演讲者的态势语与口语表达，演讲主题与表达出的情感追求自然流畅的演讲效果，让听众流连忘返。体现美育功能的演讲符合文字表达之美，演讲的文字表达符合结构美的标准要求，演讲的开头、主体与结尾设计与安排各得其所，相互协调，内述故事与体现的哲理美好相融。体现美育功能的演讲主题符合高尚之美。体现美育功能的演讲旨在让正义之声传遍世界，且音调、音色与音质符合声音表达之美，以对听众发挥足够的吸引力、感动力、感化力、感染力和感召力。

总之，富有科学特质的演讲表达，需要进行饱含艺术美的艰辛创作。演讲美学创始人李燕杰教授认为，演讲要尽量做到尽善尽美，要让演讲者与听众在演讲活动中都能获得美的感悟与享受。李老师的演讲美学思想是他对自身演讲活动的提炼和概括。他说："我经常在想，即使自己已经在800多个城市进行了上万场的演讲，每次上台前也要当第一场去准备，要尽量达到尽善尽美的效果。每当我从梦中醒来，总是想到新的一天已经到来，我要把它看作是生命的最后一天。我要竭尽心力，在这最后一天再留一个至善至美的演讲。"演讲尽善尽美与至善至美即是彰显美育功能。

因此，演讲者应善于用美的思想、美的情感、美的智慧和美的语言组织与表达演讲内容，让听众在演讲中获得美的享受，以此实现演讲的美育功能。在演讲过程中，演讲者应展现"智慧与淡定、仁爱与持重、勇敢与从容、博识与谦恭"的演讲品德，从而使演讲活动体现"真纯而高洁、善良而慈祥、美好而端庄、慧心而时尚"鲜活美的风格与魅力，会使演讲更加吸引听众，更能体现美的魅力，更能发挥演讲的美育功能。

二、演讲才能在社会发展中的意义与作用

演讲才能在社会发展中担当着越来越重要的社会角色，在各行各业的快速发展中彰显出越来越重要的社会意义，发挥着越来越重要的选拔与培养人才的作用。随着近年演讲题目成为高考作文题目的亮眼命题，社会大众对演讲、对演讲稿写作和演讲比赛的重视程度更是达到了一个新高度。

(一)演讲才能在社会发展中的意义

1. 演讲才能服务社会稳定与发展的地位独特，不可或缺

演讲活动践行着知识的传递与传承，情感的交流与沟通，是各级各类各行业的社会人群之间的连接与互动的纽带。演讲语言可快速促使大众知、信、行，对社会的稳定与发展具有举足轻重的意义。优秀演讲文本内容载入文化史册，成为人们永久学习的范本，成为人类文明发展的阶梯。恩格斯说："思维是地球上最美丽的花朵。"如果没有外显语言表达做媒介，如果缺少了口语表达和书面语的表达展现，人类的思维与思想再美好也是难以展示的。而最能体现这种美好的语言表达方式就是演讲，这既包括演讲稿写作的内容，也包括个体面对公众发表的演讲。

2. 演讲才能高超的人易于获得社会信任与认可，更易实现人生价值

对于心能思之、笔能写之、口能言之、身能行之的人，社会人群会对他们的演讲才能倍加欣赏，喜爱有加。常言道："有口才的人必然是人才"，就是这个道理。如果一个人既善于做事，又善于表达；既善于思考，又善于写

作，他在社会人群中就易于受到青睐，获得认可，自然就更易于实现人生价值。社会大众广泛关注领导者、外交官、主持人、新闻发言人、教师等职业工作者的演讲才能。他们在社会人群中享有很高的尊敬和礼遇，这与社会人群对他们的演讲才能有着很高的期待和要求密不可分。假如他们在公众场合的言行不能符合大众对他们演讲才能的期待，社会消极反馈与反响即刻就会兑现。轻则他们会获得不满的议论和指责，重则他们得被迫离开现有的工作岗位，不再有资格履行原定的社会职责，甚至会受到更为严重的责罚与惩处。

3. 演讲才能是引导力与领导力的重要内容，越来越受到关注与肯定

越是社会发展的特殊时期，或遇有某一社会突发事件的关键时刻，人们往往越会期盼具有良好公众演讲表达能力的领导者出现，及时面对公众发表讲话，此时此刻的演讲具有“一言以兴邦”的功效。因而演讲才能成为历任领导者的必备素养。演讲才能在社会各行各业的运用中也备受关注与肯定，已被认定为选用、评定人才的标尺。如各行各业工作岗位的招聘面试，特别规定演讲环节；对新入职员工进行培训，最终的结业仪式往往举办“爱岗敬业”主题演讲比赛；各单位中层以上领导干部晋升、员工工作素质培养等都会开展相应的演讲活动。这些都是社会大众广泛关注演讲才能培养和塑造的实例与实证。

4. 演讲才能考核进入选聘人才制度体系，是选人用人的重要指标

演讲才能在社会各行各业的人才选聘制度体系中备受青睐，是人事部门选聘人才的重要内容，这一制度体系的建立可追溯到 20 世纪 80 年代。当时社会各领域的人才选用开始逐渐采纳双向选择方式，制定并实行竞聘上岗制度，演讲才能成为工作者必须具备的工作能力。应试者、竞聘者是否能干、会写、善于表达成为单位用人的重要衡量标准。

为了考核应试者与竞聘者的演讲才能，用人单位在招聘、选聘环节组织面试会、见面会，让求职者、竞聘者当众自我介绍，时间限定在 1—3 分钟；进行求职面试、履职演讲，时间一般限定在 5—20 分钟之间。在培训新员工的活动结束后一般会组织专题演讲比赛，在进行年终工作考核时同样会组织不同类别的述职活动等，员工个体的演讲才能高低往往会成为他们能否获得心仪工作岗位以及能否受到单位领导信任与重用的依据。

5. 选拔领导干部会设置上岗面试环节，人人都应提升演讲素养

当今选拔领导干部进行上岗面试已成为较为普遍、成熟和固定的程序被运用在领导干部的选拔、竞聘、任用与业绩考核评定中。但在 20 世纪 80 年

代之前，领导干部的上岗竞聘演讲还是社会上的新鲜事。我较早关注到演讲才能在领导干部的职业领域得到广泛认可，缘于读到刊登在一家地方报纸上的一则干部选拔与聘用的信息，即福建省石狮市面向全市公开招聘并任用了一名女副市长。

这次公开招聘女副市长活动，是我国较早开展高层领导干部竞聘演讲上岗的热门案例。在报纸上公布的竞聘上岗条件中，明确规定竞聘者要发表 20 分钟的演讲，内容包括竞聘工作思路与理念。现场评委通过竞聘者的语言表达考量她们的综合素质，寻找到可以胜任工作职责的干部人选。这次竞聘的考核结果是：三位女教师从全市竞聘者中脱颖而出。其中，一位是大学讲师，两位是中学语文教师。最终大学女讲师凭借过硬的综合实力在竞聘中获胜，成为该市通过竞聘上岗担任女副市长的第一人。

这名女性领导干部通过演讲竞聘上岗的案例产生了不小的社会反响。其中 20 分钟的竞聘演讲要求，以及最后竞聘脱颖而出者均为语言表达素养较高的教师选聘结果，促动社会对演讲技能培养进行再思考和再认识。这启示我们认识到个体职业理想的实现，需要个人在关键环节能够展现较强的演讲素养。如果个体的演讲素养符合公众需要，其成长与发展路径也将会顺畅很多。

同样，这个案例对大学生的健康发展也有着重要启示。第一，学生在校期间参加各级各类的演讲活动需要培养演讲能力；第二，他们参加求职面试，必须直面人生考验，提高演讲表达能力成了迫切需求；第三，他们参加毕业答辩，或是参加研究生入学面试，接受演讲能力的考核不可或缺。尤其是当今各单位的工作岗位招新，通常都会要求参聘者当众做 10—15 分钟演讲。学生的社会价值要得到实现认可，工作愿望要得到实现，除了具有较强的专业素养之外，还应培养相应的演讲素质和技能。具备良好的演讲才能彰显出越来越重要的社会意义。

（二）演讲才能在社会发展中的作用

在社会发展历程中，每一次的演讲活动都会对听众发挥着明显或潜在的引导作用，或进行有效的知识传递，或对听众进行思想教育启迪，或对听众进行宣传激励等，这是演讲应发挥的基本作用。有效的演讲对听众发挥的作用是多方面的，包括演讲的社会凝聚作用、演讲的社会励志作用、演讲的社会交流作用、演讲的社会实现作用等。以下分别从这四个方面做简要解读。

1. 演讲对听众进行宣传动员，有效发挥社会凝聚作用

在社会发展历程中，演讲可以对听众进行有效的宣传动员，起到凝心聚

智的作用。演讲活动往往配合一定的宣传动员工作而进行。通过演讲，演讲者引导听众心往一处想，获得较为协调统一的言行理念。比如近年首都师范大学举办“我与改革开放同龄”“我自豪我是中国人”“明日教师今日做起”等大型演讲比赛活动，目的在于发挥宣传动员、凝聚心智、促使大学生健康成长的作用，是高校思想政治教育活动的有机组成部分。尤其是北京市教工委组织举办的“辉煌四十载，筑梦新时代”北京市高校演讲比赛活动，发挥了有效引导大学生热爱祖国，歌颂祖国改革开放取得辉煌成就的作用。学生的演讲主题确定为“改革开放给我们国家带来实惠和美好”，每位选手都围绕这一主题发表见解，阐述自己的成长与改革开放息息相关。每位选手从个体的视角展开演讲，列举事例，发挥了演讲特有的宣传教育、凝心聚智的作用。

在社会发展的特殊时刻，演讲更是对社会人群起到及时有效的凝心聚智的作用。比如 1998 年，我国遭遇特大洪涝灾害，江泽民同志亲临抗洪抢险现场，在长江大堤上发表演讲，对抗洪抢险工作者发挥了宣传动员、凝心聚智的作用。国家领导人在抗洪抢险现场发表演讲，对有效夺取抗洪抢险斗争的胜利，对成功组织抗洪抢险工作发挥了及时有效的指导作用。

时隔多年，当年的演讲仍犹在耳。1998 年 8 月 14 日，江泽民同志到达湖北视察长江抗洪抢险工作，他在长江堤坝上号召一线广大军民团结奋战，顽强拼搏，严防死守，誓死保护国家财产和人民的生命安全。他在演讲中说：“现在，长江抗洪抢险到了紧要关头，处于决战的关键时刻。只要坚定信心，坚持坚持再坚持，就能够取得抗洪抢险的最后胜利。”他在演讲中赞扬广大官兵“一不怕苦、二不怕死的革命精神，总是冲在危急险重的前沿，用血肉之躯筑起了抗洪抢险的钢铁长城，用实际行动加强了军民团结、军政团结，为党和人民建立了新的功勋”。

他说：“广州空军高炮五团的高建成同志，在抢险地段堤坝突然决口的危急关头，把救生衣让给了不会游泳的新战士，在洪流中继续指挥被洪水冲散的战士自救互救，在连续把几名战士推上一棵大树后，自己却被急浪卷走了。在危难时刻和生死关头，把人民的利益放在首位，把个人的利益置于脑后，把生的希望让给他人，把死的危险留给自己，这是一种非常高尚的精神，非常可贵的品质。”“我作为中央军委主席，为人民军队培养出这样好的干部战士感到骄傲。”这次演讲不仅鼓舞了在场的听众，而且通过电视、广播、报纸等新闻媒体的宣传报道，对全国人民众志成城、共渡难关，共同战胜洪涝灾害产生了巨大的凝心聚力的作用。

这里需要做一点补充说明，即演讲的凝心聚智作用不仅在演讲者发表主题演讲环节中得以体现，而且在演讲活动设置的提问环节，在听众和演讲者的现场互动环节，这类作用也是非常明显的，促使演讲者与听众及时进行思想与情感交流，以深化宣传教育的效果。演讲如果充斥了脱离社会实际的语言，出现了脱离听众人群的需求，出现了具有形式主义、本本主义倾向的空话套话，演讲本应具有的凝心聚力的作用也就消失殆尽了。演讲的生命力存在于生动活泼、积极有效的宣传动员之中，演讲的语言要能有效引发听众的兴趣，从而发挥解疑释惑的作用，发挥演讲团结、激励听众的作用，发挥演讲凝心聚力的作用。

2. 演讲激发听众热爱人生，有效发挥社会励志作用

演讲有传播知识、传递思想、激励人心的作用，在此过程中发挥社会励志作用。演讲发挥社会励志作用，下面这几句话可以作为例证。“演讲是思维的衣裳，表达是事业的翅膀。”“一人之辩重于九鼎之宝，三寸之舌强于百万之师。”演讲家李燕杰说：“演讲是一种力量和一种光。人可以被打败，但不可被打倒，只要心中有光。只要心中有光，生命就有了力量。只要坚持下去，就有了创造新业绩的希望和力量。”演讲发挥着将知识、理想、信念的火种传递给听众，促发听众产生热情，进而发光发热，励志助人的作用。

演讲者心中有梦，通过演讲影响激励听众拥有梦想。梦想有多大，人生的目标就会有多高；心愿有多大，人生的舞台就会有多广阔。孟子说：“孔子登东山而小鲁，登泰山而小天下。”演讲者登高而望远，登高一呼应者云集。演讲激励演讲者努力让自己强大，心中有抱负，胸怀更宽广，视野更深远。

演讲者振臂一呼，听众通过聆听而受到激励。演讲激励听众向真、向善、向美，产生积极向上的生命活力，战胜困难与挫折的勇气和自信。从这种意义上讲，演讲是看得到、听得到的思想；演讲具有真实动人、启人心智的情感力量；演讲用激情为爱助力，用哲理唤醒人的发展潜能。这是演讲带给听众的激励作用。演讲者充满激情，从始至终激发听众热爱生命、热爱生活、热爱学习、热爱事业、热爱理想，对人生充满热烈的追求，这是演讲吸引听众、受听众欢迎的关键原因。一场演讲甚或可以改变一个人的生活轨迹，或人生命运走向。

在演讲过程中，演讲者激发听众对知识、理想、信念的渴望和获取，有效地调动听众的积极性，激发他们对人生、事业和学习的主动性、积极性和创新性。演讲鼓舞听众敢于同不良风气做斗争，促正气，树新风，满足听众

对知识的需求，使听众的心理状态得到调整。演讲激励听众健康成长，共同为建设和谐社会贡献力量。听众在演讲中感受关怀、同情、理解和尊重，通过演讲者的直言相告，达到积极向上、奋发进取的状态。特别是在非常时期，演讲对听众进行战前动员，组织紧急营救，处理突发事件等，都有极显著的激励作用。

社会大众口口相传的领袖们的演讲话语，众多著名演讲家的激励性话语令听众永生不忘，深刻地影响社会人群的思想与心灵世界。1957 年 11 月 17 日，毛泽东主席在莫斯科大学向数千名中国留苏学生和实习生发表演讲。下午 6 时许，当毛主席和邓小平、彭德怀、乌兰夫、杨尚昆、胡乔木等领导人出现在莫斯科大学的大礼堂时，全场沸腾，欢声雷动。毛主席高兴地走到讲台的前沿和两端，频频向大家招手致意。他说：“世界是你们的，也是我们的，但是归根结底是你们的。你们青年人朝气蓬勃，正在兴旺时期，好像早晨八九点钟的太阳。希望寄托在你们身上。”“青年人应具备两点，一是朝气蓬勃，二是谦虚谨慎。”演讲中他纵论天下，旁征博引，提出了“世界上怕就怕认真二字，共产党就最讲认真”的论断。

毛主席亲切和蔼，风趣幽默。台上台下，有问有答，其乐融融。演讲现场充满欢声笑语。之后毛主席来到学生俱乐部，对早已聚集在那里的数百名留学生说：“第一，青年人既要勇敢又要谦虚；第二，祝你们身体好、学习好、工作好；第三，和苏联朋友要亲密团结。”他勉励听众：“要努力学习，建设祖国，加强与苏联师生的友谊。”现场听众群情激昂，纷纷高呼：“为党奋斗 50 年！”“为祖国工作 50 年！”时至今日，这篇演讲已发表 60 多年，但每当阅读回忆当时场景的文字，仍可以获得强烈的激励感和振奋感。这篇演讲深刻体现了演讲的激励作用，是值得我们永远学习的励志演讲范例。

3. 演讲及时进行信息交流，有效发挥社会沟通作用

在演讲对社会群体发挥的诸多作用中，最为显著也最为首要的作用是演讲的及时交流作用。演讲的实际传达形式，直观来讲是演讲者向听众进行单向的信息传递，但这种传递效果和作用最终要落实在双向交流与沟通之中，这是演讲实现本源价值与意义所在。失去了听众的参与与互动，演讲作用只是一纸空谈。在日常生活与工作中，包括领导发言和教师讲课，举办演讲比赛，开展工作经验交流，或是大学生进行论文答辩、求职面试、学习研讨、参加支教等活动，都要实现演讲者与听众信息的及时交流和沟通。正如美国某高校的一位演讲课教师所说，“Many skills used in conversation also apply in public speaking. As you learn to speak more effectively in public, you may also learn to communicate more effectively in other situations. ”演讲的本质就是要实现人与人之间的有效交流与沟通。

关于演讲及时发挥交流沟通作用，这里引用北京抗击“非典”时期领导干部演讲发挥的作用以做论证。2003 年北京遭遇了不期而遇的“非典”，领导干部的演讲发挥了及时有效的交流沟通作用，为我们战胜这场灾难起到了不可替代的作用。恰值“非典”横行，王岐山临危受命调任北京市代市长，可谓是风口浪尖上的上任。上任后他即四处奔波，遍访北京城，了解各项工作的落实情况，探访市民，了解百姓的思想和心态。在与民众交流时，他平易近人，立足为民办事，“唯真、亲民、果敢”，果断有效率，被大家称为自信坚定、坦诚有魄力的市长。他说：“现在除了睡觉，我已经没有属于自己的时间。”正是由于他全身心地投入工作，全面把握了各方面的情况，在此基础上他发表的演讲真诚自信，回答记者有关急难问题的提问从容坦然，准确到位。

2003 年 5 月 7 日北京市统计局信息咨询中心公布的民意调查显示，市民对政府加大抗击“非典”力度和及时发布相关信息表示满意；对“非典”的恐惧态度渐趋平和；京城百姓的情绪状态从焦虑转变为平静。超过 99％的市民拥护政府采取的抗“非典”措施，95％的市民认为政府发布的“非典”信息能满足自己对“非典”信息的需求，91％的市民满意政府发布“非典”信息的透明度，92％的市民对北京市今年和今后的发展充满信心。这表明市民对政府工作具有极高的满意度，这是与王岐山及时发表演讲相融相通的。以王岐山为代表的新闻发言人，他们面对公众及时发表演讲，在北京市的整体工作中发挥了极其重要的交流沟通作用。

4. 演讲传播真善美，有效发挥社会实现作用

演讲总是为实现一定的社会目的而进行的，也就是说，演讲只有达到了预期的目标才是真正发挥了社会作用。演讲的社会目的或为宣传，或为说服，或为教育。总之，只有实现了一定的社会目的，演讲才真正对听众产生了实现作用。真正意义上的现实演讲活动，是具有针对性的与民众的生活息息相关的真实的实现活动。一方面，演讲者在演讲活动中最大限度地实现与听众的交流与沟通，表达自己对某一话题的真实想法和情感，实现对听众的关心与爱护，同时也获得听众的认可与赞赏，实现在某一社会群体中获得尊敬与认可，实现演讲者与听众的共同成长。另一方面，由于演讲的最终目的是要让听众受益，因而演讲所发挥的作用在于使听众通过参加演讲活动获得新认

知，产生新理念，采取新行动，最终实现演讲者的演讲愿望与初衷。

演讲的社会实现作用在演讲中表现为演讲者对听众的影响和掌控。每一位演讲者都是独特的个体，以其独特性影响社会人群，发挥着积极的实现作用。演讲活动将演讲者对人群的这种影响发挥到了极致。通过演讲活动，演讲者实现以特别的方式影响听众、给听众留下深刻印象的作用。演讲者对社会人群发生与众不同的实现作用，需要他在演讲活动中清楚地表达，热情地劝说听众做正确的事情，告诉听众他们必须应知的信息，让听众掌握情况，感到愉悦和轻松，从而更善待自己等。演讲者通过演讲活动实现对社会人群的独特影响作用。

还以北京抗击“非典”时期的演讲为例。2003 年北京遭遇“非典”疫情，其间电视新闻演讲人及时向市民通报信息，如通报疫情的最新动向，公布政府对“非典”防治工作的最新安排，对政府出台的相关法令进行解释或答疑解惑，对影响市民生活的谣言和传闻进行澄清，对特有的社会现象进行合理解释，对有效预防“非典”的措施与方法进行介绍，对市民应对疫情的正确态度和行动统一进行部署等，从而满足听众对了解政策、防疫知识与解决特殊问题的心理需求，保证演讲活动的社会实现作用，最终实现消除市民恐慌和紧张心理、稳定社会秩序的作用。

第二节 学习演讲助力大学生健康成长

大学生学习演讲的价值和意义是多方面的。从宏观视阈来看，演讲才能决定学生的人生走向与前途发展。学生学习“演讲与口才”，在校期间努力提升语言表达素养，对他们健康成长有着极为深远的影响。从口语表达的视角来看，语言表达体现人的思维水平与学识修养，彰显人优秀的一面。从演讲论的视角来看，人群中语言表达好的人更优秀。因而应鼓励大学生学好演讲，鼓励他们学会说话，在现实生活中能够在需要的时候把话讲好，在人群之中掌握话语权，彰显语言表达的力量。从人性的视角来看，人的理性思考、情感温度、知识智慧等都需要社会人群的理解和接纳，上述内涵只有表达出来才能得以体现。马克思说：“人的本质是一切社会关系的总和。”这就是说人的价值要在社会人群中得到体现。作为人类社会发展的成果，演讲语言是体现人类价值最直接的表达助力工具。

古希腊最负盛名的哲学家、教育家、思想家，被誉为百科全书式的学者亚里士多德认为，“人是会说话的动物。”解读这句话，我们会深刻感受到会说话对彰显人的本质特征的意义。如今全社会都重视讲好中国故事，传播好中国声音，这是每一个中国人肩负的责任与使命，也是在世界视域里保持中华民族话语权的有效途径。演讲作为人类公认的最出彩、最有魅力的语言表达形式，它最大限度地实现了向社会人群传播思想、交流情感，实现独特而又具有审美价值的创造。学习演讲就是学习如何将话讲得更科学，更艺术，更符合演讲学科的发展规律，更能满足大众对话语表达水准的期待与要求。

一、学习演讲有助于学生适时把握成功机遇

但凡演讲与口才表达能力强的学生，一般易于适应社会发展的需求，便于实现发展的愿望。因为掌握了演讲理论与知识技能，他们会更自信，行动也更积极。所以，一旦发展机遇来临，相对于不善言辞、不愿表达的学生来讲，他们更容易站上成长的平台。由于演讲专业对思想观点和语言表达的要求越来越高，促使演讲学习者在演讲中不断增加科技含量与人文含量，传达出最新信息，直击社会热点与难点，体现高昂振奋的民族精神，体现改革创新的时代精神。思想表达也因此更加深刻，更加精彩，并以“不用扬鞭自奋蹄”的状态投入学习与社会实践，在演讲活动中不断挑战自我，超越自我，达到寓意贵高远、用词贵思辨、造语贵新颖、练字贵响亮的表达语境。

尽管我国高校没有像西方国家那样将演讲专业设置为高等教育人才培养的学位专业，也未给教授该专业课程的教师提供演讲学专业职称晋升的途径，但给学生开设此项专业课程在高校很普遍，而文秘类、法律类专业课程也广泛设置演讲口才类课程。大学生在校学习期间，所有有需求的学生都有机会选择此类通识教育课程，考核合格后都可以获得演讲专业理论课的学分，由此培养社会发展所需的演讲才能，更能通过学校搭建的演讲平台挑战自我，实现自我发展与成长的突破。

学习演讲技能助力学生提升多方面的素养和能力。这一点可以从演讲专业设定的培养目标方面得到印证。如美国莫尔黑德州立大学演讲传播专业要求学生通过演讲课程的学习具备七项能力，这同样适用于我国大学生成长的需求。这七项培养能力包括：①清晰的语言表达能力；②能在公众场合做有影响力的发言的能力；③拥有通过演讲体现解释、分析并评论时事的能力；④学习并掌握大众传媒的诸多理论；⑤在辩论中做深入研究并具有良好的说服能力；⑥在小组活动中能有效发挥作用的能力；⑦具有评论、实现有吸引

力的劝说的能力。

英国高等教育重视学生演讲能力的培养。他们对学生在公众演讲方面应掌握的技能有许多明确的规定，包括培养学生良好的演说能力，使他们在会谈和一些正式场合能清楚、自然地表达自己的想法和感受等；使他们在应邀发表意见时能在听众心目中留下良好的印象；使他们在公众场合发言引起听众的兴趣，表达思路清晰，语言简洁、诚恳、自信。通过解读西方高校演讲教育的培养目标，我们可以准确掌握学习演讲对学生成长和发展的价值和意义。

二、学习演讲有助于激励学生做更好的自己

每一次演讲都是演讲者对良好公众形象的再塑造。演讲的这一要求激发学生严以自律，在平时的学习和实践活动中会自觉注重高尚人格与人品的培养，以能通过演讲做到以身示范，感召听众，赢得听众，影响听众。对学生演讲与口才表达才能的评定，是衡量学生综合素质的一把标尺。重视演讲与口才能力培养的学生更能满足自我成长的需要，也更易于得到老师和同学的肯定。学生学习了演讲课程，往往会在专业课学习的公众表达环节表现得更优秀，在参加学生干部竞选、学位答辩、面试求职及学校组织的各类演讲比赛等活动中，更易于把握机会脱颖而出，成就更好的自己。他们学习并掌握了演讲理念与技能，在社会群体中易于更加自信地表达与展示自我，从而为进一步的成长发展打开新局面。

作为一门专业学科，演讲旨在培养学生通过学习和实践活动养成助人成长的实际技能。大学生通过学习演讲学科知识，养成演讲实践技能，可以有效实现学业与人生发展。掌握了演讲技能，他们会更愿意尝试参加各种演讲活动，更愿意根据演讲主题进行有针对性的思考与写作，他们会在个体与个体、个体与小组、个体与广大听众群之中进行真诚而有价值的人生感悟分享，进而在获得成功喜悦的过程中获得更好的进步和成长。

在一次大型演讲比赛现场，我偶遇一位毕业多年的学生，她是这次职工演讲比赛活动的组织者。交谈中她回忆起上大二时参加普通话测试的经历。在顺利通过“读生词”环节后，她进入“3 分钟命题演讲”环节，这也是这次考试的最终环节。她说之前从未受过演讲训练，没有任何演讲经验，站在老师面前她感到非常紧张，听到题目后头脑一片空白，竟然没有任何思路，她不知道该如何讲起，也不知道应该讲些什么。她说自己在现实生活中一直是很健

谈的，但遇到演讲环节却慌了神，站在评委面前竟一句话也说不出来，场面十分尴尬。

她回忆说，现场的老师们非常和蔼可亲，一直鼓励她，可她就是开不了口，说不了话。为了缓和她的紧张情绪，评委破例允许她可以换一个题目讲，并且问她曾经到哪里旅游过，可以以此为题目进行演讲。她说就是这样的题目自己也还是无话可讲。她说自己应该是讲了些什么，但现在却回忆不起来所讲的内容，只记得对自己失望极了。那次的测试自然是没有通过。她深有体会地说："学习演讲实在是太重要了，这对我的成长起了很大的作用。"她说后来参加我教授的演讲通识课的学习，就是在这段难忘经历之后做的决定。她在演讲课上学习也是格外用心，懂得了演讲话题的设定、演讲结构的组成、演讲规则的要求等，之后演讲就不再是难事。拥有演讲自信更促使她愿意参加演讲活动，现在她还成为演讲比赛活动的组织者，她希望通过努力帮助更多的同事在演讲方面获得进步和提高。

为了帮助学生有针对性地克服演讲困难，我曾以"谈谈演讲经历与经验"为题，在自己所教的演讲课班上做问卷调查，结果让我非常吃惊。80%的学生是在进入大学后才有机会尝试演讲的。他们在谈学习演讲的收获时，最集中的表述是："我终于实现了第一次突破。"对于将职业理想确定为当教师的师范生来说，这真是姗姗来迟的自我突破。对于他们来讲，学习演讲对于他们顺利完成学业、顺利步入社会就业，并在教师岗位实现人生价值有重大突破，这种突破是多么重要，多么及时，多么有价值！

学生在谈自己的演讲经历时，谈成功经验的少，谈自己存在各类问题的多。比较集中的问题有：不敢演讲或害怕当众讲话，这给自己的学习生活带来了许多不便。表达能力欠佳，演讲经验不足，这使他们在参加演讲课学习或参加演讲比赛时往往感到非常苦恼，这种内心的痛苦甚至内化为长久存在的一种情绪与心境，影响到自尊心与自信心的建立，影响积极的自我评价与发展。

经过课上的演讲学习和训练，很多学生在演讲实践活动中获得了成就感。之后再谈演讲经历，他们表示演讲成功的经历帮助自己卸掉了阻碍自我发展的心理负担，整个人的精神面貌也随之发生了变化。他们认为，学习演讲对自己太有意义了，学会了演讲，自己的自信心大为增强，内心有一种克服一切困难的勇气；学会了演讲，也促使自己更加严格地要求自己，从而更加勤奋学习。他们表示，今后要以提高演讲表达能力为契机，继续提高自己的综合素养和实力。

三、学习演讲有助于保持积极健康的心态

在学习演讲的过程中，学生会自觉调整心态，适应并获得演讲成功。反过来，演讲成功又促使他们更加自信乐观，成为他们追求学业进步的内动力。一方面，学习演讲促使他们注重外在形象：朝气蓬勃，乐观开朗；自然潇洒，落落大方；反应敏捷，积极向上；百倍珍惜自己的公众形象。另一方面，他们的演讲能力外延至现实生活中，助力他们更理智地面对诸多困难与挫折，善用智慧让光明战胜黑暗，勇于做管理自己情绪的主人。培养较强的与听众交流的能力，促使他们拥有了较强的心理承受力、包容力、亲和力与调和力，从而在现实挑战面前能更恰如其分地展现才能，把握进一步发展的机遇。

选修演讲课的学生都是明确想要提高公众演讲表达能力的，对于登台演讲的机会都是持渴望心态的。但在实际教学中，我感到很多学生在表达机会面前有时会很纠结，比如他们会说："老师，我一时不知从何说起，还是不说了。"像这样想要提高演讲能力，但在演讲活动中又当众怯场的学生真的很多。

有一位大四学生在参加教学实习时陷入了困境。她的各科成绩优秀，指导教师对她完成教学实习任务没有任何担心，但就在她站上讲台的那一刻，她的突发状况让所有在场的人都感到揪心，台下的老师和同学甚至被她的表现吓傻了。她站在学生面前一句话不说，低头慢慢地卷着自己的衣角。这是最尴尬的开场场景。还好指导教师及时跟进，同学们也极为配合，她的情绪渐渐缓和下来，教学实习活动有惊无险。实习经历过后，该学生决心认真学习演讲，养成必备的演讲能力，适应社会与工作的需要。

演讲助力学生健康成长的价值表现在多个方面。因为要勤于表达，他们会养成勤于思考的习惯；因为要经常对自己的想法进行总结和提炼，促使他们的思想日臻成熟与深刻；因为会想方设法地把话讲好，他们会更加勤奋地学习，努力成为某一专业领域的行家里手，并保持学习热情；因为养成了塑造积极健康形象的习惯，他们能更加客观地认识自己、培养自己，努力养成开朗乐观的个性，在实践中彰显自信、勇敢和坚强，在社会人群中发挥正向的影响力量。

四、学习演讲有助于激发学生学习的自觉性

学习演讲，练习演讲，积极参加各种演讲活动，可以促使学生养成演讲

思维习惯。相对于演讲意愿不强的学生来讲，热爱演讲的学生更善于观察，更愿意担当，更愿意投身阅读，更勤于思考和创作。他们乐于表达，并对演讲效果期待有加，因而也更善于学习，更易于沉浸于自觉的学习状态。

第一，学习演讲理论著述，促使学生在阅读与思考中养成正确的演讲理念。学生在阅读古希腊、罗马时期的演讲家的著述，如亚里士多德的《修辞学》等，有利于他们养成扎实的演讲理论功底。古今中外演讲著述十分丰富，通过阅读，学生在愿意表达、勇于表达、善于表达方面获得指导，如"演说者要尊重事实与真理"，"让邪恶的人讲话，自己不发挥语言的作用是一种耻辱"，"演说的目的在于使真理和正义获得胜利"。这些演讲理念引导学生养成稳固的演讲理念，进而在促进社会进步与发展中发挥演讲的作用和力量。

第二，积极学习演讲技能与技巧，促使学生有效运用书本中的内容，进而在工作和学习中用心进行尝试。没有人天生就是演讲家，即使有也是极少数。我们多数人想要做好演讲，必须要加强学习，深入理解演讲技能与技巧；必要时要参加演讲训练，用心进行尝试，在实践中勤于练习演讲。假如不喜欢或不敢在公众面前讲话，那就要做好准备去遭遇不得不讲的尴尬场景，最为遗憾的是可能无法完成规定的学习和工作任务，尤其是在工作述职、毕业答辩，以及任何一次突如其来的讲话邀请等环节难以有优秀的表现。学生在学习和掌握了演讲技能技巧后，一旦机会来临，就可以快速调整自我状态，从而得体地展现演讲才能。

第三，积极向同辈学习，激发演讲愿望。在现实生活中，我们都可能听到过这样的表述：某人不错，就是"茶壶里煮饺子，有货倒不出"。这种评价充满遗憾，当事人往往深陷不善表达的困扰之中。如果缺乏表达能力，即使是满腹经纶，也会遭遇不善表达的尴尬。三人行必有我师，提高演讲表达能力也是这样，向同辈学习尤为有效可行。善于观察思考同辈的长处，并有针对性地弥补自己的短项，这是非常有效的提高表达能力的方法。与同辈多交流，尤其是观看同辈演讲，再加以分析思考，就会有所收获。即使是分析同辈在表达方面的不足也能给自己带来启发。坚持每天积极地表述思想与情感，演讲的表达能力就会在不知不觉中养成了。

第三节　学习演讲对大学生成长的意义

大学生在其成长与发展过程中，需在学好专业知识、学会做人做事的同时，锻炼和培养各种沟通能力。其中的演讲能力对提升他们的自信心有着极为重要的作用。他们参加论文答辩、演讲及辩论，以及就业面试等，都需要展现出良好的内在素养与外在形象，不断提升持续发展的信心和能力。对演讲能力的培养和养成，能够帮助他们避免在公众面前表达时因缺乏勇气，而出现推辞、逃避倾向；避免出现表达失常，由此感到自责、自信心受挫等，影响其才能的展现，削弱其寻求发展的积极性。因而，大学生发展成长要关注演讲能力培养，教师要善于利用一切机会，运用有效手段鼓励学生表达自我最优秀的一面，促使其顺利实现积极而健康的发展。由此，学习演讲促使大学生提升三种必备素养，即道德素养、心理素养和语言表达素养。

一、学习演讲促使大学生提升道德素养

社会群体有一种演讲共识：有怎样的品格就可发表怎样的演讲，演讲者道德素养品质高，他发表的演讲才能充满责任感与使命感，从而向听众传递正能量，对听众起到启迪、影响、教育、激励的作用。演讲者应品德高尚，这是他登台演讲的前提条件。因而学习演讲，必须努力学习成为道德品质高尚的人。

（一）学习演讲促使大学生涵养至真之德

演讲者最可贵的品质是真实与真诚，演讲的内容真实可信，对听众的态度真心真意，演讲效果就会真诚感人。在演讲实践活动中，演讲者做真人，讲真话，求真效。演讲者涵养至真之德，需在读万卷书、识万般友、吃万般苦、受万般难的历练中勤学苦练，方能有所成就。

（二）学习演讲促使大学生涵养至善之德

演讲的目的在于使听众受益，因而学习演讲可以促使自己努力培育博爱之心，处处为听众的健康成长着想，进而在演讲中践行微笑传诚挚、润物细无声的助人效果。演讲追求助人受益之效，演讲者必会严以自律，努力做政治上的强者、道德上的善人、人格上的完人、生活中的好人、知识上的富人、见识上的高人、感情上的真人。演讲者应永远心存爱心，善于真诚微笑，乐于助人成才，最终成为具有至善之德的人。

（三）学习演讲促使大学生涵养至美之德

受欢迎的演讲往往具有美的特质，能够让听众收获美的享受。因而学习演讲会促使大学生关注美好的事物，进而在演讲中以美好的理念与事例吸引听众，以美好的心灵感动听众，用美好的语言给听众创造美好的氛围，使听

众从中受到陶冶。演讲“不是锤的打击，而是水的载歌载舞，使鹅卵石臻于完美”。演讲者“四面八方寻花去，觅得甘粉酿佳蜜”，在与听众交流思想和情感的过程中，形成气、情、韵、势综合的演讲效果，发挥起、承、转、合组成的演讲感动力、感召力、感染力、向心力与凝聚力，通过“清风能感水能化，修竹有情兰有怀”的内蕴，实现与听众的共同成长。演讲者要成为具有至美之德的人，需要努力使自己“人如秋水玉为神”，努力做到“品若梅花香在骨”。

二、学习演讲促使大学生提升心理素养

大学生正处于世界观、人生观的形成期，社会变革会在他们身上留下明显痕迹，其思想观念与心理状态逐渐趋于平稳。部分学生由于对生活抱过高期望，进入大学校园后会出现不接纳现状的问题，如出现失望、郁闷、无奈、抑郁等心理现象，对健康成长造成不利影响。

学生的心理发展状况一旦偏离正轨，即会表现出以下三种倾向。一是悲观情绪加重，外在言行表现悲观消沉。他们会对未来持消极悲观态度，放大暂时的困境，延展困难危害，失去解决困难的积极性和内动力，产生自卑心理，失去追求和实现理想的信心。二是在挫折面前患得患失，意志薄弱。当面临实习或择业困难时，会在失败的境遇中停留过久，易于在沮丧中怀疑现实，失去迎接挑战的勇气与自信。三是难以形成健康成长的良性循环心态。校园学习生活的主旋律是追求成长与进取，但当面对光荣与羞耻、进取与失败的矛盾取舍时，学生易陷入困惑，难以驾驭或处理好成长问题，会在选择与怀疑、失落与失意中处于观望与徘徊境况。如果他们在挫折中弱化发展的动力，内心会充满自责，进入新一轮的失败循环心境中。

(一)学习演讲帮助大学生保持“不放弃”的乐观心态

学习演讲的学生都会明白一个道理：不同的演讲心态带来不同的演讲效果。消极演讲心态持有者会经历如下过程：演讲者缺乏演讲自信—担心演讲会失败—在演讲过程中会有消极表现—出现焦虑不安心理—导致演讲者更没自信—最终使演讲以失败告终；积极演讲心态持有者会经历如下过程：演讲前预期演讲会成功—积极准备演讲—以乐观心态面对听众—更有演讲自信—最终获得演讲成功。学习演讲需要面对现实，保持足够的耐心，养成“不放弃”的心态，由此养成健康的演讲心态，获得演讲成功。积极演讲心态的养成，能使学生在遭遇挫折时淡化失败感，愿意并能充满自信地从头再来。他们会认同积极乐观是成功的力量之源，从而保持乐观持久的耐力，坚信扎实

行动会取得预期效果。

(二)学习演讲助力大学生树立持久努力的过程意识

演讲能力培养需要自然积累的过程。成功演讲要经历认真准备、勤于练习、能力不断提升的过程。演讲经验的获得需经历不断磨炼、不断总结、不断积累的过程。在此过程中学生不仅增强演讲能力，而且会养成演讲思维习惯，将注意力和关注点集中到演讲的准备过程中。学会了关注演讲的过程，也就形成了顺其自然的心境。由此，通过提高心理健康水平，学生就能自信地生存与发展，正确看待逆境与机遇，从而拥有豁达的心态直面人生。

(三)学习演讲助力大学生在实践中收获成长

演讲综合素质的提高是无数演讲经验的积累的结果。善于学习、勇于实践是学生提高演讲能力的必由途径。“书山有路勤为径，学海无涯苦作舟。”演讲需要学生表达正确的思想理念，演讲的实践活动为学生提供了表达与收获的机会和舞台，由此学生会拥有宽阔的心胸、大度的情怀、乐观的行为，达到在演讲中释放自己、收获成长的目标。学习者应勇于参与，乐于表达，勤于总结经验，包括成功与失败两方面经验的启示。

三、学习演讲促使大学生提升语言表达素养

提升语言表达能力对大学生形成演讲核心素养的作用明显。由于演讲能力已成为社会公认的衡量人才综合素养的一把通用标尺，因而学习和练习演讲，尽早掌握演讲技能，提高演讲能力，是摆在大学生面前重要的学习任务。无论是在校学习期间，还是未来步入社会工作岗位，大学生都需要努力学习演讲课程，需在演讲课堂内外下功夫进行历练。在课堂积极发言，认真准备论文答辩，积极参加学生干部竞选活动，积极报名参加演讲比赛或辩论赛等，由此综合形成演讲能力，助力语言表达素养的提高。

(一)学习演讲助力学生语言表达具有表现力与说服力

把事情做好，把该说的话讲好，这不仅在演讲现场需要，而且适用于生活学习的方方面面。培养好的讲话习惯，讲话时要做到心中有目标，心中有预期，表达思想观点要做到集中、明确、统一，既生动活泼又详略得当。演讲者的思想内涵要便于听众理解，在情感和心理上获得准确和清晰的理解。演讲者要养成语言表达的好习惯，演讲时要做到主题集中明确，演讲始终保持明晰感人的特点。语言表达要做到既不流于平淡，也不进行不切实际的拔高，要与听众之间产生联结点与亲近感。语言表达应恰如其分，讲真话，讲

实话，讲接地气的话，讲对听众有益的话。拥有了演讲能力，学生的语言表达自然就会体现出较强的表现力和说服力。

(二)学习演讲助力学生语言表达的感染力与感召力

演讲追求“声落意出”“雅俗共赏”的表达效果，演讲讲述的故事要生动感人，有感染力。演讲观念与想法对听众有教育启发意义，产生感召力，使听众心有所向，有行动可以落实。演讲追求语言表达的清晰、自然流畅、易于接听和理解，追求态势语的自然得体。学生具有了演讲能力，语言表达会体现清晰、流畅的特点，能让听众理解，获得听众认可，让听众产生马上行动的愿望，这是语言表达具有感染力与感召力的具体体现。

(三)学习演讲助力学生语言表达的审美力与实现力

演讲追求语言表达的美感效应，注重内容表达美好，情感表达美好；注重口语美好动听，听起来有悦耳动听之感。语言表达的音质美好，声音抑扬顿挫；语言表达的情感饱满，真情美好感人。表达时声音或响亮高亢，或深情委婉动人，随着语言表达的内涵转换表达意蕴。语言表达的声音体现语音语调和节奏美感，或让听众感动，或让听众沉静，或让听众有震撼之感。演讲语言的声音艺术引领听众身临其境，从而在美的享受中实现语言表达的审美力与实现力。

有学生在经受演讲训练、开展演讲实践活动之后说：“学习演讲知识，是养成演讲能力必不可少的，这给我们带来许多体验成功的机会。在学习和工作场合，我们常常会遇到即兴表达的机会，如果不具备较强的演讲能力，在众人面前就会感到紧张，或会采取回避态度，没有足够的热情和胆量表达自己的思想、意见或真情实感，这会使我们失去原本应有的成功机遇。”有学生说：“在演讲课上，老师播放了一段演讲视频，看到演讲者那么阳光，感受到演讲者面对人生的顺境和逆境都能做到那么淡定，好像什么事情也不能让她退缩。突然间，我有了一种冲动，那就是让自己也这么优秀，这么阳光健康，这么享受生活，这么勇敢自信地生活。从此，我感到自己很有力量，心里感到非常踏实。登上演讲台后，我尽量通过自然的微笑将心中的善意传递给听众，用淡定的语气将快乐传染给大家。演讲完毕，在老师没有评价之前，我就已经感觉到了巨大的成就感。我想说，只要鼓足勇气，我们可以做到许多，我们可以发现自己比想象的要优秀很多。”学生因为掌握了演讲知识，经受了演讲活动的历练，他们具有了一定的演讲经验和自信。

演讲活动中对自己表现不满意的学生说：“冰冻三尺，非一日之寒。想要成就一次精彩的演讲，就要在平日里注重学习和锻炼，我以后一定要做一次完美的演讲。毛主席说，世界上最怕‘认真’二字，做任何事，只要你认认真真，就没有做不好的……”从上述学生的演讲随想内容来看，学生学习和参加了演讲活动，无论成功与否，他们都会在实践活动中进行深刻思考，并会在多方面获得进步和成长。

如果学生缺乏一定的演讲能力，自我的成长与发展会受到一定的阻碍。比如在需要进行演讲时，不能表达自己的想法，会出现各种失误，留下遗憾，影响自己的公众形象。面对演讲会有不良的心理暗示，如临上台前还在犹豫是否要做演讲；在台上不敢目视听众，紧张溢于言表，声音颤抖，音量小到第一排同学都难听清；不敢讲出真情实感，面对演讲如应付差事；演讲前从报纸杂志上随意摘取，东拼西凑成要讲的内容；认为演讲训练不重要，只要有勇气上台就能讲好；认为演讲能力就是演讲经历与经验的代名词；等等。在需要发挥演讲能力时屡屡失败与失误，给自己造成不应有的负面影响。在本应受到赏识与认同的群体面前，痛失良机，伤心失意，与本应有的成长与发展机会失之交臂。

总之，具有在公众面前进行流畅自然、严谨优美的演讲的能力直接体现大学生的综合素质，如学识修养、精神境界、心理状态、道德情感、人格成长等各个方面。换句话讲，培育并提升演讲能力有利于提高大学生的综合素质。我们的很多毕业生往往“羞涩不肯开口，开了口又含糊不清晰，讲得不完美漂亮”，“若不经说话训练，真是遗弃了一把最宝贵的锁钥。”培养学生的说话能力、演讲能力既重要，也必要。

大学生群体是社会发展的宝贵人才，是社会极为关注和重视的群体。由于演讲可以帮助他们提升综合素质与实力，因而为这一群体进行演讲，或组织这一群体成员开展演讲比赛及相关活动，也一直备受关注。由此，高校开设了演讲专业课或选修课，以培养和提高学生的演讲能力，促使他们更加健康地成长与进步。提升他们的演讲能力，不仅使他们在校期间获得自信，而且也有利于他们所在家庭的和谐与幸福，有利于社会进步与发展。演讲对促进大学生健康发展，对促进他们综合素质的提高作用巨大。

第四节　大学生提升演讲能力需求现状

演讲才能是演讲者借助有声语言和文字语言，在广大听众面前表达思想见解、抒发情感，实现表达的目的性、说服性与感召性的综合才能。其实施效度与演讲者自身的综合素质成正比，是演讲者此前阶段综合素质的完整体现，也是演讲者积累经验，通向再学习、再提高路途上的一所驿站。在提升演讲才能的过程中，学生完成思想进步、道德修养提升与健康心理培育的整合，在个体表达与群体反馈中实现综合素质的可持续发展。演讲对大学生的成长与发展具有广泛而深刻的影响，多年来师范生对演讲口才课程的学习一直保有极高热情，演讲课教师做出了艰辛努力与探索。

一、师范生基本素养与演讲能力提升

首都师范大学历来注重提高学生综合素质。早在大学生演讲能力培养尚未受到普遍重视的20世纪80年代，首都师范大学基于学生的实际需求及演讲教学的专业水平在全国的广泛影响，率先开设演讲公选课程，从“演讲美学”、“演讲艺术”、“演讲技巧”到“大学生演讲心理与人格”等课程均受到学生的欢迎和喜爱，很多学生都表达了希望将“演讲与口才”课程建设成为大学生必修课的强烈愿望。

作为综合性师范类高校，首都师范大学人才培养的目标是从事各级各类教育工作，为社会各行各业输送“模范”毕业生。“模范”的内涵很丰富，而乐于分享、善于表达是重要组成部分。师范生的培养质量与提高他们的演讲表达能力是和谐一致的。

（一）大学生普遍需要提升演讲能力

在成长与发展过程中，大学生在学好专业知识、学会做人做事的同时，特别需要提升自己的演讲能力。他们需要在论文答辩、演讲比赛与辩论赛、就业面试等环节都有好的表现，特别需要具有较强演讲能力的支撑和助力。参加过论文答辩、演讲比赛与辩论赛、就业面试等活动的学生，对此感受非常深刻。演讲能力强的学生易于获得预期效果，而缺乏演讲素养的学生，易缺乏表达的勇气，推辞、逃避摆在面前的机会，或表现失常等。有的学生因此而自责，自信心受挫，导致内向胆怯等。这种消极影响降低他们寻求发展的积极性，难以形成从师技能，难以成为各行各业的“模范”，这与学校的人

才培养目标相去甚远。

(二)教育实习使学生对提升演讲能力的需求变得相对紧迫

为了解学生对培养演讲能力的真实需求，我在师范毕业生中做过调查，着重对师范生在教育实习前与实习过程中对口语表达能力是否存在差异需求，以及实习过程中存在的演讲能力提升需求等问题进行调查研究。这里引用1999年7月我在中文、政法、数学三个专业随机各选的一个毕业班进行调查问卷的数据，反映师范生对演讲能力培养的内在需求。

师范生口语表达能力现状问卷调查数据显示，他们在教育实习前与教育实习中对自我口语表达能力的自我评估存在差异，他们在实习过程中出现了较明显的表达压力。从中我们可以得出结论：约30%的师范生实习前担心会遇到口语表达问题，约40%的师范生实习前表示对自己的口语表达能力不太满意或非常不满意，约90%的师范生在实习过程中出现口语表达问题及产生相关压力。具体调查结果数据见表1-1。

表1-1　师范生实习前后口语表达能力自我评估差异表

系别	实习前担心会遇到口语表达问题的比例数(%)	实习前对自我口语表达不太满意或非常不满意的比例数(%)	实习时出现口语表达问题的比例数(%)	实习中常见口语表达问题及相关压力
中文	29	42	83	担心课讲得枯燥，不能引起学生的学习兴趣，担心不被学生接受，担心与办公室里的教师相处不融洽等。
政法	20	40	98	担心不能很好地与学生相处等。
数学	43	40	86	担心自己讲的知识学生不能理解，或难以接受，面对学生的提问不知如何回答等。

调查结果显示，95%的学生赞成开设师范生口语表达能力培养专业课。其中61%的学生建议以必修课形式开设演讲课程，34%的学生建议以选修课形式开设演讲课程。在回答“宜在几年级设置演讲专业课程”时，92%的学生建议在大学一、二年级开设演讲课，其中77%的学生认为应在一年级开设演

讲课，15％的学生认为应在二年级开设演讲课。

我校师范生在实习前与实习过程中对自我口语表达能力培养存在显著差异，他们在实习过程中普遍存在各种演讲能力问题，对提升演讲能力有明确而紧迫的需求。综合学生反馈的各种问题得出以下结论：师范院校应加强在一、二年级对学生进行演讲能力培养，避免学生在参加教育实习时出现不必要的问题。解决问题的最佳策略是：在学校的人才培养规划中，充分重视对演讲能力的培养内容，对在一、二年级开设“演讲与口才”课程提出明确规划，让学生在演讲能力提升方面获得针对性成长。

二、大学生成长以提升演讲素养为重要突破口

我在高校教授“演讲与口才”课程迄今已 33 年，回顾教学生涯最让我感动和难忘的时刻就是看到一届届学生的演讲能力获得提高。尤其是指导和辅导学生参加国家级、北京市级、京津冀地区等各级各类的演讲比赛，他们获得了演讲比赛的一等奖等奖项时，我更是感到无比喜悦。

一次应邀到外单位做演讲比赛评委，现场遇到参加过我课程学习的学生，他是作为单位领导干部担任评委，他的一番话让我记忆犹新：“在学校时还没有这么深的体会，只是把演讲课当成是锻炼和培养自己能力的课程。但到了工作岗位才发现，演讲素质和能力直接关系个人的发展和成长。”“如果你具有良好的演讲素质和能力，只要单位组织演讲比赛，你马上就成为大家关心又关注的人才。尤其是当你需要代表单位参加高规格的演讲比赛，需要用演讲能力为单位赢得集体荣誉，而你又能不负所望，在演讲比赛中获得预想的成功时，你就马上成了单位的明星员工，也易于获得信任、重用和提拔。演讲才能和素质成为个体向公众表述自己的最佳表现形式。”这番话非常具有代表性，他从一位毕业生的视角阐释了演讲对个体成长的意义和价值，也彰显了学生以演讲为突破口获得的发展和成长。

(一)以提升演讲素养为突破口，学生更易保持心理健康

教学中我发现，演讲素质较高的学生，他们的心理素质也相对较好。他们的性格往往乐观开朗，善于与他人进行交流和沟通。他们的知识储备与心理品质在人群中呈较强优势，因而在机遇面前更能得体地展现自我，从而能按照预定的目标发展。而演讲素质较差的学生，他们的心理素质也相对较差。他们往往内向消沉。在各种活动和机遇面前，他们易于表现得犹豫不决，或畏首畏尾，从而在人生成长与成功的机遇面前留下遗憾。

一次我班上的一位湖南籍女生做了题为《我的父亲》的演讲。她说："我的父亲虽然很贫穷，但他却教会了我做一个好人，他送给我上大学的礼物只有八个字：自立、自强、自爱、自重。我爱我的父亲。他是世界上最好的父亲。"接下来她讲述了自己从小学到大学的坎坷成长经历，以及与此相伴的父亲的鼓励、支持和榜样力量。

她的演讲感动了在场所有的同学，学生评委给她打出了此次演讲比赛的最高分。谁会想到，这次成功的演讲促使她发生了极大的转变。在完成这次演讲前，她是一位很内向的学生。记得她小心翼翼地在课间和我进行交谈，在谈起自己的过去和家庭时，她说自己有深深的自卑感。她犹豫这次演讲要写什么主题，要做怎样的立意。课后我专门留下来在教室和她谈了许久。我们交谈的内容主要包括：个人的过去是人成长的支撑，最好的演讲是个人最珍贵的情感体验的总结和升华。好的演讲是需要进行艰苦创作的，真实的生活素材可以加以提炼构思成为演讲作品，演讲语言是可以将生活升华成为艺术的表达，演讲就是将个人最为深刻的美好的情感和人生体会与听众进行分享。我不知道我们的交谈对她的演讲成功究竟起了多大作用，但之后她对我专门表达了感激之情。她的演讲成功深刻地说明：一个人在能接纳自己，直面自己的一切，有了乐观健康的心态后，她就可以做出成功的演讲。自我的心理素质与表达能力等都会在一定程度上得到提高。

（二）以提升演讲素养为突破口，学生更易实现自我公众形象的再塑造

一次我受邀担任主题为"纪念长征胜利"演讲比赛评委，一位同学的表现令人失望。学生的努力与准备并没有帮助他塑造良好的公众形象，很显然他未接受过提升演讲素养的培训和指导。他一上台的站姿就暴露出了问题，他是斜着身子站在听众面前，然后头都不抬地朗读手里的演讲稿，一只脚还配合着表达打着节拍。坐在我旁边的评委忍不住议论，恨不得中途停止他的演讲。这是各院系选拔出来的优秀学生，因缺乏相应演讲规则的指导，他的演讲不仅没给他带来肯定性评价，反而给他带来不利影响。如果再有全校性的演讲比赛，他的院系还会推荐他做代表上台演讲吗？

学生缺乏演讲训练，演讲时不免会出现各种各样的问题，导致难以展现其良好的公众形象。因缺少演讲经验，学生在演讲时会畏惧与怯场。"我非常喜欢演讲，可不知道如何写演讲稿，也不敢演讲。""一说上台演讲我心里就发慌，腿发软，不知道为什么。""一说让我演讲我就非常害怕和紧张。"有如此的演讲表达心理，学生如何能够获得良好的社会公众形象呢？演讲者在演讲中需要与听众进行恰当的目光交流，但因缺乏训练，很多学生在演讲时或目光过低，或目光过高，或飘忽不定，或目光无神等，表现失常，影响与听众的交流效果，更难以展现良好的社会公众形象。

在组织学生进行演讲练习时，有位学生的表现令我吃惊。他的外在形象和言谈举止在班级中都处于中上水平。如果不是亲眼得见，我绝想不到他会遭遇演讲紧张。我注意到：一上台他的手就不停地抖，整个人的状态可以用“趴在讲台桌上”来形容。他的表达只有一个字：“我……”然后就尴尬地站在那里。我赶紧站起身来，走到他身边。然后面对全体同学说：“大家想不想听小牛同学说话?”大家理解了我的用意，马上为他热烈鼓掌。我带着期待问他：“你有想对大家说的话吗?”忽然他的神态释然了，讲话开始变得流畅：“我是从江苏来的，我在北京没有亲戚，希望大家对我多关照。”他的话音一落，马上又引发出了真挚而热烈的掌声。小牛同学自信、真诚而善良的公众形象终于塑造成功。

(三)以提升演讲素养为突破口，更易提高学生的社会接纳度

关于学生缺乏演讲规则意识而阻碍自我成长的事例很多。如班上一位男生和我交流他暑假寻求社会实践的求职经历。他说自己有很深的挫败感，但苦于找不到解决办法。经过交谈得出结论，学习演讲规则可以使他获得进步，比如注重外在形象修饰、言谈举止得体等。学生认识到：思想成熟、言谈表达得体的个体易于被社会群体接纳，从而也易于实现自己的职业愿望。

学生在实习中不被接纳是有具体原因的，比如以下我谈到的个案就很有典型性。2021 年暑假期间，为参加社会实践活动，班上这位男同学开展了积极的寻求之旅，然而先后七次他在不同的单位求职都遭到拒绝。我们交流反思他的求职态度是诚恳的，他向求职单位表示：自己想在暑期有社会实践经历，如果被录用，肯定兢兢业业地完成好工作任务，并且不要薪酬。

在学生向我复述他的失败经历时，我注意到了他的着装打扮：“你是穿这件 T 恤衫去参加面试的吗?”他非常诚恳地回答：“是。”这是一位美术专业的男生，留着长发系着马尾辫，上装为黑色 T 恤衫，上面有个大大的骷髅头图案，他对自己的艺术化个性追求坚定而自信。我和他交流了面试求职的重心，在注重真实地表现个性的同时，更重要的是关注别人对自己的接受度与欣赏度，听后他频频点头。我想假如他在求职之前接受了演讲训练与指导，学习并思考了演讲礼仪等方面的知识与要求，他应该不会经历那么多次的面试失败。提高演讲能力，也能提高学生的社会接纳度，为他们未来获得更顺利的发展扫除障碍。

总之，首都师范大学姓“师”，这使我校重视提升学生的演讲素养。因为师范生是具有鲜明职业倾向性的专业人才群体，他们既定的职业性质要求他们必须具有标准严谨、清晰流畅、自然美好的演讲表达能力。首都师范大学以培养师范生为教育特色，因而培养的师范生演讲能力如何，无疑是衡量学校培养质量的一项标准。鉴于学校的人才培养目标，加之学生的实际学习需求，我校须在切实培养师范生的演讲表达能力方面下功夫，比如在教学体系中为师范生设置“演讲与口才”必修学分课程，建设并形成更高规格的“演讲艺术”系列课程群等，以确保学生都能成为符合社会需要的合格教师。

【演讲实例】

致敬百年：英雄定格山水间

李彩英

111 年前的秋天，一名 17 岁的少年就要离开家乡，到县里的学校读书。临行前他抄写了一首诗留给父亲。诗中写道：“孩儿立志出乡关，学不成名誓不还。埋骨何须桑梓地，人生无处不青山。”这名少年就是毛泽东。从此，他离开了家乡，学到了救国救民的真理，带领中国共产党和中国人民，在浴血奋战中驱散黑暗，在团结奋斗中迎来民族独立和人民解放。

为了革命成功，毛主席的 6 位亲人献出了生命。其中，他的妻子杨开慧被敌人枪杀时年仅 29 岁；他的儿子毛岸英牺牲在抗美援朝战场上时年仅 28 岁；他的堂妹毛泽建被敌人杀害时年仅 24 岁；他的侄子毛楚雄被敌人活埋时只有 19 岁。青山处处埋忠骨，他们永远活在挚爱的祖国山水之间。

为有牺牲多壮志，敢教日月换新天。从 1921 年到 1949 年新中国成立，仅有名字可查的烈士就有 370 多万人。我的姥爷纪行金就是为新中国捐躯的革命烈士，他和为建立新中国抛头颅、洒热血的英雄们一样，永远活在我们心中。

从我记事的时候开始，每年清明节妈妈都带我到家乡的烈士纪念堂去祭拜姥爷。每次走到姥爷的英雄墓碑前，妈妈都会哭得很伤心。她说：“爸爸，你闺女来看你了。我带着你的外孙女来看你了。”祭拜活动结束，我们总会长久驻足读一读姥爷的英雄事迹宣讲辞。

在解放战争中，姥爷随部队强渡黄河，所乘船只被敌人的炮弹击中，壮烈牺牲，年仅 23 岁。他和战友们的生命永远定格在了黄河的滚滚波涛之中。

现在，我们家里仅珍藏着姥爷的一封亲笔家书，以及他随信寄来的一张与战友的合影。姥爷在信中表达了对父母的思念，更表达了对革命必胜的坚定信念。每当翻阅姥爷留给我们的遗物时，我们总像是能聆听到他的谆谆教诲，这既让我们感到亲切，又让我们非常难过。

为党和人民牺牲一切，这是中国共产党人的铮铮誓言。为了中国人民过上幸福生活，为了中华民族实现伟大复兴，真正的共产党员们都在岗位上践行着初心使命，兑现着庄严承诺。

2021 年，是我们共同见证奋斗奇迹的光荣之年。2 月 25 日，习近平总书记在全国脱贫攻坚总结表彰大会上庄严宣告：经过全党全国各族人民的共同努力，在迎来中国共产党成立一百周年的重要时刻，我国脱贫攻坚战取得了全面胜利。

经过这场艰苦卓绝的战役，现行标准下我国9899万农村贫困人口攀过贫穷的高山，跨过困苦的长河，走出了绝对贫困的窘境，迈上了同心致富的新路。这是彪炳史册的人间奇迹，是中国人民的伟大光荣，是中华民族的伟大光荣，是中国共产党的伟大光荣！

英雄定格山水间。在我国脱贫攻坚战场上，共有1800多名同志献出了生命。他们在陡峭的山上留下了领攀的身影；在险峻的路上留下了勇毅的足迹；他们把心血和汗水洒遍祖国的千山万水；他们把党的关怀送进百姓的家里。参加脱贫攻坚战的党员干部们，他们用生命奉献让鲜红的党旗高高飘扬。

年轻的共产党员黄文秀就是他们的杰出代表。黄文秀是我们师范专业的优秀毕业生，2016年她在首都北京完成了硕士学业后，又回到了广西乐业县的大山中。她到新化镇百坭村担任了驻村第一书记，立志带领贫困群众脱贫。在驻村日记中她写道："每天都很辛苦，但心里很快乐。"2019年6月，百坭村的脱贫人数全镇第一，可黄文秀却不幸遭遇山洪，因公殉职，牺牲时年仅30岁。习近平总书记对黄文秀的先进事迹做出重要指示。2019年9月，黄文秀被授予"最美奋斗者"荣誉称号；2020年5月，她被评为"感动中国2019年度人物"；2021年2月25日，她被授予"全国脱贫攻坚楷模"荣誉称号。

"我将无我，不负人民。"广大参加脱贫攻坚战的党员干部们，他们的志智双扶的扶贫精神成为千家万户传诵的红色故事。"吃水不忘挖井人，脱贫不忘共产党"，成为脱贫群众发自肺腑的共同心声。习近平总书记指出："广大脱贫群众露出了真诚笑脸，这是对脱贫攻坚的最大肯定，是对广大党员、干部倾情付出的最高褒奖，也是对革命先辈和英烈的最好告慰。"

征途漫漫，唯有奋斗。"上下同心、尽锐出战、精准务实、开拓创新、攻坚克难、不负人民"的脱贫攻坚精神激励着我们更加紧密地团结在以习近平同志为核心的党中央周围，永不懈怠、一往无前，向着实现第二个百年奋斗目标奋勇前进！

正如《英雄赞歌》中的歌词所说："为什么战旗美如画，英雄的鲜血染红了它；为什么大地春常在，英雄的生命开鲜花。"在此，让我们用歌声致敬百年，向英雄致敬！让我们用歌声致敬奉献，为奋斗壮行！

此文为2021年6月19日作者受邀参加为热烈庆祝中国共产党建党一百周年举办的“演说中国　致敬百年”公益演讲活动的演讲稿。此次演讲活动由北京市文联组联部指导、《演讲与口才》杂志社和北京演讲与口才学会共同主办。演讲地点为中共中央党校南校区大有书馆。

【互动练习】

以自己熟悉的一次演讲，或印象深刻的演讲稿为例，分析其对听众的作用和影响。以下以2003年北京发生“非典”疫情后的新闻演讲为例，谈演讲的作用和影响。

北京2003年春季遭遇“非典”疫情后，至5月底抗击“非典”的斗争取得胜利，这是一段紧张而严峻的日子。“非典”疫情在2003年4月底5月初发展成威胁全市人民生命安全的灾难，由于民众缺乏了解疫情真实发展情况的渠道，社会处于不稳定状态。在此背景下，北京市政府成立了防治“非典”联合工作小组，并于4月25日至5月31日共举办9次新闻发布会。新闻发言人利用电视媒体发表新闻演讲，对“非典”疫情及其防治工作做连续性同步报道，回答各种媒体提问，起到了及时公布正确信息、有效引导社会舆论、正确传达政府工作形象、稳定并激励社会心态的作用。北京市代理市长王岐山，北京市常委、宣传部部长蔡赴朝等同志以饱满的热情、实事求是的科学精神、才情洋溢的口才表达强化了新闻演讲的社会影响力。

首先，演讲帮助市民正确观察社会现象，正确辨认不实言论，在社会人群中建立了正确的舆论导向，维护了社会的稳定。如传言封城、物品紧缺时，演讲及时指出这是传闻和谣言，不存在封城和军管问题，对疫情集中地区隔离是为了控制疫情，北京的货源充足，货源储备及采取征调物资等措施能满足市民需求。而消毒液、口罩等物品出现暂时脱销，是因为这些商品是按照正常状态准备的库存，面对突如其来的疫情，一时间不能及时供应也是正常的，不必为此恐慌。对传言大学生大逃亡问题，演讲指出大学生中的实际患病比例不足以引起大学生惊慌失措，实际情况是大学生能冷静理智地面对灾害，能满怀信心地投入抗击“非典”斗争中。这些真实信息、科学定位与合理解释，帮助市民客观地观察非常时期的社会现象，从而具有理智而积极应对的心态。

其次，演讲帮助市民科学地规划生活，对非常时期如何工作、如何学习和生活提出明确的要求。要求市民防“非典”要做到早发现、早报告、早隔离、早治疗，全社会要动员起来群防群控，加强自我保护，维护城市正常运转的工作。在抗击“非典”的斗争中，为了保护人民身体健康，一些重要会议、展览及旅游文化交流活动要推迟或取消，不进行公众集会，市民进入公共场所要采取自我保护措施。当疫情逐渐得到控制，市民产生放松心理时，演讲又及时提醒、引导市民，情况好转时不能有麻痹思想，要保持积极乐观的心态，还要对“非典”高度重视，严密防控。

最后，演讲在市民面临困难时传达了一种信心和力量，充满了鼓舞民心的感染力。如王岐山市长在谈到克服恐惧心理时告诉大家：“恐惧的心理比恐惧的到来更可怕。”为此他还讲了自己的切身经历：“1997 年，我当时在金融系统工作，在香港赶上了亚洲金融风暴，当天正好是股市崩盘之际，正好是我们参加推荐的中国移动上市的首日，晚上的招待会，我作为保荐人、投资银行家，要保荐这只股票，可是股市崩盘了，我必须讲话。当时我突然想出一句话，站在台上就说，古人云：‘人不自信，谁人信之’。实践证明，亚洲金融风暴过去了。我现在同样要求自己，我也希望我们所有的干部和市民，首都的所有的市民和所有关注、帮助我们的朋友们，对我们这场防治‘非典’的斗争，树立起信念，树立起信心。我们一定能够战胜并取得这场斗争的胜利。”

他的演讲帮助市民树立自信心，产生战胜困难的勇气和力量。当然，其最为显著的作用是演讲者为公众树立了良好的政府形象，正确地引导了社会舆论，调节和稳定了社会非常时期人们的心态。新闻发布会召开之前，由于市民不掌握事态发展的真实情况，许多人对防治“非典”的理解是：不断地吃药、打针、消毒、熏香，或储存食品把自己关在家中，市民普遍产生了暂时的心理紧张和恐慌。联合小组新闻发言人的演讲在社会上快速建立了正确的舆论导向，帮助市民尽快建立了正常的生活秩序，帮助市民尽快掌握科学防治“非典”的措施，产生了战胜“非典”、同“非典”做斗争的信心和勇气，起到了稳定民心、鼓舞民众的作用，陪伴广大市民走过并走出疫情困境。

【思考题】

1. 学习了演讲的社会作用，请思考你从中获得了哪些启示。
2. 学习演讲对大学生健康成长有哪些价值与意义？

3. 你对学习演讲、提升演讲能力有哪些具体需求？

4. 你参加或聆听过哪些演讲实践活动，其中你最深刻的感受是什么？

【参考文献】

1. [古希腊]亚里士多德. 修辞术·亚历山大修辞学·论诗[M]. 颜一，崔延强，译. 北京：中国人民大学出版社，2003.

2. [美]马斯洛等. 人的潜能和价值[M]. 林方，译. 北京：华夏出版社，1987.

3. 李燕杰. 磁性与魅力[M]. 呼和浩特：内蒙古人民出版社，1991.

4. 沈耀峰. 非常演讲的力量[M]. 北京：中国盲文出版社，2002.

5. 顾肃. 演讲的艺术与科学[M]. 北京：中国人民大学出版社，2006.

【演讲箴言】

博学博爱，习熏悟化。

——李燕杰

演讲中第一件、第二件和第三件最重要的事情就是——说出来，说出来，说出来。

——［古希腊］狄摩西尼

第二章　演讲学习的途径与方法

【学习目标】

1. 激发自我面对公众进行演讲的热情与愿望。
2. 确立演讲能力是可以经由后天学习而养成的理念。
3. 掌握有效控制与展现有声语言表达的方法与技巧。
4. 掌握增强态势语言表达效果与魅力的方法与技巧。

在高校从事演讲与口才课教学之前，我并未系统地学习过演讲学专业，我的演讲专业教学与研究是伴随着边学习、边思考、边实践、边探索进行的。一方面我近距离地向李燕杰等著名演讲大家学习；另一方面我在引领学生成长，帮助学生成功的同时自己也获得了进步。我从不懂演讲到真正理解演讲的内蕴，从不敢演讲到敢于演讲，到能做好演讲，再到指导学生演讲，指导各级各类的演讲比赛活动，我从一名演讲教学的新手成长为演讲学领域的专家并得到同行认可，这经历了很长时间的磨砺和成长。所以这一章节的内容，既是我教学演讲与口才课的研究心得，也是我在演讲实践中的尝试与探索的总结。

谈及学习演讲的有效途径与方法，这要从我最初步入演讲学习之路讲起。1988 年我留校任教，为当时享誉国内外、在全国思想教育领域久负盛名的李燕杰教授做助教。李老师为全校学生讲授的“演讲美学”课程是学校的选修课。这门校公选课当年是学校选课学生人数最多的课程。当时的大阶梯教室并没有电教设备，因为有800多名学生听课，我需要每节课前在教室准备手提音箱和手持麦克风，负责把铅印的李老师的教学讲义材料发给学生。教学过程中设置学生演讲比赛环节，李老师指定由我担任该课程的班主任教师，负责联系学生并担任演讲比赛的主持人。由此开启了我的演讲教学与研究之路，也开启了我对演讲学进行学习的实践与探索之路。后来这门课在李老师的指导下由青年教育艺术研究所的全体教师共同讲授，每位教师分别讲二至四节内容，课程更名为“教育艺术与演讲美学”。再后来教师根据自己的研究兴趣和特长分别独立授课，我的“演讲艺术”“教师教学语言”“大学生演讲心理与人格”等课程就是在这一背景下依据学生的实际需求而逐步设置和讲授的。

第一节　激发演讲学习内生动力

激发学习者产生浓厚的学好演讲的内生动力，是他们学习演讲的关键所在。只有当学习者对演讲学习充满热情，对学好演讲拥有足够的自信心，愿意不断提升演讲综合素养，即丰厚思想，敦励品德；渊博学识，掌握技能；涵养心态，积极乐观；踏实学习，持之以恒，学习者学习演讲的内生动力才会得到激发。学习者演讲自信心的提高与演讲综合素养的提升是激发学习者学习演讲的内生动力，这促使学习者在新的学习高度产生更有效的演讲学习内生动力，想要表达的兴趣浓烈，对提升演讲水平的追求至高、至真、至善、至纯。

一、提升演讲自信心，激发演讲学习内生动力

自信是演讲成功的第一秘诀。美国公众演说家卡内基说：“只有你具有自信心，你才有行动，你才能言善辩。世界上没有天生的演说家，任何成功的演说家都是一步一步地练出来的。”美国思想家爱默生说：“相信你自己。”“自信是成功的第一秘诀。”无数事实说明：勇气是迈向演讲成功的第一阶梯，而大胆实践是获得演讲成功的入场券。

（一）拥有自信的演讲理念

学习演讲首先要培养和提升演讲自信心。有效提升演讲自信的方法很多，但最重要的是拥有坚定自信的演讲理念：我是独一无二的；不断学习会激发

出我的演讲潜能；我能弥补以前演讲中出现的各种不足；我不再怯场，我能从容应对出现的演讲问题。鼓励自己在态势语表达方面不断有所进步：上台演讲不再心跳加快，手臂或腿不会出现抖动、打战等现象，不会出现面红耳赤、口干舌燥的问题。我会接纳自己的演讲现状，做到适度放松。我会对自己进行积极的演讲心理暗示。

以下自信暗示语促使口语表达有进步：我不再出现语无伦次的现象，面对听众不会说“这个”、“那个”或“嗯嗯”、“啊啊”等与演讲内容无关的口头语；我不再出现张口结舌、不知所云的情况，我会常常练习，听取听众的建议；我会从思想意识上绷紧纠正习惯问题这根弦。学习者一旦获得了演讲自信，就拥有了成功演讲的勇气。

(二)在学习中提升演讲自信心

有了学好演讲的自信心，演讲学习者就会产生克服困难的勇气，有了坚持学习进行不懈努力的意志力，也有了应对演讲问题的理智思考、策略和智慧。自信心是最重要的学习演讲的内生动力，这一点在我最初步入演讲教学领域之时感受最为深刻。

当年聆听演讲大家令人震撼的演讲，看到他们面对大众演讲很受欢迎，我很怀疑自己能否做好演讲教学工作，甚至觉得自己没有当众演讲的资格，因而对学好演讲和教好演讲课程是极为缺乏自信的。记得当时我经常就克服演讲畏惧问题进行思考和请教：“演讲才能是先天具有的，还是后天努力获得的?”我认为演讲才能是一些具有特殊才能的人的天赋，他们的演讲天赋与生俱来，这就是人们通常所说的天才，即演讲领域里的天才。我自知自己不是天才，所以顺理成章地接受自己不能成功演讲的理念。作为初学者，我深感我缺乏演讲自信心。

我不奢望成为叱咤风云的演讲大家，但我渴望胜任演讲课教学，既能以身示范，又能真实有效地帮助学生达成精彩演讲，我希望自己是一位好老师。教师的使命感、责任感激发了我的演讲学习自信，坚定了我理解演讲真谛与探讨如何培养和提高演讲能力的内动力。于是，除了学习演讲学、传播学、心理学、教育学、美学等方面的理论著述之外，我积极把握公众表达的机会，争取在每一个适当的场合进行演讲实践，由此我的演讲能力与信心相融互通，不断增进，更获得学生的好评。

(三)在成功体验中培养自信心

在我教学演讲课程的初期阶段，我带着“演讲才能是先天具有的，还是后天努力获得的"这样的困惑不断学习与尝试，也不断思考并虚心向演讲成功人士请教，与演讲专家探讨演讲获得成功的秘诀。最终我得出了与我当初的理念截然不同的结论：演讲是一种经过学习和实践锻炼能够获得不断提高的技能。随着教学实践经验的积累，我的教学演讲能力也日渐成熟。学生们在我的课上学习大为受益，还把我作为他们进行演讲的榜样。由于我在演讲课教学方面取得的成绩，我被学校派往美国高校访学演讲学专业，并被授予优秀主讲教师的称号。这些成功体验激励与培养了我，极大地增强了我的演讲自信心。

由此我坚定了演讲理念：任何热爱演讲的人，通过学习都可以成为自我满意、受观众喜爱的演讲人。当然，个人的专业素养与学习能力、个人的天赋都是提升演讲能力的重要组成部分，如博学的知识储备、出众的相貌、美好的声音条件、良好的个性与性格、超常的智商与表达天赋等，都是帮助演讲者获得成功的重要因素。

如果我们在上述因素方面有所欠缺，并不表示我们无法完成高水平的演讲。我们可以在内在修养、自律表达、着装与礼仪等方面通过有目的、有目标地学习和历练，变不利因素为有利因素，最终自信成功地演讲。

演讲是可以经由后天学习和训练而养成的能力。这种能力的养成，需要学习者持续学习演讲理论知识，不断践行演讲专业的练习和要求；需要对养成演讲才能保持浓厚持久的兴趣；需要具有做好演讲的坚定信念与顽强意志；愿意进行深刻的自我总结和反思等。以上学习演讲的途径和方法，经过实践证明是科学有效的。

(四)在讲、演和练的环节中培养演讲自信心

学好演讲、增强演讲自信心，最根本的途径和方法是学会"讲"与"演"，并勤于实战。学会了如何"讲"，又学会了如何"演"，学习者的演讲自信心必会大增。再勤于练习演讲的技巧与要领，学习者在演讲实训中不断积累自信心，就能助力演讲成功。演讲学习因人而异，但都需要做到勤于学、勤于思、勤于写、勤于讲、勤于演、勤于练，由此学习者就能自信地在演讲实践中进一步把握学什么、践行什么、强化什么，从而助力演讲能力不断提升。明确了如何讲、如何演与如何训练的标准及注意问题等，学习者对演讲的预期效果就能做到成竹在胸，演讲的自信心自然也就获得了培养和提高。

二、提升演讲素养，激发演讲学习内生动力

（一）演讲素养是演讲者综合素养的集中外化

演讲才能是一个人综合才能的体现，通过聆听演讲，观众可以了解到演讲者的思想品德与学识素养、心理状态与表达能力等。演讲能力的养成是一个复杂的综合体系，学习者仅有演讲热情和演讲想法远远达不到演讲学习的目标，也满足不了听众的期待和要求。要养成高水平的演讲能力，学习者须在勤讲、勤练、勤写、勤思、勤学的过程中持续不断地丰厚思想，渊博学识，涵养心态，综合提升演讲素养，为养成较高水平的演讲能力奠定内在基础，激发出学习演讲的内生动力。

毋庸置疑，演讲者受听众欢迎的关键不仅仅是其外在形象，更不会是虚张声势的演讲状态。在听众的心目中，演讲者应该有尽善尽美的公众形象，他们品德高尚、知识渊博、阳光正直、无私助人，拥有宽厚仁慈的心灵与胸怀。他们应有崇高的理想追求，有对美好人生的坚定信念，有满足需要的人生智慧与人文素养。因此，演讲学习者应不断完善人格，努力具有高尚品质，成为建设中国特色社会主义和谐社会、促进人类文明发展、提高人类生存质量的贡献者和奉献者。这是演讲学习者需要通过艰辛努力才能达到的境界，也是促使演讲学习者不断追求演讲进步与提高的不竭动力。

（二）提升演讲素养需丰厚思想，敦励品行

所谓言由心生，要做受听众尊重与欢迎的演讲者，学习者要提升个人修养，包括政治素养、道德修养与文明素养等。演讲的意义和价值不同于一般的讲话和交谈，演讲观点需符合时代要求，满足听众对思想引领的心理需求。因此，学习者平时应重视政治理论学习，加强自我道德修养，努力追求提升思想境界，做到：爱党爱国爱人民，有志气有骨气有底气，德智体美劳全面发展。由此才能在演讲中传达正确的思想观点，正确解读社会热点问题，引领听众凝聚高昂振奋的民族精神与改革创新的时代精神，实现演讲的社会作用和价值。

1. 学习者应知行合一，言行一致

演讲者传播真理，引导听众热爱祖国，热爱人民，对中华传统美德具有强烈的认同感。自己所讲的内容一定是自己先要做到，演讲者要做坚定的爱国者与信仰真理之人，应做到知行合一，言行一致，由此演讲才能出自真心，也才真正具有真实的感染力。演讲是灵魂影响灵魂的社会活动，来不得半点

虚假。演讲者号召听众的所思所想，自己都先要扪心自问：自己是不是这样做到了？要听众做到的，自己首先要做到。绝不可出现演讲者台上讲，听众在台下说的情况。正所谓无德不足以立身，无德不足以立言。学习者学习演讲，要站稳演讲台，首先应知行合一，言行一致。这是演讲者承担演讲使命必要养成的品行素养。

2. 学习者应博学智慧，仁爱持重

演讲活动是演讲者与听众对最有意义和价值的思想感情进行分享的过程，由此使听众在分享过程中受到启迪、感染和激励。要完成这样的任务，演讲者本人应具有美德之心、仁爱之心。唯有心中有爱才能博大胸怀，才能真切关爱听众，打动感染听众。如果演讲者心中缺少了爱，演讲者和听众就会像平行线一样永不相交，演讲活动的有效性也就无从实现。拥有善德的演讲者应是听众的人生导师，面对听众永远保持真诚微笑，让听众从演讲者的微笑里看到希望，汲取力量，丰满智慧，感受精神上的关怀与心灵上的温暖。著名演讲家李燕杰对演讲者提出的要求是博学博爱，智慧持重。博爱之情是演讲者对演讲事业与听众具有深沉责任感的体现。博爱并拥有温暖感，也能让演讲者体现水滴石穿的感化力量。

3. 学习者应丰厚思想，美化心灵

美德引导听众有意愿、有勇气追求真理，传承真理。“其身正，不令而行；其身不正，虽令不从。”在演讲活动中，演讲者要引导听众感受思想，收获美德教化，塑造美好心灵。演讲者应品若松梅，思想道德品质高尚而美好。演讲者应身体力行至美之德，注重演讲语言体现诗化、美化、艺术化，能将高尚的思想和纯美的情感与听众交流分享，达到演讲的预期目的。学习者要想成为优秀的演讲者，需要在演讲实践活动中不断丰厚思想内涵，鼓励自我品行不断完善。学习者需不断提升道德品质素养，对美德不懈追求，自觉开展美德自我教化，拥有美好心灵与言行。

（三）提升综合素养需丰富学识，掌握演讲技能

演讲是一种综合性的语言表达形式。演讲能力的高低与演讲者掌握学科理论知识的多寡密切相关。演讲家李燕杰倡导演讲学习者读万卷书。李老师就是读万卷书、行万里路、识万般友、吃万般苦的典范。他是学识渊博的智者，他的演讲内容既有书本知识，又有实际生活经验，凝结而成人生发展的智慧。他说：“我是一个嗜书如命的人，造烛求明，读书求理，燃灯求光，读书求美。我就是要在万卷书中去寻求人类追求真、善、美的轨迹。”

热爱读书、博学广记是成就李老师演讲成功的基础。他说自己喜爱读书的习惯是自幼形成的。在父母的培养下，从记事的童年时期开始，他在接受正规教育的同时，也在家进行私塾学习。他勤奋读书，儿时即背诵了大量的国学经典名篇。父亲在家里为学生讲《易经》，他跟着听，从三四岁开始就懵懂地学习了国学。他修养国学智慧的基础是从父亲那里习熏悟化而来的。父亲给他最深刻的教育是"博学"，母亲对他最深切的期盼是"博爱"。在演讲教学生涯中，买书、读书、教书和写书成为他丰富学识的主要途径。

李老师爱好买书是出了名的。平时除了去书店和图书馆买书看书，他还经常光顾各种书摊。离他家比较近的书店店员会记住他的购书需求，一有新书就会主动给他留上几本。他经常到旧书市场淘货，熟悉他的人每当看到他有喜悦的神情总会问："李老师，您是不是又得到好书了?"去过他家的人印象最深的就是满眼的书籍与文稿，他家书柜里的书满满当当整齐大气，摆放着他喜爱的各类人文与自然科学经典著述，共计 3 万多册。他曾被评为北京市的"藏书状元"。

在大学本科学习阶段，李老师系统学习了文学专业。留校任教后他教授"中国古代文学史""中国文化史""中国图书史"等课程。80 岁之后他连续出版了《大道有言——李燕杰演讲集》《走近智慧——李燕杰智慧语录》《生命在高处——李燕杰诗文选》《总有一种方式让你脱颖而出——李燕杰演讲美学 400 问》《不是第一，就是唯一》《人生九级浪》等多部著作。迄今，他编写书籍共计 60 余种，演讲集在海内外销售 1000 万册。他的《塑造美的心灵》《自强者笔记》两本书被中宣部、新闻出版署、团中央等单位评为首届全国优秀读物一等奖。《塑造美的心灵》在台湾地区出版后被评为优良读物。

李老师从 1977 年 1 月 25 日率先走上社会倾情演说，谱写了塑造心灵美的精彩华章。他用 40 载的魅力演说行遍中华，走过中外 800 多个城市；他的 300 多个专题、6000 多场演说，赢得亿万听众的真诚盛赞，人们说他有演说家的卓越魅力。为增强演讲的感染力、感动力与美感力，他结合演讲实际创作了易听、易感、易记、易悟的演讲诗，被称为演讲诗人。他拥有哲学家的睿智，亲自书写并赠送听众饱含人生哲理的书法条幅 4 万余幅。他有国学家的深厚底蕴与修养。由此可见，要想成为优秀的演讲家，必先广泛涉猎，认真研读众多理论书籍，同时进行勤奋的创作。

演讲活动是演讲者与听众之间的交流互动，演讲者缺乏真才实学，是难以满足听众需求的。正如要给听众一瓢水，演讲者本人先要有一桶水的道理一样，以有效传播信息为己任的演讲者必须广泛涉猎，勤于学习，把自己锤炼成博学多识的人。在广泛学习这方面，演讲家万承奎老师同样值得我们学习。为了做好演讲，他到高校旁听 53 门专业课程，订阅 10 余种报刊资料阅读。他的成功解读了学习与演讲密不可分的关系。同时他深入社会实践，深刻理解与把握听众的思想和心理状况，做到了演讲素材取之于听众，又服务于听众。

人们常说："腹有诗书气自华。"学习者唯饱读诗书勤奋学习，方可努力凝练出诗情才华。"问渠那得清如许？为有源头活水来。"古人云："器大者声必宏，志高者意必远。"要拥有渊博的学识，学习者首先要努力学习演讲学理论与知识，学习古今中外的演讲名篇，掌握进行演讲的必要技能。其次要努力学习与演讲学关系最为紧密的语言学、心理学、教育学、美学、哲学、逻辑学、表演艺术、朗诵艺术等诸多学科的理论知识，使每一学科的精华内容都融合到演讲技能的养成中。

1. 学习教育学理论与知识

加强教育理论学习，有助于学习者探求讲与听的内在规律，重视演讲活动以听众为本位与主体的理念。演讲前了解听众，倾听听众，对听众亲切尊敬。

2. 学习心理学理论与知识

注重心理学理论学习，有助于学习者理解听众的心理世界，针对听众现有的心理问题组织演讲语言，根据听众的接受规律设计演讲论点，安排演讲结构，用听众期待的正能量影响他们的思维能力、想象能力、创造能力和性格特征。

3. 学习社会学理论与知识

强化社会学理论学习，有助于学习者学会协调演讲者与听众的关系，调动演讲氛围，既关注演讲者个体，又关注听众群体，促使演讲活动与现实社会、时代背景结合，促使演讲活动顺利开展，综合发挥演讲的社会效果。

4. 学习文学理论与知识

勤于学习文艺理论，有助于学习者掌握多种文学表达方式与修辞技巧，提高写作演讲稿的水平，为演讲语言的精彩表达增添魅力；提升有声语言表达的感染力，增强让听众产生或喜或悲、心灵激荡与审美享受的效果，更好地使倡导的思想最大限度地被听众理解、接受与赞同，实现演讲语言表达走近听众心灵的演讲效果。

5. 学习美学理论与知识

关注美学理论学习，有助于学习者树立美学演讲理念，从而以美的标准衡量要求自己，用审美观念审视演讲内容和表达方式。以此为理念演讲者在演讲中选用恰当的审美刺激物，构制强烈的审美“磁场”，形成独特的审美意境，进行充满魅力的哲理概括，引发愉悦的审美快感，促使审美意象有效延伸，让听众沉浸在诗情画意般的演讲活动中，实现演讲对美的历程、美的风格与美的效果的追求，让演讲者和听众共同沉浸于美的享受之中。

总之，演讲追求将字面上的文字讲活，追求用哲理让真知灼见焕发生命光彩，让听众对演讲内容入座、入耳、入脑、入心，引领听众追求博学博爱，培养其向真向慧、求善求美的品行。演讲追求将高尚而美好的品行传递给听众，用美好的事物吸引听众，以美好的心灵感动听众，创设美好氛围，让听众在美的境界中潜移默化地受到陶冶，实现“不是锤的打击，而是水的载歌载舞，使鹅卵石臻于完美”的演讲效果。

毛主席曾发表文章批评不学习却又好表现的人：“墙头芦苇头重脚轻根底浅，山间竹笋嘴尖皮厚腹中空。”现实中我们也会看到这样的演讲者，他们由于立场信念不坚定，学问不扎实，在演讲台上表现得见风使舵，人云亦云；或讲话善于狡辩，而又尖酸刻薄。因而学习演讲的人要善于学习，努力学习，使自己拥有渊博的知识。知识能够化为演讲的力量，影响听众。李大钊说：“知识是引导人生到光明与真实境界的灯烛。”知识是学习者产生智慧的源泉，想要传播智慧，自己先要拥有丰富的知识：马克思主义理论知识；教育学、心理学知识；管理学、传播学知识；文艺理论、美学知识；科学技术知识以及所学各类专业的文化知识等，由此涵养丰富学识，为掌握并展示演讲技能奠定坚实的基础。

(四)提升综合素养需涵养心态，积极乐观

演讲中遇到的各种各样的问题，尽管表现形式多种多样，或是产生心理问题，或是出现语言表达问题，或是发生不同寻常的意外，以致影响演讲获得成功，都与演讲者的心态涵养不够有关。换句话说，学习者的演讲心态或不够稳定，或性格中缺少了自信和乐观，或会使演讲无法获得应有的效果。学习者涵养演讲心态应培养自己具有超强的心理承受力、超常的心理亲和力、宽厚的心理包容力、强大的心理调和力，以及有效的心理控制力。尤其要学会管理情绪的诸多有效方法，能够较好地调整自己的心态，以能在演讲中做到适度敞开自我，从而进行得体而精彩的表达。

1. 涵养演讲心态，学习者需具有克服演讲障碍的决心和毅力

有位演讲者说：“我常用拿破仑拐杖上刻的那句话鼓励自己，不是障碍粉碎了我，而是我粉碎了一个又一个的障碍。”不管是身体不适，还是心理压力过大，抑或是演讲现场表达出现了失误或是处于尴尬的处境，如在演讲台上感到六神无主、手足无措，甚至步伐都有些异样，演讲者务必及时做出调整。一般来讲，出现演讲体态失控的原因，往往是学习者在演讲场合不能很好地控制表情与肢体动作。比如面部表情呆板，走路磕磕绊绊，或出现一顺边走路的情况，向观众鞠躬时身体僵直，或撞到麦克风等；还有的学习者会当众不停地挠头摸耳，捋胳膊挽袖子，反复用手梳理刘海儿；还有的会不自觉地攥紧双拳，卷衣角，摸辫梢，这些偏离演讲行为规范的表现往往与心态训练不足有关，如果不加以学习和练习就会成为演讲获得成功的障碍。涵养演讲心态，需学习者在实际演讲中挑战自我，战胜自我，具有克服演讲障碍的决心和毅力。

2. 涵养演讲心态，学习者要善于做一名忠实的听者

要做好讲者，先要做好听者。别人讲话时要善于倾听，要有足够的耐心，真诚地面带微笑，目光专注，适时地给对方以回应。在聆听的过程中，要善于倾听和牢记可以增长演讲智慧与才能的一切听觉信息。对于涉及听众诉求、听众关注的问题、听众的内心伤痛等都要认真领悟、理解和记取。聆听会使学习者的内心更加丰富，理解力更强，心态更稳定。还可以通过观看影视作品、聆听社会活动中的各类演讲进行学习，做到多听多记，持之以恒，由此必能深化演讲思想，积累并丰富演讲素材，形成良好的演讲心态。

还有一种聆听是倾听自我，即在耐心、真诚地倾听他人表达过程中，时刻关注来自自我内心的呼声和愿望，并能心境平和地体味、分析、感受和感悟其中的情感色彩与思考内涵。可以使用录音录像设备记录自己的演讲，聆听自己的演讲。当听到自己的声音时，对自己的语音、声调、情绪方面的内容不要急于下结论，而应像业界专家一样对自己的演讲进行评价，对自己出现的不足找到可以弥补的合适做法。但最为重要的是“珍爱自己的声音”。这种珍爱不是对自我天然声音的完全认同，而是在反复聆听中发现自己声音的长处，并能够通过向播音主持、戏剧表演等方面专家的学习，重新锻造自己的声音，尤其是在语音、声调、表达节奏、表达的情绪方面使自己的声音更体现出鲜明特色，增强演讲自信心，由此必能养成成熟健康的演讲心态。

3. 涵养演讲心态，学习者需培养健全人格

演讲心态与演讲人格的涵养相辅相成，积极涵养演讲心态，保持健康的

心理状态是健全人格的必备基础。人格健全，人的心态也易于健康稳定。从演讲特征可以分析演讲者的心态如何，人格是否健全。什么风格的演讲就会体现什么样的演讲人格特征和演讲心态。要做受听众欢迎的演讲者，演讲学习者需健全人格，涵养健康心态。在现实生活中做到严于律己，宽以待人。对他人多说正面鼓励的话，说温暖人心的话。要站稳演讲台，先要具有演讲的资格。演讲资格包括人格健全、心理健康。有演讲资格的人的演讲对听众才有真实的价值和意义。试想如果一个人人格不健全，甚至人格已经扭曲，或是存在严重的人格障碍，或存在双向人格特征，他又如何能与听众进行健康情感与信息的分享和交流，又如何能取得预期的演讲目的与演讲成功呢？

因此，学习演讲不仅要学习写作演讲稿和当众进行演讲表达的能力，而且必须培养和提升演讲心理素质，培养自己具有高尚的人格品质，拥有积极健康的个性，稳定乐观的情绪情感，开放健康的心态，开阔灵活而又缜密的思维能力，坚定的意志力等，这都对提升演讲人格素养有着至关重要的作用和意义。

传递高尚思想与健康情感的演讲者，其人格必然也是健康的。思想高尚与情感健康是演讲者培养健康人格的要素。古希腊哲学家柏拉图在《理想国》一书中写苏格拉底与色拉叙马霍斯的对话："苏：'如果心灵失去了特有的德性，能不能很好地发挥心灵的功能？'色：'不能。'"这些理念可运用于演讲人格培养。演讲学习者应养成真诚、开朗、积极向上的人格特征，以形成演讲感召力与征服力。演讲者应增强人格力量，做人要正直，并且言行一致。

（五）提升综合素养需踏实学习，持之以恒

学习演讲，提升演讲能力与水平，犹如逆风行船，不进则退，需时时努力。演讲能力和水平最终要达到何种程度，可以说是一个永无止境的追求过程。这需要我们在一生之中勤奋努力，持之以恒。学习演讲应树立科学的学习理念，应持续不断、锲而不舍地加强学习，而不可期待一蹴而就，或浅尝辄止。

进行演讲学习，要学习的内容十分丰富。除需要努力学习演讲学的理论知识，还要加强自己对当下正在学习的本专业的理论知识学习，更重要的还要学习与形成演讲技能密切相关的诸多学科，尤其是教育学、心理学、文学、美学等学科的理论与知识。学习教育学理论与知识，学习者应努力探求讲与听的内在规律，明确演讲活动以听众为本位与主体的演讲理念；学习心理学理论与知识，学习者应努力理解听众的心理世界，针对听众现有的心理问题有效组织演讲语言；学习文艺学理论与知识，学习者应努力掌握多种文艺学表达方式与修辞技巧，提高演讲稿写作水平；学习美学理论与知识，学习者应努力树立美学演讲理念，以美学标准衡量要求自己，用审美观念审视自己的演讲内容和表达方式。此外，还要努力学习语言学、哲学、逻辑学、表演学、播音学、朗诵学等学科的理论与知识等。

同时学习演讲贵在勤奋与坚持。演讲界流传着演讲家万承奎老师勤奋好学的故事。为做好演讲，已过不惑之年、身为领导干部的万老师到高校课堂旁听了53门专业课程，在家里订阅了10余种报纸杂志。他广泛阅读，潜心钻研。在此基础上，他针对自己感兴趣的“身心健康”专题深入社会进行调研，以“演讲素材取之于听众，又服务于听众”的理念认真准备演讲稿，他的演讲《老年人身心健康的五把金钥匙》，内容科学专业，所用事例和数据准确、针对性强，对听众表达出极高的热情，演讲受到听众欢迎，反响好评如潮。万老师演讲成功的实例给演讲学习者树立了榜样。

演讲名家李燕杰老师更是勤奋者与坚持者的典范。演讲界给予他的评价是：学识渊博、风范儒雅、为人谦逊。他的演讲洗涤听众心灵，塑造美的心灵。获得如此评价与赞誉的依据来自于他年复一年、日复一日的勤奋与坚持。他常这样教导身边的求学者：“四更灯火五更鸡，正是男儿读书时。”“书山有路勤为径，学海无涯苦作舟。”他本人是勤奋学习、勤奋演讲的典范。在他85岁高龄时，他成立了演讲工作室，每天坚持读书、写作和演讲，被评为北京市民“学习之星”。从1977年1月率先走上社会倾情演讲后，一直演讲不断，即使在他88岁过世前一周，仍在病房给学生录制演讲视频，真正做到了生命不息、演讲不止，赢得听众的真诚盛赞。人们说他有演说家卓越的魅力，说他具有文学家的优秀品质。为增强演讲的感染力、感动力与美感力，他结合演讲实际创作了大量易听、易感、易记、易悟的演讲诗，这些诗作朗朗上口，流传甚广，比如《秦皇岛遐想》一诗就是他的一篇代表作品。听众评价他拥有哲学家的睿智，赞赏他是拥有深厚底蕴的国学家。为让演讲的哲学理念深入听众心灵，他勤于书写饱含人生哲理的书法条幅赠送给听众，送出不少于4万幅书法条幅，成为他的演讲理念与人生智慧广泛传播的标志性载体。

学习和练习演讲，学习者还需积极地向书本学习，同时要多观摩别人的现场演讲或演讲视频和音频资料，要善于观看并分析演讲者演讲的利弊得失。学习者在自我学习、自我教育与自我培养的历程中，要充分利用自己的天赋与才能特长，珍惜学习机会，只要有平台就展现自己的演讲才能。

我在引导学生勤于学习时，会把我读过的美国现代教育家海伦·凯勒写的一段文字念给学生："Most of us take life for granted. We know that one day we must die, but usually we picture that day as far in the future…I am afraid, characterizes the use of our faculties and senses. Only the deaf appreciate hearing, only the blind realize the manifold blessings that lie in sight. Particularly does this observation apply to those who have lost sight and hearing in adult life. But those who have never suffered impairment of sight or hearing seldom make the fullest use of these blessed faculties. Their eyes and ears take in all sights and sound hazily, without concentration, and with little appreciation. It is the same old story of not being grateful for what we conscious of health until we are ill."

这段话强调的中心意思是：生命有限，死亡并不可怕。可怕的事情是我们没有最大限度地开发听觉、视觉的功能，没有让这些功能得到最大限度的使用和发挥。盲人对视觉的渴望，失聪者对听觉的渴望，给我们做出了榜样，也带给我们很多启示。珍视周围的一切美好，世界展现在我们眼前的一切景色，发出的任何声音，盲人都希望看到，失聪者都愿意听到。对于演讲学习者来讲，我们要努力用好自己的眼睛，多多阅读，多多观察，不要有任何懈怠，尤其是能够看到你会忽略或者瞬间消失的美好。这都是促进我们健康成长的最宝贵的财富。

这段文字选自《假如给我三天光明》这篇散文。当我和学生交流分享这些内容时，学生表现出了强烈的情感共鸣。记忆最深的是有位学生这样谈自己的感受："我们都瞎了，因为我们看不到生活中的美好，看不到自身潜藏的伟大力量。"由此激发出勤奋学习演讲的热情，也获得了很大的进步和成绩。由此来看，用心灵感知世界，带着好奇与爱进行演讲练习对演讲成功者极为重要。

写出上述这段文字的作者海伦·凯勒是一个生活在寂静无声与黑暗中，却给人类带来光明的强者。她的一生度过 88 个春秋，其中 87 年她生活在无光、无声、无语的孤绝世界中。然而，一个幽闭在盲聋哑世界里的弱者，却有着一颗超强的不屈不挠的心灵，她以惊人的毅力面对苦难与困境，用爱心拥抱人生。她说："我的身体虽然不自由，但我的心是自由的。""我不敢说从没有怨天尤人或沮丧的时候，但我更明白这样根本于事无补，于是我总是极力控制自己，使自己的脑子不要去钻这种牛角尖。"

从哈佛大学拉德克利夫学院毕业后，海伦·凯勒建起了多家慈善机构，帮助那些需要帮助的残疾人。她曾被美国《时代周刊》评选为20世纪美国十大英雄偶像之一。演讲学习者非常需要这种强大的内心力量，一个有着强大内心力量的演讲者才有能力引领、影响更多的听众创造和实现美好人生。

总之，勤于学习演讲理论知识，勤于在现实生活中抓住机会多进行演讲实践活动的尝试，以及经常性地进行演讲练习，这些是学习演讲最有效的途径和方法，也是学好演讲的必要保障。在学习过程中，学习者应树立科学、勤奋的学习理念以及过程意识练习理念，学习演讲技能既要有积极主动的心态，又不能急于求成。要善于做到与紧张相伴而行，又要做到张中有弛、张弛有度，及时调整不利于演讲成功的心态。

成功地发表演讲并非强者的专利。成功演讲属于任何一位有着演讲梦想、愿望和目标的学习者，属于主动勇敢地进行实践的学习者。这份机遇与殊荣尤其属于那些经过了诸多失败，但仍能坚持不懈，不断进行总结和调整自我状况的演讲学习者。

只要学习者妥善利用自身潜能，就一定会使演讲能力由弱变强。演讲经验是学习者追求演讲成功的明灯，只要勇于实践，善于总结，经验之灯就会越发明亮，终将引领学习者走向成功。学习者应有的演讲理念是：我会抓住一切机会练习演讲，增强演讲才能，即使失败了1000次，也一定要做第1001次的演讲尝试。“世上无难事，只要肯登攀。”只要不断充实、锻炼和塑造自己，在演讲的大海上，即使飓风呼啸、波涛汹涌，成功永远会是识途的海鸥，伴着学习者片片鼓动的风帆，向着美好成功的彼岸远航。

第二节　精彩的“讲”与恰当的“演”

在整个演讲过程中，演讲者的“讲”和“演”是互为一体、不可分割的。但为了进行精准研究，也为了更有效地学习演讲技能，我们将演讲活动细分为“讲”和“演”两部分。因此，从学习途径的角度讲，我们把演讲学习的两条主途径定为“讲”和“演”。尽管谈到演讲总是把“演”放在前面，但演讲活动的重点始终是“讲”。当学习者经由不同的途径，努力达到演讲学习的极限卓越后，就是实现了“讲”和“演”的强强联手与合盟。接下来再分头并进，最终实现“1加1大于2”的学习效果，实现更高层面上的“演”“讲”新境界。

一、精彩的“讲”是学习演讲的最佳途径

学习演讲的人都相信这样一句话：“一千句话顶不过一个实际的行动。”探讨学习演讲的途径是什么，寻求最佳的学习演讲的途径，考虑的再有道理都不如亲自发表一次演讲更有收获。而发表演讲之后理性地对自己的演讲进行反思和总结，找到下一次提升演讲效果的突破口，这是参加实际演讲活动可以收获的另一个重要成果。

实践出真知。演讲能力也是在演讲实践活动中锤炼出来的。学习者通过一次又一次精心地准备演讲，到一次又一次努力地进行演讲，再到演讲过后一次又一次地总结演讲经验，学习者的演讲能力在实践活动中就可实现预期的循序提高。

学习演讲的最佳途径是善于抓住各种机遇在公众面前勇敢地“讲”出来，并在演讲标准的视域下不断加强训练，演讲才能就可以获得不断提升。学习者掌握演讲标准后，关键要在演讲实践活动中以此为目标，并以落实演讲表达标准为引领。这是科学学习演讲应持有的科学态度和理念，也是保障“讲”获得精彩效果的依据。学会精彩地“讲”是学习演讲的首要目标。既然要讲那就要努力讲好，讲精彩，要有所依据的目标是非常必要和必然的。

要能实现讲得精彩的效果，除了要有所依据，有所指引，做到学有所寻，从而使演讲训练活动沿着科学有效的正确途径进行。同时，演讲学习还要坚持永不放弃的理念。即使讲得不精彩，演讲效果不理想，或经过很长时间努力仍看不到进步，或总是在演讲中出现失误，在这种情境下更需要坚守不气馁、不放弃的演讲理念。无论多少次演讲不如意，都要一如既往地坚持下去。接纳、肯定自己的努力，保证学习兴趣与日俱增，确保练习时间与强度，鼓励自己在演讲学习路途上与更多的优秀演讲者一起自信前行，满怀真情地互勉，直到能够讲得精彩，能够讲得让听众满意。

(一)明确“讲”的标准

明确“讲”的标准，目的是帮助学习者对演讲学习要求做到胸有成竹，让自己在每一次的演讲学习、思考与训练中都能按照规范标准要求自己。在学习演讲过程中，学习者想得比较多的事情往往是自己“讲”得不好，担心自己讲的内容不被听众接受，担心演讲现场出现尴尬局面等，这显然让学生偏离了“讲”的主题，自然对他们提升演讲能力极为不利。演讲理念影响演讲想法，演讲想法引导学习者的言行，而演讲语言表达的言行又反作用于演讲者的心

理感受。引导学生想什么是非常关键的，对学习者明确并强化“讲”的标准意识十分重要。如果学生满心想的都是演讲标准、演讲规范、演讲要求，学生自然也会收拢思虑，避免进入思考误区。

为了调动学生“讲”的积极性，帮助他们充满自信地演讲，在他们准备演讲时，我总是引导他们讲一讲自己的演讲优点或长项，引导他们考虑自己擅长“讲”什么内容，想一想自己的演讲经历中有什么成功体验，曾经听到听众对自己有哪些肯定。但令我惊讶的是，学生并不按照我的引导讲优点和优势，反而会列举他们对演讲的担忧和曾经出现的诸多问题。本来我想让他们用成功经历传递积极情感，但回忆又把他们引入失败惆怅的情境之中。他们越关注头脑里出现的那些负面信息，就越对演讲活动形成消极心理暗示，阻碍他们成功演讲。于是我只好与他们分享我的成功经历，分享我见到的成功演讲的学生取得的成长和进步，并由此引导他们聚焦演讲应坚持的标准，进而引领学生收获演讲成功。

教学中我感悟到：鼓舞激发学生产生学习演讲的自信心，正确的做法就是向他们讲授“讲”的标准，引导他们仔细琢磨和思考如何达到演讲标准和要求。当学生把注意力集中到“讲”的目标方面时，他们对演讲实践活动的积极性也会大为高涨。

教学实践表明，学习者的内心一旦充满演讲要达到的标准与规定，其他对演讲的担忧和失败情绪会随之烟消云散。这就好比一位哲学家给学生留了一道作业题：请同学们用自己的方法清除杂草。结论是：最正确和有效的方法是培植你想要种植的庄稼。学生的关注点应始终在“庄稼”本身，而非其他。对于演讲学习者来讲，践行演讲标准、演讲要求等就如同是培植庄稼，这是消除演讲障碍、进行精彩演讲的正确途径。

1. 演讲满足九项标准易于践行精彩的“讲”

演讲的关键在于讲，即演讲现场的口语表达。演讲语言表达效果由评委和听众评判。有评判就要有评判的标准，这是评判者需要共同遵守的评判标尺。依据演讲的内在规律、演讲的科学与艺术性要求，“讲”应该符合九项语言表达标准：语音规范、吐字畅晰、立论新颖、见解深刻、构想周密、语调适中、节奏合理、反应敏捷、措辞贴切。这九条标准规范准确地界定了“讲”的标准，这既为演讲学习者的学习明确了目标，也是演讲学习者胸有成竹地进行演讲的依托。

2. 演讲要符合十项要求以实现精彩的“讲”

对演讲的“讲”有哪些具体要求，综合各家观点表述如下：立意高远，信念坚定；目的明确，成竹在胸；上台前后，张中有弛；纲举目张，可进可退；借题发挥，巧妙安排；顺水推舟，善于应变；借助格言，推波助澜；出现失误，巧妙扭转；利用道具，形式多变；编筐编篓，精在收口。以上演讲要符合的十项要求分别从演讲主题、意图、适度、变化、意境、应变、格言、纠误、道具、结尾等十个方面做了具体要求和规定，这是演讲获得成功的指向标。

3. 关注“讲”的要素内涵，促成演讲精彩

“讲”的要素涵盖九项内容，共同融合在“讲”的过程中缺一不可。“讲”的九要素包括：言之有物，言之有情，言之有理，言之有据，言之有志，言之有用，言之有文，言之有序，言之有趣。以上所指的“物”“情”“理”“据”“志”“用”“文”“序”“趣”即为“讲”的九要素，这分别从讲的内容、讲的感情、讲的哲理、讲的依据、讲的励志、讲的实用、讲的文采、讲的逻辑、讲的趣味性九个方面规定了“讲”要体现的内涵。如果“讲”不具有这九个要素的内涵规定，演讲的“讲”就无法体现精彩和成功。

4. 演讲的“讲”要实现四种语言表达的协力配合

演讲是语言表达艺术，在具体的实施过程中需要四种语言表达形态的协力配合，即意美以感心的内部语言、声美以感耳的有声语言、形美以感目的态势语言、物美以感人的道具语言，四者完美结合而成精彩演讲。从这四种语言表达在演讲过程中的作用来看，有声语言表达占据核心位置，是“讲”发挥作用的根本；内部语言表达为“讲”的基础，是“讲”能够成功的保障；态势语言表达与有声语言表达紧密结合，是“讲”发挥作用，达到预期效果的重要辅助力量；道具语言表达为“讲”的媒介载体，为“讲”的表达效果增光添彩。以上四种语言表达相互配合，共同实现演讲的成功。由于有声语言表达是演讲的核心和关键，因而要实现精彩地“讲”就要抓住这个核心环节，下足功夫。同时做到四种语言表达协力配合，相互促进，以取得综合效果。

5. 演讲要实现精彩的“讲”需符合演讲基本结构标准

从演讲基本结构标准讲，演讲要取得成功，主要应满足以下三个基本要求。一是演讲的开场白部分，要求做到两点，即开头所讲内容要充分体现吸引听众注意力的要求，在这一部分要概要介绍或讲出整篇演讲内容的提要；二是在演讲的主体部分，所讲内容要达到三项标准，即论点正确鲜明、逻辑严密清晰、论据真实充足；三是演讲的结尾部分，所讲内容要做到：进一步强调和升华演讲的主题；演讲结语令人难忘等。

6. 演讲比赛常用评比标准对精彩“讲”的规定

在演讲比赛评比过程中，对演讲者的“讲”进行评比包含以下七条标准：一是所讲观点与立场正确无误。二是所讲主题集中明确、深刻易懂。三是所讲事例典型新颖，讲究细节。四是所讲内容表述准确、精练、生动、口语化。五是口语表达和态势语言的表达浑然一体。六是演讲者具有独特的气质风度，语言表达文采斐然。七是结尾处的语言表达达到了圆满的效果：没有讲节外生枝的话语；没有介绍自己在演讲中忘记了什么内容；没有让遣词造句走“下坡路”；没有致歉或自贬等，能够在听众最感兴趣时结束演讲。

(二)确定适合自己练“讲”的途径

寻找练“讲”途径的目的在于勤于花力气，下苦功进行练习，做到坚持坚持再坚持，直到取得预期“讲”的效果。演讲家李燕杰老师说，学习演讲是没有捷径可走的，“要想学习好演讲，首先需读万卷书，行万里路，识万般友，吃万般苦，之后方有可能取得成功。”这段话对练“讲”非常适用，在演讲界传播很广泛，是大家常说的练讲“四万理念”说。练“讲”需经此途径强化必要的软实力、巧实力、美实力和健实力，最终使讲达到至真、至善、至美、至慧的理想境界，在演讲过程中彰显“气、情、韵、势”魅力，收获天人合一、知行合一、情景合一、成名合一的演讲效果。

1. 练“讲”途径千万条，适合自己的才是最好的

许多成功的演讲者从各自的优势角度，从各自长期关注的视角出发，对如何练“讲”给出了多种可供选择的途径。对于初学者来讲，只要别人谈到的练“讲”途径都可以拿来学习，积极尝试必将受益匪浅。适合的才是最好的。学习者在学习成功演讲者带来的启示的同时，积极尝试进行演讲稿的写作，经常性地参加演讲实践活动，走出一条适合自己的练“讲”途径，从而保证演讲能力持续提升。

2. 有重点地向演讲家学习，探索适合自己的练“讲”途径

练“讲”的最佳途径是什么？成功演讲者给出了令人信服的答案，因为他们循着这条途径走出了演讲成功之路。以下综合演讲家的表述，供学习者参考：培养对发表演讲的兴趣和爱好，带你走上演讲成功之路；拥有想成为演讲家的梦想和使命，伴你演讲之路越走越顺畅；激发追求成功演讲的激情，并坚守获取成功的信念与执着；具有演讲的天分和家庭背景成长优势，还需加上后天的努力和实践；拥有多次成功演讲的经历，每一次的积累都是一块铺就坦途的奇石；强化做好演讲的责任感，坚持演讲的首次论与终篇说；及

时把握演讲机遇，积极应对面临的挑战；掌握成功演讲的方法和技巧，对演讲保持积极态度和顽强意志力；等等。这些从不同角度和侧面解读的练“讲”途径，除了演讲天分和家庭背景优势无法选择之外，其他各种途径都可以引领学习者走向演讲成功。

3. 敢于表达，将练“讲”落在实处

摆在演讲学习者面前的成功途径有很多，综合来看，无论学习者做出何种选择，都必须通过坚持“讲”而使学习活动落到实处。换句话说，只有在“讲”的过程中，演讲学习活动及其收效才能最终得以体现。演讲活动精彩的“讲”是一种综合性活动，其中包含了许多要素共同发挥作用，如激发演讲热情，有勇气实践演讲愿望，以及学习实践演讲理论知识，并经常进行自我反思和总结等。学习者所要做的，就是坚信成功，并能持之以恒地践行，一步一个脚印精彩地“讲”。

二、把握“演”的分寸是演讲学习的有效途径

演讲是综合性的语言表达艺术。在实际演讲中，“讲”和“演”紧密配合，共同服务于演讲成功。“讲”和“演”在演讲活动中不可分割，如演讲的四个特征：有声性与演示性相结合，综合性与独立性相结合，整体性与可变性相结合，现实性与实现性相结合。每一个特征都是“讲”和“演”相结合的作品，只有让“讲”和“演”相互配合，才能体现演讲的鲜明特征。“讲”和“演”能否浑然一体地结合，也是衡量演讲效果优劣的评价标准。“讲”和“演”结合，要求“讲”“演”同步、自然、协调、适度。

演讲中的“讲”涉及的话题选择、谋篇布局、遣词造句、音色音质都体现演讲者独一无二的个性与风格特征。相对于“讲”来说，演讲中的“演”处于辅助位置，涉及演讲者的眼神、面部表情、手势动作等，需完全融入“讲”的内容，达到自然而真情的体现。演讲者的一举一动除了助力“讲”的精彩再无任何其他意义。在对“演”的各项规定与要求之中，自然、适度、饱满、得体是最基本的。演讲中的“演”不是表演的“演”，所以把握“演”的分寸要领最重要。“演”绝不可以成为主角，它只为助力“讲”而存在，三分“演”、七分“讲”是一个永恒的准则，它们协力互助共同让听众受到感染，获得教益，实现演讲的目的。

(一)明确“演”的目标与标准，努力在演讲中做最好的自己

努力做最好的演讲者，首先要明确“演”的目标与标准要求。为科学研究和评定演讲标准，我们可以从“演”的角度进行细化，从而使“演”达到更高层

次和水平。我国高校为培养人才的综合素质，常常举办班级、院系级、全校性、全市性、国家级等各级各类的演讲比赛。无论是大学生举办演讲比赛，还是研究生举办演讲比赛，常常采用以下通用评价标准，或由此演绎更具体、更细化的评价标准。其中我们可以看到对“演”的要求与标准规定。

大学生演讲比赛评分标准

（满分100分，起评分60分，成绩去掉最高分和最低分，取平均分）

1. 内容积极向上，有教育启迪作用　40分
2. 主题鲜明集中，真实而有感染力　20分
3. 语音标准正确，表达自然流畅　20分
4. 精神饱满自信，表情态势语得当　10分
5. 着装整洁大方，体现大学生形象　10分

在演讲比赛中，评价标准总是对“讲”与“演”两者的综合评定。若是以满分100分的标准来评判大学生演讲，最高成绩获得者应在以上分设的5项演讲标准中均获得满分。其中，“演”的标准在5项演讲标准中占两项，选手完全做到可获得20分。即演讲者演讲时精神饱满自信，所用表情态势语得当，可获得10分；演讲者着装整洁大方，体现大学生形象，又获得10分。从我国常用的大学生演讲比赛分值来看，“演”的分值占20%，分别从外形、表情、态势与着装四个方面进行评定。

我们再来看一份美国高校大学生演讲比赛评分标准。以下是美国莫尔黑德州立大学演讲系对本科生演讲成绩的评定标准。这是我在他们演讲课考试的现场，他们的演讲学教授赠送给我的一份学习资料，并告诉我，这个评分单会放入学生的学籍档案。我在考试现场看到学生依次进行事先准备好的5分钟演讲，演讲课教师现场依循以下评定标准进行评定给出分值。

- Choice of subject
- Supporting Material
- Outline
  - Introduction
  - Body
  - Conclusion
- Bodily
- Eye Contact
- Voice
- Language/Style
- Overall Effect

以上是美国部分高校对大学生演讲水平进行评定的标准，共涉及八项评定内容，即主题选择、材料使用、结构完整、体态语言、目光接触、声音运用、语言风格、总体印象。对于美国莫尔黑德州立大学演讲系给出的评定标

准，涉及"演"的评判标准在这八项演讲标准中涉及四项：体态语言、目光接触、表达风格与总体印象。在演讲评判标准项中，"演"的评判标准占到了半数，这是他们对"演"充分重视的体现。由此可见，对于他们来讲，演讲的成功，可谓是一半在"讲"，一半在"演"，充分而得体的"演"至关重要。

"演"的标准是演讲学习者努力达到的目标。学习者心里有目标才能促使自己练习有方向，持续进步必然会有所收获。掌握、理解好"演"的标准，这是学习"演"的基础。正像在大海、沙漠或森林中行走的人，如果迷失了方向，就需要拿出指南针，确定正确方向后的行进才有价值和意义。"演"的评判标准就是"演"的方向，学习者明确了心中的方向，找到了努力的目标，才能更好地发挥潜力，使"演"达至恰如其分的效果。

(二)演讲中把握好"演"的分寸，克服自身不足

把握好"演"的分寸，就要克服自身不足，对"演"做到恰如其分，恰到好处。"演"得既不过分，也不欠缺。这说起来容易，做起来难。以我教学演讲学习班的情况为例，在我向学生讲解了演讲标准之后，学生对演讲要把握好"演"的分寸这个观点非常认同，且对分寸的要求也有明确认识。但在实际演讲训练时，他们却无法做到把握好"演"的分寸。他们或者"演"得不到位，或分寸与力度不够；或者"演"得太过用力，现场表达过于夸张，而背离了演讲的本质要求。

在指导学生进行实际演讲训练时，学生们"演"的现状着实令人担忧。如果你在现场观看，你甚至会质疑他们是不是学了"演"的评价标准，是否懂得"演"要把握好表情，控制好肢体动作。起码应该体现真情感人、自然得体的效果吧！演讲活动结束，我组织学生自评"演"的感受。学生自我评定不满意的情况主要体现在两个方面：一是不会调动"演"的动力，甚至不启动"演"的系统。总体表现就是面无表情、呆板失神、不动声色的居多。情到深处自然感人，但学生就是不动真情，喜怒哀乐惧等情感全无呈现。具体表现就是平淡读稿、背稿，缺乏感情抒发，没有感动力、感染力。表情如此，眼神如此，声音语调亦如此，更不用说手势动作的僵硬呆板，行走毫无生气可言等问题。"演"得不够，不到位，使演讲缺乏感染力。二是表演痕迹过重，表达过于夸张。比如在参加演讲比赛活动时，学生浓妆艳抹，化了舞台装，声音表达如同朗诵，或是演话剧，或在进行现场播音，表情竟然幼稚可笑、矫揉造作，或是面目狰狞、张牙舞爪，令人感到惊异恐慌，毫无美感可言。这样的"演"完全背离演讲的初衷，本是真实感人的故事却让人无法相信是真的。而演讲一旦失去了“真”的基础，一切教育感化的意义也就消失殆尽了。这样的演讲不但得不到听众的欢迎和认可，反而被评价为虚假做作，令人反感。“演”得过度使演讲效果适得其反。

要引导学生“演”到位，可从以下四个方面着手。①遵守演讲着装规则，避免出现尴尬场景。如演讲时女生不可以着吊带衫，不可以穿过高的高跟鞋，以防扭脚、走光等；男生不可以着背心，不可以穿拖鞋上台演讲，以免过于随意，令听众反感等。②调整好演讲心态，从容面对观众，避免出现脸红、笑场或手足无措等情况。③严于律己，控制好自己的言行，不可以在演讲中做各种无意义且多余的小动作，如不停地晃腿、习惯性地摆弄头发，经常出现“然后”“嗯”等类似的口头禅等。④积累演讲经验，体会成功者的演讲技巧，避免出现面无表情、体态僵硬刻板、不与听众交流互动等问题。今后需加强引导学生深刻理解“演”的概念与标准，引领学生在把握好“演”的分寸方面下足功夫，以使上述提及的各类问题迎刃而解。

总之，演讲活动也称讲演活动，无论是“讲”字在前，还是“演”字在前，它都是由“演”和“讲”两部分组成。无论是演讲还是讲演，在演讲者的整个表达过程中，“讲”始终占绝大部分比重。演讲的价值和意义终究是通过演讲活动传递思想、观点。“讲”得精彩最重要，“演”在其中发挥辅助作用。当然演讲者的公众形象以及给观众的总体印象也与演讲的成败直接相关。

第三节　勤于“讲”“演”与勤于“思”

如果说勤于“讲”和勤于“演”是演讲成功的保障，那么勤于“思”就是演讲成功的前提，并贯穿演讲活动的全过程，涉及演讲的准备、实施与反思等环节。事实上，在学生掌握演讲技能的过程中勤于“讲”“演”和勤于“思”是浑然一体、不容分割的。“讲”中有“思”，“演”中也有“思”。毕竟演讲要“讲”什么，或“演”什么，演讲者上台前一定是想了又想，思考再三才最后做出决定的。况且，演讲技能进一步提升更需要活动结束后的反省总结，积累经验。因此，在演讲训练中，在引导学生勤于“讲”、勤于“演”的过程中，一定要引导他们积极进行“思”和“想”。演讲成功离不开平时的勤“讲”勤“演”，更离不开勤“思”勤“想”，它们之间相互促动，即能助力学生提升演讲素养。

一、勤于“讲”助力学习者走上演讲之路

毋庸置疑，具有炉火纯青演讲技能的演讲者都有大量的演讲实践活动为

之铺路，他们“讲”的技能是与他们进行千万次的“讲”分不开的。这启示学习者要想学好演讲一定要勤于“讲”，因为演讲的技能非得经过千万次的“讲”才能练就。所谓“台上一分钟，台下十年功”就是这个道理。要勤于“讲”，就要热衷于参加一切可能的演讲活动，抓住演讲机会，让自己体会从思考准备演讲，到撰写演讲稿、当众发表演讲、讲后进行反思的全过程。勤于“讲”是最核心的环节。因为无论你如何“思”或“想”，不在听众面前“讲”出自己的思考成果，所有的努力在演讲活动中就得不到体现。学习者只有在经常的、持续的演讲实践活动中才能有效地展现自己、表达自己、锤炼自己和提升自己。

(一)精心设计开场白，给演讲开个好头

演讲的开头即开场白，是演讲者在演讲伊始讲的一段话。俗话说：“良好的开端是成功的一半。”演讲的开场白讲得好对演讲获得成功至关重要。演讲的开场白涉及三方面内容：一是开口问候；二是自我介绍；三是介绍演讲的总体内容。开场白是演讲者给听众留下良好第一印象的关键，演讲的开头建立了预期的首轮效应和光轮效应，就会给演讲者与听众建立良好的关系奠定坚实的基础，从而保障演讲的整个交流过程顺畅和谐。

开场白的讲话内容符合现场的情境，这样的演讲语言表达会拉近与听众的心理距离，会让观众集中注意力听讲，与演讲者一同思考铺路搭桥。演讲开头的具体讲法很多，如：开门见山表明演讲主旨；发表感想抒发对观众的敬意；娓娓道来地给听众讲一个吸引人的故事；展示并讲解实物道具，引发听众兴趣；设置悬念，“抖包袱”等。具体选择运用哪一种开讲方式，并没有一定之规，演讲者可根据自己的兴趣爱好及掌握的现场情况而定，目的在于与听众建立亲切融洽的思想和情感的连接。比如，一次我带学生参加北京市六所高校的演讲联赛，学生一上台讲了这样一段话：“今天我站在这里，一厢情愿地想成为大家的朋友，希望能得到大家的支持。”然后向听众深深鞠躬，立刻赢得了听众的掌声，现场气氛热烈而温馨。这是亲切自然式的开场。

演讲家李燕杰老师的演讲开场诗非常著名。为了营造诗情画意的开场美好情境，李老师常会朗诵一首自己写给听众的演讲诗，抒情言志，表达此次演讲的主旨，增进与听众的感情，提升语言表达的情韵和品位。开场朗诵诗是一种很好的开讲方式，易于受到听众欢迎。如李老师用诗一般的励志语言开头鼓励听众：“远望方觉风浪小，凌空乃知海波平。成就伟大事业的人，往往不是幸福之神的宠儿，而是那些遭受了诸多不幸而又不甘落后、矢志为学的苦孩子。”语音一落，就赢来长时间的掌声。李老师诸多成功的演讲开场给我们留下了设计演讲开场的经典范例。

再如，演讲界流传非常广泛的“大狗小狗都要叫”的开头也非常有特点。这是来自演讲学界蔡顺华老师的演讲故事。他自述年轻时参加一次演讲比赛，初登演讲台看到评委席上坐满了演讲名家，心里感到非常紧张。为了鼓励自己讲下去，他急中生智地讲了一段话：“世界上有大狗，也有小狗，小狗绝不会因为大狗的存在就停止自己的叫声。今天，我作为演讲领域里的一条小狗，要张开嘴巴，大声地叫几声。”一席幽默自嘲的话语，引来听众轻松的笑声，也为他打开了演讲局面，这段话成为他顺利演讲的必要条件。后来“小狗也要大声叫”这句话成了蔡老师标识性的演讲名言，也是他的专著的书名，鼓励更多的演讲学习者坚持演讲练习，增强演讲自信。

（二）演讲者的“讲”要具有足够的亲和力

讲的目的是听，因此应善于讲充满情感的话语，讲温暖听众的话语，讲激励听众向好向善的话语。只有想方设法地增强演讲的亲和力，演讲者才能真正完成演讲使命。因为从演讲的外在表达形式来看，演讲活动是演讲者向听众单向传递信息的过程，然而传递信息终究是要实现效果的，即听众愿意接受演讲者及其所传递的信息。听众绝不是被动的“接收器”，如果演讲者让听众感到漠然，或与他们存在遥不可及的心理距离，听众就会对演讲者回馈冷漠，对演讲活动无动于衷，甚至会对演讲者视而不见，对演讲内容充耳不闻，更有甚者反感演讲者，在演讲会场随意走动或干脆离场。但如果演讲者有足够的亲和力，听众就会对演讲者及演讲内容倍增好感，产生积极的听讲兴趣，并愿意配合演讲者的演讲活动，积极参与演讲活动。有亲和力地讲能增强演讲的可信度和有效性，最终保证演讲活动获得成功。

因此，演讲者要想方设法增加自身的亲和力，尽量缩短与听众的心理与情感距离。为演讲开一个好头就是拉近与听众的心理距离，让听众感到心情舒畅，由此促使正反馈、正能量在演讲者与听众之间互动传递。如果现场条件允许，演讲者可以走近听众，让听众感到亲近，从而愿意参与演讲活动中，这也是一个很好的增强亲和力的方法；可以组织一些互动活动，比如进行简明扼要的提问，请听众回答；可以组织设问句，激发听众思考，促使其保持聆听演讲的热情和兴趣。

有经验的演讲者往往十分注重形成亲和力，与听众保持自然和谐的关系。他们会主动缩短与听众的距离，绝不用唱“独角戏”的讲话风格带给听众卖弄与炫耀的反感。他们心中有听众，眼里有听众，在演讲活动中做到以听众为中心，尽量与听众融为一体。如1980年7月11日，李燕杰老师在北京西城区工人俱乐部演讲时这样开头：“同学们！你们劳动了八九个小时，饿着肚子到这里听课，使我再一次看到了我们民族的希望。我站在这里为你们讲课，觉得很光荣、很高兴！”几句话引来会场雷鸣般的掌声，缩短了讲者与听者的距离。再如1956年秋，印度尼西亚总统苏加诺到清华大学为学生演讲。演讲一开始苏加诺总统就和颜悦色地说：“同学们，我有一个建议，建议你们向前走一步，因为我愿意生活在青年中间。”随着大家向前走一步的行动，演讲者与听众之间的距离也就拉近了。

(三)演讲者要善于运用突出中心观点的技巧

由于演讲是即时性的口语表达艺术，受听众记忆遗忘特点的影响，随着演讲内容的丰富呈现，演讲的中心内容有可能受到冲击，难以给听众留下深刻印象。也许演讲者在开讲伊始已对重点内容做了预告，但随着时间的推移，随着听众接受演讲的信息量增加，那些需要听众记住的内容会受到淡化，记忆不再那么深刻，这就需要演讲者使用突出中心的技巧。这些技巧包括“重复演讲中心句法”“前后呼应法”“反向预告法”等，以达到突出演讲中心内容的效果。

1. 重复演讲中心句法

这是演讲语言表述过程中最常见到的强调突出演讲中心与主题的方法，往往通过设置排比句加以实现。演讲者通过有意识地重复演讲中心句这种方式，可以强调、强化演讲表述的思想观点，形成演讲表达的灵魂语句，深刻影响听众的心灵。如美国黑人领袖马丁·路德·金在1963年发表演讲《我有一个梦想》，演讲中他反复强调一句话：“我今天怀有一个梦，我梦想有一天……”这句话在演讲中多次重复出现，起到了突出此篇演讲中心与主题的作用，发挥了引领整篇演讲思想脉络的作用。

他说：“朋友们，今天我要对你们说，尽管眼下困难重重，但我依然怀有一个梦。这个梦深深植根于美国梦之中。我梦想有一天，这个国家将会奋起，实现其立国信条的真谛：‘我们认为这些真理不言而喻：人人生而平等。’”“我梦想有一天……”，这句对梦想充满现实憧憬的排比句总共有六句之多，经过这句话的重复强调，演讲者的梦想深刻影响了听众的心灵。为实现这一梦想，演讲者呼唤并感召起听众对自由的热烈追求和渴望。他说：“如果美国要成为伟大的国家，这一点必须实现。”“让自由之声响彻……”这个语句整整重复了八次，这种大量的重复强调，发挥出了坚定听众对平等与自由追求的信念，坚定听众为此必须采取有效行动的决心。

2. 前后呼应法

除在演讲中重复强调中心观点句之外，前后呼应法也是凸显演讲中心观点的常用方法。为了增强演讲各部分内容之间的逻辑联系，加强演讲语言表达的紧凑性，演讲者在演讲语言表述中会瞻前顾后、上呼下应，以此风格的演讲语言的叙述，将演讲内容中强调的人、事、景、物告知听众，发挥突出和体现演讲主题观点的作用。演讲语言的前后呼应会在听众内心留下鲜明印象和强烈感受。

聆听新东方学校创始人俞敏洪演讲，可以清楚地感受到他对前后呼应演讲法的运用。他对社会大众进行演讲的内容非常丰富，有他自己为新东方教育事业打拼的经历与经验，有他对新东方学校教职员工的认识和评价，有他对新东方教育事业未来发展前景的设计和憧憬。但无论是讲哪部分内容，他都在演讲中鼓舞听众奋发有为，克服困难去拥抱成功。鼓励听众无论如何都要做发愤图强的人。比如演讲的开头和结尾他常讲："为了实现理想，每个人都要能在绝望中砍出一块希望之石。""每个人都要善于在失望中寻找希望，鼓起勇气挑战人生。"由此他的演讲语言表达体现出前后呼应的特点，有鼓舞人心的力量。他与听众进行交流，或是和听众分享人生体验，他的"在绝望中砍出一块希望之石"是他演讲的一大亮点，给听众留下深刻印象。

3. 反向预告法

"反向预告法"是演讲者在结束演讲时，为强调演讲主张的中心观点加以使用的演讲结尾方法。演讲结尾处的反向预告法在演讲表述中使用广泛，它对演讲者所强调的演讲主张与主题要旨起着再概括、再重申、再介绍的作用。这是演讲者在结束演讲之时对此次演讲进行回顾和梳理，用最简单有效的方法对整个演讲活动进行小结。这也是演讲者在演讲结尾处与听众进行告别的方式，是演讲者离开听众之前，陪伴引领听众对此次演讲内容进行简单的复习。

演讲者在演讲结束之时，应静下心来理智梳理一下此次演讲的中心内容，以免演讲内容过多而忘记开讲时的预告："今天和大家讲一讲……"结尾处的反向预告加深听众对演讲中心观点的理解与思考。如在演讲结尾处说："概括来说，我的主要想法是……"或"就像我在演讲开头部分所说……"这些演讲语言的表达就是对演讲进行的反向预告。但在实际运用中，上述的"重复演讲中心句法""前后呼应法""反向预告法"往往会穿插使用，共同作用于演讲活动中对演讲中心内容的强调和突出。

(四)妥善应对演讲现场的负反馈信息

演讲活动是演讲者与听众之间进行的真实的思想与情感交流活动。既然是交流，就有可能接受或不被接受，交流可能顺畅进行，也可能出现交流不畅的情况；交流的氛围可能融洽，也可能会遭遇尴尬场景。上述演讲交流情况都是可以接受与面对的演讲实际状况，无论哪一种状况出现都是演讲的交流现象。我们自然希望出现演讲的正常态，希望从听众方面传出的负面反应、负面反馈信息越少越好。最好的效果是演讲顺利实现了演讲目的，演讲者圆满完成了演讲使命；听众聆听演讲大为获益，对演讲者本人留下美好的印象。

1. 演讲现场的负反馈信息

演讲现场出现负反馈信息的主要内容如下：听众对演讲不感兴趣，在演讲现场做自己的事情；或是对演讲活动本身有看法，有愤愤不平之感；有听众或对演讲者不接纳，甚或不屑一顾，不怀好意地评头品足；不同意演讲者所讲的观点，不相信演讲者所说的实例，或直接持反对意见，演讲现场听众有反对声、质疑声此落彼起，三三两两窃窃私语；有的听众或会中途离场等。这是演讲者事前应有的心理准备，并能在现场较好地进行调控，以顺利完成既定的演讲任务。

2. 演讲现场出现负反馈信息的原因

面对各种负反馈信息，如果演讲者的应对不妥当，也可能会影响到演讲者的情绪或心理感受，影响演讲者的正常演讲进程，或会直接导致演讲失败，影响演讲获得预期效果。出现负反馈信息的原因主要有以下两个：一是听众方面的问题，比如听众本身存在思想情绪问题，进入演讲现场前尚有没有处理好的问题，进而不能全身心投入或参与演讲过程中而出现问题。二是演讲者方面的问题，比如演讲者知识涵养不够，演讲素养不高，不能满足听众的要求，达不到听众的期望值，从而引发听众不满；或是演讲准备不充分，演讲内容质量不高，现场表达不能引起听众的共鸣，与演讲目标和要求存在较大差距，令听众失望抱怨。

3. 科学理性地应对演讲现场的负反馈信息

并不是所有的演讲现场都会遭遇上述提到的各种负反馈信息，但是演讲现场不可避免地可能会遭遇某些负反馈信息。由于负反馈信息对演讲者本人和演讲活动本身都产生一定的破坏作用，因此科学理智地应对负反馈信息就显得尤为重要。那么，演讲者如何科学理性地应对演讲现场可能出现的负反馈信息呢？以下提供两条建议。

第一条建议是演讲者面对负面情况要保持平常心。演讲现场一旦出现负面信息，演讲者一定要处乱不惊，不为所动。演讲者要把负面信息看成是演讲活动的有机组成部分，用平静接纳的态度妥善应对，绝不可让情绪或心智方面受到干扰，或受到消极激惹与冲击。演讲者对负面信息应对得越妥当，演讲者的演讲应变能力就越能得到发挥和提升。理智出智慧，演讲者要对妥善应对负面信息有足够的信心。面对听众的不了解、不接纳、不信任与不理解要展现演讲者的胸怀和魅力，用真才实学、真知灼见与实用有趣的演讲内容吸引听众，用高超的语言表达艺术感染听众、感召听众、征服听众。

面对有负反馈信息表现的听众，如果演讲者不能善意地理解接纳，一旦遭遇消极情绪暗示，发表演讲的心境就会受到影响，顺利完成演讲任务就成了奢望。演讲者应采取的正确做法是：正面应对传递负反馈信息的听众，关注他们的现场心理需求，提醒自己演讲更专注，更投入。同时按照听众的接纳现状，适当调整演讲的节奏，或加快，或放缓，或增加与听众进行交流互动的环节。由此，演讲者的应变能力、忍耐能力与理解、宽容能力也会潜移默化地得到提高，演讲水平也就随之与日俱增了。

第二条建议是演讲前做好妥善应对负面信息的预案。演讲者需在演讲前做好精心准备，力争在演讲中获得正反馈。演讲者在演讲中要讲好自己，讲好演讲稿，充分尊重听众，关注听众，与听众交流互动，调动听众参与演讲活动的积极性。同时演讲前设计情境预案，毕竟听众的心理状态与现场表现都是难以准确预测和把控的。演讲现场一旦遭遇负反馈信息，要能做到心中有准备，现场反应能准确适度，从而保证演讲顺利进行。如准备的实例要多于要讲的内容，一旦发现听众有反感情绪，要及时调换演讲实例。再如演讲前可设计好引发听众兴趣的互动练习活动，一旦气氛沉闷，及时进行互动练习等。

二、勤于“演”助力学习者走稳演讲路

演讲活动中的“讲”“演”是相互融合、不可分割的统一体。单独强调“讲”或单独强调“演”，那也是“讲”中有“演”、“演”中又有“讲”的状态。演讲者的“讲”“演”统一方能完成演讲任务，呈现演讲魅力，展现演讲生命力。把“演”单列出来进行分析论证，除了要强调“演”在演讲中扮演着重要角色，进行演讲活动不能出现重视“讲”、轻视“演”的现象，更要避免出现演讲只是“讲”，

而不进行“演”的问题。帮助演讲者强化在演讲中“演”的意识，促使演讲者勤思“演”的标准，勤想“演”的效果，勤于践行“演”的理念与设想，并做到长期坚持，持之以恒。由此，学生在演讲学习之路上才会越走越稳，学生会“讲”会“演”，演讲能力必然持续提高。

(一)从不会“演”到主动“演”

学生演讲最常见的情况是站上讲台也就只顾得上“讲”，哪儿还谈得上“演”？究其原因或出在不会“演”，或“演”得不自然、不熟练、不传神、不动情，达不到“演”的要求与标准，没有产生预期“演”的效果。学生在“演”的方面出现问题，与其说是因为他们不会“演”，还不如说是他们不敢“演”。演讲中，学生特别容易紧张，所以根本放不开。眼光放不开，表情不自然，不能和听众进行目光交流；肢体动作放不开，显得僵硬做作不自然；等等。因而练习“演”就要练习张弛有度，目光自然，让动作手势自然大方。

学生不敢“演”的原因很多，比如演讲前没有下足功夫，稿子的内容尚不能熟练讲出，缺乏自信感到茫然无助，自然就陷入自卑紧张的循环圈中。或低着头念稿，或紧张地背稿，再或者直接忘词尴尬地站在台上，因演讲经验不足，很难发挥自如或遇到问题能够实现自救。而最重要的原因是经验不足，由于经验不足，所有涉及“演”的要素，包括“眼神”“面部表情”“站姿”“行走”“手势动作”等的运用都会被抛掷脑后。学生全身都处在僵硬的状态，紧张不知所措，失去了演讲分寸，又怎会将“演”的规则落实到位？如此这般又谈何生动灵活地“演”呢？

(二)分三步走进行演讲训练

“三步走演讲训练法”助力学生勤“演”会“演”。为了帮助学生学会“演”，勤于“演”，在对学生进行演讲训练中，我设计并实施演讲练“演”三步走训练法。通过训练，帮助学生“演”有遵循，“演”有目标，“演”有规则，促使引导学生在“演”的训练方面循序渐进，不断获得演讲进步。学生“演”有遵循，“演”有目标，“演”有规则，自然会在演讲中愿意主动尝试“演”。在“演”的实训中分成三步走进行，可有效减轻学生的心理压力，助力他们在实训中逐步加深对“演”的标准和要求的理解，并能主动自觉地在演讲时勤“演”会“演”。以下是对学生进行演讲实训三步走的具体内容。

1. 演讲实训第一步

这是在演讲实训中对学生应掌握的“演”的要领进行指导，主要包括三方面内容。一是要求学生做到在演讲前观察全场观众，从而意识到演讲不是演讲者单方面的事情，还要把听众放在心上，用目光接触的方式和听众建立连接，具有和听众主动交流的意识和能力；二是走向演讲台的过程要抬头挺胸，大步轻松地行走至指定位置，由此训练学生规范行走，自信演绎出演讲的内蕴感情和观点；三是要求学生站在听众面前时气定神闲，感知到镇定自若，面带微笑向听众致意行礼。以上“演”的内容简单明确，便于学生理解掌握，是促使其勤于练习“演”的开始。

2. 演讲实训第二步

在前面训练基础上，对学生提出进一步要求。这部分的实训内容分为五个方面。一是上台前对演讲稿的内容做到成竹在胸，对稿件的内容熟练至脱稿演讲的程度，让学生更自由地“讲”，让“演”的状态自然呈现；二是服饰打扮做到大方得体，符合身份和场景需要，由此提升“演”的自信；三是演讲前为整个演讲设定三个以上的手势动作，在演练中做得规范到位，养成用适量手势动作辅助“讲”的观念和能力；四是眼神和微笑运用到位，与听众有充分的交流和互动，实现“演”的生动传神有效；五是演讲带有激情和热情，语言表达体现明显的四个变化，让“演”贯穿演讲活动的始终。

3. 演讲实训第三步

完整复习演讲全过程的“演”的内容后，进行以下三方面的规范演练。一是练习上台：注意提前调整好音响音量与话筒的高度；整理好自己的面部妆容、发型、衣服与演讲所用的资料、道具等；观察了解观众，看好自己的上台路线。二是上台状态演练：整体状态体现从容不迫，落落大方，潇洒自信；站在台上生动活泼，抬头挺胸，严谨有序，振奋乐观，自然亲切。三是上台演练：不急忙开口，而是用亲切的目光注视或扫视会场两秒钟，使听众的大脑做好接收信息的准备，得到无声的感染。在此氛围中将事先准备好的演讲稿按规则进行完整演练。

(三)重视给听众留下最好的第一印象

好的开始是成功的一半，给听众留下最好的第一印象便于听众接纳演讲者，形成最佳的沟通氛围。为此演讲者永远要把“演”当成人生体验的第一次，以百倍的谨慎重视留给听众的第一印象。不管自己演讲了多少场，都要认真对待每一次演讲，就如同是第一次登台演讲一样，从着装、妆容、心态调整到“演”的才能发挥，如演讲者的目光、表情、手的动作与身体姿势的内蕴表达等，都要认真准备，认真对待，在演讲中恰当运用。演讲者只要一出现在听众面前，就应该是自信、稳重、真诚、友善的，如此才能给听众留下最佳的第一印象，并有助于形成特有的演讲风格与魅力。

1. 眼神语言好，给听众留下的第一印象就好

演讲者的眼神应该炯炯有神，富有神采。让听众看到光亮，看到喜悦。眼神语言，也叫目光语言，演讲者要通过眼神表达出想法和情感。与听众进行眼神交流，有助于演讲顺利进行。演讲者生动的目光语言，有助于促成演讲者与听众的交流。演讲学习者应找到自身存在的问题，进行有针对性的训练，并努力在下一次“演”的经历中获得进步。

合理运用好眼神语言，要做到演讲者的眼里始终有听众。演讲者在演讲中用眼神传递情感，及时获取来自听众的信息，对演讲现场的反馈信息了然于胸。演讲者用目光语言表达自信心，有助于演讲获得成功。演讲者与听众进行恰当的目光交流，便于形成与听众交流的氛围。使用扫视眼神，便于使全体听众感受到关注，感受到尊重和关爱。虚视与点视眼神语言结合，可在关注重点听众的同时，获得演讲现场的正反馈，增强演讲自信心。

合理运用眼神语言，包括演讲者扫视、点视相结合。演讲者的目光应该是和善而温暖的，是专注和灵敏的。眼神的交流可以促成真诚、温暖、有利于充分理解的交流氛围。演讲中切忌出现闭着眼睛说话，斜着眼睛说话，望着天花板说话，看地面、看脚下或盯着稿子说话，死盯着一个人说话，眼神飘忽不定，眼睛望向窗外等问题。眼睛是心灵的窗户，眼神语言直接影响与听众的交流和表达效果。演讲者要善于使用扫视、实视、虚视相结合等目光用语。

2. 面部表情好，给听众留下的第一印象会很好

面部表情应轻松自然和柔和。演讲时应抬头挺胸，面部表情顺其自然，切不可过于僵硬。表情语言要注意适度表达，既不能表现过弱，缺乏“演”的影响力，也不能“演”的意识过强，令人有装腔作势、矫揉造作之感。不管自己遇到了多么不开心的事情，都要把负性情绪留到场外，对演讲树立负责的“演”的意识。“演”对演讲的总体效果发挥辅助作用，具有对演讲内容进行演绎的作用，增强演讲效果和感染力，使演讲更有魅力，更受听众的接纳与欢迎。

面部表情应阳光明朗、丰富到位。演讲者在演讲中要始终关注听众，要让听众看到自己的脸部表情，尽量避免背朝观众或侧身向听众的情况出现。演讲中要保持饱满的热情，用丰富得体的表情演绎所表达的内容，忌情绪不高，面无表情，或是沉闷无趣，情感表达有不健康的内容。为增强现场表达

效果，演讲者在演讲中大部分时间应面对听众，同时要适时地略向左或向右关注全体听众，吸引听众的注意力。

3. 与紧张同行，度过“演”的艰难期

“演”需要演讲者解放自己，放松自己。如果不能放飞自我，务必在感受紧张的同时，勇敢地伴着紧张同行，按照“演”的标准规范演讲。当演讲者“演”的动力不足时，要对自己进行积极有效的心理暗示：“我喜欢演讲。我对自己负责，也对听众负责。”“我发表演讲具有特殊的价值和意义。我要让演讲的价值和意义尽可能让更多的人了解，并受到尽可能多的认可。”“我努力发掘最大潜能，就像能学会走路、说话一样，度过学习‘演’的艰难期，掌握好演讲的技能技巧，成为演讲的行家里手。”“在参加实训‘演’的同时，我会多观察、模仿优秀演讲者的演讲表现，从他们身上汲取所需的正能量。”“宝剑锋从磨砺出，梅花香自苦寒来。”通过实训，学习者不断坚定学会“演”、练好“演”的信念，不断加深自我认识，积极展示独一无二的自我。演讲者持之以恒地提升综合素养，就一定能在演讲中展示出最好的自我。

三、勤于“思”为成功演讲打牢根基

勤于思在演讲学习过程中发挥着最为基础和关键的作用，也是保障演讲成功全过程的一条主线。毕竟演讲要“讲”什么，或“演”什么，演讲者上台前一定是想了又想，思考再三才最后做出决定的。演讲前的深刻周密思考保障演讲成功，演讲后演讲者的客观反思促使演讲者在原有基础上逐步提高。演讲的反省与总结，是演讲者每一次演讲成果的联系链条，以此保证演讲者的演讲能力通过“学习—实践—反思—再学习—再实践—再反思”循环往复的过程得以提升。勤思促使演讲不断进步，并发展到新的阶段和更高的水平。

(一)勤思演讲的使命与责任

演讲是为社会发展服务的，演讲者的演讲责任和使命与时代发展同步同行。要学好演讲就需要勤思演讲的价值与社会意义，敦促自己肩负起引领社会人群向真、向善、向美的职责。演讲符合时代发展和社会人群的需要，每一位演讲人都肩负着义不容辞的责任与使命：讲好中国故事，传播好中国声音。

1. 对演讲本身勤于思考

具体到每一次的演讲活动中，演讲前对演讲主办方的要求，听众对思想引领的需求，此次演讲的主题，演讲要达到的目的进行深入思考，并把思考的成果落实到演讲稿的撰写中。完成演讲稿的写作后，对自己即将进行的当众演讲活动，从头至尾进行讲前预演、讲后反思的全过程。勤于“思”和勤于“想”就是演讲成功的前提。

2. 对演讲优势和潜能深入思考

进行演讲优势的分析过程中应关注两个方面：一是演讲中体现的个性特征，要敏感地肯定与感知自己区别于他人的不同点，善于发掘和展现这些独特的内涵。由此使演讲者远离攀比心理，更加关注自身的积极能量，更加彰显演讲者的演讲自信。二是关注自己上一次的演讲情况，从中找到自己取得了哪些进步，思考自己取得进步的具体变化，自己获得这些进步的原因和条件。演讲者持续关注自我进步，就会在每一次的微小进步中不断成长，最终使演讲优势实现最大化。

3. 注重演讲结束后的反思

及时总结和反思自我演讲的优势或不足。完成演讲任务后，如果演讲者善于对自己演讲的过程进行反省和总结，将有助于他的演讲水平不断迈上新台阶。当演讲者认真进行自我演讲优势的分析，他的每一次演讲就可以成为他演讲自信的来源，从而不断鼓舞自己，使自我的演讲潜能发挥到极致；当演讲者演讲之后能客观分析自己的不足，并能从不足中找到原因和问题，针对此进行有效的自我培养和锻炼，演讲者就能找准自我完善与发展的突破点和关键点，进而实现演讲的自我突破与进步。

(二)勤思演讲礼仪规范，综合提升演讲素养

演讲礼仪是演讲活动中规定的示人以尊重和友好的规则、习俗和程序。演讲礼仪是演讲者与听众进行交流与沟通的有效渠道。演讲者缺乏礼仪就难以和听众形成良好的交流关系。演讲者遵守礼仪，在演讲活动中通过言谈、表情、姿势等表达对听众的尊重。演讲者应成为社会群体中知礼、守礼与行礼的典范。

1. 演讲者知礼、守礼，可以满足听众的心理期待

懂礼仪的演讲者非常关注让听众感觉良好，感觉受到尊重；创造与听众进行良好沟通的氛围，建立融洽交流的基础，保证交流过程顺畅，使听众更有效地接纳演讲的内容；懂礼仪展现演讲者个人良好的品行修养和文化形象，从而提升演讲表达的效果。

2. 精心准备演讲，是演讲者懂礼仪的体现

为了体现对听众的尊重和演讲礼仪，演讲者讲前应充分准备要讲的内容，

以保证讲得明白，讲得精彩；精心提炼要表达的思想，并不断深化；精心锤炼演讲中要使用的语句；对演讲的总体布局做精心安排与设想。

3. 适度使用微笑等面部表情与手势动作等表达演讲礼仪

微笑或严肃等表情使用不当或恰恰用反都是缺乏礼仪的表现。演讲者适度运用符合礼仪的态势语需遵循以下四个要点：一是自然雅观，二是协调和谐，三是适宜适量，四是因人制宜。

(三)勤思演讲能力的提升与演讲目标的实现

在与学生谈演讲训练为什么要强调“思”这个问题时，我会和大家分享 80/20 定律。这个定律最重要的内容是：清晰的目标带给人成功的力量，标识出预定的成功结果。美国一家研究“成功”的专业机构用了 20 年的时间追踪 100 个年轻人的成长发展过程，最后得出 80/20 定律。20 年前，接受调查的 100 个人回答了同一个调查问题：“你的人生目标是什么?”20 人给出了明确的回答，这部分人都有清晰的人生发展目标；80 人不能给出明确的回答，几乎没有清晰的发展规划和努力要实现的人生目标。

20 年后，被调查者都已年满 65 岁。成功调查机构追踪调查结果显示：之前有清晰人生发展目标的 20 人经济有保障，其中 4 人非常富有。其余 80 人情况不太好，晚年贫困潦倒。他们的情况如此不同，并非他们年轻时不努力，主要是因为没有选定清晰的人生目标，如同扛着没有旗帜的旗杆到处乱跑；如同没有罗盘的船只，漫无目的地漂泊，无所谓成功的彼岸又谈何到达成功的彼岸呢?

80/20 定律对学习演讲有深刻的启示：学习演讲需设立清晰的目标，如养成怎样的综合素养，塑造怎样的公众形象，什么是社会受众欢迎的演讲等。自己要有清晰的认识和努力的目标，对自己的演讲使命与责任牢记心间，确保每一次的演讲实践活动都获得明显效果，确保演讲能力不断提升，确保演讲达到预定目标。

(四)把勤思融入“讲”“演”全过程

勤思与讲演训练相互促进。“讲”“演”“思”三体合一，共同作用于演讲训练之中，长期坚持必能获得预期效果。关于在头脑中勤思助“讲”、勤思助“演”的观点在体育竞技方面可以得到实证。报纸杂志经常刊登有关体育明星获奖的信息，最吸引读者的内容莫过于揭秘运动员训练的内幕。我在阅读中关注到一个技能增强的奥秘，即支撑那些在体育赛事中获得卓越战绩运动员的，往往是他们取得成功背后的大量勤奋、艰苦卓绝的训练。而在他们的训练中，动脑筋思考是最需要强调的关键点。任何一项体育比赛，运动员在比赛前一定会理智地考虑一遍动作要领与动作流程。比如游泳运动员练习高难度动作前，一定会先在头脑中过一遍、想一遍全部的动作。除了个人参加比赛项目要重视周密思考，参加团体比赛项目更要求参赛前对拼打战术进行仔细的思考。勤思勤练应该是助力学习者学有建树的关键因子。因为即使要完成再微小的事情，都需要先积极思考，有正确思路的引领，之后言行才能达到要求。

第四节　演练规范与演讲实战

无论是规范演练，还是进行实战演讲，都是对于掌握演讲技能的不断训练和强化。演讲技能培养犹如播音员每天要练声开嗓，犹如相声界所说的“说学逗唱”演练，也犹如戏曲界的从业者每天必完成的“唱念做打”的功课。所有的成功都来自于勤奋的练习。演讲技能培养也要进行基本功训练，而且要做的功课很多，其中最重要的就是通过“眼耳心口身”五项感官勤奋地进行阅读、倾听、背诵、练声、体态身姿等方面的有效训练与自我培养。

一、规范练习“讲”的技能

练“讲”的方法很多，包括绕口令练习、诗歌散文朗诵、演讲名篇背诵、收听收看演讲家的录音录像、故事扩展与缩编练习、对自己的演讲稿进行分析演练等，也包括心态控制、临场应变技能练习等。提升朗诵能力，对提升演讲能力非常有益。这里推荐朗诵艺术家曹灿老师总结的“朗诵口诀”为大家练习朗诵提供参考。“朗诵并不难，主要靠实践。题材选得好，成功得一半。首先找主题，然后再分段。口齿要清楚，四声不能乱。尖音要克服，语言要规范。尤其要注意，标点和重念。两样读得准，意思不会变。切记一道汤，节奏要变换。停顿掌握好，感情得体现。手势适当加，眼睛不乱看。人物要区分，喊叫让人厌。情感要真实，虚假没法看。练好语言功，多多做贡献。”

演讲者要下功夫锤炼自己的口头表达能力，力争使每一次的口头表达都能达到言之有理、言之有情、言之有物、言之有序、言之有趣的标准和效果。即讲话有根有据，并饱含深刻的人生哲理；讲话真情实意，并能结合内容有丰富恰当的表情；讲话具体生动，既有真知灼见又有感人事例；讲话富有逻辑，详略得当易听易记；讲话富有趣味，幽默庄重浑然一体。做到演讲富有内涵，态度平易近人，语言朴实感人，获得演讲亲和力、感召力、说服力与穿透力相结合的综合魅力。演讲学习者需要进行多方面的专题训练。

(一)培养当众表达的热情和愿望，常练演讲基本功

培养和提升想要当众表达的热情和愿望是打开演讲者心扉的两把金钥匙，只有拥有想要演讲的愿望和热情，演讲者才有可能珍惜演讲机遇，认真把握演讲机会，鼓起勇气应对演讲可能会遭遇的各种挑战，产生演讲的决心和勇气，获得演讲的话语权，自信地站稳演讲台。演讲学习者一旦具有表达的意愿和热情，就会远离胆怯懦弱和逃避，专注于唤醒演讲潜能，产生自信表达的力量，进而有勇气向前迈出一步，展现良好的公众形象，在听众中发挥重要的正向影响。而每一次成功的尝试，又会进一步激发想要表达得更好的热情，促使自己不断反思，不断总结，对学习演讲保持浓厚的兴趣和爱好，不断巩固和提高学习演讲、练习演讲的阶段性优势和成果，不断向成熟的演讲者行列迈进。与此同时，要常练获得演讲能力的四大基本功，即练声、练礼仪、练朗读、练朗诵。

(二)勇于践行表达愿望，在实际演讲活动中练习“讲”

经常有学生和我交流：“老师，我下定决心要训练演讲能力，可是我就是不敢上台。我总是对自己说，现在我太害怕了，还没有准备好，下次吧。”有这样想法的学生因为胆怯，一次次与上台历练失之交臂，总是与成功演讲相差一步之遥，又似乎是千里之外。学习者一旦在畏惧、畏难困境中迷失了自我，就会失去原有的演讲热情和动力，受困于听从与沉默。没有实践演讲愿望的勇气，学习者的演讲热情再强烈，也没办法实践自己的想法，一切好的思想和动力都会落为空谈。而学习者一旦拥有了自我激励、自我鼓舞的勇气，就会克服面对众人进行表达的畏惧，实现自我突破，并保持持续进步的正能量。他会越来越善于把握在众人面前的话语权，在人群中发挥积极有效的影响力。他能敢于承担演讲使命与责任，贡献自己养成的学识与才能，进入薪火相传的接力赛队伍中，做一粒不灭的火种，发出自己的光和热，哪怕微小也会弥足珍贵。在遇到的困难和挫折面前，鼓足勇气不气馁，耐心集聚正能量，牢记自己应达成的演讲目标而努力实践。

(三)学会在演讲前放松，掌握适合自己的放松技巧

演讲前自我放松的方法因人而异，关键是找到适合自己的方法。以下提供常见方法供参考选用。找个熟人聊聊天；找几个观众了解些情况；喝杯温水；看些赏心悦目的图片；做几个深呼吸；跑跑步或散散步等，以上这些做法都可以帮助自己在讲前快速放松，以做到专心投入，熟能生巧。另外，整理思路，认真思考演讲内容，思考自己的演讲将会给听众带来哪些帮助和益处；以此为乐，用简单有力的语句反复激励自己等也是非常适用的放松技巧。如这个演讲最适合我，因为它来自我的经验和感悟，我比听众中的任何一位都更有资格来做这个演讲，而且我将全力以赴讲好。如此一想，心态自然就会放松许多。当然要正确看待紧张心理，因为紧张是人类的通病。美国心理学家在 3000 人中做过一次心理测验：你最担心的是什么？结果约 40%的人认为最担心也是最痛苦的事是在大众面前讲话，可见讲前进行自我放松的重要性与必要性。

(四)客观评价了解自己，有针对性地解决自身问题

学生在“讲”的方面出现的问题，还要以今年我在教学班里所做的调研结果加以说明。此项调研的 80 名学生谈到的演讲问题各有侧重，总体来看，在“讲”的方面较有代表性的问题有以下四个方面。一是由于紧张不敢上台演讲，或是在台上出现忘词、语无伦次以及口头禅增多的情况；二是口头语表达失常，出现颤音、语速突然加快、结巴等现象；三是语言表达呆板冷漠，音调过低，苍白无力等问题；四是有断句失误，停顿时间过长，或吐字不清等。这些问题的产生或由于演讲者缺乏演讲知识和能力，或演讲缺乏经验所致，因而需在放松训练、多参加演讲、多学习演讲理论知识和技巧方面做努力。实践证明：意识到的问题经过有针对性的解决，提升效果会比较明显。所以要积极正视出现的问题，找到正确解决问题的方法或做法，再经实践磨炼必然会有所改变并取得进步。

(五)做生活的有心人，勤于提升演讲能力

演讲基本功主要包括练声、练礼仪、练绕口令、练朗读、练朗诵、练背诵、练复述、练压缩、练扩展与变体等。只要善于做生活的有心人，时时处处都可以进行练习，持续提高演讲能力。如生活中适时抓住一个感兴趣的话题，进行半分钟或一分钟的口头作文练习，这就是在做扩展练习；读了一篇好文章，试着用一句话概括它的主论点和分论点，这便是进行压缩练习。另外，经常进行复述练习，学习者也可较快地提升演讲能力，具体做法是：当众准确复述看到的或听到的内容，复述时要准确体现出所复述内容内在的情感起伏变化，复述过程总体体现重点突出，并有较强的层次感。复述时要做到肢体放松、表情自然，并有适当的态势动作进行配合，同时与听众进行真诚而积极的交流，要根据听众的现场反应适当调整或增删所述内容。以上都是有效的练习方法。此外，平时还可经常进行口头作文训练，讲之前先列作文提纲，讲之后要虚心并耐心倾听听众的评价与建议。还可积极参加演讲比赛、辩论赛或诗歌朗诵比赛等，以期使自己的演讲水平达到一个新高度。

以下提供几则绕口令供大家练习选用。“班干部管班干部。”“吃葡萄不吐葡萄皮，不吃葡萄倒吐葡萄皮。”“瘪玻璃棍比鼓玻璃棍瘪，鼓玻璃棍比瘪玻璃棍鼓。”“板凳宽，扁担长，扁担绑在板凳上；板凳不让扁担绑在板凳上，扁担偏要绑在板凳上。”“东风市场卖混纺，红混纺，粉混纺；红粉混纺，粉红混纺。”“农贸市场有化肥，黑化肥，灰化肥，黑化肥挥发会发灰，灰化肥挥发会发黑。”“高高山上一条藤，藤条头上挂铜铃；风吹藤动铜铃动，风停藤停铜铃停。”

总之，勤奋练习“讲”是学习演讲最有效的方法。从不会演讲到能够成功地演讲，必要经过艰苦的磨炼，这种磨炼指忍受各种心理苦恼，克服各种艰难阻碍，抓住一切可能的机会勇于表达。这是演讲者成长的必经之路，也是演讲学习者对练习演讲的可取态度。要想学会演讲，就要经常进行演讲；要想成功演讲就要在经常性的在实际演讲中不断积累演讲的经验和智慧。只有在不断的演讲实践中，演讲者才能客观了解自己演讲的长处和短处，做到胸有成竹，并且在不断克服自己不足的基础上有所进步。比如发现自己有不当的口头语，通过努力改掉问题就是进步。再比如自己在演讲中有多余的小动作，多加注意，在下一次的演讲中就会有好于上一次的表现。因此，学好演讲要多读演讲类的书籍，多看优秀演讲者的演讲，同时要进行勤奋的演讲练习并且进行演讲的实践锻炼。有学习者在闹市区练读也不失为一种个性化的练习方法。为练好“讲”的能力，需要个人开动脑筋，千方百计地想出办法，并做出千辛万苦的努力，由此就一定能达到自己预设的目标。

二、规范练习“演”的技巧

从演讲者在演讲活动中的表达来看，演讲活动由“讲”和“演”两部分构成，所以演讲活动既称演讲活动，也称讲演活动。无论是演讲还是讲演，在演讲者的整体表达过程中，“讲”所占的比重较大，成分较多，换句话说，演讲的价值和意义在于所讲的思想观点，以及其中所包含的丰富的知识信息与情感等。当然演讲者本人的总体形象以及通过面部表情对演讲内容的演绎和形体表达，对演讲真正发挥功效意义非凡。演讲者赋予演讲活动的表演成分，如演讲者的精神状态、声音表达的感染力、演讲者的表情语言、演讲者态势语言等都对听众产生必要的吸引力、调动力与感召力，最终对听众发挥综合性的引领作用。因此演讲者必有“演”的热情，要把握好“演”的分寸，平时多进行“演”的练习，如眼神语言、面部表情、手势动作、站姿与步伐等，进而提高演讲者的演讲实力。

(一)培养“演”的热情，依照“演”的要领进行练习

在勤于“演”的过程中，要能体悟并表现出形美以感目的态势语言。发表演讲要培养“演”的热情与激情，“演”就要满腔热情地“演”，兴高采烈地“演”，大大方方地“演”。态势语言即演讲者在演讲中的面部表情和姿势动作。演讲是美的综合体，只有美好的有声语言，没有美好的态势语言，不能说是成功的演讲。“演”的过程中要能做到仪态大方、态度真挚、表情传神、手势自然、形体端庄。同时能借助物美以感人的道具语言帮助自己“演”得精彩，可借助的道具语言包括背景衬托、实物表现、图片示形、条幅言志、多媒体技术等。使用道具语言要注意：必与演讲内容密切配合，不可游离内容之外；道具使用要恰到好处，不可过多过滥；多媒体切不可花哨，而应淡雅宜人，更不可选用低级庸俗的声音或画面破坏演讲，而应做到“演”得得体，“演”得精彩，增强演讲的说服力和感染力。

(二)常思礼仪要求，练就受观众欢迎的演讲风格

按照礼仪要求修饰外在形象，面对听众展现良好的礼仪表达素养，面容修饰、服饰搭配等都与演讲时的表情语言、眼神语言同等重要。还要练就对人对己合宜的态度，平时应做到既不妄自尊大，也不妄自菲薄，这样在面对听众时才能以诚相待，对听众自然做到不求全责备，不阿谀逢迎，要真心实意地爱听众，尊重听众，凝聚营造真善美的演讲氛围。平时做人做事要满面春风、乐观开朗、朝气蓬勃，面对观众要自然、言行得体，举止大方，态度和善，自然潇洒。平常与人交流态度要积极向上，反应灵活，面对观众要做到才思敏捷，侃侃而谈，给听众耳目一新的好印象。

(三)善于向成功演讲者学习，观察模仿他们的“演”技

技能往往不会是人生而就有的，“演”的技能同样如是。对于初学者来讲，开始练“演”最大的问题可能在于不自信，无所依从，放不开自己，在此情况下模仿名家或学习他人受欢迎的“演”技不失为好的选择。现在电视节目非常丰富，在脱口秀节目和演讲比赛节目中，那些明星主角的举止言谈都是非常好的学习范本，当然也是练习“演”技的依托。常常观看分析这样的电视节目，如“我是演说家”“希望之星”“超级演说家”等，或者是网络上的视频资料，如

“开讲啦”“B站视频”“TED演讲视频”等，可以找到自己喜欢的演讲者的“演”技风格，欣赏的同时不妨模仿着像他们那样讲一讲、练一练。也可以到网上下载一些演讲名家演讲时的照片或视频，对演讲家的动作神态反复琢磨，化为效仿和激励自己“演”好的动力。

(四)对照“演”的标准和要求，开展日常练习

“演”的标准和要求主要包括仪态、仪表、站姿、坐姿、步伐、手势、表情、眼神等多方面的具体规定和要求。比如手势要求在略高于讲台的位置进行展示，因而平时讲话要常常琢磨讲话时把手抬到什么位置最协调自然，最有助于自己讲得有力量，“演”得有感染力。但对这些标准和要求的练习不能过于拘谨与刻板，在遵守标准要求的前提下要建立科学的“演”的理念。要了解自我“演”的实际情况，接纳自我当下“演”的状态，坚持持续练习终会获得提高的信念。自己是独一无二的，容貌不是唯一评判的标准。要有持续提升“演”的能力的内在要求与动力，有兴趣、有热情地投入“演”技练习中，对确定的训练方法做到持续不断的尝试和努力，不断激发自我成功演讲的潜能。

三、多观摩多演练

(一)闻一多勤练演讲事例带给我们的启示

大家都熟知演讲名篇《最后的演说》，更敬仰发表这篇演讲的作者闻一多。阅读闻一多先生在1919年冬天写的日记，可知晓他成功背后在演讲练习方面付出的努力。在清华大学学习期间，他勤奋认真地学习演讲课，积极努力地完成演讲课作业，结合社会需要适时发表公众演说。关键是他对自己的演说水平有较高要求，同时会勤奋地进行演说练习。由此启示我们：从一定意义上说，演讲的技能不仅是学出来的，更是练出来的。

闻一多在他的学习日记里写道：“近来演讲课练习又渐疏，不猛起直追恐便落人后。”“演说降到中等，此奇耻大辱也。”“1月9日：夜出外习演讲十二遍。”“1月10日：演说果有进步。当益求精致。”“1月14日：夜至凉亭练演说三遍，回宿舍又温演说五遍。”“1月15日：习演说。”以上这段他练习演讲的文字是从他日记里摘录的部分内容。当时闻一多在清华大学读书，学校开设演讲教学课程，日记真实记录了他勤奋练习演讲技能的情况。为了练好演讲技能，他时时觉察自己的演讲情况。每当看到自己与同学之间的差距时，他便发挥不怕艰难、坚持练习的毅力，直到取得满意的演讲进步。演讲名家尚且如此，何况我们这些演讲学习者呢？平时不加强练习，何以提高我们的演讲技能呢?

(二)古希腊演讲家德摩西尼的成功经历带给我们的启示

古希腊演讲家德摩西尼从小立志演讲，后勤奋攻读，博采众长。他从口含鹅卵石矫正口吃短板，再到在法庭上进行演讲实战施展口才，再到成立演讲培训学校，帮助无数年轻人实现演讲梦想。他的演讲成功经历给了我们最好的例证：演讲能力不是生来就有的，这需要勤于练习以养成演讲素养和技能。

德摩西尼演练法至今都是许多演讲培训学校采用的方法，他经过不断苦练而成为卓越演讲家的范例为我们提供了榜样的力量。如果我们需要不断提高演讲能力，那我们就需要不断进行演讲技能的勤奋演练与实战。除了参加演讲课程的学习，还可以报名参加各级各类的演讲比赛活动，用比赛的方式促使我们提高演讲技能。多学习、多演练、多观摩、多思考，做到看、听、学、思、练相结合，必能促使我们的演讲能力获得日新月异的提高。因此，我们应谙熟演讲理论与技巧，又勤于日常练习，同时善于激发当众表达的愿望和热情，并有勇气把握演讲机会，在一次又一次的实践中积累成功的经验。

概括而言，上述有关激发演讲者的学习内生动力，抓住每一次展示的机会进行精彩的“讲”与恰当的“演”，并且勤于思考等各项内容都是相互影响、相互依存的。尤其是勤于开展各项演讲练习活动与进行演讲实战训练都会交叉发挥作用，最终体现综合完整的效果：充分挖掘自我最大的演讲潜能，训练成长为优秀的演讲者。因而学习者要紧紧抓住练、看、学等关键环节，在演讲实践活动中提升演讲能力。“水滴石穿，非力使然，恒也。”培养演讲能力，贵在于勤，贵在于持续不断，它是一次次勤奋演讲最终水到渠成的成果呈现。

【演讲实例】

为了北京

李彩英

大家好！我是首都师范大学的李彩英，今天我演讲的题目是《为了北京》。

2020庚子年春节，在历史的年轮上，深刻地铭记了一场“战役”。大年三十头一天，武汉封城。一时间，广播电视里、朋友圈中、微信群里，大家每天都在传递着疫情信息。新冠肺炎病毒如同气势汹汹的敌人向我们扑来，让我们感到危险，感到恐慌。

大年初六，我经历了人生至暗时刻。我的老父亲撒手人寰，溘然长逝，我感到整个天都塌了。

千里奔丧返回北京，获知社区党委招募志愿者，我当即报名。说来神奇，在这一决定做出后，我忽然感到有束光照进了心灵。我知道，如果父亲在世，生前是军人的他不仅会支持我的决定，他自己也会亲自报名“参战”。父亲已然故去，我会带着他老人家的嘱托勇担责任。

居家观察14天后，我应社会责任的召唤，在首都师范大学社区卡口上岗了。当时口罩不好买，所以每次值守我都在包里多备上几个口罩。我担心会有不戴口罩的人着急进社区办事，没有口罩大家都会很焦急。口罩虽小，但当我及时为着急办事的居民递上口罩时，看着他微笑我心里感到很开心。

看着熟悉的小区，熟悉的居民，我的心中有一份坚守。在这个寒冷的冬天，为了北京，我们像勇敢的战士一样共同守护着家园，内心感到非常踏实。

春季我们迎来了特殊的开学。校园实行封闭式管理，师生进入“停课不停学”的教学常态。每天我们定时报告健康情况，通过网络开展教学活动。网络交流有一定的虚拟感，于是我加强了与学生的互动环节。我给选修我课程的每一位同学通了微信电话，向他们表示问候，了解他们学习演讲课的想法。选修我课程的学生有的家在河南，有的家在湖北，有的家在安徽，疫情期间他们不能到校，是网络拉近了我们的心理距离。

一天很晚，我读到一位学生的朋友圈：“今天我接到了任课老师的温暖问候，我现在不在北京，但我的心飞回了北京，回到了学校。”读着学生的留言我很感动，教师的付出可以传递北京温暖，这实在是太值了！

这时，我看到了北京演讲与口才学会群发出了通知，学会要承办北京市文联的征文比赛与演讲朗诵活动。我为学会在疫情期间的担当感到振奋，看到征文主题“决胜全面小康，我们是亲历者”，我的内心受到触动。我想起了2019年10月辅导北京优秀扶贫干部演讲的经历。在那一周的朝夕相处里，我为他们讲述的对口帮扶故事感到动容。一个个挺身而出的北京扶贫干部，向我们展现了我国脱贫攻坚战获胜后的美好画卷！更向我们展现了我国脱贫攻坚战取得全面胜利的异常艰难！我加班加点赶写征文，饱含真情地录制并提交了演讲视频。

同时，我用课余时间组织学生开展网上演讲沙龙活动，号召学生参加征文活动。最终我遴选出四名本科生作品提交征文组，获得好评。2020年6月我的个人作品《情洒脱贫路　携手迎小康》获征文铜奖；2020年9月我受邀在中央广播电视总台梅地亚中心参加了现场优秀作品展示活动。多么荣幸啊，作为演讲人，为歌颂北京呈上至诚！

当我们遇到危难，我们会期盼从天而降的英雄，但我们更应该成为挺身而出的凡人！当猖獗的病毒肆虐横行，当求救的患者发出喊声，当党中央发出打赢防疫阻击战的冲锋令，2200多万北京人用大爱做出了回应，对得起北京人这一称号，这是每一位北京人的光荣使命。

为了北京，冲锋陷阵的医护人员守护患者的生命；为了北京，坚守卡口的志愿者守护社区的安宁；为了北京，无数的劳动者用他们默默无闻的工作确保了社会的稳定。由此，我们的首都北京才能一切正常，一切都在高质量运行！

劳动创造奇迹，奋斗铸就美好。为了北京，让我们每个人都能随时挺身而出，承担有我，奉献有我，奋斗有我。

谢谢大家！

本文为作者2021年1月10日参加北京市文联组联部主办的“北京故事”第一季线上活动——“风雨彩虹，辉煌小康”主题展演演讲稿。

【互动练习】

学习《普格马里奥效应》一文，讨论此文对学习演讲的启示。请向小组成员描述自己的演讲形象，并分享对自我演讲形象的期待。

普格马里奥效应

最近无数有关“身体语言”现象的研究均证明人们内心的——真正的心态会影响到他周围的环境。比如，我们今天能通过对电影的分析(借助慢动作放映)知道有些人有时是口是心非。其实所有人都会在自己不清楚的层面分析别人的肢体语言与说话的声调，从而知道别人对我们的真正态度。从这个角度上来说，上述现象也属于术语“普格马里奥效应”描述的现象之一。那么，究竟什么是“普格马里奥效应”呢?

也许你还记得中学里学过的奥维德的名作《变形》，它讲述的是雕刻家普格马里奥的故事。他狂热地爱上了自己塑造的一个女人雕像，并给她取名为迦绿蒂。最后他的痴情终于感动了爱神阿芙洛狄忒，她赋予迦绿蒂以生命，来拯救这名痛苦的恋人。这则根据古希腊传说改编的寓言具有深层含义：普格马里奥脑中有个确定的“理想女人”的形象，然后他就根据自己的设想用大理石塑造出了她。将之引申开去，“普格马里奥效应”的意思是：老师对每个学生都会有确定的印象和期待，并且按自己的设想去塑造他。这意味着，别人会或多或少地觉察到我们对他的感觉——虽然我们并没有直接将之诉诸语言。用它来解释日常实践，结论是：

我们对一个人的期望具有极大的威力，仅仅是期望本身就能影响他的行为举止。我们称之为可自动实现的预言：我们对一个人的期待有时能决定他的转变。

在授课实践中，培训班教师是通过三种不同的方式来表现自己对学员的期待的：

①身体语言；

②声音；

③授课方法。

对这一现象做出决定性尝试的是世界闻名的哈佛大学社会心理学教授罗伯特·罗森塔尔。他所有的试验一律都是在“真正”的学校班级里进行的，所有的教师都不知道自己是试验的对象。因此，我们可以放心大胆地将试验结果推广到类似的授课情况中去。这里我们只选择了罗森塔尔教授无数试验中的三个。

1. 在一所与社会联系不甚紧密的小学里，罗森塔尔教授安排了一场智商测试。他对老师们说，这种试验能预测出一个人的“智力水平”。这所小学共有

6个年级18个班级，每个年级有3个班：1个好班、1个中等班以及1个差班。

罗森塔尔教授根本没有看测试结果，只是随机地从每个班挑出了20%的学生，声称他们是“有希望的学生”。他将这些学生的名字告诉了老师并对他们说，根据测试，这些学生将在新学期中取得巨大的学习进步。事实上，在“试验群(即被挑出来的20%的学生)”和“试验区(即整个学校的学生)”之间没有真正的区别，区别只存在于老师的观念之中。

8个月之后教授又对所有的孩子进行了一次测试。在这段时间里，“试验群”中的学生(即那些“肯定更有发展前途”的孩子)的智商值比“试验区”的学生(即整个年级的学生)要整整高出四个点。从中得出的结论是：一个孩子是在好班还是差班根本就不重要，只要他被归入“肯定更有出息”的一类，那么他的进步即使和好班学生比也会更大。

2. 普格马里奥效应同样也适用于青少年和成人，甚至在不涉及智力性的学习目标时它也会起作用。例如，在某游泳夏令营中集中了14岁的少男少女，有一半的人被教练告知，他们都具有出色的游泳天赋——事实上，两个星期之后夏令营结束时，这些少年确实游得比那些“没有天赋的”要好。

3. 甚至在训练动物时也能观察到普格马里奥效应。罗森塔尔曾经研究过人的期望对老鼠举止的影响。他对一个培训班的学员们胡诌说，那些在迷宫里能很快找到方向的老鼠比较聪明，饲养它们可能培育出拥有较高智能的鼠族。为了演示这一点，他发给每个学生5只老鼠，现在他们必须教导老鼠在一个黑暗的“T”形迷宫中找到出路。

6名学生被告知，他们的老鼠来自受过“迷宫训练”的智能鼠族；而另6名学生被告知，他们的老鼠很平常，只是一些呆笨的试验品。当然事实上这些老鼠之间并没有任何智力上的区别。

这两组的最后结果确实也不一样。那些被认为聪明的老鼠每天都有进步，在迷宫中它们比那些“笨”鼠跑得快而且跑得稳，而那些所谓的“笨”老鼠每天的成绩都很糟糕。29%的“笨”鼠甚至在起跑时会迟疑着不迈步，同样的事在“聪明”鼠身上发生的概率只有11%。对老鼠试验的分析还得出了以下有趣的发现。

那些相信自己的老鼠很聪明的学生对它们更为亲切友善，面对这些动物，他们的内心比那些训练“笨”鼠的学生平静得多。他们对待自己的动物相当轻柔，老鼠们也很喜欢他们；而那些认为自己不得不同“笨家伙”打交道的学生的情况就完全不同了。拥有“聪明”鼠的学生们不大和它们交谈，他们经常做的是抚摩它们；而“笨”鼠的主人们几乎从不抚摩它们，当它们完不成任务时，他们总是很凶地训斥它们。

（节选自《你的身体会说话》附录 B）

【思考题】

1. 演讲能力是先天具有的，还是后天培养的？

2. 你在演讲中遇到过哪些问题，做过哪些努力？

3. 如何让态势语言表达帮助演讲更有魅力？

4. 演讲者有效的练声方法与技巧有哪些？

5. 练习演讲最有效的途径和方法是什么？你印象最深刻的成功尝试有哪些？

【参考文献】

1. [美]纳塔利・H. 罗杰斯．会演讲的人成功机会多两倍[M]. 刘祥亚，译. 北京：南海出版公司，2007.

2. 刘伯奎. 口才与演讲：技能训练[M]. 北京：中国人民大学出版社，2006.

3. 谢伦灿. 即兴说话艺术[M]. 北京：石油工业出版社，2003.

4. 曹希波. 好思维决定好口才[M]. 北京：中国致公出版社，2006.

5. 张浩. 新编当众讲话艺术与训练[M]. 北京：蓝天出版社，2005.

6. [德]薇拉・弗・比尔肯比尔. 你的身体会说话[M]. 景丽屏，译. 合肥：安徽人民出版社，2003.

7. 曾凡莹. 李燕杰演讲答问录 300 题[M]. 北京：北京理工大学出版社，1996.

8. 郭海燕. 美的和弦[M]. 北京：冶金工业出版社，1993.

9. Stephen E. Lucas：The Art of Public Speaking，Sixth Edition[M]. New York：The McGraw-Hill Companies，Inc，1998.

10. [美]海伦・凯勒. 假如给我三天光明[M]. 李汉昭，译. 北京：华文出版社，2003.

11. [英]理查德・怀斯曼. 正能量[M]. 李磊，译. 长沙：湖南文艺出版社，2012.

12. [美]凯利·麦格尼格尔. 控制力[M]. 王岑卉，译. 北京：印刷工业出版社，2012.

13. 成杰. 从优秀到卓越[M]. 北京：中国华侨出版社，2010.

14. 成杰. 谁是下一个演说家[M]. 北京：中国华侨出版社，2011.

【演讲箴言】

人首先是会说话的动物。

——[古希腊]亚里士多德

若不经说话训练，真是遗弃了一个最可宝贵的锁钥。

——叶圣陶

第三章　演讲要素与演讲目的

【学习目标】

1. 理解演讲的定义，解读演讲的内涵。
2. 明确演讲的目的，彰显演讲的说服力。
3. 发挥演讲要素的作用，实现演讲的实效性。
4. 外化演讲内涵，形成个体独特的魅力演讲风格。

第一节　演讲概念与内涵解读

关于演讲概念如何进行界定，演讲专家们给出的侧重点各有不同。我们之所以强调演讲学界的演讲概念，是想要区别于社会大众对演讲的认知。演讲活动历来受社会大众的欢迎，在许多人的心目中，演讲者往往被认为是社会人群中能说会道的人；这些讲话者面对众人尽情地说就是演讲；会演讲的人特别会表演；演讲者的演讲目的是要在听众中树立绝对的权威；等等。这些大众解读显然有违演讲的表达规律和内在科学，这是对演讲概念的误读。如果不对此加以更正，势必会误导学生演讲学习的理念，也或者给他们的演讲学习造成困惑，以致感到无所适从。

本章节的内容重在探讨演讲学界的演讲概念，解读演讲专家们对演讲概念的论述，从而对演讲概念进行科学界定。在给出古今中外演讲实践者与研究者对演讲界定的同时，从演讲活动的组成要素、演讲的目的等方面深入理解演讲的内涵与真谛。由此，正确引导学生开展演讲学习活动，帮助学生正确解读演讲概念，科学掌握演讲的表达规律，形成正确的演讲理念，实现演讲学习的突破与提高。

一、演讲概念的界定

理解什么是演讲，对演讲这一概念如何进行界定，演讲理论研究领域呈现出非常活跃的研究现状。演讲理论专家从各自独特的视角理解演讲概念，从不同的侧面对演讲概念给出阐释。虽然从本质上分析其具有很高的一致性，但又体现出鲜明的个性特点。

（一）国内专家学者对演说与演讲的研究观点

在我国演讲史上，对演讲颇有研究的大家很多。他们的研究内容很丰富，这里我仅介绍常在演讲教学中分享给学生的几种观点和看法，不免挂一漏万，仅做一种教学反思。

1. 演讲践行对爱与美的追求理念

我国的演讲专家众多，给我的演讲教学很多启迪。我与学生们分享演讲前辈们的研究成果，令我们非常受益。其中，对我的教学实践活动一直都发挥着指导和引领作用的演讲理念，来自我教学单位的老领导李燕杰教授。因为我1988年留校任教后，学校安排我为已是当代最知名、最有社会影响力的演讲家李燕杰教授当演讲课的助教。所以我对李老师演讲思想的学习可以用四个字概括：习熏悟化。具体来说，“习”即静心学习；“熏”即在演讲课的教学中受到熏陶；“悟”即聆听李老师演讲有所感悟、顿悟；“化”即融化为自己的学识，落实在演讲与教学活动中。在李老师的演讲教学课堂上，我通过看—听—学—思—练的环节步入演讲教学的大门，之后在长期的演讲教学实践中边尝试边探索，坚定演讲是对爱与美的追求的理念。

在给演讲家李燕杰教授当演讲课教学助教的时间里，因为需要帮助李老师印制他为教学专门撰写的演讲教学讲义，需要负责携带移动音箱与话筒，因而每节课都有机会在课堂和学生们一同聆听李老师授课，按照李老师的要求组织学生们开展演讲班学生演讲比赛，我对李老师的演讲教学思想的理解不断深化，扎实的学习实践与思考为我终生从事演讲课教学与研究打下了坚实的基础。

李老师常说：爱与美是演讲人的永恒追求。演讲是美学智慧。这里的美是指演讲活动所蕴含的一切都是美好的，是真、善、美、慧的集合体。演讲者要能让听众在美的享受中听讲，使美的心灵得以塑造。记得李老师在教学中分享他教书育人的成功经验，告诉学习者演讲的技能可以迁移到从师技能中，要努力成为受学生欢迎和喜爱的老师。他说师生关系可类比于演讲者和听众之间的关系。学生是我师，我是学生友。这句话是李老师人生座右铭“青年是我师，我是青年友”在教育教学中的应用与迁移，引导影响激励演讲学习者健康成长。

李老师强调的演讲之爱，含义极为丰富而广泛。这既指演讲者对听众的关爱，也指听众对演讲者的敬爱。演讲者与听众之间是亦师亦友的关系。假如演讲者和听众之间缺少了爱，那么演讲者和听众就会成为永不相交的平行线，永远也产生不了共鸣，演讲的目的也就得不到实现了。演讲者的爱是大爱与博爱，其核心是爱国情感和思想。对国家要有爱国之心、报国之志、卫国之勇、效国之才、建国之行。总之，演讲者要做到：忠心献给国家，孝心留给父母，诚心送给朋友，信心留给自己。

李老师关于演讲的界定有许多独到的论述，这些内容都收录在他之后出版的一系列专著中。其中对演讲界影响最大的有下列一些表述：“演讲的第一智慧是道德。”学习演讲的最佳途径是“习熏悟化”。“只要不是哑巴，每个人都能成为演说家。”“演讲就是有演说者、三个人以上的听众，演讲者把他的演讲内容讲给他们听，影响他们，对他们有吸引力，演讲者与听众都沉浸在一种美的享受中。”“听众是我师，我是听众友。”李老师从成功演讲家的视角阐释和解读演讲，激发听众热爱演讲的热情，帮助演讲学习者更全面、更科学地把握演讲的概念和内涵。

2. 演讲是一种讲话能力

在我的演讲教学活动中，对我影响深远的还有叶圣陶先生关于讲话能力的论述。叶圣陶(1894—1988)，我国著名作家、教育家和社会活动家，曾任教育部副部长、全国政协副主席。他在许多公开场合多次强调要注重青年学生的讲话能力培养。他在 20 世纪 20 年代就提出倡导：要培养学生的讲话能力。为实施好这项教育内容，他为学生讲话能力的提高提出了培养标准和要求，他说：学生们讲话必“合于伦理，出于至诚”；“精于思想，富于情感，工于表达。”要求青年人讲话需在遵循真诚、合乎道德、表达美好等方面做努力。这为青年人如何讲话给出了明确的表达目标。

叶圣陶关于讲话能力培养的论述，尤其是为青年人提出的明确的表达要求和规范，在演讲教育领域影响深远，为教育工作者在公众场合如何进行公众语言表达提供了思想依循。这段话是对讲话者在公开场合进行语言表达的要求，尽管并未提及演讲一词，但这里所说的讲话能力，就是指人们在大庭广众之下面对人群进行讲话的能力，当然就是指人们的公众演讲能力。其中提到的表达要求与标准都与演讲学理论的表达内容完全一致。由此我们得出结论：叶圣陶主张的演讲界定是指演讲者出于真诚进行表达，演讲前演讲者应对自己要讲的内容进行周密的思考，在演讲过程中实现对听众善的意图的传递，在此过程中的表情达意要体现精致的表达形式与表达语境。

3. 演讲是有组织的陈述与宣传

演讲理论研究者杨炳乾、任毕明等对演讲概念的解读同样使我受益匪浅，我在演讲课教学中和学生分享他们的理论观点，给学生的演讲学习带来许多鼓励。杨炳乾从听众接受的视角对演讲进行解读。他在《演说学大纲》中说："演说不仅使人信，使人感动，使人赞同，演讲的定义应是演讲者运用姿态、声音感动听众而做的有组织的陈述。"在上述这个定义中，演讲强调了姿态表达与声音表达两种陈述形式，落脚点是引发听众的感动，促使听众相信和赞同。由此体现演讲的价值和意义。

与杨炳乾的演讲论述角度稍有不同，任毕明则是从演讲的特点视角出发，对演讲做出如下概括。他在《演讲雄辩谈话术》中写道："什么是演讲，我们拿三句话来形容它：廉价的宣传品，有声的文章，多波澜的流水……故演讲是语言和动作配合表达的一种宣传品。"这个演讲定义强调了演讲的本质在于宣传，强调了演讲问题语言的有声性特征。按照这个演讲定义来讲，演讲稿如果去掉开头和结尾部分，即去掉开头的问候观众、与听众建立情感与思想连接部分，以及去掉结尾处的告别观众部分，其他的全篇演讲就是一篇主题鲜明、论述严密、层次结构清晰完整的文章。这篇文章或者侧重以议论为主，或者侧重以讲故事的叙述为主，总之是哲理深邃、文采斐然，读来令人身临其境、美不胜收、感人至深的美文。

4. 演讲是真实有效的信息交流

演讲是真实有效的信息交流活动。这是演讲界公认并普遍接纳的一种界定，认为演讲融思想性、情感性于一体，紧密结合当前的现实生活，是现实性很强的语言珍品。它兼具书面语言与口语化的精彩表达相结合的特点，彰显语言表达的传播力、激励力和艺术感染力，由此体现真实有效的交流与互动。它具有明确的目的性，为听众的成长与发展服务。

类似上述内容具有广泛的影响力，当然人们赞同且被广泛传播的演讲定义还有许多。比如有人说："因为我们有一种说话的方式，便应当有一种演说的方式。因为演说不过是说话的放大而已。"这个定义很早就给我留下深刻的印象。我对其中强调演讲的交流内涵部分十分认同。这个定义突出演讲表达的生活化、口语化、真实性与双向沟通。更为赞同的是它使用了"放大"一词。这不仅强调演讲的话题较常人说话题意高远，追求符合所有在场听众的接受需求，而且强调了演讲者讲话的音量与动作手势，相对于常人的讲话也应有很多不同。

在特定的演讲语境中，演讲者当众发表讲话。他借助有声语言(为主)、书面语言、态势语言、多媒体语言、道具语言等多种表达方式，针对社会生活的过去、现在和未来走向，针对社会热点问题或人们普遍关心的话题，面对听众阐述观点，抒情言志，感召听众，促使听众积极行动。演讲具有重要的实现价值，对听众起激励鼓舞作用；演讲具有美学欣赏价值，语言表达具有审美艺术特征。

(二)国外演讲学界的研究观点

写作这部分内容，源于我对西方演讲学理论与实践的学习与思考。一是对阅读到的西方演讲类著述的反思与总结；二是我在美国和德国某所高校与他们演讲课教师的交流所得。

1. 演讲即演说或讲演

西方演讲理论界对演讲一词给出两种表述，一说为演说，一说为讲演，强调"说"和"讲"。用英文表述即 speech、lecture 或 delivery。查询英汉词典，从释义中可知当众发表演说指高水平说话能力或言论。演说者有能力根据现实需要，面向受众面对面表达自己的研究结论，发表独创性的见解。

2. 演讲是重要的修辞术

古希腊、罗马时期的演讲研究者和实践者称演讲为修辞术，认为演讲是注重立论和修饰词句的艺术。公元前 4 世纪希腊出现了许多著名的演说家和修辞学家，其中最有名的是伊索格拉底、狄摩西尼和亚里士多德，他们都对演讲给出了精辟的论述。

当今西方国家，尤其是美国的高校演讲学教学，其教学理论仍然依据和十分推崇古希腊、罗马时期诸多学者的演讲论述和研究成果，比如亚里士多德、伊索格拉底与狄摩西尼等人的著述是最具广泛传播价值的代表性作品。

因为西方演讲界推崇的经典演讲理论著述，核心经典指伊索格拉底、狄摩西尼和亚里士多德等大家的论著，他们的演讲学论述至今被尊崇为重点学习的理论范本。以下简述这三位代表人物对演讲的界定和解读的主要内容。

3. 演讲旨在伸张正义

伊索格拉底的演说理论观点主要集中在演说题材、演说思想、演说目的、演说依据、演说语言特征、演讲稿的创作等方面。他强调演说题材应该是重大的，思想应该是高尚的。他认为口才可以伸张正义，驱除邪恶。关于演说的目的，伊索格拉底强调演讲要针对社会上发生的重大事件进行，演说中要传递高尚的思想，要发挥驱除邪恶、伸张正义的作用。

在演说语言特征方面，伊索格拉底把演讲语言看作演讲者性格的表现，认为演说是演讲者心灵美德的反映。而要使心灵美德得以恰当反映，演说者必须运用修辞术，他认为修辞术是创造性艺术。因此演说注重思想观点的传播，为了体现思想观点传播的有效性，演说者演说前需进行艰辛的创作与演练，由此产生语言艺术作品，成为保障演讲成功的基石。演讲就是强调演说艺术的创造性劳作。

4. 演讲是充满自信的参赛与实战

狄摩西尼对演讲的贡献是多方面的，但最重要的是其主张实战，强调实际演讲训练，并在实际生活中进行多方面的运用和体现。狄摩西尼是古希腊知名度最高的演说家，他自创了有效的演讲方法帮助自己成为演说家，之后把成功的练习经验传授给热爱演讲的年轻人，帮助大批年轻人实现了成为演讲家的理想。他说："演讲首先是能说出来，最重要的就是讲出来。演讲风格应该雄壮严厉，处处流露出强烈的情感，要能激动人心。"他的演讲理念获得人们的认可，他帮助热爱演讲的年轻人成为全国家喻户晓的演讲家。他的演讲理念成为他创办演讲学校的思想根基。以下从六个方面解读狄摩西尼对演讲学理论与实践的卓越贡献。

(1)口语表达中的弱者通过努力可以成为演讲家。学习狄摩西尼对演讲的卓越贡献，我们需要对他的成长经历进行回顾。他在演讲方面的进步与成功，可以用举步维艰来形容，或用难以置信的坎坷来概括。幼年时的狄摩西尼口吃十分严重，口语表达是他与人交往的明显弱项，谁也无法想象这样一个口语表达有缺陷的孩子后来会成为著名的演讲家。然而他对成功演讲充满渴望，对克服演讲障碍意志坚定，他下决心想要提高口语表达能力。在这个明确目标的指引下，他充分认识自身学习演讲存在的缺憾或弱项，充分发挥自己的聪明才智，有针对性地制定切实有效的解决自身问题的办法。这些充满独特个性和创新性的演讲练习方法，不仅帮助狄摩西尼成就了演讲梦想，而且传承至今，成为演讲界练好演讲、提高讲话能力的制胜法宝。

狄摩西尼的演说贡献，核心是带给人们学习演讲、练习演讲的巨大激发力，他创造了口语表达中的弱者通过努力成为演讲家的神话。他身体力行的个性化演讲练习方法，可以帮助人们有效克服或解决缺乏演讲学识，演讲时口吃紧张、气息弱小、无意识耸肩等方面的问题，鼓励演讲学习者培养演讲信心与毅力。

(2)开办演讲学校和讲授演讲课程培养演讲人才。通过开办演讲学校和亲自讲授演讲课程，狄摩西尼借助自己的成功经验帮助了更多的人，他竭尽所能助力更多有志青年获得演讲成功。他对于演讲的贡献，集中体现为成功地开办演讲学校，由此为国家培养了众多优秀的演讲人才。在开办演讲学校和讲授演讲课程的过程中，他的演讲学识、成功经历、演讲经验获得了广泛的传承。作为演讲学校的校长，他亲自进行演讲授课，组织指导年轻人积极参加国家级的演讲比赛，帮助学生获得演讲一等奖。由此，学生的演讲力量发挥至极致，成为当时跨越古希腊整个文明史的强大的演说力量。

(3)创设专心读书和博学博记演讲自学法。狄摩西尼练就演讲能力的方法富有针对性。每一个具体的演练方法都指向他个人演讲存在的缺憾和弱项。比如，学识积累是学习演讲所必需的。要学好演讲，学习者需要博学博记。为了弥补自己在学识方面存在的不足，让自己能够安心读书，他采用了非常规的方法帮助自己静心读书。简单地说，他用的是一种自损外在形象的做法。他给自己剃了阴阳头，让自己丑得不好意思见人，因而只能安心在自家地下室里专心读书。他心无杂念，专心沉静，从而学习积累了丰富的专业知识，为日后的演讲表达奠定了坚实的学识基础。

(4)助力口齿表达清晰的“口含鹅卵石”练习法。狄摩西尼练就演讲能力的方法经过后人的学习与尝试，有许多科学系统的方法是可以借鉴采纳的。比如，他从小有口吃的毛病，这不仅影响他的语言表达效果，也给他的演讲自信心造成极大的打击。对此，他想方设法帮助自己。为了纠正自己的口吃毛病，在很长一段时间里，他每天口含鹅卵石面朝大海练习诵读。面对汹涌咆哮的海浪，他力求自己说出的每一句话都能清晰地传到自己的耳朵里。这就是演讲学界盛传的狄摩西尼口含鹅卵石练习法。这种助力吐字清晰的口吃训练法沿用至今，成为当今演讲培训学校开展演讲训练的品牌环节。只不过有的学校使用的是水果糖，而不再是鹅卵石。

(5)练习气息与音量的体魄强健法。为了弥补自身演讲时存在气息不足不稳、音量不够等问题，他坚持每天锻炼身体，强健体魄，以改善身体羸弱、气息不足的问题。他坚持每天爬山锻炼身体，边爬山边练习气息，感受运动中的呼吸自然有度。据说他在爬山的过程中，每爬一步都要朗诵一句诗歌，以此涵养气息，练习朗诵技能。为了提升语言表达的音量，他面对大海的浪涛练演讲，最终达到了声若洪钟、语言表达铿锵有力的预期目标。

(6)规范演讲体态语的悬垂剑法。为了弥补自身演讲体态语言表达不规范的问题，他自创了悬垂剑法锤炼自己。当他听到听众反映他在演讲中总有不自觉的耸肩动作时，他下定决心克服这个问题。于是他在自家的屋顶上绑了两把利剑，他每次练习演讲就站在剑锋之下，让悬垂下来的剑锋直指他不自觉上耸的肩部。他自创的悬垂剑法达到了很好的自我纠正、规范体态、提高语言表达的作用。以后演讲时他也提高敏锐性和自控力，只要自己想要做向上耸肩的动作时，他便会有肩部被利剑刺痛的感觉。他用这种人特有的避痛本能，成功帮助自己克服了阻碍成功演讲的耸肩问题。

狄摩西尼对演讲的突出贡献，在于他在成功演讲方面给无数青年人起到的示范作用。他以切身经验告诉人们：无论你的演讲天赋或基础如何，只要你肯于进行行之有效的尝试与练习，你就可以成为演讲家。在成长为演讲家的这条道路上，你需要做好充分的心理准备，付出超出常人的勤奋与努力，在大量艰辛的努力过后，你就可以创造演讲的奇迹。沿着这条途径前行，你会在最不擅长的弱处，体现出最强大的生命力量。这种力量不仅帮助自己实现人生价值，而且可以造福更多的人实现演讲梦想，实现人生理想。

5. *演讲是说服艺术*

演讲界最负盛名的当属亚里士多德。他的最著名的演讲学著述是在公元前 4 世纪后半叶编写的《修辞学》，被演讲学界公认是西方古典修辞学的奠基之作。在欧洲文艺理论史上，《修辞学》被称为第一部系统研究修辞学的理论著作。该书形成在古希腊演说的黄金时代刚刚过去之时，是作者根据当时的哲学理论和科学方法对演说的论证方法和创作原则进行的深层次探索，其影响意义深远，以至于当今人们对他的修辞学的研究观点仍是尊崇备至，并作为演讲学的规定内容和准则加以依循和遵从。

《修辞学》全书分三卷，开篇讲“修辞学是辩证法的对应物”思想，概述修辞学的概念、定义及修辞论辩的本质。它针对不同的演讲形式提出了各自的“部目”，着重分析了政治演说、诉讼演说和典礼演说三种演讲类型，并对“人工”论证方法和“非人工”论证方法进行论述。为了使修辞演讲更具有说服力，他还对听众丰富的情感及影响人们情感的心理因素进行解读，并总结了听众的心理特征和创作演讲的修辞规律。

由于亚里士多德在演讲领域所居的权威地位以及无可超越的影响力，这位百科全书式的思想家、哲学家和教育家对演讲的界定也最被演讲专家和学习者所广泛接受和认可。他说：“演讲就是一种能在任何一个问题上找出可能的说服方式的艺术。”演讲既要能让听众信服你的想法，又要能让听众享受一种艺术的美感。因此演说应符合以下标准：风格之美为明晰而适合；语言表达应有节奏感；文字多采用普通和隐喻字（规范和寓意深刻的词句）；采用环形句（讲究句式安排）等。

亚里士多德是集古希腊文明之大成者，是西方古典修辞学理论的创始人，他在演讲理论与实践中的地位无人能比。他是东西方演讲理论教学之路上的指路明灯。在演讲课的教学实践中，在演讲者练习演讲的路途上，他的演讲理论著述和思想观点犹如璀璨耀眼的明灯引领着正确的方向，也时刻伴随演讲事业的持续发展。

（三）演讲学界普遍采纳的演讲概念

中外古今研究演讲理论和实践的专家众多，演讲学界的理论研究成果也颇丰。研究专家们因研究视角不同，他们对演讲的界定与演讲真谛的解读也有不同的侧重。但演讲学界在演讲定义方面，有演讲同人和演讲学习者普遍接受的观点，同时也在广泛引用。这即是较为典型的演讲界定，是演讲理论专家与学习实践者对演讲定义的科学解读和演绎。

1. 演讲教学中常用的演讲定义

关于演讲的定义，演讲研究者和实践者的研究成果丰富多样。但我在教学中常引用的演讲定义是：演讲是演讲者面对广大听众，以口头语言表达为主要形式，非口头语言表达为辅助形式，就某一问题发表自己的见解，或阐说某一事理、意见和想法，并与听众进行现场信息交流的真实的社会活动过程，也叫演说或讲演。相信这个定义已被大多数演讲课教师采用，也是各级各类演讲与口才教材中的常见观点。这可以说是演讲学界对演讲概念普遍认同的观点。

演讲者面对广大听众，与听众交流信息，就听众关心的问题发表思想观点，传递真挚情感。它反映的思想观点是时代的最强音，实现的是最有说服力的语言表达；它促动听众向真、向善、向美、向慧，与听众实现心灵的碰撞；它是演讲者充满魅力的真情表达，是赏心悦目的精神盛宴；它是最有控制力的思想与情感演绎，是演讲者精神与人格的完美体现。

我阅读到的演讲定义很多，但在演讲课教学中我采用了上述定义，其原因主要在于这个定义相对最具有科学性与全面性，也最能体现时代特点与需求，最符合听众的心理接受规律与有效教育规律的内蕴。因而这种表述最接近演讲的本质特征。

在演讲教学课中我采用上述演讲定义，具体理由有如下四点。一是它强调演讲活动的真实有效性，突出演讲者真实思想和情感在演讲过程中的传递和交流；二是它明确演讲者演讲前必须掌握特定而全面的信息，思想观点成熟、深刻，情感真挚高尚，并且有强烈的想要把有价值的想法和听众交流的意愿；三是它关注演讲活动的实效性，即演讲活动是有始有终的传递和交流过程，演讲者与听众共同决定交流的真实有效；四是它强调了演讲语言的综合特征，既强调有声语言表达的感染力和吸引力，同时又强调了成功演讲要与赏心悦目和自然得体的态势语言表达、道具语言表达与多媒体语言表达协同配合等。

2. 演讲是演讲者最珍贵的思想与情感经历的升华

关于演讲的界定，演讲的研究者与实践者从自己独特的视角出发，给出了很多见仁见智的科学结论。我本人在从事演讲课教学实践活动中，除了向演讲专家们学习，引导学生理解和掌握他们的研究成果之外，还结合教学研究与实践体会尝试着对演讲给出定义。

在长期的演讲课教学实践过程中，结合教学体会我对演讲的界定是：演讲是演讲者最珍贵的思想与情感经历的语言升华和总结。它通过演讲者创造性的劳动，将演讲者的生活素材进行提炼、加工，进而构思成演讲语言艺术作品，实现了将真实的生活升华成为艺术作品的飞跃。它既传播思想观点帮助我们造福社会文化进步，同时也成就演讲者本身，实现自我发展和提高。

上述演讲定义直接来源于我指导学生参加演讲比赛，学生在全国性的演讲比赛中获得了一等奖时突现的灵感。在对外公布之前，我对照了中外演讲理论著述的相关观点，印证我的思考和总结与演讲专业的研究成果是契合的。

这个演讲定义虽然简短，却是我集多年演讲课教学经验思考累积的成果。“演讲是演讲者最珍贵的思想与情感经历的语言升华和总结”，这句话可以说是优秀演讲者从事演讲活动真实的生活写照。“演讲是演讲者通过创造性的劳动，将自己的生活素材进行提炼、加工，进而构思成语言艺术作品”，这句话既涵盖了我对演讲者艰辛创作演讲稿的完整过程的理解，也涵盖了我对演讲者取得精彩演讲效果奥秘的探索。所以对引导学生学好演讲具有实用价值、启发价值和激励价值。

二、演讲内涵的把握与解读

科学理解和解读演讲的内涵，是把握演讲本质的基础与前提条件。科学地理解演讲的内涵，不仅有助于学习者了解什么是演讲，而且有助于学习者在发展与成长中快速实现演讲能力的提高。我曾多次听过一些人对演讲或对演讲者存在的片面甚或是错误的理解："演讲就是耍嘴皮子，演讲者能说会道，打着道德的旗号对听众故弄玄虚，声嘶力竭。""演讲就是演讲者很爽地讲，至于听众，你只要把他们看成是萝卜白菜就好。"

殊不知，凡此种种均是对演讲内涵的误解，如此理解演讲内涵会使演讲学习者走向歧路。这种对演讲者和演讲存在的有失偏颇的解读和评价，如果以讹传讹，对演讲事业的健康发展，对演讲学习者的影响都是非常有害的。抱有这样的演讲理念进行演讲学习，或是进行演讲课教学也是非常危险和可怕的。因为，学习演讲必要正确把握演讲的内涵。以下从三个方面对如何正确把握演讲的真谛做简要分析和解读，有助于演讲课教学实践活动获得预期效果，使演讲学习者的学习活动可以沿着正确的方向进行与开展。

(一)把握演讲内涵需从"演"和"讲"这两个关键字入手

"演"和"讲"两者分别包含丰富而具体的含义，可以说演讲一词是由这两者的深刻寓意统一为一体的。"讲"即讲话、说话，这是演讲永恒的核心内容。演讲首先体现为演讲者要开口说话，并把话讲好，讲精彩。如果演讲者不开口说话，演讲活动就无法真实开展，或者说这样的演讲活动是不存在的。演讲中演讲者要讲什么观点，表达的是怎样的思想和情感，以及运用了什么典型事例材料等，这些都是演讲赖以生存的内核。在此过程中，演讲者本人的仪容仪表、气质风度、神态手势等都会伴随着演讲者的口语表达，通过看得见、体会得到的具体演绎方式实现演讲的价值与意义。从这个角度来看，演讲的"演"在演讲过程中的作用非常重要，在演讲活动中发挥着不可或缺的辅助、助推与促进作用。

在演讲活动中，如果将"演"和"讲"两个因素结合来看，我们假定它们的结合集数为 10，那么"讲"在其中的成分值应是 7 份，而"演"的成分值应为 3 份。我们常说的"演讲七分讲三分演"就是这个道理。将"演"和"讲"两个因素结合来看演讲的本质与精髓，这样的表述非常符合演讲表达的内在规律。

“讲”一直位于演讲活动的中心位置，所以演讲者演讲前必要充分准备“讲”的内容。演讲者准备“讲”的内容必要对演讲要表达的思想进行精心提炼，并进行不断的深化；对于演讲中要使用的演讲用语，必要进行字斟句酌的艰辛锤炼；对演讲的总体架构必要做巧妙的安排与设想；演讲者演讲前必要创作出完整的演讲文字稿，或是罗列出演讲提纲，或是在演讲现场及时为演讲表达打好腹稿，以保障“讲”和“演”成功进行。

在真实的演讲实践活动中，“讲”处于主体地位，“演”处于次要的辅助地位。那么，如何具体理解“讲”和“演”的内在含义呢？首先要确定的是：演讲中的“讲”非随意性讲话，也非私下讲话，而是面对公众的讲话。因而讲什么和怎么讲都必须经过事先精心构思与打磨，以准确表达演讲者的思想观点和见解为目标。其次我们应明确：演讲中的“演”处于次要和辅助地位，为演讲者的成功口语表达起配合和加强作用，但却无可替代，不可或缺。演讲者的“演”要到位、准确、真实并有美感。但演讲的“演”并非表演，而是演绎，服务于演讲者的思想和情感的表述，服务于演讲最终要获得的真实而精彩的效果。我们只有将“讲”和“演”二者相结合，并使二者做到和谐统一，交互发挥作用达到相互促进的效果，“讲”和“演”才能在演讲活动中真正发挥作用，并取得预期表达效果。由此使演讲者的思想得以真实有效地传递切入，也促使听众产生切实的新想法，采取新行为。

(二)把握演讲内涵需从理解演讲特点着力切入

演讲的最大特点是其彰显语言表达艺术魅力。令人赞赏的演讲除了表达内容科学完善，还会带给听众语言表达的美好享受。演讲语言因其最终要达到的目标，以及对听众思想启迪与引领作用，对听众美好情感的激发与交流，对演讲效果的最终获得，要求演讲语言表达无论是有声语言表达，还是无声文字与态势语言表达等，都应体现出语言表达的最高水平和境界。

演讲是演讲者依据意美以感心的内部语言(演讲腹稿)或书面语言(演讲文字稿)，运用音美以感耳的有声语言或称演讲口头语言，结合形美以感目的态势语言，借助物美以感人的道具语言，加之美轮美奂的现代多媒体语言表达，综合而为语言表达艺术的珍品，发挥出面向听众传播信息的有效功能，实现对听众的“让其知，令其信，动其情，促其行”的演讲表达效果。

虽说演讲是一种讲话形式，但它不同于我们平常所指的日常讲话，甚或与一般性的领导讲话或做报告也有许多出入与不同。尽管讲话、讲座或做报告都强调讲话者与听众之间的交流与沟通，但从最终获得的表达效果上看，它们之间也有很多不同。尽管我们可以从“演讲是说话的放大”这一角度认知演讲的内涵，但演讲这种语言表达方式还与我们日常聊天大相径庭；虽然它们都注重思想观点与知识传递，这一点往往与教师的讲课关联度较高，但在总体表达特点方面还是存在很大区别。演讲是单独成体系并具有独特特点的表达形式。

演讲呈现给听众的是完整且完美的有声语言表达作品，实现公众信息的及时沟通与反馈，达到思想的迅速传递与感情的直接交流。演讲是人类语言发展到较高阶段所产生的最为完美的语言表达形式。演讲这种服务于公众群体性进步的讲话形式，以独特而彰显综合性特点的语言表达方式，追求语言表达效果的感动力、感召力、吸引力和影响力，实现演讲特有的审美价值与轰动效果。

演讲语言实现了演讲者的内部语言、有声语言、态势语言、道具语言和多媒体技术语言表达的完美结合，共同构成真、善、美、慧的语言表达珍品。演讲的内部语言追求意美，即思想美、理念美、意蕴美、意象美与情境美；演讲的有声语言追求音美，即音色美、音质美、音量美、节奏美与音韵美；演讲的态势语言追求形美，即仪表美、仪态美、表情美、手势美与眼神美；演讲的道具语言追求物美，即真实美、典型美、独特美、得体美与形状美；演讲的多媒体技术语言追求效果美，即意境美、画面美、声音美、想象美与音乐美等。

演讲即是通过意美以感心的内部语言表达、音美以感耳的有声语言表达、形美以感目的态势语言表达、物美以感人的道具语言表达、态美以动人的多媒体技术语言表达，对听众的思想进行引导和启迪，使听众的心灵获得潜移默化的熏陶和感染，最终实现影响听众思想与感情，使之言谈与行为焕然一新的总体效果。这种总体效果可以用图 3-1 表示。

内部语言表达 / 有声语言表达 / 态势语言表达 / 道具语言表达 / 技术语言表达 } 美好 { 意美 / 音美 / 形美 / 物美 / 境美 } ——→总体表达效果即美好感人

图 3-1　演讲的总体表达效果

(三)把握演讲内涵需从演讲者和听众的关联进行理解

演讲的内容源于生活需求，又服务于生活需求；来自于听众心声，又反作用于听众心声。演讲是演讲者在信息场中运用语言表达的手段，包括有声语言表达、态势语言表达、道具语言表达及多媒体技术语言表达等的综合表达，这是演讲者对听众施以影响与感召作用的完整过程。

在此过程中，演讲者的思想和情感表达如多波澜的流水，波澜起伏，一泻千里，滔滔不绝。演讲犹如最便捷的宣传方式，甚至不需要什么经济投入，即可在最短的时间里实现让听众了解演讲者要讲的思想观点的目的和作用。演讲是演讲者在现实生活中积淀的真知灼见与美好情感的艺术升华，是演讲者事先进行了精心而充分的准备，在特定的时间和场地，面对三个人以上的受众，将自己准备的演讲观点和情感，结合具体的现场情况，既发表个人见解，又和听众进行互动交流的真实的现实活动。

演讲者发表演讲要以尊重和关爱听众为前提。演讲者传递亲切诚恳、委婉动听的思想内涵和感人情怀。因而演讲者应有虚怀若谷、朴素平和、不卑不亢的特质，这是他能够影响听众，受听众欢迎和喜爱的必要条件。演讲者的演讲能力与演讲水平呈动态发展态势，是随演讲者自身素养提高和努力而发展变化的。这两者分别获得持续进步与发展是相互影响和相互契合的。

演讲者演讲的目的是亲近听众、赢得听众、争取听众，而不是疏远听众、抛弃听众、背离听众，因而表达要格外用心、用情，绝不能出现任何不尊重听众的言行，更不能漫无目的、仅随个人意愿随想随讲。演讲绝不是对听众耍嘴皮子、哗众取宠式的自以为是，或是进行自我夸耀式的当众语言表达。

优秀的演讲者不是脱离现实的老古董，不是油嘴滑舌的能说会道者。演讲者是服务社会现实需要的思想者、宣传者、建设者，是推动社会发展的先进文化的代言人。他的思想和情感与现实生活紧密相连，他的思维能力、语言表达能力、记忆能力、知识水平、理论修养、生活阅历、工作经验、精神状态与表达技能，在群体中皆受人敬重，因而演讲自然而然地吸引听众聆听，演讲者本人也因此才称得上是担当起演讲责任，最终实现演讲使命。

第二节　演讲基本要素

要掌握好演讲这一有效的人际交流工具，我们仅理解演讲的内涵、思考演讲的定义是远远不够的，我们还应正确解读和把握演讲的组成要素、演讲的特征、演讲的目的、演讲的作用、演讲的内在动机等方面的内容。本章节的重点内容在于介绍演讲要素的组成与内涵，解读演讲活动的有机组成部分，以达到提升演讲者综合演讲素养的目的。

一、演讲四要素说

演讲要素是演讲活动得以进行的基本因素。构成演讲活动的内在因素很多，但最重要的是四大要素，这即是演讲四要素说的基本内容。因为除此之外还有演讲三要素说、五要素说与六要素说等。尽管这四大要素在演讲活动中都缺一不可，即缺少了任何一个要素的存在，演讲活动都无法进行。但从不同的视角进行认知和解读，它们在演讲活动中所发挥的作用、所承担的角色都是有所区别、有所侧重的。以下对四个要素的内涵逐一进行解读。

（一）演讲者

演讲者是演讲活动的第一要素。没有演讲者这一要素的存在，演讲活动就无从谈起。演讲者决定演讲的目的、演讲的内容、演讲的表达方式等演讲活动最中心的内容。

演讲者是在演讲现场向听众发表演讲的人。他在演讲现场通过口语表达的形式，独自向众多的听众传递富含思想和情感的信息。从他站上演讲台的那一刻起，直到他离开演讲台，完全从听众的视野中消失，这一从始至终的演讲过程都完全由演讲者负责。演讲者通过演讲主导并保证整个演讲活动顺利完成，保证听众在演讲活动中受益。

演讲是真实、现实、美好、有效的信息交流活动。在某一特定而相对封闭的场所中，演讲活动要能顺利进行，首先要有演讲者出现，然后才有面对听众传播思想、知识与积极情感的演讲活动。如果没有演讲者的出现，没有演讲者向听众传递有价值的正能量信息，真实而有现实意义的演讲活动也就无从谈起了。

演讲者是演讲获得成功的核心要素。成功的演讲者对其所讲的演讲主题要拥有足够量的信息资源，他的演讲思想可以达到足够的广度、深度和高度，要符合听众对演讲者的事先预设。演讲者应满足成功演讲具备的一切内在与外在的条件，如知识储备渊博，对所要传递的信息兴趣浓、热情高，对演讲活动的成功有足够的使命担当，责任意识和相应的专业能力和水平相对较高，有特定演讲主题发表，具有大众认可的演讲权威公众形象等。

演讲前演讲者需对要讲的内容进行充分准备，并进行合乎要求的训练和练习，对获得演讲成功要有较为充分的自信心。演讲者对演讲的表达方式事先要进行精心的设计，要善于在演讲中调动听众的热情和参与的积极性，要有足够的经验应对演讲现场可能出现的突发情况，能够及时恰当地回应来自听众的各种提问与反馈信息，能对演讲活动要获得的效果具有较强的把控能力和自制能力，要具有战胜自我的演讲情感力与意志力等。

(二)听众

听众是演讲活动的第二大要素。没有参与演讲活动的听众(含媒体前或网络上的听众)，演讲活动是不具有现实意义的。演讲者自言自语是无法发挥其应有的社会作用的。听众这一演讲要素解决演讲为谁服务，演讲在哪部分人群中产生社会价值等问题。

听众是演讲信息的接收者。没有听众聆听演讲，演讲活动就没有实现传递的功能。演讲活动的生命力存在于演讲者与听众进行信息交流的过程中。没有了听众对演讲的接纳，演讲者的演讲就没必要进行。演讲的价值从来都是使听众受益。只有听众在演讲中接受演讲者传递的人生观、世界观、价值观，以及某一特定专业领域的知识，或倡导的人生理想追求、生活经验以及待人接物的准则等，演讲活动才能最终实现演讲者的初心与使命。

对于同在演讲场中的听众来讲，他们在同一时间对演讲者产生的看法，对演讲者发表的演讲也会产生不同的感受和想法。就是对同一位听众来说亦如此，所谓万物流转，一切皆处于变化发展之中。演讲开始或演讲结束，听众对于演讲者的看法可能也会产生差异和出入，对演讲主题的把握，对演讲内容的理解也有可能出现不同。这就用上了古希腊著名哲学家赫拉克利特说的那句话："一个人不可能两次踏入同一条河流。"由于听众拥有的知识储备、人生体验和情感态度的不同，他对同一主题的演讲会有不同的体会和感想，对演讲者的反应态度也会有所不同。

演讲要获得预期成功，非要有符合需要的听众聆听演讲不可。符合演讲需要的听众一定是对演讲主题感兴趣的人群，他们能够深刻理解演讲内容的专业背景，在思想和情感方面对演讲者有足够的接纳，他们愿意接受演讲者的思想引领，可以产生符合演讲目的的新的言行。反过来讲，演讲获得成功效果，需要演讲者在演讲中实现演讲目的，赢得听众尊敬，能够获得大多数听众的认可和肯定。

成功的演讲与听众的思想与情感现状密切相关。为获得预期效果，演讲的组织者应在演讲前充分动员听众，调动听众参与演讲的积极性。要向听众介绍足够的有关演讲主题的知识背景。要向听众充分介绍演讲者的履历，获得听众对演讲者的好感。听众应将演讲者看在眼里，放在心上，把演讲者放在关注的核心地位。听众要对演讲活动感兴趣，对演讲内容有需求，从而在参与演讲活动中，深感不虚此行，并通过参加演讲活动能够真正有所收获。

(三)演讲信息

演讲信息是演讲活动的第三个要素。没有演讲信息要素的存在，演讲活动无法真实进行。演讲者掌握了演讲信息，才能在演讲活动中对听众进行信息的传递，听众才能在演讲活动中接收信息，获得成长。演讲信息即演讲的具体内容，所谓“巧妇难为无米之炊”就是这个道理。演讲信息决定演讲内容，决定演讲的真实性。没有演讲信息就谈不上演讲表达，也谈不上演讲活动的举办。

演讲活动要获得成功，就必须传递足够的信息。没有足够的演讲信息，听众会感到演讲没有价值。除了演讲信息量之外，演讲信息的质量更是直接关乎演讲价值的实现，关乎演讲者能否在演讲中树立积极正向的公众形象。

演讲者对演讲信息的传递情况，展示了演讲者的深刻思想、渊博的学识，体现了演讲者的健康心理、高尚的人品。在演讲者传递出的有声语言表达内容中，听众可以领略演讲者的精神风貌。演讲过程中传达出的信息越充分，越对演讲者树立正面形象有利。演讲信息越是听众渴望听到的，就越能帮助听众解答心中的疑难问题，演讲的社会功能就会发挥得越充分。

(四)演讲信息传播的渠道

演讲信息传播的渠道是演讲活动的第四个要素。所谓“万事俱备，只欠东风”可以类比这一要素在演讲中的地位和作用。演讲要获得成功，需要演讲者和听众之间的交流渠道畅通无阻。尽管演讲者准备的信息量和信息质量非常重要，但如果听众不愿意接收演讲者准备好的演讲信息，或是演讲者受自身原因影响，比如身体不适，精神状态不佳，心里有与演讲无关的事情亟待解决，或者听众接收演讲信息的渠道自行关闭，那么演讲信息对他是不会发挥作用，演讲的效果自然会大打折扣。

如果演讲者在传递信息过程中，听众因某种原因听不到或听不清楚演讲者发出的演讲信息，那么演讲的价值也难以得到实现。所以，在演讲者事先拥有了大量的演讲信息之后，演讲者在演讲过程中，与听众之间要始终保持和谐融洽的关系，从而做到信息交流渠道敞开，传递与接收之间对接良好。演讲者面向听众能够敞开心扉，听众聆听演讲者演讲也是敞开心扉的。

这里要特别强调一点：对于听众众多、演讲会场比较大的情况来讲，演讲信息的传播渠道问题就更加复杂，准备起来难度也会更大。比如，影响演讲信息传播和接收的扩音设备、演讲现场的安静程度、演讲现场的通风条件及灯光情况、多媒体对演讲信息传输的辅助情况等都是演讲渠道发挥作用的因素，每一项都要仔细检查，认真准备，做到万无一失，保证演讲信息在演讲过程中收获预期效果。

要获得有效的演讲传播渠道，需要演讲者对演讲活动具有较强的驾驭与掌控能力，包括可以及时恰当地应对演讲中出现的负反馈信息，如听众群里的反对声、嘈杂声，或观众的注意力无法集中到演讲者身上，以及演讲会场出现较多的零反馈等。对此，演讲者要坦然面对与接受，并能对自己的演讲状态与演讲信息进行及时调整。

演讲活动的目的在于传递信息，而信息要传递有效，需要保证信息准确无误、畅通无阻地进行传递。演讲会场的氛围要适宜，听众有恰当的接收心态，演讲会场的扩音设备正常，演讲者能积极引导听众，演讲现场的正向反馈信息占多数。听众关注演讲者，能对演讲者给予积极回应，与演讲者有积极的目光交流，或点头微笑。演讲现场有理解演讲内容的掌声与笑声等。

综上所述，演讲的四大要素是相互作用、互为影响的。演讲的第一要素是演讲者，他在整个演讲活动中发挥主导作用，对演讲的成功发挥决定性的作用；演讲的第二要素是听众，在整个演讲活动中发挥接收信息的作用，决定演讲活动是否落到了实处，是否真正实现了演讲的价值和意义；演讲的第三要素是演讲信息，它是演讲生命价值的载体，没有信息交流的演讲只不过是徒有虚名；演讲的第四要素是演讲信息的传播渠道，它决定演讲内容的传递质量，决定演讲者和听众之间的交流与互动是否有效，决定听众能否在演讲活动中有效接收到信息，能否真正获得思想上的成长。演讲的这四个要素相互作用，互为影响，共同为演讲活动的成功提供保障。

二、解读演讲要素带给学习者的挑战

马克思曾批评一位失败的演讲者说："没有给人留下任何值得一提的独到见解，没有一句至理名言，没有一点真知灼见，没有一处鲜明的记述，没有一点美妙的思想，没有一个生动的隐喻，没有一点幽默的描写，没有一点真实的情感。"阅读这段话对我触动很深，这启发我思考：如果演讲者知识浅薄贫乏，不具有较高的文明素养，那是不会获得演讲成功的。演讲者的素养提升是演讲的重中之重，成功的演讲需要演讲者运用得体的表达方式，讲出深刻明确而有意义的思想，以及极具感染力的既有哲理性又有情感性的语言。

上述内容对深化理解演讲要素内涵，以及持续提升演讲水平带来挑战。

(一)演讲者应与时俱进地加强学习

平时良好的学习习惯固然重要，演讲者讲前充分准备更是重中之重。演讲前进行充分的准备既是演讲获得成功的保障，也是演讲者学习提高的最佳时机。演讲者在演讲过程中不能照本宣科地念稿给听众，而应将事先准备好的演讲内容讲给听众。演讲者应能根据现场的实际情况，对准备好的演讲内容进行及时、恰当的调整和补充。

演讲者在演讲现场应善于对听众进行因势利导，用铿锵有力的口语表达，生动有力的态势语言，形象演绎演讲者的思想和情感，让演讲走向听众，走近听众，获得入座、入耳、入脑、入心的演讲效果。演讲前进行充分准备的过程是演讲者进行有针对性的学习过程，每一次的准备都促使演讲者的演讲素养提升到新的境界，并成为以后演讲素养进一步提高的进步阶石。

(二)演讲者应恰到好处地使用态势语言

演讲追求现场“声落意出”“明白如话”，获得“我说你听”“一听就懂”的理想效果，所以演讲者要用尽量简练、准确、亲切、生动、有生活气息、便于听众理解和接受的有声语言表达观点与情感，以使演讲内容给听众留下清新、美好和深刻的印象。但仅靠有声语言的表达，演讲的表现力与感染力往往体现不充分，非要演讲者在演讲中有自然到位的面部表情、眼神、姿态和手势语等无声语言加以辅助不可。由此得到演讲“清风能感水能化，修竹有情兰有怀”的理想表达效果。

我国著名演讲家李燕杰教授说：“一将领之成功，必有无数偏裨之努力；一物象之鲜明，必有无数色彩之陪衬。演讲的成功，也必有姿态动作的辅助。”“如果态势语言运用得好，能使演讲充满活力，给听众以美的享受。人们常说，言辞接于耳，而姿态动作则接于目。耳朵听到的和眼睛看到的应该而且可以统一起来。”所以说，演讲者提高演讲素养需在关注演讲态势语言表达的使用内涵方面下足功夫。

(三)演讲者应关注听众反馈

提高演讲素养需学习应对来自听众的正向或反向反馈信息。所谓“台上一分钟，台下十年功”。演讲者的这种语言表达素养，其形成需要演讲者的博学博记。比如，演讲学习者通过平时坚持不懈地记忆名人名言，练就诗朗诵能力等，都可以在演讲中派上用场，由此演讲者在演讲中才能做到游刃有余，适时适当地调动演讲的现场气氛，发挥引导演讲正能量不断提升的作用。

演讲者在演讲中应能充分调动正反馈能量，通过积极引导听众的思想与感情从而营造出融洽的演讲氛围。为了调动听众积极热烈的情绪，演讲者可结合演讲主题内容，引导听众一起朗诵名家诗词。比如要带领听众一同感受磅礴大气、诗情豪迈的精神境界，演讲者可领诵毛主席的词：《沁园春·雪》。“北国风光，千里冰封，万里雪飘。……”为表达老一辈对青年人的寄托，演讲者可引用毛主席的演讲语——“世界是你们的，也是我们的……”，由此引发出听众的热情，使演讲者与听众的心灵融合为强大的正能量。在这种强大的正向能量氛围中，听众的零反馈与负反馈瞬间就可化为乌有，全场形成可期盼的演讲磁场影响力与感召力。

1. *演讲者应善于把负面信息转化为正向信息*

演讲要想获得成功，演讲者必须要善于应对演讲场里的负反馈信息。演讲中的负反馈信息是演讲者不愿意看到或听到的，它影响演讲者的演讲心境和状态，不利于演讲的正常进行。但演讲现场出现负反馈信息，有时是演讲者始料不及的。对此，演讲者须有足够的智慧进行化解，以确保演讲场里的秩序向好的方向发展，对演讲活动的成功举办发挥积极的保障作用。

为了缓和演讲者的情绪和心态，演讲者应抱着理解的态度正确看待和应对演讲现场出现的负反馈信息。客观智慧的态度是将演讲的负反馈信息看作可以理解的听众现象。出现演讲的负反馈信息是不以演讲者的意志为转移的现实问题，演讲者所能做的是要站稳演讲台，面对负反馈仍能坚持发表符合演讲者身份的正确观点，维护演讲活动的正常秩序。因为听众是活生生的生命体，他们的所思所想，必然会从他们的言行中反映出来，这是演讲者无法决定的，演讲者所能做的就是尽可能地去感召和影响他们。因此，演讲者对听众的所思所想应给予尽可能宽容的理解与解读，并给予尽可能温暖的关怀与引导，最大可能地团结和凝聚听众，赢得听众的尊重与赞同。

演讲者应善于坦然面对演讲中出现的一切负反馈信息。那么演讲会现场可能会出现哪些负反馈信息呢？以下进行梳理，写在这里为演讲者和实践者提供参考，提前思考应对策略以做好必要的心理准备。

演讲现场可能出现的负反馈信息有：演讲过程中听众席里会发出反对声、质疑声、刁难声；或出现三三两两的听众窃窃私语、交头接耳地闲聊或进行问题讨论；或有听众播放音乐，甚至低声哼唱。影响演讲效果比较大的负反馈信息是有听众交头接耳闲聊或讨论问题。这种负反馈信息的杀伤力很强，会直接影响正常的演讲秩序。

当然还有一些个体性的负反馈信息：听众边写作业边听演讲；看手机或笔记本电脑；戴着耳机，俯在桌上睡觉休息；或直接用不怀好意的眼光打量演讲者，口出狂言对演讲者评头品足；对演讲者发表的观点不屑一顾，或当场离席……

在演讲现场遭遇负反馈信息是对演讲者的极大挑战和考验。演讲者需加强学习，与时俱进，更新观念，加强学识修养，而一旦遭遇负反馈信息就要做到以不变应万变，牢牢把握话语的主动权和引导权，引导听众集中注意力到演讲者和演讲内容方面。对各种负反馈信息要灵活应对，善于扭转不利因素为有利因素，保证演讲活动顺利进行。

演讲者要具有强大的心理承受力，不受干扰因素的影响；要具有超常的心理亲和力，爱护并关怀每一位听众；要具有宽阔的心理包容力，善于“化敌为友”；要保持顽强的心理调和力，做自己情绪的主人。在这种自觉的学习与思考中，加之在实际演讲活动中不断接受考验和打磨，演讲者应对负反馈信息的能力必会获得逐步提升。

2. 演讲者应善于同听众建立稳固的信任关系

要提升演讲素养，演讲者应持续不断地与听众建立融洽的交流关系，这种关系要能贯穿演讲过程的始终，并能进行后续的延伸，这种关系要稳固而长久，要充满善意、爱护和信任。在整个演讲过程中，演讲者要让听众感到演讲者非常关心他们的需要和利益，并能就此开展顺畅的交流和探讨。演讲者要信守承诺，努力践行承诺，让听众感到能够信任演讲者，愿意听从演讲者的教导。

提高演讲素养，演讲者还需学习控制言行的技能。同时演讲者对自己做不到或根本不想做的事情，绝不可轻易许诺。一旦演讲者有违诺言，听众对演讲者的信任感就会消失殆尽，演讲的效度即会降至为零，甚至成为负数。演讲者与听者建立良好的关系非常重要。如果演讲者有践行承诺的困难，务必在听众提出质疑时讲明白不能兑现承诺的困难和理由。当然，演讲者给出的理由要足够充分，并有较强的说服力，以确保演讲活动持续进行。

3. 演讲者的关注点和注意力应始终落在听众身上

为了更有效地将注意力集中在听众身上，演讲者演讲前应尽量多地了解听众的情况，如听众的年龄、性别、学历、知识结构、工作经历，以及听众可能会对演讲主题所持的观点和态度。演讲者集中注意力于听众身上，从以下三方面入手在演讲前充分做好调研工作。

（1）了解听众对演讲者的接纳状况。了解听众对演讲者的思想认知与情感态度，以此推测演讲者是否会在演讲现场遭遇负反馈。听众对演讲者的接纳度高，自然会有利于演讲顺利进行。一旦听众对演讲者接纳度低，就需要演讲者做出更多的努力。演讲者对听众的情况做到了心中有数，一旦出现应急事件就可以进行恰当处理了。

（2）了解听众对演讲话题的态度。清楚演讲信息是否易于听众接纳，了解听众对演讲话题现有的知识水平和兴趣点。如果听众对演讲者将要演讲的内容已经熟悉，就会觉得听演讲没有价值，反而是在浪费时间。而如果听众对演讲话题持反感和抵制态度，演讲活动是很难进行下去的。为了增加听众对演讲的兴趣，演讲者要尽量选择新颖的、对听众有重要价值的内容。

（3）了解听众的专业背景。如果听众对演讲话题一无所知，或演讲涉及专业性较强的内容，会对听众的顺畅接收造成一定的难度。为了解决好这个问题，演讲者在演讲时要增加举例子的环节，适当在费解之处多花费心思，对内容进行耐心解释。要让听众理解演讲内容，接收演讲内容，而非故弄玄虚地让听众感到理解困难，难以接收。

总之，演讲者要将注意力全身心地集中到听众身上，要把听众看在眼里，放在心上。演讲者在演讲中要能与听众做到将心比心，多站在听众的立场和角度思考问题，时刻关注听众的听讲反应，依据听众反应及时调整演讲的进度与语速，及时增删和调整演讲素材资料。演讲者所做的一切只有一个明确的目的，那就是都是服务于听众的接听和受益。

（四）演讲者需培养演讲思维能力

演讲是思维的产物，是演讲者思维能力的外化。从演讲的立意，到演讲主题的升华，再到演讲思想的深邃，每一个演讲成功的符号上都凝结着演讲者的艰辛思考。没有思考就没有演讲内容的表达。演讲者要提高演讲素养，就一定要在培养思维能力方面下大力气，下足功夫。

培养演讲思维能力，意味着在日常学习与实践活动中做有心人，要乐于思考，善于思考，勤于思考。要使自己对现实问题保持浓厚的兴趣，对公众利益问题有正确的解决途径与方法。因而演讲者的思维要时常处于积极活跃的状态，让思维能力经由一次次的思考，增加深度、广度与高度，实现思考力由量变到质变的发展。

培养演讲思维能力，我们应着眼以下四方面能力的开发。一是培养理论思维能力，即善于用概念、判断、推理等形式表述客观真理，以对演讲主题进行有逻辑说服力的表达，合理分析和使用典型信息材料，将事实呈现与逻辑表述紧密结合；二是培养无懈可击的思辨力，善于发现捕捉问题，善于解决问题，不断激发听众的思考力，使演讲充满睿智与思辨；三是善于培养艺术思维能力，为演讲思想表达插上想象的翅膀，让叙事更生动，让抒情更感人，让有声有色的形象表达更有生命力，让听众获得真实的、感同身受的、身临其境的听讲效果；四是演讲者要培养灵感思维能力，勤于学习，善于思考，不断激发演讲活力，使演讲思想常讲常新。

总之，在演讲活动中，演讲者始终处于主导地位。在听众心目中，演讲者应该是海纳百川、口吐风雷、振臂高呼、应者云集，挽狂澜于既倒、推巨浪而前行的领袖人物，因而听众对演讲者的素养有着极高要求和期待。如果演讲者出现在听众面前的形象与听众的想象差之千里，就极有可能造成演讲失败。演讲者需要不断地提高自身的综合素养，要始终保持与时俱进的心态，坚持持之以恒地学习；要不断挑战自我，超越自我，勇于宣传真理；要拥有积极健康的心理状态，具有强大的心理承受力与耐挫力。

演讲者需要不断完善自身素养，包括思想政治理论素养、道德品质素养、心理健康素养、与演讲主题相关的专业理论素养等。演讲者需不断地提高演讲表达的理论与技能素养，以满足听众更高层次的精神需求。演讲者需不断提升演讲技能，提升演讲的学习能力、思考能力、书面写作能力与口语表达能力等。

第三节　演讲目的与演讲动机

深刻理解演讲的内涵，需从多种视角着手，最终实现演讲者表达素养的提升。对演讲内涵进行解读的视角很多，本章节主要在演讲定义、演讲要素、演讲动机、演讲目的等方面进行解读。如果说解读演讲的定义与要素侧重演讲学的规律本身方面，那么解读演讲目的的实现与激发演讲者演讲动机则侧重演讲真实的社会性与生动的个体性的结合。以上诸多内容相互融合，共同作用于演讲者演讲能力的持续提升。

一、演讲目的及其实现

演讲目的要得以实现，演讲者需完成的任务有很多，但无论如何需做好以下四方面的事情。一是给听众传递有价值、有意义的交流信息；二是劝说听众形成有指向性的思想与感情；三是激励听众珍爱生命、热爱人生；四是激发听众参与演讲活动的兴趣。用更加简洁的语句进行表述，即演讲的目的在于使听众“知”，在于使听众“信”，在于使听众“行”，在于使听众“乐”。总之，是让听众在具有高度参与热情的氛围中提升思想认识，进而有信心、有勇气赢得更丰盈的人生。

（一）演讲目的在于向听众传递重要信息

演讲者向听众传递信息，从直观形式上看似乎是呈单项传递的方式。演讲信息的单项传递通过演讲者发出信息，经由信息传递渠道，使听众接收信息，信息传递过程顺畅成功。但从演讲信息传递的本质特征来看，信息传递的方式是通过双向交流的方式落实的。演讲目的的实现是要落实为演讲者与听众之间的双向积极互动，并尽可能有效助力听众收获接听与接纳演讲信息的效果。

演讲者向听众传递有价值的信息，实质是满足听众对获取信息的内在需求，目的在于向听众传递信息。演讲传递的信息首推演讲者所要表述的观念或主张，由此宣传引导听众，影响听众。如果演讲信息涉及某些有争议的问题，演讲者需在演讲过程中对此类信息做出翔实说明，或对信息进行深刻分析，以使听众获得正确思想与情绪情感的引领。演讲者向听众传递有价值的信息，主旨在于向听众传播真理。演讲者在演讲中讲真话，用充满真善美的语言实现演讲的预期目的。

在演讲活动中演讲者通过有声语言传递信息，随之思想品德修养与风度气质也无声地传递着丰富的信息。演讲者尊重听众，关爱听众，其积极开朗、温暖热情的外在形象等都会给予听众如沐春风之感。听众在参与演讲活动过程中，不仅要听演讲者说些什么，而且会因演讲者的表情、态度、眼神、姿势、举止以及服饰、发型等传达出得体、美好和优雅的信息，获得预期文明素养的熏陶，成为演讲达到成功目的的信息内涵。

（二）演讲目的在于为实现意愿和愿望而进行劝说

演讲者带着确切的劝说目的表达看法和想法，这种有效的信息传递和展现，助力演讲活动始终处在兴趣盎然之中。演讲者的劝说在于激发听众思考，在于调动听众产生参与热情。演讲要实现劝说目的，就要努力使听众认可演讲。从演讲者展现给听众的外在形象，到演讲者向听众传达的思想内涵，以及演讲者发表演讲的方式方法，演讲者都要努力获得听众的认可。演讲者应吸引听众的注意力到演讲者本身，引领听众理解演讲观点，促使演讲者与听众产生情感共鸣，努力赢得听众信任。演讲者以高超的语言表达增强演讲的说服力和感染力，使所讲内容给听众留下深刻印象，从而促使听众产生相应行动的内在动机。演讲者善于激活现场气氛与活力，可以更好地促使演讲具有说服力。

演讲要实现劝说目的，需要演讲者在演讲前界定劝说的初衷和由来。正如柏拉图在《斐德诺篇》中所说："无论讨论什么问题，都要有一个出发点，这就是必须知道所讨论的对象究竟是什么，否则得不到什么结果。许多人对于事物本质，都是强不知以为知。既自以为知，他们就不肯在讨论的出发点上先求得到一个一致的看法，于是愈讨论下去，就愈见分歧，结果他们既互相矛盾，又自相矛盾。"这就印证了演讲者讲前深入思考劝说听众的观点要明确，以及演讲者提升劝说的技能的必要性。

演讲活动只有实现了对听众的劝说目的，演讲活动的现实价值和意义才能真正体现。演讲劝说的初衷在于使听众通过参加演讲活动，想法上和情感上与演讲者产生趋同。听众一旦接受了演讲者的劝说，就会愿意在现实生活中自觉按照演讲者的演说采取正确的行动。

(三)演讲目的在于激励听众产生预设言行

如果演讲能引发听众的广泛关注，吸引听众饶有兴趣地听讲和进行思考，就会激发出听众强烈的行动热情，即实现了演讲的激励与鼓舞目的。演讲的激励目的由演讲的激励作用实现，这种激励作用的具体表现是：演讲点燃了听众的梦想，放大了听众的愿望，鼓舞了听众努力实现理想的决心。让听众听完演讲后有"听君一席语，胜读十年书"的感觉；有"站在巨人的肩膀上能够看得更远"的心得体会；有"一语点醒梦中人的醍醐灌顶"之效。有如此感受的听众自然会听从演讲者的引导，演讲激励听众的目的也就水到渠成地实现了。

任何主题的演讲，其最终目的都离不开对听众发挥激励促进作用，让听众在演讲活动中情感受到抚慰，精神受到鼓舞，心理感受到关爱。通过参加演讲活动，演讲者接受了教育，焕发了热爱生活的热情，鼓舞了做事情的干劲。能够在演讲活动中感受到激励是听众聆听演讲的本真表现，是听众在演讲中真正受益的体现。演讲实现激励目的是听众获得思想启迪的情感升华。

演讲适时适境地激励听众，可以促动听众实现成长和进步。一方面，以身示范式的演讲最易打动听众，激励听众，因而演讲者的演讲身份务必能立得住。能够给听众带来激励的演讲者应该是听众认可的公众人物，是值得听众学习与成长借鉴的榜样，这样的演讲促动听众向真向善向美，真正达到备受激励的目的。演讲者用自己不同凡响的精神和情感影响听众，使听众生发有价值的思想、情感和行动。这种影响或许是巨大的，也可能是微弱的，但听众因此受到了精神鼓励和肯定会是确信无疑的。

另一方面，对社会发展做出卓越贡献的典型人物发表演讲，或是他们在演讲中选取自己的典型事例进行演讲，这是最易于达到激励听众、影响听众目的的演讲类型。为了更有效地达到激励目的，演讲者在演讲中应善于引用励志事例。尽管听众的思想状况呈纷繁复杂的态势，但无论哪一类听众都会对成功者的人生故事有所向往。只有在演讲中添加了令听众感动的演讲材料，才能真正激发起听众心灵深处的情感涟漪，甚至是掀起波涛翻滚的巨浪，促使听众产生追逐梦想的愿望。

(四)演讲目的在于让听众感到愉悦

演讲者幽默风趣，演讲语言妙趣横生，可以让听众感到愉悦快乐。演讲要使听众在愉悦的状态里充满兴趣地听讲，这有助于他们能在较长时间里保持稳定有效的学习状态。社会学家研究证明："对意见最终起决定作用的是心情而不是智慧。"愉悦听众可以使他们保持好心情，从而使其更容易接纳演讲者的观点，产生演讲者所希望的想法与言行。

美国社会学家贾尼斯做过"被说服"与"好心情"的关系实验。他和同事把耶鲁大学的学生分为两组，一组在进行阅读时享用花生和可乐；另一组在阅读时不享用花生和可乐。结果发现：相对于没有享用花生和可乐的大学生来讲，那些阅读时享用花生和可乐的学生更易于被说服。探究其中的原因发现：学生在享用美食时产生了一种好心情，因而能以更开放的态度面对外部信息，能以更宽容的心态接纳外部信息。通过实验研究者得出结论："边吃边阅读的人比那些没有吃东西的人更容易被说服。""当信息与好心情联系在一起的时候，它们会具有更强的说服力。"这就是说，人的愉悦的心态有助于接收信息，也更容易受到影响，发生想法上的改变。

演讲的目的在于有效地向听众传递信息，听众在聆听演讲的过程中被激励、被劝慰、被教导。愉悦听众，让听众产生好心情会强化演讲的激励作用。愉悦听众会促使听众对演讲更感兴趣，更愿意参与演讲活动。演讲者采用欢乐幽默的手段愉悦听众，向听众传递积极乐观的信息，促使听众保持听讲的热情，进而在愉悦的心态里丰富知识，启迪智慧，获得思想教益和熏陶。

二、演讲动机是促发演讲积极性的内生动力

演讲目的是引领演讲成功的指向标。演讲要获得预期的成功，必须先要

有明确的方向感和目的性。有了目的性和方向感的演讲者，内心就有了明确的演讲初心和演讲要追求的终极目标。这些真实而有价值的促使力保障演讲活动顺畅开展，这些激荡在演讲者脑海和心间的想法就是极为重要的演讲动机。这是演讲取得预期目的和成效不可或缺的内生动力。

(一)演讲动机释义

演讲动机是演讲者从事演讲活动的起源，与演讲行动的起始源头、目标导向、演讲激情和持续久远的热情密切相关。演讲动机在演讲者的思考与创作过程中，呈现为静态存在方式，是激励演讲者从事演讲活动的内在心理过程。演讲动机在演讲者发表演讲、与听众进行交流互动时，呈现为动态持续存在的方式。演讲动机的表现方式或为强烈，或为较弱，或为微弱，激发和鼓励演讲者产生演讲内驱力，从而不断焕发生命活力，促使演讲者与听众向着演讲期望的目标前行。

1. 演讲动机由演讲需要引起

演讲者通过演讲活动满足演讲活动的组织者、演讲活动的具体举办者、演讲现场的听众群体、演讲者个人的精神、情感和心理需要的状态和意愿，演讲动机由演讲活动的实际需要引起和决定。演讲动机是演讲者想要完成好演讲在心理上形成的思维途径。演讲动机在演讲者的心理与行动方面倾向一致，这是演讲者实现演讲理念与目的的源头。

2. 演讲者的成就动机是演讲者愿望的外显

演讲者的成就动机停留在演讲者愿望的阶段时，我们难以了解和把握到它。而一旦演讲者的愿望得以外显，演讲者想要完成演讲愿望，演讲的成就动机也就呼之欲出了。在演讲者愿望得以实现的过程中，演讲者的演讲成就动机与演讲愿望互为激发。演讲者的演讲成就动机越强烈，演讲者从事演讲活动的愿望也就越强烈。反之亦然。

当演讲者的演讲成就动机渐弱时，推动他从事演讲活动的愿望也会弱化。进行演讲的愿望产生后，如果没有演讲动机的推动，演讲者对演讲责任会采取回避或躲闪的态度。对于处在这种状态中的演讲者，要想鼓励他发表演讲，就需要特定的推动契机。由此，演讲契机促动演讲者产生演讲愿望，渴望演讲成就的获得，从而综合影响演讲活动获得成功。

3. 引发演讲动机的内在与外在条件

演讲动机是在演讲目标的引导下，激发和维持演讲者内在心理过程或内在动力源源不竭。演讲动机是演讲者的内在想法，不能直接观察，但可以通过演讲者对于演讲任务的选择，在演讲活动中的努力程度，参与演讲活动的坚持性和演讲语言的表示等行为进行推断。演讲者的演讲动机必须有演讲目标引领，演讲目标引领演讲者演讲动机的方向与强度，在外在可视的范畴内规范演讲动机，获得真实效果。

引发演讲动机首要且根本的条件是演讲者个体想要发表演讲的内在需求。来自演讲者个体想要发表演讲的内在需求是演讲的内在动机；来自社会的邀请、听众对专业信息的需求等各种外在条件是引发演讲者个体发表演讲的外部动机。外部动机对演讲起作用最终要通过演讲者的内在需求来实现。演讲动机是演讲者为实现演讲目的而行动的根本原因。演讲动机是演讲者个体思考与心理感受的内在过程，演讲活动本身是演讲者内在演讲动机的外在体现。

(二)演讲动机的作用

演讲动机的作用在于保障演讲者拥有持续演讲的真情、热情与激情，在于促动演讲活动最终获得成功。演讲动机的作用体现为演讲者个体从事演讲活动的内在动力源，在演讲者内心层面和言行表达方面贯穿演讲过程的始终。

1. 演讲动机是演讲者发表演讲的原动力

演讲者和听众各自能从演讲活动中收获什么？每一次演讲所确立的目标是什么？顺着这个思路进行思考，演讲者的演讲才能逐步步入正途，进而收获事半功倍的演讲效果。演讲者从事演讲活动应时刻牢记演讲目的，时时思考演讲目的涉及的方方面面，确保演讲活动最终达到成功。上述这些思考点都是演讲者演讲动机发挥作用的体现。演讲动机推动演讲者深刻思考，促使演讲者对获得演讲成功进行殚精竭虑的努力，促使演讲者积极寻求获得演讲成功的有效途径和方法。这是演讲者发表演讲并获得演讲成功的本原动力与力量来源。

演讲动机的原动力在于最大限度地激发演讲者想要发表演讲的想法，这是激发演讲者产生演讲愿望的催化剂。演讲动机的作用在于促使演讲者对参与演讲活动产生和保持足量的不可遏制的积极性，推动他们积极承担演讲责任和使命，使他们甘愿在社会群体里不厌其烦地向听众给出有价值的信息。他们愿意在演讲事业的整体发展中奉献出全部的热忱并付诸奋斗。他们在表达独到见解方面不辞辛劳，在倾情奉献和付出中享受与听众发生的思想和情感共鸣。

2. 演讲动机从两个层面体现作用

演讲动机作用的重要性具体体现在个体与社会两个层面：一是在演讲者

个体层面，演讲动机对个体演讲能力的提升发挥推动与促进作用，在演讲者个体的内心层面发挥支撑作用，在演讲者个体的演讲言行表达方面发挥持续保障作用。二是在社会群体层面，演讲动机对社会演讲活动发挥整体而深刻的影响，促动和引导演讲事业的走向正确无误，推动社会演讲活动呈现欣欣向荣的发展态势。

演讲动机的内在动力能量的发挥，在于推动演讲者勇于从事演讲活动，并使演讲活动可以感动听众，赢得听众，提升听众的综合素养。演讲动机能量的发挥，在于推动并保证演讲活动最终获得成功，发挥演讲促进社会文明发展进步的影响力。

3. *演讲动机具有激活、指向、维持和调整演讲者从事演讲活动的作用*

演讲动机是演讲者个体演讲能动性的表现，它促动演讲行为产生正能量，推动演讲者个体产生演讲的热情与愿望，使演讲者个体从思考的静态转向发表演讲的动态。演讲动机将演讲行为指向听众群或演讲的目标。当演讲者个体的演讲活动由于演讲动机的激发而产生后，对保障演讲活动的成功发挥必要的调整、支配和控制作用。演讲动机在演讲活动中得以有生命力的体现，演讲活动促使演讲者个体的演讲动机达到社会群体所期待的演讲目标。

三、大学生学习演讲需强化演讲动机

引导大学生学习演讲应善于有效培养他们具有浓厚的演讲动机。演讲动机是学生参与演讲学习活动的内在推动力。如果学生有了学习演讲的愿望，但对发表演讲怀有退避三舍的态度，他们就难以获得演讲进步与成长。因为缺乏成功的演讲经验，影响他们生成可持续性的演讲动机。他们学习演讲的动机不够强烈，很有可能在演讲学习中出现浅尝辄止的状态，演讲学习或遭遇困境而戛然而止，更不要提收获什么演讲效果了。学生学习演讲的动机体现为：参加演讲活动时来自于内心的向往，自我意识中的自发激励，对演讲成功的渴望，满足演讲者承担听众进步的责任和使命，对演讲目标不断追求等。

(一)大学生学习演讲的动机必须要纯正

每学期演讲班开课，我都会留出一定的时间了解学生选修演讲课的原因。从中我发现，参加演讲课学习的学生确实存在演讲学习动机不够纯正的问题。有些参加演讲课学习的学生只是为获得学分；有的是随大溜，看别的同学都选这门课，自己也跟着选；还有学生想要表现自己，夸夸其谈，想要利用演讲技能实现“好为人师”的愿望。

但大部分学生学习演讲的动机是纯正的。他们真的希望能够通过系统学习演讲学理论与知识，在掌握演讲技能方面有所突破。有的学生是想弥补自己在公众面前表达能力的不足；有的学生因参加演讲比赛成绩不理想，特别需要得到指点以提升演讲能力；有的学生已被选入校辩论队，迫切想要提升论辩演讲能力等。

还有更多的师范生想要增强从师技能。因有明确的职业定向要求，他们想要通过学习提升教师语言表达素养，希望通过学习为未来成为优秀的人民教师做好准备。演讲学习动机纯正主要体现在两个方面：一是满足演讲学习者自身健康发展的需要；二是满足演讲学习者为社会发展贡献力量的需要。这些学生参加演讲练习，总能表达正确的世界观、人生观和价值观；在与同学的交流合作中总表现得真诚、善良，助人为乐，体现出演讲者的正直、至诚与纯情。学生学习演讲的动机越纯正，他们学习的效果越明显，越理想。

(二)大学生学习演讲的动机必须要热忱

学生学习演讲的动机越热忱，学习进步的效果越明显。相反，学生学习演讲的动机越淡漠无趣，他们学习取得进步的可能性就越微小，从而出现练习演讲积极性不高、提交的演讲稿质量不达标等问题。

学生对演讲学习饱含热忱，在演讲学习过程中就会积极主动，自觉自愿。他们的演讲学习动机强烈持久，由此学习目标更加明确，学习中也能保持勤奋努力，不畏困难险阻。相反，演讲学习动机不够热忱，他们的学习动机强度不足，在学习和参加演讲活动中会有较多的消极被动情绪，影响演讲学习效果。学生对演讲学习不热忱，也就缺乏明确的演讲学习目标和学习计划，往往会出现学习态度不端正等问题，求知欲不强，不认真听讲，不努力完成作业，甚至有逃课情况出现。

如果学生的演讲学习动机不够，他们对老师布置的演讲作业和相关要求或应付了事，或置若罔闻，视而不见，漠然待之。一旦在演讲学习中遇到了困难和挫折则易于打退堂鼓，如此学习状态，谈何实现演讲学习的目的呢？又如何保障演讲能力持续提升呢？

(三)大学生学习演讲的动机必须要持久

学习演讲需要保持持久不断、源源不竭的内生动力，这是演讲学习者能够获得演讲成功，能够助人成长，能够持续不断提升演讲素养的动力。这种力量推动演讲个体与演讲事业同步同向发展，也保障演讲个体与演讲事业获得可持续性向好向快的发展。

1. 演讲学习动机成就感与动机持续力

对演讲成就感的追求，促使演讲学习者在演讲学习中勇于承担，勇于奉献；敢于面对和挑战演讲学习中遭遇的挫折和困难，理智应对突发事件，以智慧赢得演讲成功；对于走好未来的演讲之路，演讲者坚信“生也有涯知也无涯”的学习观，因而做到脚踏实地勤于积累，一路前行终生学习。

拥有演讲学习的动力，学习者必须要坚定自信。因为一旦在演讲中出现患得患失的倾向，演讲学习的动力可能就会随之消失殆尽。演讲学习的动机持续力保障学习者在演讲活动的全过程始终处在勤奋努力的状态中，从而促使学习者在每一次的演讲成功中实现真诚奉献的价值。

拥有演讲学习动机的持续力，学习者会保持长久地发自内心地参加演讲活动的渴望和热情，这份真挚的感情激励他们想要与听众分享有价值的思想观点，为此他们自信自爱，适度开放自我，即使遭遇消极因素的侵扰，也会在艰难窘境中赢得演讲的成功。

拥有演讲学习动机的持续力，演讲学习者在开发内心学习潜能的同时，能够做到向专家学习，向他人学习，向听众学习，终生树立演讲学习理念，终生树立践行演讲理念，在一次次演讲学习与践行活动中，实现从一个演讲阶段、境界进入演讲的新阶段、新境界的良性循环。

2. 学习者对演讲本身的挚爱

学习演讲需有向往演讲事业生生不息、永续发展的挚爱与坚毅。因为对演讲事业的永恒追求与责任使命，学习者对演讲事业的发展和对参与演讲活动具有持续不断的坚持和忠诚，对社会发展、听众进步、演讲文化的传承与传播贡献力量。他们不断存储演讲正能量，相信坚守与持续发展的力量，相互团结联手，共同在演讲事业的发展中做出贡献。

在演讲学习过程中，学习者善于见贤思齐，见不贤而内自省。他们最大限度地扩大演讲活动的正向能量，积累正能量成功经验，积极开展自信有益的演讲实践活动。他们强化反思与观察意识，吸取反面经验教训，在失败和挫折中重新振作。对出现的负面信息及消极心态及时进行调整，化解和遗忘负面信息。有效进行积极的自我心理暗示，形成良好的演讲思维习惯与态势，促使演讲的预期目标成为现实。

(四)学做人是学演讲的必备条件

会做人强于会做事。人常说，在人的发展之路上，短期发展看机遇，中期发展拼实力，长期发展靠人品。演讲学习与成功同样如是。演讲者在演讲之路上的起点多高，或许由演讲机遇决定；演讲者在演讲之路上能走多快，则由他的演讲能力决定；演讲者在演讲之路上能走多远，最终由他的人品决定。

学习演讲必须把培养演讲者的人品放在首位。演讲者的第一素养是品德修养，演讲者的第一向往是道德追求，演讲者的为人品行是支撑他走得远、行得稳的根本依靠。疾风知劲草，烈火见真金。学生应在演讲学习历练中增强演讲动机持续力。

我国著名演讲家李燕杰教授要求演讲人必须做人正直，严谨治学，铸魂育人，担当奉献。李老师是我国第一位德育教授，他说，中国演讲人必要谦恭为人，要善于了解听众、尊重听众，多向听众学习。演讲思想来源于听众又用之于听众，演讲育人，敦品铸魂，塑造美的心灵。演讲者的一生是热爱演讲的一生，真正的演讲人必是生命不息，演讲不止。

(五)演讲学习进步是长期努力的过程

大学生想要练好演讲，学好演讲，在走上工作岗位后能在演讲事业发展中做出卓越贡献，他们在校学习期间就要立下恒心，树立终生学习观念，保持演讲学习动机的持久性、永久性。学习的演讲素养提升永远在路上。

学习者要始终走在自我学习、自我成长、自我激励、自我培养的人生路上。同时要积极与优秀的演讲者进行交流，多看他们的长处，多学习他们的优点与长处，不断给自我演讲学习能力的提升提供正能量，让自己处在演讲素养持续提升的良性循环之中。在每一次的演讲实践活动中积累成功经验，总结经验教训，在成就听众进步成长的同时使自己得以提升和发展。

大学生在校学习期间，培养演讲能力、参加演讲实践活动必不可少。他们完成论文答辩，参加班干部竞选，在学校提供的演讲比赛、师范生技能大赛、青春榜样评选、辩论赛等发展平台上展现自我，向同学们介绍学习方法、工作业绩和个人成长经验等都离不开演讲能力。他们演讲学习的成果运用之广、作用之深远早已成为共识。演讲是他们进行思想交流、情感抒发以及表达主张、发表见解、结交朋友、展露才华最常见、最有影响力的口语表达形式。学习演讲成为大学生练就成才本领的内在动力。

(六)学习演讲要正确理解两大关系

引导学生开展演讲活动要引领他们思考演讲的目的，以此规范他们的演讲创作和表达。演讲学习的目的对于学好演讲具有重要价值和作用。学习者对演讲目的了然于心，可以更精准、更充分地理解演讲的真谛，提升个体的演讲魅力，从而获得预设与预期的演讲效果。

1. 演讲动机与演讲预期效果

演讲动机与演讲预期效果以正相关关系存在。演讲学习动机越强烈，学生演讲学习的效果就越明显。演讲学习中学生有明确的演讲动机，其学习和发表演讲的目的性也就越强烈，演讲获得预期效果的可能性也会越大。同理，学生学习和发表演讲的内在动机越弱小，其演讲学习的积极性就越低，演讲学习的效果就可能会越差。强化学生演讲学习的内在动机，可以有效增强他们参与演讲的积极性，激发他们对演讲活动的热情，增强他们进行演讲表达与交流的意愿。

2. 演讲动机与演讲目的

演讲动机与演讲目的相互关联、相互促进，共同服务于演讲活动的成功，共同作用于演讲者演讲能力的提高与养成。任何一场演讲都有其明确的目的，包括演讲者要发表哪些思想观点让听众获益，演讲者要传递什么感情以净化听众心灵，实现塑造美的心灵的使命等等。演讲者要有明确的演讲目的，要对上述提到的各种问题逐一进行思考，并给出肯定、简要和明确的回答，这是引导演讲活动取得成功的重要保障。演讲确定的预定目的和期望是演讲之魂，引领演讲者顺利而成功地完成演讲。这如同我们在人生发展中要时常想一想人生的目的和方向。因为没有人生目的的人犹如扛着旗杆到处乱跑的士兵，他不明确要去哪里，自然也收获不到胜利的果实。行走在人生旅途中，每一天的出发都要问问自己所要到达的目的地，想一想自己为何出发，此次出发是为了谁，或是为了实现什么愿望。

有了明确的想法，我们的生活、学习和工作就会思路清晰，我们也才会有聚精会神的努力，才会有坚持不懈的奋斗。有了目的与意义的指向标，人的千辛万苦的行动才会有意义；有了目的与意义的指向标，人的劳作和奉献才会效率倍增；有了目的与意义的指向标，人的生活才会体现出生命的价值；有了目的与意义的指向标，我们才能达到心之向往之地，才能在一个个目的的实现过程中持续奔向更美好的未来。

演讲成功的前提是演讲动机和演讲目的趋同一致。在演讲活动进行中，演讲动机和演讲目的直接相符，融为一体。演讲活动要达到预期的演讲结果，演讲者个体的内在动机与演讲目的呈现和谐相融的状态。积极参加演讲活动，取得演讲预期的成功，在此过程中提升演讲素养，大爱无私地服务社会人群的发展，这既是演讲者的演讲动机又是演讲者的演讲目的。如果演讲目的能够满足演讲者的价值标准和信念，演讲的外在动机就会被演讲者个体内化，从而满足演讲者的演讲心理需要，激发演讲者发表演讲的动机，持续抱有演讲的真情、热情与激情。

【演讲实例】

属于我们的时代

李兆晴

大家好！

我是北京师范大学的李兆晴，今天我演讲的题目是《属于我们的时代》。

富强、民主、文明、和谐、自由、平等、公正、法治、爱国、敬业、诚信、友善。在以前我是这样背诵这些内容的。我知道它是2014年2月15日，中央办公厅印发的《关于培育和践行社会主义核心价值观的意见》中的内容；我还知道它有24个字；我也知道每个词机械的含义。可是我或许还有在座的大多数，却不知道这24个中国方块字不寻常的意义。有人会说这是政治，离我很远，与我无关。但是我却想说，这其实离我们很近，因为实现它是我们的责任，因为我们终将迎来属于我们的时代！

我们曾被质疑。“70后”说，“90后”缺少理想和信念，是“精神悬空”的一代；“80后”说，“90后”叛逆、脑残，是不负责的一代；甚至“00后”也说，“90后”颓废、“非主流”，是迟早会被淘汰的一代。如此等等，看起来“90后”是颇受争议的、不幸的一代。

但是事实上，我们却是幸运的一代，我们也正在迎接属于我们的时代。这个国家正朝着富强、民主、文明、和谐的方向前进，而这个国家的未来是属于我们的，总有一天你会发现：银行行长会是“90后”，校长会是“90后”，甚至国家主席也是“90后”。这一天，我们“90后”用什么去支撑这个时代？我们仍可以让这个社会自由、平等、公正、法治吗？我们仍可以让这个国家富强、民主、文明、和谐吗？我们正沐浴着社会主义核心价值观的光辉，难道不应该在时代中传承下去吗？

可是有人感叹说，如果社会是一台庞大的机器，我不过是一颗螺丝钉，小得可怜。别人有的是背景，而我有的只是背影。可是你知道吗？其实你的背景很硬，你的背景就是这个时代！

这并不是一个嫌贫爱富的时代，这是一个新的时代。它没有拒绝俞敏洪年轻时所处的农村背景，而是让他创造了新东方；它没有拒绝李彦宏年轻时所处的普通家庭，而是让他创立了百度；它没有拒绝马云年轻时的一文不值，而是让他成为一个创富传奇的主人公——这是个规则正在取代关系的时代。

正如社会主义核心价值观中提及的自由、平等、公正与法治，是它在改变我们的时代。它让社会不再嘲笑“90后”的不谙世事，而是给我们尚显幼稚的梦想助力；它让我们不必再仰赖高昂的学费来开阔视野，而是给我们俯拾即是的教育与知识；它让我们不再苦于寒门再难出贵子的铁律，而是给我们搭建实现梦想的舞台。站在历史的坐标系上看，这正是一个普通人的黄金时代啊！

我们有幸遇上它，就一定要配得上它。当旁人还在谈论家中的财力、人脉，谈论毕业后已经安排好的工作时，即使低位起飞，我们也必须坚定一点：我们所身处的这个时代，已经足够将我们托举到一己之力曾经不可企及的高度！我们可以在社会主义核心价值观引领的时代实现我们的价值，实现我们的梦想，支撑属于我们的时代。既然你看不惯用地沟油的餐馆，高得吓人的$PM_{2.5}$，看不惯日本口口声声说钓鱼岛是他们的，你不想后代继续喝着毒奶粉，吃着苏丹红、瘦肉精，你不想后代一出生就患有呼吸病，你不想中国的崛起继续被世界误解，那就行动，从我们自身开始改变。让我们每个人成为爱国、敬业、诚信、友善的人，我们就能够继续建设这样的社会——自由、平等、公正、法治，我们也能够继续建设这样的国家——富强、民主、文明、和谐！我们靠社会主义核心价值观给予我们力量，打造属于我们的时代！

别荒废你的青春，别辜负你的梦想，别让你配不上这个时代！

谢谢大家！

此篇演讲稿整理自2017年12月首都师范大学承办的“中国进入新时代”第二届首都高校大学生阅读演讲比赛决赛。

【互动练习】

阅读关于古希腊演说家狄摩西尼的资料，谈一谈你对演说家要获得成功需养成坚韧毅力的品质与通过勤奋努力的理解。

狄摩西尼是古希腊的知名演说家。他在自己最弱小的天赋上培养了最强大的能力，进而成功地在公众面前展现了这一能力，使之成为跨越古希腊整个文明史上最强大的演讲力量，激励了一代又一代的演讲学习者。他获得演讲才能的经历十分坎坷：幼年的狄摩西尼遭遇家庭的不幸变故，家境贫寒如洗，他本人又有十分严重的先天残疾——口吃。但他立志要成为演说家，要通过拥有卓越的口才表达能力为亲人讨回公道，实现公平、公正。他拥有坚韧不拔的意志力，持之以恒地尝试各种有效的演讲练习方法，最终帮助自己成为演说家，并使正义获得胜利。

他通过自损形象独处地下室勤奋读书，口含鹅卵石朗诵练习吐字清晰，在爬山过程中涵养气息，面对大海的浪涛练习音量，用悬垂的利剑直指双肩等方法成功帮助自己克服了各种阻碍成功演讲的困难，包括缺乏专业学识、口吃紧张、气息弱小、讲话时有无意识的耸肩习惯等。他在最软弱的天赋方面培育出最强大的能力，进而成功地在公众面前展现了自己的演说才能。听众对他演讲特点的评价是：演讲风格雄壮严厉，处处流露出强烈的情感，最能激励人心。

除了他自己演讲成功以外，他还依据自己练就演讲才能的成功经验创办了一所演讲学校，以自己研究总结的演讲培训理念，培养了众多有志于演讲事业的有为青年，培训辅导了众多演讲青年才俊，其中还帮助有些学生在全希腊范围的演讲比赛中获得第一名的好成绩。狄摩西尼对练习演讲具有超越常人的坚韧毅力，由此成为演讲学习者的楷模；他的成功成为鼓舞人们练习演讲的强大促动力，他所选择并身体力行的有效的演讲练习方法一直被后人沿用；他在演讲事业中取得的辉煌业绩，成为演讲界永续传扬的美谈。

【思考题】

1. 深刻理解演讲概念内涵对提升演讲素养有何意义。
2. 与以往相比，你对演讲要素的解读有什么新认识和新想法？
3. 演讲要素包含哪些内容，如何使之形成综合演讲实力？
4. 请谈一次自己成功演讲的经历，分析自己的演讲优势有哪些。
5. 结合自己的实际经验谈谈有效激发演讲动机的方法。

【参考文献】

1. 李燕杰. 总有一种方式让你脱颖而出[M]. 北京：清华大学出版社，2008.
2. 郭海燕，张立中. 实用演讲艺术[M]. 北京：学苑出版社，1996.
3. 李彩英. 师范生口语表达能力培养研究[J]. 高教研究，2002(1).
4. 李彩英. 大学生发展需关注演讲能力培养[J]. 教育艺术，2008(10).
5. 沈耀峰. 非常演讲的力量[M]. 北京：中国盲文出版社，2002.

6. 刘树林. 中国当代演讲史[M]. 长春：吉林大学出版社，1993.

7. 刘伯奎. 口才与演讲：技能训练[M]. 北京：中国人民大学出版社，2006.

8. 郑晓舜. 教师实用语言艺术[M]. 北京：华文出版社，2000.

9. Teri Kwal Gamble，Michael Gamble. Communication Works[M]. 6th ed. New York：The McGraw-Hill Companies，Inc.，1990.

10. [美]鲁道夫·F. 维德伯. 讲话的艺术[M]. 范晓煦，于敦海，译. 北京：中信出版社，2003.

11. 顾肃. 演讲的艺术与科学[M]. 北京：中国人民大学出版社，2006.

12. 翟杰，黄海平. 演讲的力量[M]. 北京：中国致公出版社，2009.

【演讲箴言】

演讲是为了传播真善美。真善美本来就是一个有机的整体，如果说真是本质，那么善就是内涵，而美则是真与善的外在表现。

——李燕杰

It is an easy to dream a book，and it is hard to write one。（梦想写一本书容易，动手写一本书难。）

——[法]巴尔扎克

第四章　演讲总体特征

【学习目标】

1. 掌握演讲特征，提升演讲语言表达自信力。
2. 把握演讲现实特征，使演讲语言表达更有感召力、影响力。
3. 明确演讲艺术特征，借鉴多种艺术表现形式为演讲服务。
4. 把握演讲美学特征，彰显演讲语言表达的美学价值。

演讲语言表达富有鲜明的专业特征。如果一场演讲过后，听众对演讲好评如潮，演讲被评价是典型的演讲语言表达；或被评价是专业的演讲艺术表达；或被评价为太精彩、太感人、太受益了，那么恭喜演讲者：你的演讲表达符合专业演讲语言的表达特征，你的演讲很成功。从整体效果来看，成功的演讲都展现出演讲语言表达的独有特征，即演讲者展现演讲语言的整体性与独立性相通的特征，整体的演讲效果展现实现性与现实性相结合的特征，展现演讲艺术美与演讲者真实表达的相融一致，展现演讲者对美学价值的追求理念及其塑造美好公众形象的综合素养。

演讲语言表达不同于一般现实生活中的口语表达，不同于强化表演色彩的“演讲表达”，不同于语文教学中的口头作文，它是所有口语表达成果的集大成者。它通过主题演讲、即兴演讲与辩论演讲等多种公众语言表达形式，综合体现了有声语言表达最高级、最完美、最受听众欢迎、最具社会影响力的专业表达特点与特征，体现出演讲有声语言与书面语言、态势语言、道具语言、多媒体技术语言表达的和谐相融、完美结合，综合展现出强烈的科学与艺术语言表达的力量。它将语言、声音、目光、动作、姿势以及一切表达思想感情的实物结合到一起，充分有效地表达出演讲者正确和深刻的思想观点与丰富美好的情感态度。它强调真实专业性，强调可接受性，强调科学性与艺术性，强调符合时代发展的社会需求与演讲专业发展的与时俱进。基于以上理念，本章从演讲的语言特征、演讲的现实性特征、演讲的艺术性特征与演讲的美学特征四个视域对演讲的总体特征进行阐释，助力演讲者精准把握演讲特征内涵，更有效地影响听众的思想与情感，从而收获预想的成功演讲的效果。

第一节 演讲的语言特征

认真思考演讲的一般特征，并在演讲实践活动之中进行准确的演绎与彰显，更有助于深刻理解演讲的内涵，以尽可能准确地体会演讲的表达魅力，保障演讲有效传播与交流作用的发挥。在实际演讲活动中，演讲者为了更准确有效地实现演讲目的，为了更鲜明精彩地彰显演讲的作用，必然要对演讲语言表达的专业特点与特征进行研究，以保障演讲获得预期的理想效果。如果演讲不具备或不体现演讲的特征，那么它就不能算是成功的演讲表达，甚至不应把它归类为演讲活动。从这个角度来看，演讲是否具有演讲特征，可以说是判别其是否是成功演讲的必要指标。

一、演讲语言表达的整体美

归纳概括演讲语言表达具备的鲜明特征，是解读演讲活动具有专业属性的重要内容。社会听众群体欣赏认可的成功演讲，细究原因往往会发现那些演讲具有某些共同的特点，比如演讲表达过程的完整性、现实性，思想表达的深刻性，情感表达的真挚性、感染性，以及演讲整体体现出的道义感与美感等。我们从中择取部分内容，管中一窥其专业性的权威价值。

每一篇精彩的演讲词或现场的每一次成功的演讲都是整体性很强的语言表达作品。演讲是现实生活的反映，既是听众的现实需求，也是演讲者最真实的人生经验的呈现。演讲经此表达路径深刻揭示演讲的主题，升华演讲的立意。这就是我们反复强调的演讲语言表达的整体性，其独立成篇，综合而成语言艺术表达的作品，体现出综合性与整体性的融合，不可分割，不容分割。具体到听众聆听的视角，演讲语言表达有始有终，逻辑缜密，各组成部分的内容配合得相得益彰，听众能感受其鲜明的整体感。

(一)整体性与综合性相融相通

演讲语言表达具有综合性的整体感，这是演讲语言作品结构本身的必然要求，也是现实演讲活动生动丰富性的现实依托。演讲的整体性与综合性相融相通，总体体现出演讲的整体感。演讲的整体感越强，演讲艺术表达的效果越明显。演讲稿的整体感越突出，演讲稿各部分内容的安排越合理。演讲涉及的所有材料都是为表达演讲主题与突出演讲立意服务的。演讲中使用的每个语句、每个字词都具有非常强的归属感，演讲主题句就是演讲总体内容鲜明的核心指向。演讲观点与情感表达都是整体演讲不可或缺的有机组成部分。这些有机组成部分之间的逻辑关系越紧密，其形成的说服人的演讲力量就越强大。演讲语言表达饱含的真情实感，演讲人的无私奉献与付出，其体现的整体感也就愈显和谐，其向听众发出生命的呐喊与心灵的呼唤就越具有感动与感染的力量。

(二)演讲的整体性与系统性相互依存

演讲的整体感依赖于各组成部分内容之间的相互依存、相互促动。在演讲活动中，演讲的各组成部分之间是系统完整的。演讲的整体缺少了其中的任何一个组成部分，演讲的完整性都难以实现。演讲的各组成部分系统完整，共同作用于演讲目的的达成，成为演讲获得成功的保障。作为完整演讲活动的一部分，任何一部分内容脱离演讲核心表达整体，就会失去作为演讲成分的意义。在整个演讲活动中，由于各部分内容之间的系统相关，各部分组成内容之间必然相互联系、互相配合、互相渗透，带给听众宏大震撼的整体感。演讲各组成部分的内容都是整体演讲效果的系统衔接。

(三)演讲的整体性与完善性相互促动

演讲组成部分方方面面的内容结合得越完善，演讲的综合整体感就越强。演讲从总体上获得预期效果，前提是演讲各组成部分的内容要十分精彩。这就是说，演讲各组成部分的独立性各自发挥得越好，演讲的综合整体感也就会越好。比如演讲的有声语言表达或态势语言表达，演讲人在演讲中或发表观点，或讲述故事，或进行论证，或进行诗歌朗诵等，上述各组成部分的内容展现得越充分，演讲在整体上就会越具有魅力。演讲的整体性与完善性互促互动，才能最大限度地发挥出演讲的最佳表达效果。

二、演讲语言表达的艺术美

演讲既彰显科学性又彰显艺术性。演讲活动的一切都应是合乎科学性，并具有艺术美感。演讲语言表达的知识体系、发展规律，演讲语言作品的创作、发声表达，以及训练提升的方式方法都应体现科学与艺术性。演讲活动通过塑造公众形象反映社会生活，彰显艺术美。演讲塑造公众形象体现艺术性，这不仅体现在演讲稿的写作过程中，也体现在演讲的具体表达中，还体现在演讲给听众留下的印象里。演讲的艺术性通过演讲内容、演讲的实际表达方式、演讲者本人给听众留下的艺术形象等得以综合实现。演讲形象地反映演讲者与社会人群的现实生活和精神世界，满足听众的审美需求，其表现手段和方式借鉴音乐、舞蹈等表演艺术，借鉴绘画、雕塑与建筑等造型艺术，借鉴文学的语言艺术和戏剧、电影的综合艺术等彰显和实现其艺术美的要求。

(一)演讲艺术美感与演讲者的态势美

在整个演讲活动中，演讲者的态势语言表达除与现实生活相联系之外，必须有回归生活的真实可信性，还包含丰富的雕塑与舞蹈、话剧等舞台美的因素。正因为其展现出多种艺术表现形式的美感效应，才使其具有了演讲特有的强大磁性与魅力，从而使演讲语言的表达形式优于其他任何形式的口语表达形式，能对听众发挥强大的宣传力量、鼓动力量、感召力量与吸引力量。尽管演讲综合了多种艺术表现力量的美感效应，却并不是这些艺术美感的简单合并或拼凑，而是多种艺术美感的表现形象在演讲中综合而集中实现的自然和谐美的统一。演讲借鉴多种艺术美感的表达方式，均从属于演讲目的的实现，促使演讲获得最大限度的艺术表达影响力。

(二)演讲艺术美感以系统综合的形式体现

演讲的艺术美感表达不同于演讲中实用或借鉴的某一单项艺术美感的表达，如演讲表达的声音美感、演讲者的风度与魅力美感、演讲者的态势语表达美感等。演讲的艺术美感以系统综合的形式体现，它以其独立整合的形式存在于多种艺术美感表达的形式之外，成为综合多种艺术美感表达的新质艺术活动。它是系统构成的综合性演讲实践活动，由语言表达系统、声音表达系统、演绎表演表达系统、外在形象表达系统、时空语境表达系统等综合而成。上述全部的表达系统共同构成演讲艺术美感表达综合体。

(三)演讲艺术美感体现为情感美

演讲的艺术美感体现为唤起听众美好的情感记忆，演讲者想要表达的最美好的情感与听众内心对美的向往发生同频共振，产生高频率的共鸣感。演讲之美在于美美与共。列夫·托尔斯泰说："在自己心里唤起曾一度体验过的感情，并且在唤起这种感情之后，用动作、线条、色彩，以及言辞所表达的形象来传达出这感情，使别人也能体验到同样的感情——这就是艺术活动。"正因为演讲语言富有艺术表现力，才使演讲人的情感表达感人肺腑，沁人心脾。由此演讲拥有了强烈而美好的情感表达力量，助力演讲观点的深入人心，助力躺在纸张上的文字产生有温度的生命力量，注入听众的心田。好的演讲促使听众感到心潮澎湃，激动不已，产生入座、入耳、入脑、入心的表达效果，由此获得长久而深远的存在意义和影响力。

(四)演讲艺术美感体现为恰当应变

演讲艺术美感的适当与恰如其分指在演讲活动中以听众为主体，以听众为中心，在演讲时境中为了演讲的预期目的与效果进行必要的调整与应变。演讲的艺术美感表达通过各部分内容的协调统一得以体现。演讲活动应关注听众的反应，以此为依据调整已经准备好的演讲内容，而不能墨守成规地要求自己：无论听众是否接受，演讲者只是自顾自地、按部就班地完整呈现预先已准备好的演讲内容，而不顾及现场的实际情况，不顾及现场听众的场内反应。演讲要给听众以整体的艺术美感，需依据听众的实际需求进行调整。演讲材料可增可减，演讲修辞语言可随情境需要，或对演讲内容进行陈述，或对演讲情感进行抒发，或对演讲观点进行即时评议，做到调整有度，详略得当。与事先准备的演讲内容相比，现场的演讲语句表达顺序可有变化。比如听众注意力不够集中时，可增加开场白部分在演讲结构中所占的比例，以发挥演讲拉近与听众距离的作用。

演讲的这种临场应变与调整，无论发生怎样的变化与改进，都要遵循一个原则：时刻把听众放在心上，关注演讲主题的明确性，关注演讲是否让听众受益。演讲最终获得美感效应，需要演讲的各系统组成部分共同发挥美感合力，且各部分内容表达之间默契配合、协调一致，演讲任务得以尽善尽美地完成。如果演讲各系统的组成部分的内容不能充分发挥各自的美感作用，或者只是各自为战，就会在客观上削弱演讲的总体美感效应。正因为演讲各组成部分内容表达之间配合默契，协调一致，由此才给听众以整体协调美感，促使听众获得春风化雨般的美的感动力和影响力。

三、演讲语言表达的节奏美

演讲语言表达的节奏美感是演讲领域越来越关注的专业问题。如何实现演讲的视听美感效应，需要对演讲的节奏美感问题进行入情入理的分析与解释。毋庸置疑，如果演讲语总是不紧不慢一个调调，或从头至尾像是开机关枪一般的急躁，不讲究演讲语言表达的快慢轻重、抑扬顿挫，势必会把听众带入枯燥无趣的意境之中。因此，不能体现演讲语言表达节奏美感的演讲难以吸引听众，难以获得演讲预期的美感效应。

(一)演讲语言表达体现节奏美的缘由

正如“文似看山不喜平”的道理一样，演讲语言表达的节奏美感源于满足观众对听觉的美感需求。听众对演讲语言表达美的接纳与喜爱，需要演讲语言表达体现波澜起伏的变化美感、流动美感与节奏美感。正如听众喜欢欣赏撼人心魄的大型交响乐演奏一样，缺少了交响乐内在的音乐节奏表达的美感，其音乐魅力又如何能得以体现呢?

演讲语言表达的节奏美融于演讲的演示美、演讲的态势美、演讲语言表达的清晰美与流畅美之中。演讲语言表达的口语美感、生活美感、交流美感与演示美感等都需要借力演讲语言表达的节奏美而达到美好境界。演讲语言表达的节奏美服务于听众的聆听与观看，符合好听、好看的听看评价标准，实现吸引听众、感化听众、引领听众思考的效果，提升听众思想与认知的审美精神境界。

(二)魅力演讲体现强烈的节奏美

我们常常这样评价名家演说：他的演讲很成功，恰似“多波澜的流水”，广受听众欢迎。这里的“多波澜”就是一种节奏美，这里的“流水”评价给予听众绵绵不绝的节奏美感。这“流水”有时湍急，有时顺缓，有时逆流而上，呈现出自然天成、美不胜收的美感效应。演讲语言表达的节奏美，体现为演讲创作的内在活力，体现为演讲语言表达各部分内容相互激发出来的活跃能量与状态。演讲节奏美促使演讲者的思想与情感表达流动起来，生动起来，精彩起来，最终呈现给听众华美感人的视听盛宴，宏大精彩的语言珍品可以让听众过目不忘，阐发的思想与抒发的情感可以让听众获得余音绕梁不绝于耳、馨香幽远暖人心田的视听美感与愉悦感。

演讲语言表达的节奏美感需要依据演讲语言表达美的规律呈现。依循演讲语言表达的轻重快慢等方面呈现出的音质美、音韵美、音色美、音量美，一方面满足听众的接收美感，另一方面符合演讲总体体现的美感效果。那么，演讲的内涵精髓要传递得疏密有致，演讲的语句修辞要使用得疏落通透，演讲的丰厚情感要传达得真挚得当，演讲的声音表达要体现得抑扬顿挫，演讲的信息解读要做到详略得当，重点突出，演讲的所有组成部分的内容都能在变化中体现节奏美感，让听众在演讲语言表达的美感中获得美的享受。

（三）演讲者的独具匠心与演讲的节奏美感

演讲呈现出节奏美感是演讲者独具匠心的精心设计和组织外显。演讲者语言表达的音量控制与改变，演讲者的重音强调、语速快慢与停连，演讲道具与技术手段使用的千变万化等等，都是演讲节奏美的组成部分。在整个演讲活动中，演讲的节奏美必是经过事先有目的的设计与精心的组织与安排。如果演讲者事先对演讲表达缺少精心的安排与组织，再多的演讲元素与变化堆积在一起，也难以体现演讲语言表达的节奏美，甚至表达效果还很有可能适得其反，引发出事与愿违的情况，造成演讲会场出现杂乱无章之象，这自然是不会有美感可言的。

演讲的节奏美不仅是演讲表达本身的节奏美，也包括演讲者与听众之间的交流与沟通的节奏美，上述内容一同助力演讲产生入座、入耳、入心、入脑之效。美好的语言表达节奏可以吸引听众安静下来，静心聆听并有所感悟；感动振奋，有豁然开朗之感。如果语言表达枯燥乏味、简单重复，或刻板单调，听众就会难以接受，难以产生喜悦之情。如此效果与魅力演讲不沾边，演讲者与听众难以建立愉悦融洽的关系。因此，为了使演讲具有吸引力、感召力和影响力，演讲者需根据听众的接收要求，对演讲传递的信息做适时、适当的调整和改变，对表达的速度快慢做适时、适当的控制。演讲者需要根据演讲主题和情感表达的需要，掌握并运用好演讲的节奏，扣动听众求知、求新、求美的心弦，使听众获得常听常新的节奏美感体验。

总之，演讲活动的各部分内容彰显的特征越突出，演讲使用的各种艺术表达形式越精彩纷呈，就越能有效地促成演讲的整体魅力效果，成为演讲体现其最高级、最完美、最富有审美价值的口语表达形式的坚实支撑。演讲的实用艺术表达价值建立在现实性、真实性与科学性的基础上，它以真实而实用的科学状态存在。演讲的概念体现科学性但又不局限于此，从而释放科学美所特有的艺术璀璨之光。

演讲符合科学性的要求与需求，又在实际进行中借鉴了戏剧、曲艺、舞蹈、雕塑、绘画等艺术美的表达方式。演讲者在讲台上发表演讲，这本身就带有话剧、曲艺等艺术表达形式的特点。演讲者在多媒体背景和环境中发表演讲，会呈现给听众以动感丰富美观的画面，增强演讲表达的艺术风采。演讲人为强调思想感情的感染力，结合讲话的内容配合姿态、手势动作，以及某一时刻的表达力量，能充分彰显出雕塑、建筑等造型艺术美感的表达张力。演讲的实用价值体现在现实生活中的交际、交往与交流活动中，其最终体现的高度往往是现实生活所遥不可及的。演讲的价值源于生活，又高于生活；演讲的语言表达内容来源于听众，又服务于听众。

第二节　演讲的现实性特征

演讲具有现实性特征的依据是多方面的，一是演讲活动的举办场景是真实的，是依存在现实生活中的；二是演讲主题是社会人群最为关注的现实问题，也是演讲者认为最有社会意义的现实话题；三是演讲者与听众的交流是真实可信的，演讲的内容是演讲者最能真实把握的。所有的演讲活动都是演讲者通过对现实生活的了解与认识，在真实的演讲活动中向听众当场表达自己的主张、观点、态度和看法。在此活动中，其主体是真实存在的，客体也是真实存在的，而主客体之间的交流目的与沟通互动都是真实而具有现实意义的。从真实的视角进行解读，演讲活动属于现实活动，必然要体现现实性特征。

一、从演讲的反映对象视角感悟演讲的现实性特征

演讲者对听众当场发表演讲，旨在依循正确的思想性和原则性，帮助听众厘清错综复杂的社会现实，解释听众在思想和心理层面存在的对现实问题产生的困惑与苦恼，由此体现出演讲的现实性特征。演讲者选用现实生活中的真实事例，通过真实的演讲实践活动表达自己的现实主张、态度和看法，阐述正确的事理，实现对听众的释疑解惑，传递正能量。从演讲反映的对象视角来看，演讲反映的既是现实生活中的真实问题，也是演讲者艺术创作中的现实真实，演讲追求演讲者与听众之间实现真实真诚与和谐顺畅的交流与沟通。

二、从演讲者的活动视角感悟演讲的现实性特征

演讲者是现实生活中的真实个体，他在演讲台上的真实呈现是他现实生

活中的自我展现，他在演讲活动中的一切都需要做到知行合一、言行一致，我口讲我心。面向广大听众发表的全部主张和观点都是演讲者最真实的思想和情感，由此体现出演讲的现实性特征。演讲者的演讲过程，不同于表演艺术家的舞台展演。因此，演讲者上台演讲要进行正确的着装打扮和面容修饰，要遵从真实现实的社会角色要求，这与舞台表演艺术者有很多不同。演讲者要给听众以真实的现实感，而舞台表演艺术者则给观众以艺术感的真实。舞台表演艺术者的着装打扮与面容修饰，都必须符合要表演的人物性格与故事情节需要。表演艺术者在舞台上并不完全是本我，他们需要进入忘我和无我的境界，全情投入舞台角色的扮演和表演，按照规定的角色形象，运用多种艺术表达手段，在舞台上发表所扮演的角色的主张，他们表达的想法并非他们自己内心的想法和感情，而是依据所扮演角色的需要和要求。

三、从演讲语言的表达形式感悟演讲的现实性特征

演讲是以讲为主、以演为辅为语言表达形式进行思想与情感的传达。演讲中的“讲”尽管也追求语言艺术的表达效果，但绝非表演艺术者根据塑造典型人物的需要所进行的艺术夸张性的“讲”。这里的“讲”是最真实、最现实的“讲”，从根本上追求真实的语言表达特点。演讲中的“演”在形式表现上也不同于艺术表演中的“演”，其发挥的作用也不同于艺术舞台上的演。比如，舞蹈通过一系列的形体动作表现思想感情，而演讲则只是在讲述过程中借助“演”(态势语言表达)增强“讲”的效果，形体动作既不能过多，也不宜难度过大或过于复杂。演讲的“演”强调演绎功效而非表演色彩。演讲的“演”永远不会担当主角，其具体表现必须接受“讲”的要求和限定，在演讲活动过程中仅处于从属位置，发挥着次要而非主要的作用。

四、从演讲综合性视角感悟演讲的现实性特征

在讲授“公众演讲”这门课程时，学生的发问促使我对许多问题进行深层次思考。学生提出的问题五花八门，有的非常具有深意。比如针对演讲语言表达的综合性问题，学生会问：“老师，既然朗诵可以使演讲语言表达更加精彩，那这次我朗诵一首诗当作我的演讲作业可以吗?”对此问题的解答，涉及语言表达的独立性与综合性问题。如果只做朗诵，那就只能算是朗诵表演形式。而演讲由于其具有综合语言表达的特点，演讲的部分内容可以采用朗诵表达的方式，但演讲与朗诵之间绝不能画等号。在演讲中无论是朗诵诗歌或

散文，还是当众读一封书信，表达的中心不限于诗、散文或书信本身，而在演讲主题、演讲立意与演讲者真实的思想情感方面。采用朗诵的形式是为了增加演讲的感染力。学生在练习演讲时，与某艺术特长的同学为渲染演讲气氛或会说一段相声，或来一段评书贯口，或模拟一段导游讲解，但这些都绝不是为了说相声、讲贯口、做导游，其真实的目的只有一个，那就是对增强演讲的效果进行有益的探索和尝试。

五、从演讲的时代属性视角感悟演讲的现实性特征

谈到演讲的时代属性，我想到了一位演讲前辈所做的总结："演讲是时代的最强音，是生命之火、人才之光；演讲是社会信息的及时反馈，思想的真实交流；演讲是感情的自然表露，智慧的相互补充；演讲是演讲者登高望远的吟唱，更是他振聋发聩的呐喊。演讲不是他人思想的简单复制，不是没话找话的无奈应付；不是时髦应景的八股滥调，不是顾影自怜的无病呻吟；不是谄媚强权的溜须拍马，不是脱离现实的炫耀张扬；不是未经考证的无知妄说，不是装腔作势的恶语伤人；不是心口不一的甜言蜜语，不是东拉西扯的废话闲篇。"这段内容值得铭记，并在演讲时提醒自己借鉴。

演讲的时代现实性通过演讲人的辛勤劳作得以体现。通过有声语言与态势语言（动作、表情）表达的密切配合与相互促进，演讲人向广大听众宣传时代发展呼唤的思想主张，有效地动员听众，教育听众，说服听众，团结听众。随着时代发展与社会交流信息不断丰富，演讲的时代现实感越来越强，也越来越广泛地运用于我国政治、经济、军事、外交、法律，以及学术研究、职业培训与社会生活的各个领域。

六、从演讲的创新视角感悟演讲的现实性特征

演讲是创新思想的产物，是演讲者在演讲目标引导下的自由思考、创作与表达。从这一视角来看，演讲是演讲者自由选择与判断的结果，是演讲者捍卫真理、追求自由的创造，这是建立在讲者与听者的现实需求的基础上的。演讲究竟讲什么内容需要演讲人根据现实需要进行选择，哪些内容可以向听众适度开放也由演讲人根据实际需要决定。演讲人经历了现实生活，会形成特有的人生经历、想法观点、学识修养、情绪情感与品质胸襟，这些真实的生活内容决定他在演讲中塑造怎样的公众形象。

演讲者对其采用的演讲方式具有自由选择权，可以说他的演讲语言作品

是他独立的个人精神产品，带有个体鲜明的特征和风采。演讲者发表演讲时，为使听众相信他所讲的观点，必会想方设法地影响听众的思想和情感，包括选择听众感兴趣的话题，满足听众的理解能力，激发听众积极思考，引发听众主动参与的热情，震撼听众的心灵。演讲者通过自由选择和判断，有效地影响、感动和说服听众。

七、从演讲的人格魅力视角感悟演讲的现实性特征

先要有优秀的演讲者，才会有成功的演讲。演讲者人格完善、心理健康，他才能将正确的思想观点和有积极正能量的情感传递给听众。演讲的效果能否达到理想的高度与深度，演讲者的人格魅力如何是关键。演讲者的语言表达总是与他的人格修养、品性情调密不可分。

古希腊哲学家柏拉图在他所著的《理想国》中借苏格拉底之口表述了他关于语言表达与人的性情与心灵之间相互依存的关系。他说："所谓语文的美，乐调的美，以及节奏的美，都表现好性情。所谓好性情，就是心灵真正尽善尽美。"在现实工作与生活中，涵养健康的人格，这是演讲者的终身必修课。唯有此，演讲者才能在演讲中传递开朗完善、积极向上的人格力量。唯有此，演讲者的演讲能力才能在现实学习与实践磨炼中获得不断进步与提升。

综上所述得出结论：演讲是一种针对性很强的现实口语表达形式，但它高于其他一切现实生活中的口语表达，它以其鲜明的现实特征，体现并保障它在现实生活中的实现价值与意义，并以此方式促进社会的发展和进步，为社会人群的发展与时代进步提供源源不断的精神能量与学术动力。

第三节　演讲的艺术性特征

演讲属于社会性现实活动，但又不同于一般的现实社会活动，而是一种带有艺术特征的语言表达形式。现实性与艺术性是演讲体现语言表达魅力与感召力的两大关键因素。演讲的艺术性在于其用集中、典型化的艺术表达形象反映现实生活，通过引述论文、故事、散文、诗歌、戏剧等艺术表达形式中的语言表达优势与人物、事件中体现的生动美好内容的艺术性呈现，从而达到演讲更真实、更感人、更鲜明有效地阐述事理、表达情感的目的。诗歌、戏剧表演等艺术形式的表达方式，可以是强化演讲艺术语言表现的方式与手段，而非演讲艺术语言表达的目的与初衷。演讲艺术语言的表达不同于人们

的日常聊天，不是常规工作中的口头汇报，也不是进行讲课与做学术报告，它是高于一切现实口语语言艺术的表达形式，以此体现出鲜明的艺术特征。演讲可以借用一切艺术手段和方式为演讲者的语言表达艺术服务，进而使演讲获得更加有效、更有美学价值的传播效果。

一、演讲是综合性语言表达艺术

演讲是综合性的语言表达艺术，因为它是错综复杂的现实生活的再现与升华；因为它是演讲者最珍贵的思想和情感经历与体验的总结、提炼和升华。演讲者通过创造性的劳动，把个体与社会生活的日常素材进行提炼、构思、加工、演绎成演讲作品，是将社会现实生活升华为语言表达的艺术作品。演讲来源于现实生活，又反作用于、服务于现实生活，提高生活质量，引导人们正确的生活方向。它通过演讲者的辛勤劳作，获得明显高于现实生活的语言表达艺术成果，再运用于现实生活，帮助现实生活中的人们不断提高思想觉悟，不断提高心理健康水平，其人格发展也更加完善和健全，共同促使现实生活更加生机勃勃，更加和谐美好。

精彩的演讲必经过了千锤百炼、字斟句酌的思考与修改，终成体现更高思想与艺术境界的语言表达的艺术珍品。有些看似并不理想的演讲语言艺术作品，实则同样是演讲者呕心沥血之作。演讲者运用哲理化语言、诗化语言、幽默化语言、故事性语言等表达方式为演讲的语言表达增加了艺术色彩。演讲者的语言艺术表达水准是其历经长期学习、长期磨炼、长期修养、日积月累的收获。作为集语言表达艺术之集大成者，演讲的语言表达艺术是关于文学创作、音乐舞蹈、戏剧表演等诸多表演艺术语言表达的集合体。演讲集人们的生活化语言、口头语言表达与书面语言表达于一体，成为人类历史进步与发展所必需的精神食粮，是体现社会文明程度最高与最美好的综合性语言表达艺术。

（一）演讲语言表达艺术是现实社会生活中口语表达的高级形态

在人们现实生活里所进行的一切口语表达中，演讲语言艺术的表达最能吸引听众，最能打动听众，在社会发展进程中其应用最为广泛和普遍，其发挥的社会作用最有感召价值、最有影响力。它是现实社会生活中的口语表达形式的最高级，因为演讲语言的表达追求是：情感表达最纯真，思想表达最成熟，表达方式最完善并最具有审美价值。演讲语言表达艺术遵从言之有物、言之有理、言之有据、言之有志、言之有情、言之有用、言之有文、言之有序、言之有趣的表达规则，可以对听众起到感动与感召作用。演讲者在演讲过程中对听众要动之以情，晓之以理；或待之以诚，传之以声；或施之以爱，砺之以志；或诉之以实，感之以事；或示之以美，喻之以义；或辅之以趣，呈之以用；或导之以行，持之以恒。事实上，无论是领导干部的政治宣传类演讲，科研工作者所做的学术类演讲或科研交流座谈，还是教师精彩授课，司法人员进行起诉审判，律师当庭发表辩护讲话等等，都应遵循上述提及的演讲语言表达艺术的要求，追求并体现口语表达的科学性与艺术性相结合的完美境界，对听众的思想与行为起到正确影响与感化作用。

(二)演讲语言表达艺术是有声语言的表达艺术

演讲的真实有效依靠演讲有声语言的表达艺术得以实现。在演讲实践活动中，演讲者只有讲得精彩，听众才能听得津津有味，没有有声语言的艺术表达，演讲的真实有效就难以得到体现或实践。演讲的选题主旨与立意、演讲的思想与情感是演讲的核心，对听众是否接纳演讲者及其语言表达，演讲是否有意义有着至关重要的作用。演讲是语言表达的艺术，尤其体现为有声语言的表达艺术。

演讲者完成演讲任务，依靠他在演讲中进行清晰、流畅、美好的口语表达。演讲的魅力体现，很大成分源于演讲者拥有独特的声音魅力，演讲者通过长期学习练就独具个性魅力的音色之美。演讲者表达的思想内涵，以及为阐释思想观点引用哲理化语言、诗化语言、幽默化语言与富有故事感染性的语言表达形式都要依靠声音传播。无论是生活化语言、口语化语言，还是独具魅力的文学性语言，演讲者要使其获得理想的演讲效果，都必须通过更高水准、更高境界的有声语言表达艺术而实现。

(三)演讲词是语言表达艺术成果的内在保障

每一篇演讲文字作品都是演讲语言表达获得成功的内在保障。精彩典范类的演讲文字稿，或是看似平凡普通的演讲词，其呈现在我们面前时均是饱含了演讲者呕心沥血的创作。不是所有人的讲话都能在人类文明史上留下印痕，但演讲词却是文明发展史中的重要成员。演讲家们的话语可以获得彪炳青史、万代流芳的美誉，也是人类文明进步的阶梯。后人经过学习、品鉴、模拟，就可以追随智者的脚步，登上成功人士的肩膀，实现思想境界的豁达与深邃，实现个体文明综合素养的持续良性的攀升。比如英国牛津大学至今保存着金字刻就的林肯的演讲稿《葛底斯堡演说》，尽管该稿全部内容仅十句话，从头至尾读一遍用时不过三分钟，但其语言表达被誉为英文演讲学习的典范作品。这篇演讲词的语言艺术成就为世人公认。

当然，现实生活中我们也会遇到糟糕的演讲。如我曾听过一次有近百名听众聆听的演讲报告，报告人是名声显赫的女性学研究学者，曾多次受邀在国外做学术报告。她的演讲报告是这样开场的："亲爱的姐妹们，后天我就要到挪威参加一个世界妇女大会，世界一百多个国家派代表参加，我的报告主题是'女性在传播媒体中的问题'。但实际上，我不知道我讲的这个主题是什么意思。这个问题和我讲的其他问题基本是差不多的。"她声色俱厉地说："我做过广告研究，发现广告女郎都是漂亮的，这不是歧视丑人、胖子、老人吗?"听着这位演讲人的表达我如坠云里雾里，我不明白她想获得怎样成的演讲效果，我质疑她演讲前是否认真创作了演讲稿，我感觉她对演讲的理解就是信马由缰尽情地"说"，这谈何演讲的艺术美？谈何对听众实现思想的引领和启发呢？

如此演讲无任何艺术美感价值，更与成功演讲的初衷背道而驰。对此我对现场的听众进行了调查，获得的较为一致的评价是：她的演讲思路混乱不清，演讲内容胡乱堆积，演讲主题不明确，演讲表达缺乏语言逻辑，语言表达没有文采，给听众的感觉是莫名其妙。应该说演讲者没有获得正向的价值评价，甚至在演讲中说不出一句精彩的话语，而只是自顾自地念读自己感兴趣的演讲内容和准备好的数据。演讲台上这位专家始终侧身面对听众、低着头自顾自地读稿，满满一礼堂的听众，不一会儿的时间就开始三三两两地离场，接着是一排一排地离开，最后只剩下了前两排的听众，以及后面零星几位听众。这是我亲眼看见的失败演讲实例，在这里分享作为对演讲者的警示：演讲前不按照演讲传播的规律进行准备，演讲中不遵循语言表达的要求，那么无论演讲者水平多高，专业能力多强，她的演讲也是难以取得预期效果的。

二、演讲是演讲者自控力外化的语言表达艺术

在演讲的整个进程中，演讲者的自控力始终发挥着重要作用。演讲者的控场能力是演讲者自控力的外显。在演讲活动中，演讲者的控场能力越强，演讲的成功就越有保障。

(一)演讲语言表达艺术与控场力

演讲者的控场能力，也称演讲者自控力的外显力，它在演讲的全过程中发挥重要的保障作用。演讲者的自控力与控场能力为演讲成功提供保障。第一，在演讲前的准备过程中，演讲者的自控力发挥着稳定情绪、凝心聚力的

作用。在演讲稿的创作过程中，演讲者需要排除一切私心杂念，排除一切与演讲无关的干扰，因为静心诚意的写作过程需要强大的自控力提供保证。演讲者在如此心境中创作语言表达艺术作品，才能为成功演讲提供必要保障。第二，在演讲的具体实施过程中，演讲者面临的考验和挑战很多，更需要演讲者的自控力给予保障。尤其是在演讲现场遭遇不可预料的突发事件，以及出现不可控的来自听众的负面信息反馈时，更需要演讲者具有成熟智慧的控场力才能妥善应对，由此演讲者才能及时成功化解不利于演讲活动顺利进行的复杂问题。演讲者要对演讲的场面进行很好的把控，就先要做到很好的自控。如果自己都已慌作一团，无法很好地调控好自己的身心状态，演讲现场的控场能力是难以得到体现的。如此一来，演讲者的语言表达能力也很难在演讲过程中体现出来。第三，在演讲活动的结束部分，演讲者要善于运用控场力，在演讲现场获得有益的反馈信息，作为演讲成功经验的丰富积累。演讲者要善于与听众沟通，善于听取听众的反馈意见与建议，善于客观理智地对自己的演讲进行客观评价，对演讲的成功或失误点进行反思。演讲过后的自控力确保演讲者对一次次的演讲经验进行总结，由此促使演讲能力踏上正向提升之途。比如，演讲语言表达艺术得以完美呈现，演讲者的语言表达艺术修养获得持续提高。

(二)演讲者在演讲现场的语言表达与控场力

演讲者在演讲现场体现出的控场能力的组成是比较复杂的一种状态，其具体的体现方式也是多种多样、丰富多彩的。但万变不离其宗，无论是演讲者对演讲现场的控制力，还是演讲者对现场听众的吸引力，归根到底都是演讲者本人自控力的外显与外化。同时这种外显与外化是演讲现场语言表达艺术的真实展现。演讲者只有很好地实现了对自我的控制，才能很好地把控演讲现场的氛围，从而显现出演讲的磁性与魅力，助力演讲产生强烈的吸引力与感召力，达到语言表达艺术的最高境界。演讲的吸引力促使听众的注意力始终集中在演讲者身上，始终集中在演讲活动过程本身。在演讲活动过程中，听众的关注点始终落到演讲者身上，也是演讲者的控场能力在潜移默化地发挥作用，这是演讲现场最需要的润物细无声的控场效果，更是语言表达艺术彰显的魅力。演讲者的自控力是演讲现场控场力的起始源点，演讲现场的控制力量源自演讲者本人的自控力量。演讲者自控力的强弱，涉及其对自我情绪情感的把控，涉及演讲者对其演讲言行的把控。演讲者的语言表达能力与现场控场力相互影响，共同保障演讲活动获得成功。

(三)演讲的逻辑力量与演讲吸引力

列宁在演讲现场体现出高度的控制力为人们所熟知，这与他的演讲极富逻辑力量、极为吸引人和鼓舞人心的特点密切相关。斯大林这样评价列宁的演讲特色：“使我佩服的是列宁演说中那种不可战胜的逻辑力量，这种逻辑力量虽然有些枯燥，但是紧紧地抓住听众，一步进一步地感动听众，然后就把听众俘虏得一个不剩。”“只有列宁才善于把最复杂的事情描写得这样简单和明确，这样扼要和大胆，他说的每一句话都是一颗子弹。”列宁演讲的控制力值得演讲学习者认真研究和效仿。

演讲者对演讲现场氛围的把控，需要他调动与激发演讲语言的逻辑力量与感召力量。对于这种力量的描述，这里引用古希腊哲学家柏拉图的一段话加以说明：“文章的功能既然在感动心灵，想做修辞家的人就必须知道心灵有哪些种类。……碰到一个人，一眼就能看出他的性格了，他就会这样向自己说：‘我从前在老师的课本里所遇见那种人，那种性格，就是他！他在实际中出现在我的眼前了！现在我要用这种辞令，采用这种方法，引起他这种信念！’到了这步功夫，我说，到了他掌握住这些知识，再加上能辨别哪时应该说话，哪时应该缄默，哪时应该用简要格，悲剧格，愤怒格，以及原先学过的一切风格，哪时不应该用，只有到了这步功夫，他的艺术才算达到完美。”①这里揭示的感动心灵、引起读者信念的力量同样适用于听众。比如演讲者懂得何时在演讲中绘声绘色地讲故事，何时进行充满震撼力的真理传播，何时进行富有感染力的朗诵，都是演讲控制力极有效的体现，都会对听众产生极富吸引力的控制力量。

(四)听众与演讲者产生心灵与情感共鸣

听众在聆听演讲过程中与演讲者发生心灵与情感共鸣，这是演讲者控场力量的体现。演讲者演讲前需做大量的准备工作，需要掌控心绪状态与安排时间，去了解举办演讲活动的目的，了解听众的人员组成，精心准备演讲内容，精心设计触发听众的思考点。然后要了解演讲会场的具体情况，如演讲台的高低、麦克风的种类等，对这些情况细心了解和观察，以使演讲者精准获取控制力。

这里引用我国著名演讲家李燕杰教授的演讲实例，探索演讲控制力的获得方法，了解控制力在演讲中发挥的重要作用。一次李老师受邀到一家医院

---

① 《柏拉图文艺对话集》，朱光潜译，北京：人民文学出版社，1963 年版，第 163 页。

演讲，一上台他就发现听众心不在焉，许多人根本不在听讲状态，于是他灵机一动，当即创作了一首演讲诗："每当我想起在病中的时光，白衣战士就引起我深情的遐想，你们那人格的诗、智慧的光，给我以温暖，给我以力量。"此首小诗一经朗诵，立即为演讲者与听众之间架起了理解与相互尊敬的桥梁，情感的感染力形成了演讲的控制力，听众很快进入了听讲的情境中。

再有一次，李老师受邀到一所警察学校演讲。一站上演讲台，李老师发现演讲现场的氛围有些混乱，他看到有些听众在交头接耳，注意力完全不在演讲者身上。于是他灵感闪现，一时语出惊人："同志们，今天，我上台就发现了一个秘密。在我们十三亿中国人的头顶上，有谁可以佩戴中华人民共和国的国徽呢？是你们，尊敬可爱的警察战士们。"此言一出，听众的注意力马上集中到了他的身上，听众的精神顿时为之一振。演讲的精彩语言表达产生了强烈的艺术感染力和控制力，从而保证了此次演讲活动的顺利进行。

三、演讲的演绎性语言借助了多种艺术表现形式

演讲者的情态语言、手势语言以及有声语言表达均应服务于演讲内容的表述。演讲的主体是"讲"，但辅助部分的演绎作用也是非常重要的。演讲者得当的表情语言会强化演讲的表现力，演讲的态势语言表达会助力演讲语言艺术表达效果的产生。演讲借鉴多种表演艺术形式有助于增强演讲的表达效果。成功的演讲必要借助丰富的艺术表达形式。这些发挥演绎作用的语言表达形式相互配合，形成自然和谐的整体，共同增强演讲的审美表达效果。

使用好演讲演绎语言的表达，务必做到以下四点：一是演讲手势语要自然，不能给听众勉强、生硬的印象；二是手势语表达要简练明快，不可繁杂，不可让听众因看废听；三是演讲的手势与演讲的语调及情态要和谐一致；四是演讲手势语的运用要做到因人而异，要突出演讲者的个性特征，不可一味地模仿他人。

为了演绎并完美地讲好演讲内容，演讲者还可在演讲中使用实物等道具语言，以及与时俱进地采用多媒体技术手段，使听众对演讲内容获得直观的理解，产生真切的情感感受。如演讲家李燕杰老师在演讲中常向听众赠送自己亲自撰写的书法条幅，从而使演讲的精神内涵在听众的内心得以延伸，给听众留下深刻的印象。

李老师向听众赠送书法条幅是他演讲中的一项常规内容。每一场演讲他送出的条幅从十几幅到上百幅不等，据说他送给听众的书法条幅已超过三万

余幅，当然这包括他在演讲过程中送出的，也包括他在演讲过后应听众要求送出的。这些条幅写作内容最多的有："青年是我师，我是青年友。""教育是科学，教育更是艺术。""山阻石拦大江毕竟东流去，雪辱霜欺梅花依旧向阳开。""寒雪梅中尽，春风柳上归。""宠辱不惊看庭前花开叶落，去留无意望碧空风卷云舒。""品若梅花香在骨，人如秋水玉为神"等，成为影响听众的刺激物。

这些书法条幅是李老师演讲精神的场外延伸，助力他的演讲思想更具长久的生命活力。他结合当年属相向听众赠送书法条幅，让他的演讲主张保存在听众的心中。他在鸡年赠送"鸡之五德"条幅：他在一张条幅上，上书大字"鸡"字，鸡字下面平行写五列小字："首戴冠文也，足搏距武也，遇敌敢斗勇也，见食相呼仁也，守夜不失时信也。"龙年他赠送"龙"字条幅。条幅上他上书大字"龙"，龙字下面平行写两列小字："池鱼不知海，飞龙上九天。"马年他赠"马"字条幅。条幅上上书大大的"马"字，下面平行两行小字："一马当先，万马奔腾。"牛年他赠"牛"字条幅。条幅上他上书大大的"牛"字，下面平行两行小字："喜牛爱牛从来不吹牛，学牛效牛甘为孺子牛。"这些书法条幅成功地演绎了李老师的演讲理念，成为他鼓励听众向真、向善、向美的真实载体，成为他的演讲走进听众心灵的精美的艺术表达形式。

四、演讲是声音语言的表达艺术

（一）演讲者的职责是对听众讲话

演讲者依靠发声表达实现演讲的任务和目的。演讲旨在让躺在纸张上的文字活起来，带着演讲者特有的生命力量走向听众，走近听众，实现对听众的入耳、入脑、入心的效果。演讲的有声语言艺术表达带有演讲者特有的情感温度，传递演讲者特有的生命力量。演讲者依靠有声语言的表达艺术实现思想与情感的传播。演讲者站上讲台，他的任务与职责就是对听众"讲话"。通过讲话，演讲者引领和影响听众，促使听众发生预想的思想走向与实际言行。演讲者的声音语言表达艺术具有感召力，听众接受、喜爱演讲者的声音磁性与魅力，助力演讲获得预期的表达效果。

（二）演讲者的有声语言表达能力

衡量演讲者的有声语言表达能力的指标很多，但最基础的是满足以下四项要求。一是演讲者出口成章，能自圆其说，侃侃而谈，即使即兴发挥也是精彩纷呈；二是演讲者善讲听众听得懂的语言，善用朗朗上口的词语，使用口语化语言、简明扼要的短句，在重点处善于进行重复表达；三是演讲者善于引用听众熟悉且易记的谚语与格言，善用听众感到亲切的方言，善于借用情态调动听众的感受；四是演讲者的声音表达体现抑扬顿挫与波澜起伏之感。演讲者要有自己独特的声音特点，具有自己独特的声音之美，达到使听众感到赏心悦耳的有声语言艺术表达效果。

(三)演讲者的有声语言训练

演讲者的有声语言训练表达需要较为长期的自我培养和修炼。演讲者要善于练声，保持有声语言自然清晰、音质美好。学好声韵辨四声，阴阳上去要分明。部位方法须找准，开齐合撮属口形。双唇中部弹发力，八百标兵盆碰瓶。唇齿擦音莫咬死，仿佛芬芳方法缝。舌尖中音有弹性，抵舌当地斗点钉。牛郎刘娘两两恋，忐忑探讨通天庭。舌根高狗工耕故，根抵软腭要灵通。舌面尖音不混淆，西巷漆匠教坚精。翘舌主争真知照，平舌资责早在增。卷舌而耳二尔洱，送气查柴产彻称。合口忽午枯胡鼓，开口河坡哥安争。嘴撮虚学寻徐剧，齐齿衣优摇业英。抵颚恩音烟弯稳，穿鼻昂迎中拥生。咬紧字头归字尾，调值灵活记变声。气息平稳是关键，胸腹联合不发蒙。提打挺松开口做，口鼻胸腔找共鸣。循序渐进坚持练，不难达到纯和清。(“练声操”几乎囊括普通话声母、韵母所有的难点音，每天坚持练习，将会获得练声事半功倍的效果。)当然，演讲者练习有声语言，还需在平时注意锻炼好身体，保养好嗓音。要善于劳逸结合，保证睡眠质量，补充均衡营养等。以下介绍演讲家李燕杰老师保护嗓子的秘诀，供大家学习参考。一是善于呼吸，训练肺活量；二是选择自己声音中的最佳音域与最佳音量，千万不能给人做作之感；三是运用共鸣技巧，经常练习口腔与胸腔的共鸣与共振；四是调节自身心理状态，保持心态平衡与冷静；五是善于借用药物的帮助，如用胖大海、罗汉果等泡茶饮等。以上练习在保障演讲者口齿清晰的基础上，还要下功夫让有声语言表达清楚明白，表达流畅有节奏，音色圆润饱满有光泽。

五、掌握实用操作性强的演讲技能

(一)演讲需经后天培养

所有的健康人，只要喜欢演讲，或对演讲感兴趣，并肯于系统学习演讲的理论与技能，又勤于开展必要的演讲训练，都可以成功发表演讲，并可以不断提升演讲语言的表达技能。演讲才能并非人天生就拥有的，而是经由后天学习而逐渐培养起来的。在经过了操作性较强的学习与培训后，学习者的演讲表达能力就会逐渐达到比前一阶段更高的水平。

(二)演讲技能具有较强的可操作性

演讲学习是一种技能性学习，具有较强的可操作性。在演讲学习过程中，学习者需要将学习到的演讲理论与知识转化为指导自己进行演讲演练的理念，需要在观摩和鉴赏古今中外诸多高水平演讲的过程中勤于模仿，勤于思考，并勤于在公众讲坛上开展有效的演讲实践活动。演讲践行者在给听众带去演讲能量的同时，可以越来越驾轻就熟地掌握操作性较强的演讲技能。

(三)演讲者需不断发掘自身潜能

通过学习与训练，不断发掘演讲者的自身潜能，演讲者就能越来越擅长向公众表达思想和情感，其演讲能力也就在此过程中获得了尽善尽美的培养和发展。从这个视角来看，演讲或可被称为：通过学习可以被熟练掌握和使用的语言表达技能。任何健康的人都可以通过学习把这种技能内化为自己的语言表达才能，之后通过演讲传播渠道与途径，为社会的进步和发展做出语言表达方面的贡献。

第四节　演讲的美学特征

演讲是具有鲜明美学特征的语言表达艺术作品。演讲者通过声美于耳的口头语言表达，面向广大听众传播理念，其思想和情感都具有极高的审美价值。演讲者经过了艰辛的创作之后，就可以在演讲现场倾其所有，不求回报地向人群发表演说，这本身就是美化心灵、美化精神境界的展现。演讲者的有声语言清晰流畅、悦耳动听，这也是在用美唤醒听众对美的期盼，美美与共，美美发展。演讲美打动听众，使听众的心灵、思想与情感获得美的体验。

一、演讲的美学价值

(一)“演讲美学”概念的由来

我国演讲专业领域里的“演讲美学”概念，最早由演讲家李燕杰教授提出。他从 1977 年 1 月开始走上社会演讲台，之后越来越受到亿万听众的好评。到 1983 年他提出“演讲美学”这一概念，他的演讲及著述已成为我国演讲发展史上的一座丰碑。

李燕杰演讲美学研究与实践取得的丰硕成果，最具代表性的是他的《塑造美的心灵》演讲集。在他的演讲美学理论研究成果中，《演讲美学》教材最具代表性。李燕杰演讲的成功有许多奥秘，其中他遵循美学规律开展演讲，让演讲体现出较高的审美价值应该是众多奥秘里最明显的。广大听众称李老师是美的使者，聆听他的演讲获得的是美的享受。他是爱与美的追求者、践行者、研究者、传达者。

(二)演讲的美学价值在于使听众获得美的享受

演讲具有审美价值可以使听众获得美的享受，其审美教育效果是：清风能感水能化，修竹有情兰有怀。演讲发挥教育、引导听众的作用，获得了审美教育效果，听众就会感到忠言不逆耳，良药不苦口。具有审美价值的演讲思想传播方式是：随风潜入夜，润物细无声。演讲在其审美价值得以实现过程中呈现给听众的一切都是美好的。

(三)演讲的美学价值是演讲美好合力的体现

演讲的内容美好，表达形式美好，演讲者的形象风度气质美好，由此产生美好的演讲合力，发挥出演讲特有的吸引听众、感化听众、宣传听众、教育听众的作用力。演讲应该是美好的代名词：演讲彰显的思想境界美好，演讲表达的真挚情感美好，演讲显现的环境语言美好，演讲者的声音语言表达美好。演讲者演讲的一招一式，一举手一投足，或是一个眼神一个表情，或在演讲中引用的事例都追求营造美好的氛围与境界，给听众以美好的感官刺激，引领听众获得美好思想与情感的感召。

演讲者的形象气质美好，要求演讲者在演讲中的衣着打扮、相貌气质、情绪情感、风度礼仪、语言表达、表情态势、人格人品等都体现美好的特点；演讲的内容美好，要求演讲表达出的主题立意、思想观点、道德情操、典型事例、内容深刻性、总体效果等都体现美好；演讲的情境美好，要求演讲的现场环境美好，营造的演讲氛围美好，现代技术展示的音频声音美好、视频画面美好等。这些美好因素共同作用于听众，让听众感受美，体验美，在美的陶冶中获得成长与进步。

演讲家李燕杰教授通过教书育人践行演讲的美学价值。他说："演讲就是要在听众那里产生一种美感效应，演讲要体现美的吸引力或美的感染力。"因为人是按照美的规律塑造的，所以人的一切都应该是美好的。演讲符合美的规律，在于其追求美、发现美、创造美，实现铸魂育人、塑造美的心灵的作用。在课堂教学上，李老师遵循演讲美学理念，同时坚持原则不僵化，坚持改革开放不自由化，坚持正面教育不简单化，在高校创设讲授"文学育德""演讲美学与教育艺术"等课程使学生受益匪浅，受到广泛认可和好评。

成功的演讲不仅体现社会实用价值，而且体现艺术审美价值。要达到这一演讲高度，演讲者要始终把听众放在心里，促使听众聆听演讲，不仅使其获得丰富的知识，得到思想的教益，而且使其感受理性智慧的启迪，精神的愉悦。成功的演讲应能以演讲美吸引听众，感召听众，感动听众，引领听众共赴一段美好的人生旅程。

二、演讲者是爱与美的追求者

(一)演讲的一切都是美好的

演讲的一切都应该是美好的，这由演讲的美学特质所决定。演讲者歌颂真善美，抨击假恶丑。演讲者坚守对爱与美的追求，决定了演讲即使是针砭时弊也讲究语言表达艺术，或许这是演讲“良药”为何“不苦口”，演讲“忠言”因何“不逆耳”的根本原因。鲁迅先生说过，辱骂和恐吓绝不是战斗。我很赞赏这一论点。的确，在某一种特定的情境中，辱骂和恐吓的表达效果与我们追求的语言表达艺术背道而驰。因为具有这种特点的语言表达不符合爱与美的特质，难以吸引听众坐得下来，听得进去，不能获得“随风潜入夜，润物细无声”的语言交流效果。因此，演讲者应善于把平实的题材讲得精彩，把高远的主题讲得近在身边，使听众如闻其声，如临其境，这必要经过艰辛的思想打磨与口才训练。

爱美之心人皆有之。面对向往美、追求美的听众进行演讲，对于要感召、影响听众的演讲活动，就必要体现感化人心的美学特征。演讲的主题和内容传达美，演讲者的气质风采展现美，演讲者的口语表达体现流畅之美，演讲者的情感、态势语言表达体现自然之美，演讲者的文字语言表达体现文采之美。

(二)构成演讲整体美的要素

演讲美是演讲综合效果的整体体现。这种综合的整体美由演讲文字内容、呈现给听众的外在表达形式、演讲现场的多媒体技术语言以及演讲者的人格精神等多种要素统一构成。美学家黑格尔说：“美就是理念的感性显现，理念就是内容，感性显现就是具体形象。”演讲的综合整体美包含了美好的表达内容、美好的表达形式和演讲者美好的精神人格等。这种美好来自于真实的社会生活，经过演讲者的艰辛创作与练习，通过演讲这种真实的现实交流活动，使升华的演讲美好返回生活现实，成为现实美好生活关注的核心内容。

1. 演讲的主题深刻而美好

演讲美好需要深刻的演讲主题做支撑，最终体现出强大的语言逻辑力量。反过来也可以说：演讲者能够讲述出深刻的演讲主题是美好的，演讲能够体现出强大语言逻辑力量是美好的。以下分享我聆听过的印象深刻的庄青老师的一次授课。庄青教授是大连理工大学的教师，也是学生非常喜爱的演讲家。他的这次讲课堪称精彩的爱国主题的演讲，拥有精彩演讲具备的所有特征，使学生感受了浓郁美好的爱国之情，体现出演讲的美好以主题集中深刻、语言表述场景强大为支撑。

这堂课是庄老师给毕业生上的思想修养课："同学们正紧张地进行毕业设计和论文写作，这是大学学习的最后一个重要环节，是知识和能力的全面锻炼和提高，编筐编篓全在收口。同学们抓紧时间好好干！很快同学们就要接受祖国的召唤，到'四化'建设需要的地方去。养兵千日，出征在望。大学学习生活剩下最后一段珍贵时光，凌水校园的日日夜夜即将成为每个同学对母校的亲切回忆。

以什么样的姿态来结束大学生活的最后历程，以什么样的姿态去迎接新生活的到来，对毕业班每位同学都是很重要的。今天，是你们在校的最后一堂思想修养课，我就给同学们讲一个字——'志'。也可以说是三个词：志愿、志向、志气。为了给同学们讲这个'志'字，这几天，我苦思冥想拟了一段小文，送给同学们作为毕业临别赠言吧！

志，士心也。士心之所向谓之志。士者，事也，任事之称也。古书有道：'学而居位曰士'。同学们大学毕业了，学而居位了，授予你们学士学位，原来这是有典故的。《论语·泰伯章》曰：'士不可以不弘毅，任重而道远。'自古有志之士，皆以天下为己任，修身，齐家，治国，平天下。先天下之忧而忧，后天下之乐而乐。今之大学毕业生乃振兴中华革命志士，尤可谓士矣！然，有志者始为士，士而无志，枉为士也！"

接下来，他选用毕业班学生填写的毕业分配志愿中的先进典型的思想、语言和行动，进行分析、提炼，讲了"志愿——赤子之心献人民；志向——理想之本献中华；志气——浩然之气充天地"三个问题。

庄青老师的这堂思想修养课，主题集中鲜明，思想睿智深刻，语言表达精美，具有极强的逻辑力量，对启迪毕业生爱国、爱校、爱事业发挥出积极的感召力和影响力，堪称审美价值极高的公众演讲。

2. 演讲的内容美好

演讲内容美好在演讲美中占主体地位。它由演讲的理念、主题、情感和知识四大要素构成。美好的演讲内容是美好的演讲理念、主题、情感和知识相互联系、相互作用形成的和谐统一的整体，共同保障演讲体现整体美好，共同服务听众在演讲中获得美的体验、美的感受、美的熏陶、美的感染与美的享受。

3. 演讲者人格品质美好

演讲呈现和表达出的演讲者的道德情操、情绪情感、人格品质等都应该是美好的，这是演讲者的内在精神美在演讲中的真实表露。为此，演讲者应做到“三体现”与“三拒绝”，由此展现演讲者面带微笑、诚恳待人、以情暖人、自信豁达、坦率真诚、尊重宽厚、鼓励听众等美好的人格特征。

演讲者应做到三个体现：一是体现堂堂正正、撼人心魄的宣传鼓舞效果；二是体现充满艺术色彩、闪烁哲理光芒的语锋劲健、析理入微、要言不烦的演讲阐述；三是体现推心置腹、暖人胸怀、沁人心脾的演讲语言表达温情。演讲者应做到三个拒绝：一是拒绝冗长沉闷、照本宣科的报告方式；二是拒绝啰唆、猥琐、结巴的讲话风气；三是拒绝语言表达空洞无物、不着边际的八股腔调等。

4. 演讲的表达形式美好

演讲的表达形式美好由演讲内容美好决定，演讲的内容美好是根本，是依据，是核心。演讲的表达形式美好是内容美好的外化，是演讲外在美好的效果体现。尽管美好的演讲表达形式依存于演讲的内容，但它又有相对存在的美学独立性。比如演讲体现出的美的结构、美的声音表达艺术、美的态势语表达与演讲者美好形象的塑造等都各成体系，各自包含了丰富的科学与艺术表达内涵，在演讲中对美的呈现有规律可循，对美的塑造亦有规律可循。演讲表达形式的美好表现出演讲者独具特色的个人色彩和个性特征，这是演讲者鲜明的主观能动性的体现。

(1)美好的演讲口语表达。

演讲口语表达要收获美好效果，即演讲口语表达要体现准确、鲜明、生动的特点，其本身需满足三个条件。第一，演讲口语表达要做到准确。即准确表达演讲主题与内容，科学准确地表述理论知识与概念，正确地阐述演讲涉及的事理。演讲口语应选用最恰当的词语，做到恰如其分地表情达意，最精准地描述所讲的人、事、物。第二，演讲口语表达要做到鲜明。即鲜明地表达演讲主题与内容。演讲口语选用的词语意义明确，所表达的事理能给听众以鲜明清晰的印象，演讲者的声音洪亮而不尖利，不存在含糊不清、晦涩难懂、模棱两可等方面的问题。第三，演讲口语表达要做到生动。即生动地表达演讲主题与内容，口语表达体现鲜活创新，充满生机，表达观点灵活有趣，神奇美妙，描述事物形象感人，彰显演讲感染力和激发力。

演讲口语的美好体现并落实在听众的接收方面。演讲口语表达的效果是否美好不是演讲者说了算的，最终还是要落实到听众给予的接听效果的评定。口语表达美好应体现为注重演讲口语表达的准确、鲜明与生动的效果，需在演讲语言的表达句式、修辞、语音、声调乃至表情达意是否适合现场听众的预期等方面多加考虑。演讲者需在口语表达的声调、节奏、语气方面下功夫，在表达的轻重缓急、悦耳动听方面见实效。演讲的口语表达既不可语速过快，也不可语速过慢；既不可语音过重或过高，也不可过弱或过低；更不可出现大喘气、语流不畅、停顿过久等方面的问题。演讲口语表达既要自然优美又有所修饰；既可考虑假声的使用，但又坚决摒弃装腔作势与矫揉造作。

(2)美好的态势语言表达。

演讲态势语表达要实现美好表达应遵循四条规则。第一，融洽适度规则。演讲态势语言要实现美好表达需符合演讲整体风格的表达，要在整体上与演讲者的气质风度、与演讲口语的整体表达形式融为一体。第二，自然美感规则。自然指态势语言的使用要自然适度，让听众在观赏中感觉合情合理，演讲的态势语言要避免尴尬、不雅观等问题。第三，明确辅助规则。演讲的态势语表达是对口语表达起强调、说明和补充作用的，对演讲内容的表达起明确演绎作用，而非为态势而态势，为手势而手势。第四，同步规则。演讲的眼神语、表情语、体态语、手势语的运用与展现对演讲内容的表达起配合作用、辅助作用与有效的强调作用。演讲的眼神语、表情语、体态语、手势语唯有与要表达的演讲内容同步进行才能体现有效的价值和意义，才能形成演讲气势，增强演讲磁场，最终实现演讲总目标。

以下以我国著名外交官陈毅的一段精彩演讲为例谈演讲态势语的表达效果。据有关史料记载，那是在我国外交部召开的一次中外记者招待会上发表，时间是在1965年9月29日，招待会现场共有300多位中外记者参加。当有记者提出如何对待美国的威胁时，外交部部长陈毅的答记者问产生了轰动效应。史料记载，陈毅发言时双目炯炯有神，语气斩钉截铁，他正义凛然地答道："我们等候美帝国主义打进来，已经等了十六年。我的头发都等白了。这不是说我们是好战分子，而是美帝国主义穷凶极恶，欺人太甚！"配合这段演讲语言的表达，陈毅使用了著名的三大手势语，即摘墨镜，拍脑门，捶桌子。

其一，摘墨镜。眼睛是心灵的窗户，为了赢得外交谈判策略，陈毅部长本是戴墨镜出场的。然而他要表达大国外交官的心声了，他要当众痛斥美帝国主义的侵略野心了，他一下子摘下墨镜，表露出坚定昂扬的气度。只见他把墨镜一摘，尽显大将风度。其二，更拍脑门。当陈毅说："我的头发都等白了。"伴随着这句话一出口，他重重地用手往脑门上一拍，体现出果断勇毅，自信坚定，被听众评价为体现出了元帅的气质。其三，捶桌子。当陈毅演讲至痛斥"美帝国主义欺人太甚"时，他气愤地向桌子上一锤，迸发诗人的激情。如果去掉他的"摘墨镜""拍脑门""捶桌子"这一系列的手势语，这段讲话就会减少了气势。陈毅得体地使用"摘墨镜""拍脑门""捶桌子"这一系列的手势语，充分彰显出他非凡的气度与才华，充分增强了演讲口语表达艺术的气势与感染力。

(3)美好的仪态形象展现。

演讲者的形象美好指演讲者演讲时呈现在观众面前的体貌、服饰、风度、姿态、表情等外观总体形象都显示美好。演讲者的外在公众形象与内在的美好和谐相一致，相融合。演讲者展现在听众面前的外在形象是美好的，包括演讲者美好的精神风貌、美好的性格气质、美好的文化修养等，总体形成演讲者的态势语表达形象。演讲者的外在形象美好，除了呈现自然美好的外表形象之外，还需选择与演讲内容、演讲环境相符的着装配饰，着淡妆出场，整理好发型，以及其他需要进行的必要的外观修饰等，以体现演讲者美好的外在形象。

(4)美好的演讲语言表达结构。

演讲表达的结构美好指演讲的开场白、正文和结尾各部分内容适应演讲的需要，各组成部分都安排得恰如其分，结构逻辑严密得体，给听众以美感享受。演讲结构美好除了演讲者需在演讲前进行精心的设计、组织和安排，更要能在演讲现场根据实际需要对内容结构进行灵活调整，比如在演讲氛围不够浓厚的场合，可临时加大热场结构内容的比例。如在开场白部分增加开场诗、故事引入等内容，或增多升华主题部分表达内容等。

演讲者在对美的追求与创造中面向公众发表意见，抒发情感，实现演讲的审美价值。演讲者通过意美以感心的内部语言表达，声美以感耳的有声语言表达，形美以感目的态势语言表达，物美以感人的道具语言表达，境美以动人的多媒体语言表达，向听众传播信息，让其知，令其信，动其情，促其行。即演讲的美好要体现五项美：一是意美。内容美好，真实而有说服力。二是声美。声音美好，演讲者的声音悦耳动听，没有尖锐吵人、含糊不清等声音表达诟病。三是物美。演讲展示的道具美好，道具内容与外在形式都符合美好的要求和特征。四是形美。演讲者展现美好的演讲姿态与风度气质。五是境美。演讲现场的环境布置、PPT 的整体表达、音响与视频图景等都与演讲美浑然一体，动人心灵。

【演讲实例】

一个人，一条路，一生情

陈　烁

尊敬的评委，亲爱的老师、同学们：

大家下午好！

我是首都师范大学的陈烁，今天我演讲的题目是《一个人，一条路，一生情》。

一位老人，八十五岁，三尺讲台，四十一年从教路，三十九年演讲情。一个人，一条路，一生情。这是我们首都师范大学李燕杰老师的敬业人生。熟知他的朋友都知道：他把自己全部的人生都融入了教育演讲事业。他说："你关心祖国吗？那么，请你首先关心青年一代；你关心青年吗？请你首先关心青年的教育演讲事业。"

人生贵在敬业，这是实现人生价值精神动力的源泉。从 1977 年 1 月李燕杰老师应邀走上演讲台，一讲就不可收。仅为海外使节团和留学生发表演讲，他到过华盛顿、纽约、伦敦、巴黎等 125 个海外城市，直接听众超过 400 万人。对于演讲事业的执着，支撑他 41 年的奉献。41 年的风雨路程，他忠诚着自己的教育演讲梦想，也收获着梦想带来的鲜花和掌声。他创作了 3000 多首演讲诗，他的名字进入 170 部名人大辞典。到现在为止，他已演讲 400 多个专题，6000 多场演讲，直接与间接听众达 3 亿多人。

但是在这成功与掌声的背后，李燕杰老师关心听众胜过自己的事情感动着我们首都师范大学的师生。他曾在赶赴演讲的路上遭遇车祸，在医院被救治到夜里 12 点；第二天因腿伤不能着地，他就拄着拐杖带伤登台演讲；当他晚年被诊断为癌症晚期，他在拿到诊断书的第三天就又站上讲台演讲。他对此笑呵呵地说："我这是舍命陪君子，为听众必须做到两肋插刀。做演讲最痛心的是我不能忠孝两全。那一次我正在台上演讲，大约就是刚刚开始 10 分钟，主持人递给我一张纸条：'李老师，您父亲过世了。'怎么办啊？我必须先完成演讲啊。每次想到父亲过世我没能见他最后一面我总感到心痛。"

李燕杰教授是我们首都师范大学的教师，他用生命诠释了一位首善之师的敬业精神，也启示我们深刻地思考以下三个问题。第一，敬业意味着杜绝诱惑：李老师曾接到过担任政府官员的调令，对此他坦言："我毕生的职业是教师。”第二，敬业意味着坚强与执着。聆听李老师的演讲，或许我们会忽略：他是一位罹患癌症的老人，他已经与病魔斗争了 12 年。第三，敬业意味着勤奋与忠诚。每一天李老师都是凌晨 4 点钟起床，从早到晚地完成着数不清的工作，实现着他的敬业梦想：“青年是我师，我是青年友。”生命不息，演讲不止！

梦想永远是现在时，绝非将来时。作为大学生，我们都在为实现职业梦想做着准备。我梦想着以后能成为像李老师这样的好老师。那么，从今天开始，我要从身边的小事做起，一天天坚守，一步一个脚印。我相信只要我们够坚定，够坚持，未来我们一定能够站在行业的高处，实现我们对敬业的承诺。到那时，我就能跟大家说：我的一生辛勤付出，坚持不懈，我对得起国家的培养，对得起人民教师这一光荣称号。

如果我是一滴水，那我会滋润一寸土地；如果我是一线阳光，那我会照亮一分黑暗；如果我是一颗螺丝钉，那我会永远坚守我的岗位。坚守职业理想，一个人，一条路，一生情，这是一个终将闪耀梦想的地方。

最后，我希望大家都能在自己选择的路上走出精彩！

谢谢大家！

此篇演讲稿为 2015 年“拔萃杯”中国演讲艺术节一等奖获奖作品。这篇由我指导的演讲稿在演讲界影响深远。此后，演讲稿中的“生命不息，演讲不止”成为广为使用的演讲金句。

【互动练习】

请同学们阅读我撰写的《非常时期里的新闻演讲》一文，以 2003 年 5 月北京市委、市政府抗击“非典”启用新闻演讲为例，谈演讲应体现的特点。

非常时期里的新闻演讲者，面对公众并通过各种媒体向社会各界传达政府的指示。演讲者遵循实事求是的原则发布政府特定时期里的重要政策措施及民众所关心的热点、难点问题，针对特定的社会现象、社会事件发表个人观点，表达思想情感，起到引导、调控舆论的作用。他们不仅代表政府形象，向公众传达政府的观点和做法，同时他们的口语表达也带有个体所特有的鲜明特点，体现了讲话者个体的思想修养、才学积累和驾驭语言表达的能力。演讲者面对严峻的疫情毫不畏惧、镇定自若，语言表达饱含激情、坚定自信，对市民产生了极大的鼓舞力量。他们不仅传递信息及时、有效，而且在言语之中传送了党和政府对人民群众身体健康和生命安全的关心，给人温暖，给人信心，加强了政府与公众的沟通，并使市民对政府产生信任感。

第一，演讲者的公众形象令听众信任。演讲者不仅代表政府形象，向公众传达政府的行为和政策，表达党和政府对人民群众身体健康和生命安全的关心，加强政府与公众的沟通，增强市民对政府的信任感。而且针对特定的社会现象和社会事件发表个人的正确观点和健康的思想感情，表现出演讲者个体鲜明的思想修养、才学积累和驾驭语言表达的能力，使演讲具有鲜明的个人魅力，使听众形成一种期待和习惯：你想了解关于“非典”的正确信息吗？请关注正在定期召开的新闻发布会，听听政府官员所做的演讲。

这种演讲特点来源于演讲者对听众心理状态的准确了解和科学把握，来源于他们对听众真挚的关怀。时任北京市代市长王岐山同志是出现在新闻发布会上职位最高的演讲者，也是最受听众欢迎、对听众影响最为深刻的演讲者之一。在 2003 年 4 月 30 日的新闻发布会上，他说：“我可以负责任地讲，我上任以来公布的数字都是非常准确、坦白的。”“作为一个市长要向全体市民讲明的，就是维护这个城市正常运转的工作。”“古人云，人不自信谁人信之。”“我要求自己，我也希望我们所有的干部和首都的所有市民以及所有关注、帮助我们的朋友们，对我们这场防治‘非典’的斗争树立起信心。我们一定能够取得这场斗争的胜利。”通过演讲他把自己的一贯自信带给了当时惶恐不安的市民，在抗击“非典”最为困难的时期，在听众正感到恐慌的时候，他代表市政府传达出最坚强的信心，感召和鼓舞听众。他的演讲不仅使市民增强战胜“非典”的信心，而且为市民明确了言行的归依，提高了市民对政府的信任。

这种演讲特点是以演讲者的个人魅力为基础并融为一体的。众所周知，王岐山是于 2003 年 4 月 22 日“非典”横行北京之时，临危受命调任北京市代市长，可谓是风口浪尖上的上任。上任后他即四处奔波，遍访北京城，不仅了解各项工作的落实情况，而且探访市民，了解百姓的思想和心态。他平易近人，立足于为民办事，果断有效率，“唯真、亲民、果敢”，现实中他是一位自信坚定、坦诚有魄力的市长。他说：“现在除了睡觉，我已经没有属于自己的时间。”正是由于他全身心地投入工作，全面地把握了各方面的情况，所以他的演讲真诚自信，在回答记者提出的急难问题时能够做到坦然相对，准确到位。

5 月 7 日北京市统计局信息咨询中心公布的民意调查显示，市民对政府加大抗击“非典”力度和及时发布相关信息表示满意，对“非典”的态度也渐趋平和，京城百姓的情绪状态从焦虑转变为平静。超过99%的市民拥护政府采取的抗“非典”措施，94.5%的市民认为政府发布的“非典”信息能满足自己对“非典”信息的需求，91.3%的市民满意政府发布“非典”信息的透明度，91.5%的市民对北京市今年和今后的发展充满信心。这表明市民对政府工作具有极高的满意度，新闻发言人的演讲在其中发挥了重要作用。

第二，演讲者善于回答敏感问题。演讲中运用具体、准确的数据和事例传达最新信息，注重以事实为依据，触及真实的社会现象，从而能及时传递公众最为关心的最新信息，有效引导正确的社会舆论，体现出了真实可信、具有说服力和影响力的演讲魅力。

中共北京市委常委、宣传部长蔡赴朝作为北京市抗击“非典”领导小组发言人，多次在新闻发布会上发表演讲。演讲中他善于回答敏感问题，体现出高超的演讲才能。有记者问：“许多报道都说北京高校由于恐慌已经出现‘集体大逃亡’，请问您掌握的真实情况是什么?”他回答：“我们的大学生是受教育程度最高的一个社会群体，他们有理想，有抱负，有知识，讲科学，而且有很强的社会责任感。用‘大逃亡’这个提法来形容这些热血青年，我认为是不确切的，也是不符合实际情况的。在北京高等院校中，国有高等院校包括中央和北京市属的在校大学生 49 万人，加上我们的民办大学学生 18 万人，总计 67 万人。在数量可观的大学生群体当中，到昨天为止，确诊得了‘非典’的大学生有 39 人。我想 67 万比 39，这样一个比例不足以引起大学生惊慌失措，更无从谈起‘大逃亡’。”这段话体现感情与文采交融，注重使用数据和事实，大大增强了演讲的可信度和说服力。

有记者提问：“在农村是不是出现了恐慌和暴力事件?”蔡赴朝同志回答：“我想先借用一下中国的一句俗语：百闻不如一见，耳听为虚，眼见为实。北京的农村究竟发生没发生恐慌、暴力事件，我特别欢迎这位记者先生到郊区农村去看一看。我现在做出的回答是：我们不仅没有丝毫恐慌的、暴力的迹象出现，相反，在京郊农村是一派人心稳定、安泰祥和的景象。我记得在上次的新闻发布会上说过，京郊农村的农民确诊染‘非典’的只有 9 位，昨天我又问了一下主管农村工作的负责同志现在的统计数据，全京郊农村的农民仍然只有 9 位患上‘非典’。大家知道北京市一共有 18 个区县，其中远郊区县是 10 个，10 个远郊区县当中，有一个区有 4 例确诊患者，有 5 个区县各有 1 个。大家想想，一个区县几十万人口，几十万人口当中出现了一个病例，有什么理由让大家惊慌失措、恐慌呢？所以整个京郊农村生产、生活秩序正常，可以说那里的一切都井然有序。”

在做了准确的回答后他补充说：“这位记者朋友，还包括在座的、不在座的任何一位记者朋友，如果说很想了解一下我们农村的情况的话，没关系，我们可以帮助你联系一下，不用做任何准备，你可以提出你想去的任何一个村庄，我们可以陪同你一起去。但是大家要做这样的思想准备，就是现在农民的自身防范意识是很强的，汽车开到村口的时候，村民可能会很有礼貌地请你把车停下来，要给你测测体温，给你消消毒，然后你就可以到村里自由参观了。”这番话情真意切，既介绍了京郊人心稳定的社会局面，又介绍了农村严防死守的防控工作现状，不仅回答了问题，而且起到了沟通情感的作用。

第三，演讲者的演讲具有强烈的感染力量。演讲饱含激情又生动诙谐，既有政策性又富有文采，既帮助公众正确地观察社会现象，科学地规划社会生活，维护社会秩序的稳定，同时又体现出演讲者面对重大困难时举重若轻的风度，从而增加新闻发布会的人文魅力。

非常时期新闻演讲者的演讲清晰准确、感情激荡，既符合他们个人的身份，又满足听众的期待，具有很强的感染力。如在第一次新闻发布会上蔡赴朝说：“世间一切事物中人是最宝贵的，在我们的各项工作当中，保护人的健康，保护人的生命安全，是至高无上的。当前，我们集中精力考虑的是抗击‘非典’，保护人民的身体健康。”体现出演讲者对民众真挚强烈的情感，实现了演讲的政策性与演讲者个体真情的完美结合。

在公众遭受最大心理困难之时，听到演讲者饱含激情、坚定自信的声音，看到他们面对困难毫不畏惧、镇定自若的表情，公众产生了极大的心理安慰感。同时演讲者面对灾难，引导听众从乐观积极的角度看待困难，鼓励市民在困难关头看到希望，增强其克服困难的勇气和力量。看着他们那么充满自信，面对困难轻松幽默、举重若轻，市民们感到轻松多了，也踏实多了，这是演讲者的魅力所带来的特有效果。

非常时期里的新闻演讲是演讲者生命精华的凝结，是他们综合素质与口语表达技巧的完美结合。在抗击“非典”的日子里，新闻演讲及时将防治“非典”的信息传达给社会各界，在社会发生突发事件时确保了信息、思想与感情传达的正确性、主动性、准确性，对广大市民起到了稳定人心、协调生活秩序、鼓舞其抗击“非典”的信心和勇气的作用，影响、引导并促使市民采取科学的具体行动，尤其是经过电视转播，对市民发挥了积极有效的舆论引导作用。

【思考题】

1. 演讲的特征是什么？演讲的美学特征是什么？

2. 学习演讲的特征对学好演讲有何意义与作用？

3. 演讲美学的主要内容是什么？演讲美由哪些内容构成？

4. 演讲美学这一概念最早由谁提出？这一概念的提出对演讲学习者有什么启示？

【参考文献】

1. 李燕杰．演讲美学[M]．上海：上海人民出版社，1985．

2. 卢卡斯．卢卡斯的演讲艺术[M]．哈尔滨：北方文艺出版社，2007．

3. 邵守义．演讲学[M]．长春：东北师范大学出版社，1991．

4. 邵守义等．演讲全书[M]．长春：吉林人民出版社，1991．

5. 李燕杰，郭海燕．实用演讲美学[M]．新学识文教出版中心，1992．

6. 曾凡莹．李燕杰演讲答问录 300 题[M]．北京：北京理工大学出版社，1995．

7. 朱光潜．朱光潜美学文集（1～4 卷）[M]．上海：上海文艺出版社，1982．

8.[古希腊]亚里士多德．诗学[M]．罗念生，译．北京：人民文学出版社，1982．

9. 李燕杰．走进智慧[M]．北京：清华大学出版社，2008．

10. 包立敏．优雅的社交礼仪[M]．哈尔滨：哈尔滨出版社，2011．

11. [德]黑格尔．美学（1～3 卷）[M]．朱光潜，译．北京：商务印书馆，1979．

12. 黄海平．点亮人生——我是李燕杰[M]．北京：中国水利水电出版社，2008．

【演讲箴言】

A perfect orator is the good man trained in speaking.（优秀的演讲者是接受过演讲训练的人。）

——［古罗马］昆体良

我要有能做自己的自由，和敢做自己的胆量。

—— 林语堂

第五章　演讲稿写作意义与技能

【学习目标】

1. 树立正确的演讲稿创作理念。
2. 深刻理解写作演讲稿的目的及作用。
3. 准确把握演讲稿的内涵及外在呈现形式。
4. 强化提高演讲稿写作水平的自觉性与积极性。

演讲是人类社会文明、文化发展的标志性成果。无论是在人类社会发展的历史长河之中，还是在当今的现实社会生活之中，演讲都是最受人们欢迎的口语表达形式。当所处的社会环境越复杂，演讲这种专业的口语表达形式所能发挥的社会作用也就会越明显。从聆听党和国家领导人发表的政治类演讲，到各行各业的专家学者所做的报告与讲座；从教师的教学语言艺术的职业表达，到法律专业人员的当众演讲；从各级各类的先进集体的演讲团演讲，到社会各行业各领域举办的主题演讲比赛；从广泛开展的百姓演讲，到喜闻乐见的论辩演讲，人们越来越对演讲赋予了鲜明的专业特征，而这种专业的口语表达形式在引领社会公众思想走向方面发挥着越来越重要的作用。提高演讲水平与质量在很大程度上要靠演讲稿写作水平提供保障。因此，重视演讲及重视演讲水平的提高必须重视演讲稿创作，演讲者需不断提高自身的演讲稿创作水平。

第一节　树立正确的演讲稿写作理念

谁在写、谁在讲是演讲生命力的核心。演讲的真实性、个体性与唯一性是演讲稿写作的源头。我们经常听到这样的叮嘱："学习演讲，先要学习如何写作演讲稿。""参加演讲比赛，务必先要下功夫创作演讲稿。""要做好演讲，就要先写好演讲稿。"这里强调的"写作演讲稿""创作演讲稿"，归根结底就是强调演讲稿创作质量。强调演讲稿写作的重要性，着重点在于强调演讲稿的原创。演讲稿的写作者务必要树立原创意识，遵循原创原则。重视演讲稿的创作能力培养，演讲者需要有正确的演讲稿写作理念。

写作演讲稿如果缺少了真实性、个体性与唯一性，其存在的价值与意义就会大打折扣。强调演讲稿的原创就是要强调演讲的个体性价值、唯一性价值与真实性价值。因此，演讲者进行演讲前，务必要亲自撰写演讲稿。但同时要虚心向他人学习和请教，可以说创作演讲稿的过程，也是演讲者学习进步的过程，这当然包括阅读书籍报刊材料，也包括在相关人群中进行采访调研，更包括虚心向他人征求写作意见和建议，但所有这些都没有让人代写的部分。写作演讲稿务必写自己的真情实感，写自己想说的话，我手写我心，绝不可出现东拼西凑、道听途说或人云亦云的写作问题。写作演讲稿要抱有正确的创作理念，勤于参加演讲活动，在讲中改，不辞劳苦，不畏艰难，笔耕不辍，常出精品。演讲者要善于在演讲实战中培养和提高创作水平，在务实的学习活动中不断提高创作能力。

一、写作演讲稿需转变两种错误观念

大学生普遍具有创作演讲稿的基础、条件和能力，拥有创作演讲稿的追求和向往。通过艰苦的创造性思考与写作，他们的思想素养、学识积累、人生阅历、写作才能都会在演讲稿中体现出来。大学生不应以"不会写""写不好""不想写"为理由拒绝创作。只有学生不断创作出优秀的演讲稿，他们才能更有动力、更有自信地参加演讲活动。经受演讲的历练，无论是获得成功的喜悦，还是在失败的痛苦中思索，学生的创作水平与能力都会在体验、感悟、总结中获得不断提升。

在教学演讲稿写作这部分内容时，我发现有两个问题阻碍学生演讲创作

能力的提升。一是学生最终提交的演讲稿的质量与他们的综合素养存在很大反差。这是一个富有挑战性的教学问题，我们需要探究其中的真实原因，为什么他们的创作能力与他们的综合素养会存在如此大的差异。二是学生存在乐于讲，但不乐于写的问题。他们喜爱演讲活动，很想提高演讲表达能力，收获演讲的成功效果。他们学习演讲的愿望强烈，但愿望里几乎不包括演讲稿写作，甚至有学生并不愿意动笔写。因而演讲课教学需帮助学生转变上述提到的两种学习问题倾向。

(一)转变不重视写作演讲稿的学习倾向

在创作演讲稿的学习过程中态度不端正的学生不在少数。事实上学生重讲不重写的问题还是较为普遍的。学生重讲轻写，导致他们在内心并不真正重视演讲稿写作。要使这一问题从根本上得以解决，我们需要帮助学生实现从乐于讲到乐于写的态度转变。为什么学生喜欢演讲，但却对写作演讲稿不感兴趣呢？究其原因是多方面的，但最重要的原因在于他们对演讲活动的认识存在误区。学生认为：学习演讲就是大胆地说和讲，重点是学习演讲展示的技能技巧，只要因循技能、技巧做好现场演讲就可以了。他们认为学习演讲不用关注演讲稿的写作，甚至不需要在演讲前做什么准备，更不必在演讲前写一篇完善的演讲稿，只要有足够的勇气上台演讲就行了。

而完成演讲稿写作任务后，在演讲稿的使用方面，学生同样存在认知误区。学生认为：有了演讲稿演讲时必然会照着演讲稿念，照着稿子念就不是演讲。由此，我将教学重点定为启发学生思考写作演讲稿的目的和作用，引导他们乐于动笔，善于思考。我特别规定他们上台演讲前必须先提交一篇供演讲使用的演讲文字稿，我对他们的演讲稿认真点评，引导他们在修改演讲稿的过程中做到精益求精。随着他们对待演讲、对待写作演讲稿的态度转变了，从而也就愿意养成演讲前动笔并进行反复修改演讲稿的好习惯，也逐渐转变了乐于讲却不乐于写的学习问题倾向。

(二)转变稿件质量低于实际素质的问题倾向

由于学生对演讲稿写作存在认知偏差，导致他们提交的演讲稿总体质量不高，明显与学生现有的文化素养不相符合。学生的演讲稿质量存在群体性不达标的问题，有的稿件的完成质量与他们现有的实际素养存在极大反差。这些问题的解决亟待演讲课教师做出努力，比如可以对学生写作演讲稿的质量提出明确标准，进行严格要求。对于学生提交的演讲稿出现的规范与质量不达标的问题，教师务必对学生进行专业性指导，耐心细致地帮助学生指出问题存在的原因，并热心指导学生对演讲稿进行有针对性的修改。

为了督促学生提交原创稿，避免他们在演讲稿写作方面出现资料堆积拼凑、涉嫌抄袭等方面的问题，我要求学生务必原创，认真写作，并提交手写稿，而非打印稿，但结果令我失望。仅从形式上看，我见到了学生提交的五花八门的稿纸，上面的手写字迹混乱难认；有些稿纸直接就是从记事本上扯下的，有的撕成了手掌般大小的纸片；写在稿纸上的字密密麻麻的，或被涂改得乱七八糟。不到半页 B5 纸的演讲稿上，竟有三到四种不同颜色的修改笔迹。由此可见一些学生对演讲稿写作的认识和态度不言而喻。

学生在演讲稿写作方面存在的问题，首先体现在演讲稿的内容表达方面。许多稿子存在粗制滥造的问题，缺乏思想和情感表达力。缺少观点提炼，缺少典型事例，没有恰当地将自我摆进去，过渡内容设计不够自然等。其次体现在稿子的外观形式方面。如前所述，学生提交给我的书写演讲稿内容的。稿纸大小不一，形状各异。再次体现在学生的书写态度方面。书写态度极不端正，书写字迹潦草难辨，反映出这部分学生对演讲稿写作的态度不够端正。

二、积极涵养演讲稿的创作心态

(一)写作演讲稿需要端正态度

为了准确把握学生的写作心理状况，我就学生的演讲稿写作理念专门进行了调研。总体情况来看，高质量、符合演讲要求、让人眼前一亮的稿子居少数，可见认真完成演讲稿写作的学生占比相对较小。学生在演讲稿写作态度、写作能力方面存在问题，影响他们写作演讲稿的质量。他们想要做好演讲的愿望较为强烈，但在写作演讲稿方面却不肯下功夫。就他们的实际能力和素养方面来讲，他们本可以做得更好一些，但事实并不尽然。因而要引导学生端正写作演讲稿的态度，深刻认识写作演讲稿的重要性和必要性；他们需要对写作的过程有充分的吃苦头的心理准备，并愿意付出时间和辛苦；他们需要在思考和写作方面强化付出时间和精力的内心愿望；他们需要强化积累知识的意识，并愿意在实际写作过程中不断提高理论修养和写作素养。

为了弄清楚学生不重视写作演讲稿的内在缘由，我在教学中再次进行有侧重点的调研。我把提高学生关注演讲稿写作这件事情，当成引领他们提升演讲表达能力的抓手。积极有效地引导学生建立并坚定演讲学习信念：如果想提高演讲表达能力，就必须从勤学苦练演讲稿写作入手，舍此别无他途。任何一篇语惊四座的演讲稿的横空出世，都是演讲者从不断进行深入的思考、积极记录思想观点开始的。提高演讲的素养与能力的想法，必是文字落在笔头实现的。因而学生一定要养成正确的演讲稿写作理念：无论你想表达什么想法，请你及时拿起笔来开始你的写作之旅。

(二)写作演讲稿需要增强自觉积极性

引导学生从对演讲成功的渴望转为对演讲稿写作的高度自觉和勤奋。在调研中我发现，学生对演讲稿写作的自觉性与他们对演讲成功的渴望并不一致。一方面他们对学好演讲、做好演讲兴趣浓厚，希望通过学习取得演讲进步，获得演讲成功。但是对于如何取得进步，获得成功，他们关注的焦点不是花工夫写作演讲稿，以确保演讲成功，而是关注“做好演讲的秘诀是什么”“获得演讲成功的捷径是什么”等问题，这使他们偏离演讲成功的正途，甚至由此获得了适得其反的效果。

由于学生关注的兴趣点是演讲成功的捷径与秘诀，因而他们不愿意对踏踏实实、勤勤恳恳地写演讲稿这件艰苦的工作付出辛勤劳作，不愿意进行深入的思考，甚至有的学生在提到写演讲稿时的态度竟是满不在乎，有的学生明显表现抗拒与抵触。也就是说，他们愿意做好演讲，但不愿意在扎扎实实的写作中下苦功夫。有的学生尽管表现得比较重视演讲稿写作，口头上也承认演讲稿写作对演讲成功的重要作用，但要真正落实的时候又出现下功夫不够的问题，因而提交的演讲稿质量与演讲成功的期待效果大相径庭。

我在教学的两个演讲课程班上验证了上述探讨的问题。我教授的两个班的学生均是本科二至四年级学生，其中一个班 82 名学生，另一个班 63 名学生。为求证我的上述观点，我向两个班的学生提了同一个问题：“要做好一次演讲，需要事先做许多准备，以确保演讲取得成功。这里我跟大家提供几个可选观点，请你选出一项自己认为符合自己情况的观点，即选出你认为最能对演讲成功发挥保障作用的选项。”我给出的可选项是：演讲者的阅读能力与素养，演讲者的个人阅历与经历，演讲者的演讲经验与即兴讲话能力，演讲者的性格与心态，演讲前精心写出一篇完整规范的演讲稿等。果不其然，选择最后一个选项(演讲前精心写作一篇演讲稿)的学生寥寥无几。更多的学生选择了“演讲者的性格与心态”、“演讲者的阅读能力与素养”和“演讲者的个人阅历与经历”这三个选项，相比演讲稿写作更能对演讲成功发挥应有的保障作用。

由此我们可以看出，认为“要做好一次演讲，关键是演讲前要精心写出一篇完整规范的演讲稿”的学生少之又少，少得令人感到吃惊和不可思议。在有

63 名学生的演讲班里，只有 1 位学生选择了“演讲稿写作”这个选项；在有 82 名学生的演讲班里，只有 3 位学生做了对“演讲稿写作”的选择。

通过和学生进行交流我了解到，尽管绝大多数学生没有选择“演讲稿写作”这一项，但他们并非真的认为演讲稿写作不重要，只是他们觉得与其他选项相比，演讲稿写作没有那么重要。在他们的心目中，好的演讲稿也是保障演讲成功的因素之一，但重要性显然低于其他选项。由此我理解了学生为什么不重视演讲稿写作的原因，最终将演讲课教学的重点调整为：让学生认识演讲稿写作的重要性，并以此为突破点，帮助学生提升演讲稿写作水平，助力学生有效提升演讲语言表达能力。

(三)写作演讲稿是提高演讲表达能力的充要条件

经过演讲稿写作教学活动的开展，教师要引导学生逐步达成共识：写好演讲稿可以保障演讲成功，在写好演讲稿方面下足功夫，对提高演讲表达能力至关重要。演讲时有一篇完善的演讲稿做依据，不仅可以最大限度地保证演讲语言表达的科学性、准确性，彰显演讲者的学识文采，还可以提升演讲者的演讲自信。“台上一分钟，台下十年功。”打磨演讲稿需要下大力气，下苦功夫。“只要功夫深，铁杵磨成针。”在演讲稿创作方面下足苦功，必然助力演讲者在演讲台上赢得成功。演讲者要树立这样的演讲稿创作理念：要取得演讲台上成功的演讲效果，必得树立“十年磨一剑”的恒心。如果您喜欢上台演讲，那就务必要在台下进行寂静无声的思考与创作。

精心准备演讲稿，必要字斟句酌、反复琢磨演讲主题与所要表达的思想观点；必要严密谨慎地梳理演讲的逻辑脉络；必要边写边修改完善演讲稿。以上所说的琢磨、梳理与修改完善都是演讲稿创作的关键步骤与环节，也是演讲才能不断获得提升的进步阶梯。

第二节　科学认知演讲稿的写作价值

高质量的演讲稿为演讲获得预期效果提供保障。原创演讲稿是演讲者写作演讲稿的第一追求。为了写好演讲稿，演讲者需科学认知演讲稿的写作意义和价值，熟练掌握演讲稿的创作立意与结构安排。重视演讲稿的创作，演讲者需明确演讲稿的写作目的，演讲稿需体现的特点，演讲稿的写作环节等。

一、创作演讲稿保障演讲获得预期效果

在许多学生眼中，成功演讲是演讲者的临场发挥，是演讲者思想火花的

瞬间迸发，是他智慧灵感的突然闪现。但了解演讲成功内情的人们都知道，任何一次精彩演讲成功的背后，必然饱含了他人看不到或体察不到的大量的辛劳与付出。这其中既有演讲者大量时间与精力的付出，也有为演讲者提供帮助的指导教师的辛苦努力。这所有的辛劳和努力都凝聚融汇为演讲稿的文字，成为保障演讲成功的力量之源。所有成功的演讲无不经过了演讲者事先精心的构思与设计，并经过了反复修改与练习，而最终收获了预想的效果。

演讲稿在演讲中发挥着关键作用。演讲稿是为成功演讲服务的，围绕这一中心内容，它在演讲中发挥出多方面的作用，最为显著的是以下四方面的作用。一是保证演讲内容日臻完善，使演讲内涵渐趋丰厚与精彩；二是保证演讲者临场发挥自如，演讲者讲前有所依托更能表达出彩；三是加强演讲语言表达的规范性和表现力，对演讲稿进行字斟句酌的修改，为演讲成功奠定基础；四是帮助演讲者恰当掌控时间，以便在演讲过程中审时度势，游刃有余地取舍要表达的内容。

二、创作演讲稿的三个目的

演讲稿是结构完整、组织严密的文字稿。它在演讲者出现演讲紧张时可以发挥“救命稻草”的作用。演讲稿助力演讲者在演讲前拥有成熟、清晰的演讲思路；拥有对演讲主题、结构与逻辑胸有成竹的自信和定力；演讲稿助力演讲者在演讲中科学地掌控时间。概括来讲，创作演讲稿主要有三个目的要实现：一是保证演讲获得成功，助力演讲者实现预期的演讲目标；二是助力演讲者形成必要的演讲思维模式，对演讲的具体内容进行明确的规定；三是助力演讲者最大限度地发掘潜能，展现演讲者最高的学识修养与水平。创作演讲稿的最终目的，也是核心目的是促使演讲者达到演讲表达与交流的更高境界。

三、演讲稿写作的专业性特点

演讲稿不同于一般的文字稿，比如散文、议论文、说明文、公文公函等，它们之间有很大不同。由于演讲稿不仅要服务于读者看，更要服务于听众听，服务于演讲者的演说。因此它有独特的创作目的，有特殊的必须发挥的多方面的作用，也必然体现出独特的专业性特点和特征。

(一)演讲稿体现有声性与演示性相结合的特点

演讲稿是书面语形式的文字表达形式，但它直接服务于口语的表达需要，所以它首先要体现文字表达的有声性，具有便于口传耳闻的特点。演讲稿的文字语言要体现读起来朗朗上口、听起来声声入耳的特点。提倡演讲稿的创作方式是“我手写我口，我口表我心”，即边想边说，边说边写，具有“心中怎么想，口中就怎么讲；口中怎么说，文字就怎么写”的特点。同时，因为演讲要伴有得体的表情和动作，配以道具与多媒体语言表达的运用，因而演讲文字语言的演示性就暗含在文稿中，表达时要考虑文字语言的演示特点。如：我们在读“同学们，努力啊！”这句话时，我们在脑海里会浮现右手向前伸出，然后向上握拳的手势语，这就是我们常说的演讲演示语的表达。

例如，毛泽东主席在做《改造我们的学习》演讲时说：那种作风，“无实事求是之意，有哗众取宠之心。华而不实，脆而不坚。自以为是，老子天下第一，‘钦差大臣’满天飞。这就是我们队伍中若干同志的作风。这种作风，拿了律己，则害了自己；拿了教人，则害了别人；拿了指挥革命，则害了革命。”这里多用短句，目的在于方便听众接听、理解。这些话讲起来朗朗上口，口语化特点突出。听起来简洁明快，非常具有说服力，增强了演讲内容的表现力。其中讲“自己”，讲“别人”，语言文字都有非常明确的指向作用。使用手掌向内的手势语，可以明确地将自己摆进去，强化演讲的表达力和说服力。

(二)演讲稿体现综合性与独立性相结合的特点

演讲稿是集演讲素材、演讲者的思想观点与情感等诸多因素为一体的综合体，可以发挥议论、抒情、说明的综合作用。演讲文字稿的综合支撑了它的独立，具有综合性特点的演讲稿最终总是以独立成篇的文字呈现在演讲者与听众的面前。它通过综合性与独立性相结合的特点服务于演讲的成功，服务于演讲水平的提升。

1. 演讲稿是演讲过程内外诸因素的综合体

从演讲稿反映演讲内外诸因素的综合视角看，演讲稿是演讲过程中内外诸因素的综合体。从演讲稿的文字语言的内部组成来看，它是阐述演讲主题的材料，准确表达演讲者思想观点和情感的文字，演讲者设定的严谨合理的结构等因素的合理构成。从演讲稿构成的外部因素来看，它需要同时满足演讲时间、演讲环境与氛围、现场所有听众的具体需求，由此成为实现演讲主题统一和谐的整体。

2. 演讲稿是口语表达与书面语表达的综合体

演讲稿是服务于口语表达的书面文字，具有很强的书面文字表达的优势。由于它服务于演讲者的讲，因而具有显著的口语表达的优势特点。演讲稿是口语表达与书面语表达的有机结合体。演讲稿读起来朗朗上口，发表出来是值得传播的演讲词，它是口语表达与书面语表达的综合体。李燕杰教授的演讲稿中有这样一段内容：“在成就事业的道路上，能够取得成绩的往往不是那些幸福之神的宠儿，却反而是那些经受了诸多不幸，然而仍发愤图强的苦孩子。让别人去做生活的骄子吧，我们的使命永远是开拓！”这段文字体现了口语表达与书面语表达相结合的优势，凸显了文字语言表达的思想深度，情感真挚而有文采。这段文字读起来朗朗上口，饱含激励人心的力量，体现口语表达的魅力。

3. 演讲稿是诸多修辞手法与表达语体的综合体

优秀的演讲者善于在演讲中汲取诸多文体的表达优势，如议论文的论述事理，发表意见，提出主张，体现出观点明确、论据充分、语言精练、论证合理、有严密的逻辑性特点；记叙文的记人、叙事、写景、状物，体现出生动形象、反映现实生活、表达思想感情感染力的特点；说明文的用概念说明事物特征、本质及其规律性，发挥提要、提示、解说的作用特点；抒情散文的思想感受的表达与抒发，有直抒胸臆、触景生情、浓烈的诗情画意、借助象征和比喻的修辞手法等特点；诗歌用高度凝练的语言，形象地表达情感，集中反映社会生活，具有节奏感和韵律美，作者以此方式进行抒情言志等。

以上所述议论文、记叙文、说明文、抒情散文及诗歌等这些表达文体，可以共同服务并助力演讲获得成功。演讲运用的这些文体表达方式越充分、越丰富、越恰当，就越能有效地表达演讲者的思想感情，对听众发挥动之以情、晓之以理的作用，获得入座、入耳、入脑、入心的演讲效果。从这个视角看，演讲稿是综合诸多修辞手法与表达文体优势的综合表达方式。

李燕杰教授的演讲稿《龙腾虎跃开新宇，气霁刚风御九秋》可以充分体现多种修辞手法的运用，其中引用了他教学班上学生小金的诗：“不管母亲多么贫穷困苦，儿女对她的爱也决不含糊。我只喊一声：祖国万岁！更强烈的爱，在那感情的深处。”李老师借学生诗作充分表达出爱国之情，同时结合演讲内容向听众赠送亲笔书写的书法条幅：“山阻石拦大江毕竟东流去，雪辱霜欺梅花依旧向阳开。”哲理诗般的演讲语言非常精练，发挥出强大的鼓舞人心的力量。

李燕杰教授的演讲稿中还有这样一段文字：“一位女大学生因为失恋投西湖自杀，老师安排她来听我的演讲。演讲中，我一抬头就找到了她，因为会场只有一位女孩低着头，她一边坐着一位女警察，一边坐着一位男警察。我对着她说，从宏观上讲，自杀纯粹是叛党行为；从微观上讲，好死还不如赖活着呢；我希望你这样想：你不爱我，我还不爱你呢！为你死没门儿！做生活的强者，敢于同命运进行挑战。”这段演讲稿的文字记叙清晰，生活化特点非常突出，体现出很好的交流与引导效果。

(三)演讲稿体现可变性与完整性相统一的特点

从某种意义来讲，演讲稿是定而未定的文字稿。演讲稿正式发表前，演讲者需对演讲稿进行反复打磨，无论写作过程中进行多少次的加工修改，仍存在进一步完善的可能。尽管有了最终的定稿，在演讲过程中，根据现场需要，演讲者仍会对演讲稿进行微调，或增或删某些语句，或调整某些语句的顺序，总会经历再加工、再完善、再创作的过程，体现出演讲稿完整性与可变性的统一。

从准备演讲到写作演讲稿，到进行演讲使用演讲稿，演讲稿始终处于可以调整与改变之中。在演讲稿定稿之后，演讲稿以相对完整的文稿形式存在。围绕演讲的主旨，演讲者选取演讲材料，确定演讲结构，把演讲稿打造成有生命力的完整作品。在演讲活动中，演讲稿本身具有相对的完整性。演讲前确定的演讲稿，演讲后整理好的演讲稿，以及公开发表的演讲词，都是演讲稿完整性的体现。演讲词会相对简化演讲口语部分的内容，会有限度地对之进行加工修饰，使其语言表达得更加规范，更加具有艺术表现力。

(四)演讲稿体现现实性与实现性相统一的特点

演讲稿的内容与现实生活紧密相连，其中涉及的鲜活事例来自现实，提出和回答听众最为关心的问题来自现实，听众想要解决的身边事、关系切身利益的事需要经由演讲得以实现。听众关心的事情来自现实，经过演讲者的提炼加工具有现实意义，产生的新思想、新观点再服务到社会生活中，与听众产生现实的思想与情感共鸣，促使听众产生新想法和新行动。

演讲稿的实现性首先指演讲稿符合演讲的需要，保证演讲效果的完美实现。其次指演讲内容保证演讲目的的实现性。因此不能给听众许下不能兑付的诺言。演讲对问题的回答和给听众提出的解决意见是通过听众的努力可以做到的，这是演讲实现性的要求。

如李燕杰教授的演讲稿里写到反对目光短浅的怀疑主义，给读者提供生活的智慧：“远望方觉风浪小，凌空乃知海波平。”针对素质教育方面的问题，李老师在演讲稿中写到“左脑右脑同时开发”，“抽象思维、形象思维同时培养”，“情商智商都要重视”等想法。这里的关于左脑右脑的开发、抽象与形象思维的培养、情商智商的重视等问题，既是听众关心的现实问题，也是演讲者对实现素质教育质量问题提出的智慧思考与现实的实现途径与解决方案，体现出了演讲稿的现实性与实现性的结合。

第三节 演讲稿的谋篇布局与表达

演讲稿写作的首要问题是选题。要解决写什么、讲什么的问题，即解决什么选题演讲者能够把握好、能够讲好，什么选题是听众需要，可以使听众受益的。对一篇演讲稿的评价首先是立意高远，满足听众需要；其次是结构安排合理，能够恰当发挥演讲开场白表达的作用，能够灵活使用常见的演讲开头的方法，能够有效地运用常见的演讲结尾方法。

一、如何确定演讲选题

演讲稿写作的首要问题是选题。选题选取得好，既能发挥演讲者的优势，又能满足听众的愿望与需求，即解决什么能写好、什么能讲好的问题；解决写什么、讲什么可以使听众感兴趣，使听众受益的问题。有经验的演讲者会开发听众易于忽视的重要领域，以此为基点选择自己的兴趣点作选题；选择对重大政治活动或社会热点问题发表见解，选择自己的长期关注点作选题，或选择听众关心的热点话题作选题。

(一)演讲选题需开发听众易于忽视的重要领域

听众易于忽视，却非常重要，这个选题不仅有价值，而且有新意，易于引起听众的兴趣，由此集合起听众群体。如健康问题历来都是人们普遍关心的重要问题，非常值得重视和关注。但如何做到健康，如何建立良好的生活习惯，一般人群却不一定明了，因此“把生命掌握在自己手中”这样的选题就非常符合上述要求。演讲家万承奎很关注这一选题，他长期关注身心健康的课题，在全国范围演讲上千场，受到听众的热烈欢迎。他的演讲《老年人健康的五把金钥匙》《大学生心理健康讲座》《重视健康，走过中年》等都是此类选题，这样的选题都引发了听众极大的兴趣，收获了成功的演讲效果。

(二)演讲选题应体现对重大政治活动或社会热点问题的见解

演讲具有宣传教育的使命和功能。政治类演讲、思想教育类演讲我们最常见到，也是对人们影响最深入、最持久的演讲种类。例如，“爱国、创新、包容、厚德”北京精神确定之后，影响最为广泛的演讲主题就是“践行北京精神”。学雷锋活动制度化、常规化确定之后，我们常听到“雷锋精神”的主题演讲。这样的思想政治教育类演讲深受听众的欢迎。如演讲者发表学习党的历届全会报告的辅导演讲，都是时代需求，听众所必需。如《习近平新时代中国特色社会主义新思想研究》《习近平谈治国理政(第三卷专题)》《领导干部的党性修养》《坚定不移全面从严治党，不断提高党的执政能力和领导水平》等演讲受到听众好评。如学习党的十四大报告时，李燕杰老师的《龙腾虎跃开新宇，气霁罡风御九秋》演讲深入人心，坚定听众的爱国之心、报国之志、卫国之行，是听众十分渴望听到的政治与思想教育类选题的演讲辅导。

(三)演讲选题应体现看准对象、有的放矢的特点

选择演讲选题，演讲者要心中想着听众，做到看准对象、有的放矢，实现演讲服务听众的初衷。看准对象包括演讲者演讲前了解听众的年龄、职业、文化程度等，以便了解和选择听众感兴趣的话题，做到有的放矢。例如，演讲家万承奎根据他研究的大学生身心健康问题，为高校学生进行演讲，有针对性地引导大学生关注健康，善待生命。他列举了大学生中不注意健康的事例，告诉大学生如何饮食、运动、休息，从而保持健康的身心状态，受到学生们的欢迎和喜爱。

(四)演讲选题要突出演讲者自己感兴趣、能把控的特点

如果选题是演讲者自己现实生活中最关心、最熟悉的，有过生活体验的话题，他就能讲出自己的真切体会的，则演讲可更加具有权威性，更加具有可信度和说服力。例如，演讲家蔡朝东的《理解万岁》是讲他熟悉并深受感动的战士们在老山前线自卫反击战中的真实状态。写作演讲稿之前，他亲自到前线看望战士，因感动于年轻战士在猫耳洞里的坚守，感动于战士对祖国的忠诚，由此他创作了歌曲《我爱你老山兰》，并亲自为战士歌唱，也教战士们歌唱。有了这样的感情积淀，他的演讲选题获得极大成功。蔡老师另一篇演讲的选题是《创业万岁》，所讲内容是他在大关县当县长的三年经历。工作中的酸甜苦辣都成为他的演讲素材，无论是他创业的艰辛，还是他创业的成功，都深深感染了听众的心灵。

(五)演讲选题要根据演讲场合与时间要求确定

演讲时间、场合、听众不同，决定演讲主题、内容、形式也应有所不同。一般来讲，演讲比赛中的演讲时间是 3—12 分钟，目前的主题演讲一般为 8 分钟，即兴演讲一般是 3 分钟；演讲家举办专题演讲时间在 2—3 小时。而社会生活中的演讲往往随机性较大，演讲者应根据具体情况进行选题。如原中央统战部副部长万绍芬，曾到厦门参加纪念陈嘉庚先生的会议。陈嘉庚先生是爱国华侨，在抗战时期积极援助国内进行抗战，新中国成立后又捐资助学。会议进行到她发言的时候，时间已经不多了。于是她及时调整准备好的演讲稿，压缩为2分钟的演讲，结束时随口作了一首五言绝句："桃李结硕果，不忘栽树人，继往又开来，迎接新世纪。"简短的演讲获得了很好的效果。试想，如果万部长不压缩时间，如何能获得如此恰如其分的演讲效果呢？

二、演讲稿立意需遵循五条原则

演讲稿的立意是演讲者在演讲时要表达的思想、观点，被喻为演讲的灵魂和统帅。要做到立意好，演讲稿写作要遵循表达正确的原则、表达鲜明的原则、表达集中的原则、表达深刻的原则、表达新颖的原则等。

（一）演讲立意要遵循表达正确的原则

演讲要表达正确的世界观、人生观和价值观，表达的思想观点必须符合客观真理，符合大多数听众的利益需求。演讲是一种单向传播很快的宣传正确思想观点、发表个人见解的途径和形式，思想观点正确是对演讲者的首要要求。如演讲立意定为爱国主义思想和情操，关心人民群众的生活等是正确立意。再如师范生进行演讲确立的立意是热爱教师职业，表达为人民的教育事业奉献青春，这样的立意是正确的。相反倡导听众不要做教师，演讲只是谈论自己不喜欢当教师的想法，这样的立意是不符合演讲立意要求，也是不允许登台演讲的。

（二）演讲立意要遵循表达鲜明的原则

鲜明的立意要如同墙上的钉子突出显眼，如河中的鹅卵石清晰可见。演讲者的情感表达是非分明，讲起来斩钉截铁，给听众清晰鲜明之感。演讲要给听众留下鲜明深刻的印象，或者演讲语言表达生动形象打动听众，或者演讲道理深刻使听众有茅塞顿开之感，或者演讲列举的事例、讲述的人物故事使听众受到启迪，久久不忘。例如，演讲家彭清一说演讲："对事业爱就要爱得深，干就要干得好，不干则矣，干就要干出个名堂来。"这些话语在听众面前鲜明地树立了一位拼搏奋斗的艺术家形象。再如，万承奎在演讲中说："能吃能喝不是健康，会吃会喝才算健康，胡吃胡喝毁坏健康。"这样的饮食观点鲜明形象，给听众留下难忘的印象。

（三）演讲立意要遵循表达集中的原则

人们常说集中力量办大事，同样的道理，演讲立意集中有益于演讲主题的表达。演讲者写作演讲稿使用修辞手法，围绕演讲的主题，把自己的想法讲清楚、讲透彻，有利于演讲主题突出，重点明确，给听众留下难忘的印象。如学生做5分钟演讲练习，确定演讲立意为“健康生活”。他以自己考试前生病不能参加考试谈起，讲到“健康是一，其他的都是零”这个理念。他说：“只有一的存在，其他的零才有存在的意义。”演讲引用的正反事例都集中在“健康重要”这个立意上，表达十分有力度，取得了良好的演讲效果。相反，有的学生做5分钟演讲练习时，将立意定为“感悟人生”，演讲中他先讲自己被欺辱的感受，然后讲参加植树活动的心得体会，再讲埃及文化给自己带来的启示，演讲立意分散，让听众感到一头雾水。演讲立意不符合集中原则，导致演讲难以取得成功效果。

（四）演讲立意要遵循表达深刻的原则

演讲立意要遵循表达深刻的原则，演讲者的思想观点表达要力求深刻，能对听众发挥深远的教育启迪意义。演讲陈述道理透彻、深入，触动听众的内心感受，给听众留下深刻印象。演讲引用具有深刻寓意的事例。演讲立意既要反映社会发展的本质，又要反映社会发展的进步趋势。提出的解决问题的方法与策略直击问题本质。论证要做到充分而深刻，而不是简单铺陈和叙述，由此使听众受到深刻启发，获得豁然开朗之感。例如，蔡朝东讲创业，立意为“困难当头，创业精神尤为可贵”。然后用普通人的实例讲述这种精神，让听众感触极深。又如，景克宁讲自己的经历，阐述“知识、理想、信念的重要”，说明“一时强弱在于力，千秋胜负在于理”的深刻人生哲理，深受听众赞赏和钦佩。

（五）演讲立意要遵循表达新颖的原则

演讲立意不新不奇就难以吸引听众。清代文学家袁枚说：“以出新意，去陈言为第一着。”同理，演讲意在出新，同样的演讲题材，演讲新意往往就是亮点。演讲表达要避免思想观点陈旧，老生常谈，人云亦云，而要有独到之处，有新意，让听众有奇妙之感。如果需要讲与别人同样的主题，也一定要另辟蹊径，讲出新意。演讲立意要新，观点表达贵新，演讲立意要炼“新”。演讲家李燕杰教授的《红楼美学》，立意为大学生树立正确的恋爱观，学生在潜移默化中受到陶冶，接受了他的观点，体现出新意。再如，与演讲家蔡朝东一同讲战士生活的演讲者很多，但他立意“理解”，他的演讲《理解万岁》观点新颖独特，因此传播甚广，普遍受到听众好评。

三、如何确定演讲题目

当演讲主题与立意确定后，演讲即面临确定题目的问题。演讲题目与演讲稿，好比一个人的精神风貌与其眉眼的关系。演讲题目好，能对演讲起到画龙点睛的作用。为演讲稿选定一个表达准确、新颖动听、吸引读者关注的题目，能直接让听众对演讲产生兴趣。很多演讲者往往在演讲稿写好以后再对题目进行反复提炼和修改，最后确定合适且满意的题目。给演讲稿选定一个好题目并非一件易事，以下介绍四种确定演讲题目的方法，供大家参考。

(一)题目应凝缩大量的演讲信息

演讲题目应体现告知听众演讲信息的作用。如《语言的力量》这个题目，从题目中即可推测是讲语言表达的作用，通过聆听演讲可知如何增强语言表达的能力与技巧。再如，李素丽演讲的题目《我属于乘客》，给听众提供了富有情感的思想见解。又如，演讲题目《我的偶像》，很明确地告诉听众，演讲者心中有一位十分崇拜的偶像，今天要讲给大家听。从这个题目中，听众会进行积极思考：演讲者的偶像是谁？为什么演讲者要把他当作自己的偶像？我们能从中获得什么启示？演讲题目传递出的信息让听众对演讲所要表达的内容有直观的了解。这些演讲信息可能是事件发生的人物、地点，或演讲者的思想观点倾向等。听众通过接受信息或了解事件，或提高思想认识水平，增加对社会的认知或接受演讲者的思想观点。如李燕杰的演讲题目《江青为什么喜欢〈红与黑〉〈基督山恩仇记〉〈红字〉〈简爱〉〈飘〉等 5 本小说》《德才学识与真善美》等都给听众提供了丰富而明确的演讲信息，让听众看到他的演讲题目就大致了解演讲者想要表达的内容。

(二)题目应传递出正确的理想信念

让题目传递出演讲者的理想信念，让听众产生钦佩之感。仅阅读演讲题目，读者就能领会到演讲者本人坚定的信念，因而演讲题目可以是确切而坚定的结论性语句。如李燕杰教授的演讲题目《青年是我师，我是青年友》《迎接时代的挑战》《祖国儿女在为中华腾飞而拼搏》等，都明确地传递出演讲者的理想信念。再如北美独立战争时期，英国议会讨论对北美政府应采取的政策时，作为议会大臣的威廉·皮特提倡让北美独立，他在上议院发表演讲《北美是不可征服的》，主张同北美和谈。在北美独立前，北美律师及政治家帕特里克·亨利，在当时不少人主张请愿和谈以减轻英国的压迫时，他坚决主战，反对妥协，发表演讲《不自由，毋宁死》，传递出坚定的以战斗争取自由的信念。

(三)题目应体现说服听众的演讲信息

演讲的目的在于说服听众相信演讲者表达的想法和观点，促使听众产生新的正确理念和行动，所以通过题目要让听众对演讲观点有心服口服之感。例如，第一次世界大战初期，美国宣布中立，但德国不断地用潜艇击沉美国的船只，美国国会对德宣战，当时的美国总统威尔逊对国会演讲，题目是《要求国会对德宣战》，题目明确了要说服听众之意。又如法国大革命时期，丹东鼓动群众攻占巴士底狱，1792 年他在国民议会上演讲："为了胜利，我们需要勇敢，更勇敢，永远勇敢！这样，法兰西的安全就能得到保障。"他的演讲题目是《勇敢些，再勇敢些！》，题目集中传达出整个演讲要说服听众的核心观点和愿望。

(四)题目应传递愉悦有趣的演讲信息

题目中饱含丰富的愉悦听众的信息，会吸引听众对演讲活动感兴趣。听众阅读演讲题目感受到快乐和有趣，会强化听众参与演讲活动的热情。如演讲题目《奔涌吧，后浪》，传递出热情有趣的信息，吸引听众的注意力。又如演讲题目《美丽的微笑与爱》，给听众带来喜悦之感，吸引听众加入演讲活动之中。再如演讲题目《音乐，带电的土壤》，激发听众的好奇心，美妙的题目增强了演讲的趣味感。例如鲁迅先生非常注意演讲题目的趣味性，他的演讲题目《娜拉走后怎样？》《老调子已经唱完》《从神话到神仙传》等带给听众新奇美妙的感受，激发听众产生快乐的心境。快乐带给人愉悦的心情，听众在愉悦的心境中更易受到演讲的影响和教益。

总之，好题目犹如人的眉眼，在整个演讲活动中醒目动听，吸引听众的注意力，综合发挥使人知、令人信、促其行、悦人心的作用。比如，首都师范大学每年都举办一次"青春榜样"评选，参评学生进行演讲是重要内容，最终选拔胜出者组成优秀学生事迹报告团。报告团演讲的题目涵盖了上述演讲题目的特征，这些题目或浓缩了丰富的信息，如《锲而不舍，孜孜不倦》；或励志色彩浓重，具有明确的说服功能，如《海阔凭鱼跃，天高任鸟飞》《生命不息，奋斗不止》；或传递出坚定的信念，如《用进取和卓越向祖国致敬》《甘于奉献，青春无悔》《青春绚烂，志愿于行》等，讲述自己刻苦学习的经历，精彩纷呈的大学生活，青春无悔的奋斗经历，用轮椅阅读每一片土地的故事以及携笔从戎，用优异成绩向祖国致敬的从军经历。同学们精彩的演讲赢得听众热烈的掌声和阵阵喝彩。他们的演讲题目发挥出传递信心、凝聚思想的作用。可以说，没有好的演讲题目，他们的演讲也难以获得最佳效果。

四、写好演讲稿的开场白内容

演讲的开场白即演讲的开头与引言部分，是演讲稿内容的重要组成部分。开场白的作用有两个，一是与听众建立情感连接，引发听众的听讲兴趣，赢得听众的好感。如李素丽演讲的开场白："各位领导，同志们：大家好！感谢大家给了我这么多鼓励，我感到非常激动。谢谢大家！"她对听众的感激和尊重让听众感到温暖和亲切，自然有助于听众接纳她本人以及她讲的内容。二是为整个演讲创设适宜的氛围，为全篇演讲定下情感基调，促使演讲获得良好的效果。如优秀教师讲感人事例的开场白："1996 年 3 月 18 日，天气阴沉，在我们山区举行了有史以来最隆重的葬礼。"这样沉痛悲情的演讲情绪，马上感染了在座的听众，大家迫切想要了解这是谁的葬礼，为什么会有如此隆重的葬礼，从而为演讲开了个好头，吸引听众和演讲者一同进入演讲情境。以下是常见的演讲开场白的写作方法，提供给演讲者参考使用。

(一)道具式语言表达开场白

道具式语言表达开场白的使用并不多见，但使用效果极佳。这是一种实物加演讲者的语言说明相结合的一种方法，突出实物的可视性，增强听众的现场感受性，有着特别的亲切张力。如，青海省省长黄静波 1982 年在青海上任后，他没有忙着开会发表演讲，而是先在全省做了 103 天的实地调查与访问。之后他主持召开了省、州、县、社四级干部会议。接下来他召集干部会议，开会时他抱着一大包实物上台。他开口讲话前先把抱着的苹果、毛丝塾皮等土特产及黄金、白银、鹿茸、麝香等放到演讲桌上，然后一口气列举了几十种矿藏，在场的听众都为他压抑不住的喜悦所感染。他高声说："同志们，有人讲，青海是个穷地方。依我看，我们是破皮袄里裹珍珠，表面上穷，内里可富得很哩！"然后他深情地说："我们要有信心，挑起这副重担……"他的演讲极有感染力和说服力，这与他选择道具式语言表达开场白是密不可分的。他注意选取听众熟知但又不常展示的珍贵特产作为开场白道具，发挥出实物揭示深刻道理，令听众信服，鼓舞听众信心的作用。

(二)悬念式语言表达开场白

悬念是一个特有概念，原意为观众在欣赏戏剧、电影或者其他文艺作品时的一种心理活动，即关切故事发展和人物命运的紧张心情。演讲中演讲者为体现演讲内容中所涉及的人物内心或发生事件的矛盾冲突，在处理情节结构时常用各种手法引起听众的悬念感以加强演讲的思想和艺术感染力。演讲者为激活听众“紧张与期待的心情”，在语言表达处理方式上采取积极手段，包括从“设疑”和“释疑”两个方面以悬念式语言表达开场，引发听众的神奇感、好奇心，满足听众的期待心理。这好比是故事的倒叙，引发听众悬念和关切之情。如演讲中要交代人物命运，悬念式语言表达引发听众强烈的好奇心。如李燕杰教授演讲《爱情与美》的悬念式语言表达开场：“前年4月，北京一家公司请我做报告。我因教学任务紧张，不想讲，来的同志说：‘李老师，你一定要去，我们这次是请你去救命的。’我听了很纳闷……”听他这么一说，听众也感到纳闷：到底发生了什么事，非请他去救命不可呢？这种给听众留下悬念，引起听众听讲兴趣的开场方式即为悬念式语言表达开场白。

（三）赞扬式语言表达开场白

赞扬式语言表达开场白，顾名思义是以赞扬听众、赢得听众好感的演讲方式开场。如演讲家李燕杰教授经常在演讲前即兴创作演讲诗，赞扬听众，为总体演讲创设热烈的演讲气氛。一次他受邀到北京龙泉寺演讲，一上台就向听众献上一首演讲诗——《凤凰岭龙泉寺礼赞》：“凤凰岭迎春风，龙泉寺钟鼓鸣。银杏迎风呈祥瑞，古柏成双千年灵。智慧如海纳百川，上善若水水流东。大本大元求大智，大慈大悲利修行。求真求善又求美，立德立言再立功。欲得清风传万古，需如明月映太空。天人合一成大道，知行合一得一心。情境合一成佳趣，诚明合一路路通。清风能感水能化，修竹有怀兰有情。德识才学共进，修齐治平谐行。魂道器术兼顾，习熏悟化升腾。”这首礼赞诗一开场即受到听众的热烈欢迎，因为其中充满了肯定、期许、尊敬与赞扬之情，为整场演讲的顺利成功营造了融洽有益的氛围与情境基调。

（四）攻击式语言表达开场白

攻击式语言表达开场白的使用，务必要十分小心。因为如果使用不恰当，极可能造成听众误解，或引起听众的反感。所以使用这种方法务必慎重，并且要符合场合的需要。攻击式开场的语言表达，要求攻击点必须找准确，且做到点到为止即可，并能为大多数听众所接受。比如《战胜惰性》演讲，这里的攻击在于用现实问题警醒听众，切勿伤害听众。攻击的目的在于发出呼吁、劝告与号召，引起听众注意，而不是实打实地对听众进行语言攻击。这里的攻击没有一点儿恶意，没有一点儿嫌弃。如攻击式语言表达开场白：“世界上最可怕的是什么呢？是你自己！人人都有惰性，只有战胜惰性，战胜自己的人，才是真正意义上的人。首先要战胜想歇一歇，想睡觉的想法。”这种攻击对事不对人，打到了一些听众的思想痛点上。攻击点及攻击力度都恰到好处，发挥出了攻击语言表达的警醒与教育启迪作用。

(五)幽默式语言表达开场白

幽默式语言表达开场白是一种较为常见且受听众欢迎的一种语言表达的开场方式，有助于活跃演讲的现场气氛，让听众有轻松愉快之感。以此方式开场的演讲者往往体现出诙谐自信的特点，幽默的演讲者，往往心态积极阳光。例如，一次青年演讲比赛，演讲者一出场看到了高手林立的评委团，其中不乏自己崇拜的演讲大家。突然间他感到莫名紧张，心理上产生了一些胆怯，因而就以幽默式语言表达开场："大家好！我首先想说，世界上有大狗，也有小狗。小狗不会因为自己小而不喊叫，相反，大狗叫，小狗也会亮开喉咙大声叫。今天且听一听我在演讲台上的叫声。"他话一出口即引发了听众的一片笑声，演讲者本人的紧张感也马上消除了，为他整个演讲获得良好效果奠定了基调。

五、写好演讲正文内容的三个方法

演讲的正文内容是演讲稿的主体部分，以综合性文体结构形式存在。总的要求是如以叙述式演讲为主体，要做到夹叙夹议，尤其是叙述事件要清楚，高潮迭起；如以议论式演讲为主体，可按照提出问题—分析问题—解决问题的层次展开，做到观点明确，论据充足，逻辑严密，也可做到边议边论。以下是写作演讲稿正文常见的三种方法供大家参考。

(一)出奇制胜法

出奇制胜法原为军事用语，指作战时运用奇兵奇计，出敌不意，制服敌人，取得胜利。后泛指竞赛或其他场合用对方想象不到的策略战胜对方。写作演讲稿可事先进行构思，用新奇巧妙的方法使听众领悟演讲内容，信服演讲者的想法。

例如，一位教师接管全校有名的乱班，精心设计了就职演说。开始她不做自我介绍，而是说要给大家讲《猜谜》这部小说。她跟学生说，这部小说讲的是一位年轻女教师接管一个乱班，以自己的魅力征服了学生，最后告诉大家这部小说的作者就是自己。然后接着说："我能塑造出这样的女教师，也能像那位女教师那样带好一个班，赢得一个班……"这样设计演讲令听众感到出其不意，既感到新鲜，又感到十分信服，发挥了演讲很好的影响作用。

(二)数字拈连法

演讲中善于运用数字或巧用数字发挥演讲的权威作用。这种方法用相互连接的数字，引出一串既顺口又形象的话语，可增强演讲的生动有趣、流畅悦耳、通俗易记的表达效果。如一位领导同志的关于谈改变领导作风的演讲，整篇演讲运用了数字拈连的方法。他说：“过去，我们有的领导喜欢老一套：一个调子，两个指挥，三部曲，四季歌，五重唱，这种作风一定要改变。一个调子：看上面，看别人，永远没有自己的看法和做法。两个指挥：党委书记和厂长各吹各的号，各唱各的调。三部曲：一拍脑袋(自己想)；二拍桌子(开大会喊口号)；三拍屁股(提拔升职)。四季歌：一季度开门红；二季度夺高产；三季度战高温；四季度大决战。五重唱：总结，一唱大好形势……”然后再逐条讲出自己提倡的观点，给听众留下深刻印象。

(三)演讲答问法

答问法演讲方式突出以听众为主体，演讲者始终以听众提出的问题引路，引领听众思考开展演讲。答问法增强演讲的互动效果，吸引听众参与演讲活动。答问法的具体方式有三种：一是运用设问方法，演讲者用问题提示听众关注某些重要问题，然后在演讲中自问自答，道出演讲的关键内容；二是运用反问方法，强调特别重视的演讲观点，运用反问提示法进行关注，强调最终给出正确回答；三是运用提问方法，针对演讲涉及的问题向听众提问，然后对听众的回答给予肯定或相关评价。许多演讲稿的后半部分内容，往往采用提问方式完成。有些提问问题是事先进行了精心设计与充分准备，有些提问是现场对听众临时组织的。运用提问问题并回答的方法，使演讲者和听众进行充分交流和互动，获得演讲的预期效果。如演讲家景克宁在演讲中说：“有人说跟着感觉走，有人说跟着月亮走。我要说：人应该跟着理想走，跟着信念走，跟着知识走。”这是一种设问式演讲语言表达，引领听众思考并积极参与演讲中。

再如，一位学生讲《我的偶像》，开始部分运用了问答法组织演讲语言：“今天来到这儿，我是想告诉大家我的偶像。我们一起先来想三个问题。如果说，你一不小心，用不到三年的时间，从美国的名校拿回一个博士学位，你的导师跟你说，你很有才啊！我觉得你只要跟着我学习，我带着你给你最好的待遇，你留在美国，我能让你成为世界一流的科学家。这个时候你们会怎么选择？可能做科研对你们来讲太遥远，因为咱们都不是学霸。那么如果说你的男朋友或者女朋友，有一天回家告诉你：亲爱的我要调动工作了，但是去哪儿，做什么和去多久，我都不能说。这个时候你要怎么办？好！如果说有一项事业因为你的努力，让中国在这个领域拔地而起，提高了中国的话语权，你觉得你应该获得这个国家怎么样的奖励？

我的偶像用他的一生这样回答了这三个问题。26 岁，用不到 3 年的时间，拿到美国的博士学位，在拿到博士学位的第 9 天，回到 1950 年的一穷二白的中国。34 岁，他回家告诉妻子说：'我要调动工作了，我明天走。'妻子问他你要去哪儿，你要去做什么，你要做多久？他的回答是一样的。不能说，不能说，不能说。从此他从他的妻子、两个孩子和他所有熟悉的人中消失了。整整 28 年，回来的时候，他是一个直肠癌晚期的病人，61 岁。作为中国第一颗原子弹和第一颗氢弹的理论设计的总负责人，他一共获得了国家奖金特别奖 20 元。其中原子弹 10 元，氢弹 10 元。是的，我的偶像叫邓稼先。"这种问答式演讲调动听众参与的热情，吸引听众一同思考，并让听众在知晓答案时受到极大震撼。

六、演讲稿结尾的作用与写作方法

"编筐编篓，难在收口。"具体到演讲稿写作方面，演讲结尾要精彩是难度较大的事情。正如元朝的乔梦符对文章的要求：开头、主体与结尾要如"凤头、猪肚、豹尾"。演讲被称为有声音的文章，开头要如凤头漂亮，主体要如猪肚丰富，结尾部分应像豹尾一样简洁有力，要升华演讲主题，让听众有怦然心动之感，收获深刻的教育启迪。明朝的谢榛说："结句当如撞钟，清音有余。"好的演讲结尾应如撞钟之音清亮而美妙，在听众的心中久久回响。可见人们对演讲结尾的效果是有很高要求与预期的。

（一）演讲稿结尾的作用

演讲结尾是演讲稿的重要组成部分，没有结尾的演讲是不完整的，它对概括主题、升华主题思想至关重要。演讲结尾的作用包括：揭示主题，深化认识；收拢全篇，首尾呼应；鼓动激情，促使行动。

1. 揭示主题，深化听众认知

演讲者为深刻阐述好自己的观点，往往会竭尽所能利用一切素材，从多方面对主题进行分析和论证，有时不免显得内容庞杂，思路分散。因此，为了揭示主题，深化听众的认识，写作演讲结尾部分要发挥揭示主题、深化认识的作用。一是用结束语句帮助听众回忆前面所讲的内容，起到反向预告的作用，给听众留下深刻印象；二是用结束语句对演讲总体起到画龙点睛的作用，获得一语中的的效果；三是用结束语句使听众对整个演讲产生完整而深刻的印象，起到总结全篇、突出重点、深化主题的作用。演讲结尾可以用总结性语言重复演讲的主题思想。演讲者简明扼要地再叙前面讲过的内容，以使听众记住演讲者所说的思想观点。当然这不是简单的重复，而是将演讲内容进行高度浓缩，使演讲主题得到发挥和升华，使听众的思想认识产生质的飞跃。

2. 收拢全篇，起到首尾呼应的作用

演讲总体结构内容设定包括题目、称呼语、开场白、主题部分的论点论据、结尾五个部分，其中的每一个部分又涉及方方面面，这些内容相互关联，纵横交错，一同向演讲的结尾处汇聚推进。好的演讲结尾应能恰到好处地使全部演讲内容收拢到一起，从而使演讲稿实现首尾呼应、严谨有序、全篇浑然一体的效果。写作演讲结尾应使之发挥首尾呼应、收拢全篇的作用。

3. 鼓动激情，促使听众采取新行动

优秀的演讲稿应生动表达出演讲者的内心激情，使演讲拥有波澜起伏的特点。由此演讲的结尾处更应突出情感力量，以振奋人心的情感语句将听众的情感推到最高峰，使听众感动，产生采取新行动的激情。这就是我们所讲的演讲的鼓动力和战斗力。因此，写作演讲稿的结尾应发挥鼓动听众激情，促使听众采取新行动的作用。

(二)写作演讲稿结尾的三点注意事项

为了使演讲结尾部分精彩、完美、有力度，演讲者在写作演讲结尾的内容时要关注以下三点。一是不可画蛇添足。比如应写的内容已经写完了，可是又啰唆地补充一些与主题无关或关系不大的内容，这无异于节外生枝，影响听众的思路，破坏听众的情绪。结尾处一定要做到当断则断，戛然而止。二是不可复杂冗长。“没有结束语的结尾贫乏无力，可是没完没了的结尾则令人生厌。”结尾处不可写与深化或升华主题关联不够紧密的内容，就是与主题关联紧密也应尽量简洁明快。演讲者要善于用最精确、最有概括力、最富有哲理的语句结束演讲。三是不可写大话、官话和套话。比如不可写过于谦虚或道歉的内容，过于自谦，甚至违心地说自己没做好准备，耽误大家时间这样类似的客套话等等，这些内容不仅多余，而且对演讲的总体效果有害，会削弱听众对演讲整体的良好印象。

(三)演讲稿结尾的写作方法

结束演讲的方法很多，演讲者可以根据具体的情况，如演讲主题、演讲情景与演讲氛围等的需要选择不同的方法设计演讲结尾，如对整篇演讲做简明扼要的概括，对演讲者崇尚的精神给予颂扬，对听众发出号召等等。如一位演讲课教师设计了这样的结尾："我相信，只要大家坚持不懈地学习演讲，练习演讲，坚持下去，十年、二十年，只要努力你就一定能够成功。"这种结尾响亮有力，深刻打动听众的心灵，使听众受到鼓舞。

演讲稿结尾的具体写作方法很多，以下是较为常见的十种方法：一是总结式、重复式、归纳法结尾。归纳重点，升华主题。二是突出重点、画龙点睛式结尾。三是活跃气氛、昂扬激励式结尾。四是引人思考、启人心智式结尾等。五是引文式结尾，如引用名人名言或名人轶事结尾。六是激发情感式结尾，如引入诗歌，或自己创作演讲诗结尾。七是故事式结尾。写一段耐人寻味的故事，引发听众思考。八是呼吁式结尾。用大声疾呼，向听众发出鼓舞人心的建议与号召。九是幽默风趣式结尾，如在演讲结束时在黑板上挂出一个大大的毛笔字——"句号"，以此作为演讲的结束，让听众感到生动有趣。十是动作式结尾，如演讲者在结束演讲时不说过多的告别语言，而是设计披上衣服，戴上帽子，然后问听众："我已经准备好离开，请问大家有何想法？"

第四节 演讲稿写作的三个环节

写作一篇演讲稿，基本上都要经历编写提纲、起草初稿与加工修改三个环节，下面就这三个环节分别进行分析。

一、撰写演讲提纲环节

撰写演讲提纲，这是写作演讲稿的第一环节，也有一种说法称之为写作前环节。这也可以说是写作前的准备环节，又称列提纲，或是"搭架子"，可以是一段文字，也可用提要或图表方式把演讲主题的逻辑层次、事例布局、发展脉络与结构简洁明了地展示出来。这是演讲基本思路的论点标志图，是把演讲稿的轮廓用文字固定、演示出来，为撰写演讲稿提供有理、有据、有序的纲领、计划和蓝图，为演讲稿写作成功打下前提基础。

重视写作演讲提纲有助于培养演讲者对现实生活的参与、观察、思考、提炼、分析等思维过程，有助于培养演讲者思维的严密性、条理性和合理性。这是演讲者对以上所述内容加以融会贯通，注入演讲激情和智慧的作品框架。没有设计得当、圆通灵活的演讲提纲，就不会有完美的演讲稿，更不会有完美的演讲。

有了一个基础性提纲之后，就是对提纲进行修订完善：为写好这部分内容，演讲者需确定演讲主题是否准确、明晰、简练；演讲材料是否具有说服力，提炼是否精当，层次是否清楚，结构是否完整合理；通篇段落的分布是否均衡、比例是否和谐。

(一)演讲提纲的种类

写作演讲提纲的方法有两种。一种是简要概括式提纲，字数简练，层次清晰；另一种是较为详细具体的提纲。具体采取哪一种写作方法，视演讲者的时间及写作需要而定。

1. 演讲概要提纲

以简要的语言简明扼要地概括写出演讲的主题、材料、结构和段落大意，使人一目了然，把握演讲内容全局。演讲概要提纲内容包括：演讲题目、演讲开场白、演讲的主体部分及演讲结束语四个部分。

2. 演讲详细提纲

演讲详细提纲内容比较具体，除了上述提到的四个部分内容之外，还要加入称呼语部分，并且每个部分都有较为详细的细目内容。详细提纲基本上是演讲稿的微缩版，如按 10∶1 或 5∶1 的比例微缩等。提纲有利于演讲者对于整个演讲内容的把握。列详细提纲虽然费事，却方便演讲稿的创作。演讲详细提纲的内容包括确定的演讲题目，具体的开场白话语，主体部分的主要内容与具体的结束语句。

(二)演讲提纲六要素

写作演讲提纲包含六大写作要素，缺少任何一项都不能称之为完整的演讲提纲，即演讲题目、演讲论点、演讲材料、演讲结构和过渡内容、演讲开场白及演讲结束语等。

演讲提纲的首要要素是演讲题目，发挥着演讲稿写作之魂的作用。第二个要素是演讲论点，包括演讲的中心论点和演讲分论点。演讲中心论点可以用一个准确完整的句子明确表述出来，演讲者以此作为进一步思考推敲的依据；演讲分论点的文字只要点明大致意思即可。第三个要素是演讲材料，涵盖事实材料、事例材料和参考材料。事实材料如例证、数据或实物等；事例材料如科学原理、定律、法律条文或名人名言、谚语、成语等；参考材料指演讲时需要的有关联的所有材料或备用材料，这些材料不必详细写出，只要在提纲上做简要标记即可。第四个要素是演讲结构和过渡。根据演讲内容的主次作用安排结构层次，并设计好过渡内容，可以使用连续的标记符号进行排序，实现结构安排的清晰合理。第五个要素是演讲开场白，如以设问或叙述方式开头等。第六个要素是演讲结尾，要标明以什么方式结尾，如以建议式或祝福式结尾等。

二、起草演讲初稿环节

起草演讲初稿是正式落笔写稿的环节，也可称演讲稿写作的第二环节。演讲初稿即演讲稿的最初形态。万事开头难，起草演讲稿的过程是整个写作过程中最重要也是最困难的环节。起草初稿的过程就是把考虑好的想法写出来，把头脑中的所思所想表达落实成文字。在这一写作环节中，演讲初稿突破演讲稿从无到有的局限。演讲者平时的知识储备与文化素养，及其在写作方面的长期历练素养与功底都在这一环节得以集中体现或是发挥作用。

写作演讲初稿是艰苦的创造性劳动，除了慎重思考，演讲者一字一句将自己的想法和观点落实于笔端，演讲成功之路除此无任何捷径可走，也无任何秘籍或诀窍可言。无论演讲者设想的演讲主题多么深刻，多么新颖，或是寻找到的演讲材料多么丰富，多么生动，如果不借助准确恰当的语言进行表达，演讲稿是无法诞生并呈现在眼前，更不能让听众感受它所产生的演讲生命力。下面介绍写作演讲初稿的三点注意事项，为大家成功起草演讲初稿助一臂之力。

(一)动笔前充分思谋与筹划

写作演讲初稿反对挤牙膏式写法，即在思考不成熟的情况下勉强自己生写。写作者应在充分思谋与筹划好后再动笔写作。一旦动笔写作，最好能一气呵成完成整篇稿件的写作，以实现思路顺畅、文气贯通。写作演讲初稿不可忙于动笔，务必在动笔写作前仔细酝酿、思谋与筹划，考虑周全之后再进行写作。

(二)静下心来饱含真情地写

好的演讲稿都是演讲者真挚感情的自然流露和高尚思想情操的体现。在写作演讲稿的过程中演讲者要把真挚的情感倾注到演讲稿的字里行间，要能写得声情并茂，感人至深。因此要选择合适的时间地点，最好有比较整块、不被打扰的写作时间段和空间，以做到静下心来写，饱含真情地写。

例如，《平凡人写真》演讲稿的作者写出了她的青春与对教育事业的奉献，其中有喜也有泪。她写接到关心自己的同事写的字条："想哭你就哭吧！"她在白桦林那样美的晚霞中伤心地哭了，由此她哭走了压抑内心的悲伤，也哭回了自知与自信，从而真实展现了一位山区教育奉献者艰辛生活的画面。这篇演讲稿就是首都师大毕业生在支教山区写出的，后发表于北京《支部生活》杂志，带给读者深深的震撼。

（三）注重体现演讲的分类特征

不同类型的演讲有各自不同的类型特征，如政治性演讲要体现政策性、原则性和鼓动性特征；学术性演讲要凸显研究成果。因而写作不同类型的初稿就要注重依循其写作手法要求。如政治性演讲初稿的写作，要突出逻辑严密、事实准确、事例典型等；学术性演讲初稿要力求资料翔实、论据确凿、创新性特点明显等。

三、对初稿进行加工修改环节

修改初稿是写作演讲稿的最后环节。经由这一环节，演讲稿得以加工修改完善，最终形成演讲完稿，成为成功演讲的必要保障。在修改完善初稿环节，演讲者对已草拟完成的演讲稿进行再斟酌、再思考、再加工与再润色，通过反复修改，确保演讲稿的创作质量。只有经过字斟句酌、千锤百炼创作出的语言珍品，才能真正经受得住听众的检验。毛泽东主席说："我看重要的文章，不妨看它十多遍，认真地加以删改后发表，文章是客观事物的反映，而客观事物是曲折复杂的，必须反复研究，才能反映恰当；在这里粗心大意，就是不懂得做文章的起码知识。"演讲稿经过反复修改，才能达到一个较为完善的写作水平。有人说，好的演讲稿都是改出来的，这话很有道理。一般来讲，演讲稿可从以下五个方面着手修改、完善和润色，最终形成完稿。

（一）进一步提炼演讲主题

演讲主题是演讲稿的核心，是"语言的主旨，文字的方向"。演讲主题是演讲稿的总纲，没有正确、鲜明的主题，演讲稿所采用的文字材料就会松散混乱，甚至会形似一盘散沙。修改演讲主题一定要慎重，要静下心花大力气进行修改。修改时首先要考虑演讲主题是否做到了贴近现实，准确鲜明，引用古旧事例务必体现新意。其次，修改演讲主题，应使其体现独特新颖，启人心智，令人有豁然开朗之感。如果观点不新，题意不明，就可以通过改变视角，即使是旧材料也可发掘出新意。

如蔡朝东的演讲《边防战士的心声——理解万岁》，演讲稿的题目即演讲主题，揭示时代倡导的待事待物的态度与精神风貌。这一主题的获得是演讲者在演讲过程中不断提炼和深化主题的最终结果。演讲初定稿的主题是：老山战斗英雄事迹介绍。停留在对英雄事迹的一般介绍上。演讲者在修改过程中逐渐认识到：战士在前线浴血奋战，流血牺牲，同时他们心中有一个希望：国家蒸蒸日上，人民安居乐业，后方人民理解前方战士的赤诚之心。

在修改演讲稿的过程中，演讲者调整演讲主题，使主题表达上升到新高度，具有更广的宣传教育意义。以“理解”为主线确定演讲主题，演讲题目从《老山战斗英雄事迹介绍》更名为《边防战士的心声——理解万岁》，通过修改，演讲的思想性、社会性得以增强，由此，理解成为时代的共同呼声，成为全社会提倡的互相理解、信任、尊重的精神追求。

(二)根据需要增删材料

演讲主题是通过得当的演讲材料得到阐释的。演讲材料使用的标准是：材料具有真实性、生动性、典型性。演讲材料使用的目的只有一个，即为说明演讲观点服务。使用演讲材料只有一个焦点：与演讲观点的表达保持高度统一和一致。涉及演讲材料的一切增删和调换，都要以集中准确地表述演讲主题为核心、为依据。任何有道听途说、缺乏事实根据之嫌的材料都应及时删除。

(三)调整演讲结构

构思得当，设计精妙，演讲稿才能更好地体现演讲的主题，准确表达演讲者的内心情感。演讲稿写作前要对演讲稿的结构进行认真构思，引领演讲稿写作顺利进行。演讲稿完成之后，随着对主题的理解愈加深刻，随着在练习过程中获得越来越多的听众的反馈，对演讲稿的结构进行再思考，之后对演讲稿的结构进行再调整就能做到愈加科学。调整演讲稿的结构要从升华主题考虑，具体做到主题突出，开头引人入胜。演讲稿主体部分的各段内容描述生动，翔实得当，段与段之间的内在联系紧密自然，演讲稿的前后照应恰当得体，演讲结尾深刻有力。好的演讲稿结构符合合理、完美的要求，服务于演讲稿思想观点的正确与明晰表达。

(四)润色文字语言

从文字语言表达的视角看，演讲稿是语言文字表达艺术，由此演讲的思想才能得到准确、深刻的表达，演讲者的情感才能得以真实展现。首先，演讲稿中的文字语言必须做到用词科学准确，涉及政治、政策、常识、专业方面的语言表达不可出现任何疏漏。其次，稿中的文字语言表达要符合语法要求，不存在用词不当、丢字错字、标点符号等文字表达问题，使用的形容词、量词等不存在使用不当问题，语句表述方面挑不出任何毛病。再次，稿中的文字语言表达要美好有文采。文采好比是思想的服装，好的文采让演讲稿体现精美、细腻、高雅的特点。修改演讲稿的文字语言表达体现和谐、恰当、文采飞扬，避免给听众留下粗俗之气，从而实现演讲者正确思想的顺畅传递。最后，稿中的文字语言表达体现演讲语言的表达生活化与艺术化融合的特点。修改演讲稿语言时要突出书面语言口语化的特点，以获得声落意出的表达效果。我说你听，明白如话，简洁有力，生动感人。口语表达要富有文采，对语言文字要进行精雕细刻，润色修改后的演讲稿文字，应达到“增一字嫌多，减一字嫌少”的写作质量要求。

(五)修改打磨演讲题目

“题好一半文。”演讲稿的题目是整篇演讲稿的文眼。演讲稿修改完成之后，应对照演讲稿的全文内容、演讲稿的主题句进行仔细斟酌，对演讲稿进行认真修改。演讲稿的题目应对整篇演讲稿起到画龙点睛的作用，发挥强调引领作用。任何一篇演讲稿都要有一个响亮、耐人寻味的演讲题目，服务于演讲的成功表达。

在演讲稿修改过程中要坚持做到以下四点：一是虚心请教，集思广益。“当事者迷，旁观者清。”要善于向他人请教，善于倾听他人指出的问题与毛病，以他人的智慧为参照，认认真真、老老实实地修改演讲稿。二是及时学习，补充演讲内涵所需。“磨刀不误砍柴工。”要善于边学习边修改。有人讲，一个作家的绝大部分时间是花在阅读上，一个人要翻遍半个图书馆才能写成一本书。这个道理同样适用于演讲稿写作。三是要坚持边讲边改，反复修改。念出来便于检验演讲稿是否符合口语表达的要求，是否体现简洁、顺口、有韵味的最佳办法。“文章不厌百回改。”修改演讲稿要努力使语言表达做到准确、精练，具有艺术表达的美感。四是修改后的演讲稿要体现出如下特点：一人写作，大家完成；各种语体交融，多种文体并用；针对对象明确，说服效果明显；演讲结构清晰，语言内容表达集中；语言表达生动形象，思想阐述深刻而富有哲理。

第五节　演讲稿的三种呈现形态

演讲稿是演讲者的学识修养、智慧情感与辛勤创作的综合体现。它凝结了演讲者对特定听众群要表达的思想观点与真情实感，能引起听众的强烈共鸣，具有强烈鼓动力、感动力和说服力。如果我们给演讲稿做个界定，即演讲稿是语言表达的艺术作品，是演讲者用文字语言将演讲内容与范围明确固定下来的书面文字稿。它的外在呈现形态是讲前稿、讲中稿和讲后稿。

无论演讲稿以上述哪种形态存在，应该说它都是演讲稿形成最终形态的总体过程中的一个阶段。作为“讲前稿”，往往也是经历了多次构思、创作，几易其稿的过程。在此过程中，演讲者对演讲主题的表达与语言文字内容进行精雕细刻，汇聚而为演讲者思想打磨与艰辛创作的语言表达艺术成果。作为“讲中稿”，它直接服务于演讲的现场活动需要。它是演讲者上场前确定下来的练习稿，是演讲者思想表达的遵循。演讲者演讲时或会对“讲中稿”的内容与结构进行调整和增删，或会在演讲中一字不改地将演讲稿的全部内容呈现给听众。作为“讲后稿”，这是演讲后再经修订最终形成的演讲作品。“讲后稿”形态呈现在演讲实际活动过后，演讲者经过实战历练，经过再思考、再修订，综合听众的反映与反馈，进行再修改，再润色，最终形成发表稿，也称公开发表的演讲词。

一、讲前形态：确定使用的演讲稿

讲前稿形态即演讲者演讲前准备好的完善的文字稿。它由写前准备、起草文稿、试讲练习、修改定稿等四个环节组合而成。讲前稿是演讲者呕心沥血的创作成果，见证了演讲者演讲前花费的大量心血。演讲稿是演讲者进行演讲的重要依据，对演讲的成功发挥着规范和提示作用。在准备时间允许的情况下，演讲者演讲前有必要对演讲内容进行逐字逐句的写作。

(一)写前准备与起草演讲稿

在正式写作演讲稿之前需要进行相关的准备工作，如了解听众的情况，包括听众的人数、年龄构成、文化修养、知识背景、听众对演讲主题的态度与情感倾向等。还要了解举行演讲活动的目的和主旨，如希望产生什么样的演讲效果，希望听众在演讲中有些什么收获，自己在演讲专业方面的长项是什么。接下来一个重要的工作是为演讲稿起草一个概要写作提纲，或较为详细的写作提纲，最后按照提纲的引领就可以字斟句酌地起草演讲稿了。

比如，演讲家李燕杰教授为了写好《心中永远装着人民》这篇演讲稿，下笔前做足了准备工作。首先了解到听众是武警战士，他调查了听众人数和年龄，创作了激励武警战士永远热爱人民的演讲诗；为他们每人写就了一幅励志书法条幅；还在大学生群体中(听众的同龄人)进行调查，了解大家对“心中有人民”一题的真实想法，然后根据自己的演讲经验设计演讲结构。李老师写作演讲稿所花费的时间远超我们的想象。听众的评价是：寓意深刻，引经据典，高潮迭起，深受喜爱。听李老师演讲，听众感受到了他的感情真挚，知识渊博，语言精美。李老师写作演讲稿的水平，以及他获得的实际演讲效果与他事先进行充分准备是密不可分的。

(二)练习试讲与修改定稿

当演讲稿起草完成之后，就可以对照演讲初稿进行试讲练习了。试讲练习既可以是演讲者一个人独自念稿自我反思进行修改润色，也可以找几位听众，对他们讲一讲，然后虚心征求他们的意见。因为演讲的最终效果是要在听众那里获得认可，所以在练习及与听众交流的过程中，获得修改演讲稿的思路和想法是非常必要的。修改演讲稿包括选定演讲题目、提炼演讲主题句、审视发掘演讲材料的内涵、精心设计演讲开头和结尾等诸多方面，最终将演讲稿确定下来，成为演讲者发表演讲的依据和提示。一位成功的演讲者说："我为了准备这篇不到一小时的演讲稿，不知付出了多少个不眠之夜!"这种试讲练习与修改非常耗时，有的演讲稿从初稿到定稿，修改演讲稿的次数可以达 50 多次。

凡是成功的演讲者，往往都在写作和修改演讲稿方面付出了大量的时间和心血，在艰辛的创作中渗透了无数的智慧与力量。演讲成功者们在锤炼演讲文字方面所付出的辛劳更是我们难以想象的。我曾采访过一位在全国演讲比赛中获奖的演讲者，我问："你没有演讲稿也能讲得非常好吧?"他说："不对，我做演讲最艰苦的工作就是写演讲稿。写演讲稿的过程是我付出劳动最多的过程。每一篇演讲稿我都要反复修改多次，要阅读大量的书报杂志，要找许多人谈心，要随时捕捉思想上那些稍纵即逝的火花，学习别人生动丰富的语言，反复核实演讲中准备用到的事例，还要把设计讲给周围的人听，征求意见，依此进行字斟句酌的修改。要在演讲时根据听众反映和演讲效果进行必要的增补、加工。"由于演讲前他在演讲稿写作上进行了艰苦的创作，因此他的演讲总能获得好成绩。

二、讲中形态：演讲现场的再创作

讲中形态的演讲稿，又称"讲中稿"。讲中稿直接服务于现场演讲，是演讲者进行现场再创作的依循与依据。因为演讲者在演讲过程中需要根据现场情况，对事先准备的演讲稿进行现场展示，当然包括根据现场需要对稿件内容进行微调整，也包括临场发挥对演讲稿做必要的补充，以现场演讲的实际内容组成讲中稿。讲中稿是演讲者为取得最佳演讲效果，在演讲现场依托"讲前稿”文字语言进行口语表达的现场再创作，这是准备好的讲前文字稿与现场口语表达加上对之前准备好的内容进行即兴表达与微调整内容的完美结合。

（一）高质量“讲中稿”是演讲创新的秘诀

演讲过程中演讲者不拘泥于已经完成的演讲稿的内容，而是将演讲思维引向深入，这是通向演讲更高水平的途径。演讲家李燕杰老师曾说：“我写《爱情美学》演讲稿，在时间非常紧迫的情况下，还花费了一周的时间。在演讲之后变为正式文字材料之前，又进行了反复的修改。即使到目前为止，此稿仍有进一步提高的需要。”对演讲稿写作的追求境界是：没有最好，只有更好。我们在听李老师演讲的时候会发现，即使他讲的是同样一个专题，但他总能讲出新意，其关键秘诀就在于他的演讲稿总在进行修改完善，就是在讲的过程中也是体现出常讲常新的特点。

（二）“讲中稿”助力演讲稿升华为精彩的演讲词

记得李燕杰老师受邀为国家教委组织的全国优秀教师事迹演讲报告团做演讲辅导，演讲报告团的演讲者就是经由“讲中稿”的打磨而收获成功的。他们准备演讲、写作和修改演讲稿用时整整一个月的时间，这之中就是多次进行了“讲中稿”的打磨。写一遍，讲一遍，改一遍；听一遍，反馈一遍，再修改一遍，循环往复，助力演讲者的演讲水平逐步趋于理想。

有一位老师实在苦恼于演讲稿的反复修改，中途提出退出申请，放弃这次演讲机会。指导教师同意了他的要求，但第二天他又改变了主意，请求老师继续提修改意见，表示愿意为演讲能最终收获最佳效果继续努力。他的演讲稿修改打磨了不少于50遍，实现了在多次完成“讲中稿”的过程中保障演讲水准的效果。我们都在人民大会堂聆听了他的优秀教师事迹报告，听众无不被他的精彩演讲而感动。听众反映说受到了心灵的洗涤，得到了思想的升华。

在这次的演讲报告团里，其中有四位演讲者演讲前是在首都师范大学进行准备的。学校为了帮助他们的演讲最终获得最佳效果，在他们完成演讲初稿之后，几次安排了小型演讲会，组织师生聆听他们演讲，并向他们反馈听后意见。通过反复的演练并与指导教师交流意见，演讲者对演讲主题进行了多次发掘，对语言文字表达进行了反复修改和润色。演讲稿的日臻完善过程就是“讲中稿”的多次形成过程，是演讲者思想与语言表达的最佳呈现。

三、讲后形态：演讲稿的最优标志性成果

讲后形态的演讲稿，也称演讲词，是演讲稿的最终呈现形态。演讲词公

开发表，是演讲稿最优化的标志性成果形态。作为讲后稿形态的演讲稿，一经发表即成为演讲专业领域的研究成果，成为演讲活动进步的阶梯，对推动演讲事业发展发挥积极作用。顾名思义，讲后稿即演讲后演讲者对演讲稿进行再修改、再加工、再润色，最终进行了字斟句酌、精益求精的打磨，使演讲思想更加成熟，演讲结构更加合理，演讲文字表达更准确，更有表现力。修改后的演讲稿达到了发表水平即为演讲词，成为演讲专业文化学习的重要内容，演讲学习者的重要学习素材，演讲学习者的模仿范本，这是引领演讲者通向综合素养提升之路的进步阶梯。

演讲词是人类文明史上宝贵的精神财富。人们的日常讲话难以在人类发展历史上留下印痕，但经过艰辛创作形成的演讲词是具有持久生命力的。有些举世瞩目的演讲词的影响力可以彪炳青史、代代相传，成为人类文明史上的精彩华章。盘庚的迁都演讲如是，鲁迅的《娜拉走后怎样》如是，闻一多的《最后一次的演讲》也如是；林肯的《葛底斯堡的演说》如是，马丁·路德·金的《我有一个梦想》如是，丘吉尔的《热血、辛劳、眼泪和汗水》也如是。还有很多很多，由于演讲者的勤奋创作，在演讲发展史上立下了一座又一座语言表达的丰碑，也由此不断深化和推动演讲理论与实践活动向前发展。

总之，要想做好演讲，必须先要坚持写好演讲稿。这要求我们必须认真、努力地对待每一次的演讲，并把这种重视落实在“讲前稿”“讲中稿”“讲后稿”的写作中。在写作中定下心来，开足马力，下足功夫，用足力气，虚心请教，不厌其烦，开动脑筋，下笔有神，耐心修改。因为写好演讲稿是通向演讲成功之路必不可少的阶梯，深刻的演讲思想引领我们抵达演讲进步的最高台阶。写，勤奋地写，认真地写，努力地写，在不断的写作过程中，演讲者的演讲水平必然实现质的飞跃，不断达到我们所期待的演讲新境界。

【演讲实例】

缅怀李老师："兰芳碧坚"跟党走

尊敬的各位专家、爱好演讲的朋友们：

晚上好！

2021 年 11 月 16 日，我们相聚在全国演讲学会群，共同纪念李燕杰老师逝世四周年。在今天这个庄严的时刻，我接受筹委会的邀请发言，既是分享我在李燕杰老师身边工作学习的体会，也把这次经历当成是难得的向大家学习的一段经历。

李燕杰老师是首都师范大学青年教育艺术研究所的创办人，《教育艺术》杂志的创刊人。今天我演讲的题目是《学习李燕杰老师"兰芳碧坚"跟党走》，欢迎大家一同交流探讨。

"兰芳碧坚"一词，相信很多群友非常熟悉。因为这是李老师创造的一个成语，也是他赠送给听众三万多幅书法条幅中很有特色的一幅，应该有很多朋友像我一样也得到了李老师馈赠的这幅墨宝。

我和我先生得到李老师亲笔撰写的这幅极其珍贵的条幅，是在 30 年前我们结婚的时候。记得当时李老师笑呵呵的，特别慈祥，他嘱咐我们彼此要忠诚。他说："你们要像兰花一样芬芳，要像碧玉一样坚韧。要永远信党，爱党，为了党，坚定不移跟党走，是否能够做到？"

李老师的音容笑貌和谆谆教诲融为了一体。每当想起"兰芳碧坚"这四个金灿灿的大字，我就想到李老师一生爱党，爱国，爱人民，始终引导听众向真，向善，向美，向慧，"兰芳碧坚"，这不正是李老师他本人为党的教育事业奋斗终生的精神写照吗？

如果走入首都师范大学，我们处处可以看到李老师生前学习、工作的印记。如果参观首都师范大学校史馆，我们可以在"知名学者"墙上欣赏到李老师的彩色大照片，上写：教育艺术演讲家。如果我们观看校史馆的书架上与展柜里摆放的著作，我们就能阅读《人生在高处》《走近智慧》《演讲大师李燕杰》《李燕杰与演讲弟子的故事》这些书籍，就能感受到李老师留给学生的谆谆教诲。如果我们在"服务基础教育"展区驻足观览，我们就可以阅读到记录李老师完成的教育部"国培计划"培训项目的文字，更会在展柜里看到他创办的《教育艺术》杂志。这些内容都是李老师在母校工作的最后定格。

88年人生路，耕耘杏坛60载。其间，李老师多次获评全国优秀青年教育工作者、先进教育工作者，他提出“青年是我师，我是青年友”，走遍祖国大江南北演讲，被誉为激励亿万听众爱党爱国的演讲家，多次受到党和国家领导人的接见和肯定。

李老师对党的教育、演讲事业的热爱，体现为他对每一场演讲思想的坚守。6600多场现场演讲，400多个演讲专题，直接听众千万人，影响面达三亿多人。坚定共产主义信仰，是他演讲最核心的内容。一代大师演讲震撼亿万心，忠诚战士毕生传播真善美。

1980年，多家新闻媒体广泛报道了李老师教书育人的经验，引起中央、国家教委、北京市委极大关注。1981年，中央领导指出：“要总结李燕杰的经验，培养千万个李燕杰。”随后，中央领导到首都师范大学看望李老师，肯定他、鼓励他继续做好青年思想教育工作。20世纪80年代，李老师参加中共中央慰问留学生代表团，到世界各地进行演讲，受到热烈欢迎和好评，享誉海内外。

我在1988年入职李老师创办的研究所工作，经常有机会聆听他的教导。今天在我们共同缅怀李老师的时刻，我愿与大家一起感恩李老师，我认为最好的纪念应该是铭记他对我们的教导、期望和嘱托，全心全意将他未竟的事业完成好。

李老师常说，做教师要有高远的理想和忠贞的信念，要时刻把党和人民的利益放在心上，放在首位。教师最重要的事情就是努力做好“为党育人，为国育才”的工作，做好教书育人、立德树人的工作，做到引领学生离党中央更近，跟习近平总书记更亲。今天我将这些学习体会与大家分享，愿与大家共勉。

李老师的毕生职业是教师，他用兢兢业业书写了“敬业爱生，敦品铸魂”。桃李不言，下自成蹊，硕果飘香，演讲弟子遍天下。李老师用生命为党的教育事业鼓与呼，真正做到了“生命不息，演讲不止”！

今天，我们深情缅怀李老师，我认为最重要的价值就是要学习他对教师职业的坚守，学习他始终引导学生“兰芳碧坚”跟党走。

我的演讲到此结束，谢谢大家！

本文为作者2021年11月16日参加全国演讲协会群“纪念李燕杰教授逝世四周年网络论坛”发言的演讲稿。

【互动练习】

以下以《在马克思墓前的讲话》演讲提纲为例，分析写作演讲提纲对写好演讲稿的作用。请同学们选择确定一个自己感兴趣的话题，用20分钟的时间，完成一篇演讲提纲的写作。

要求：概要提纲应以简明扼要的语言概括出你的演讲主题，主要使用的材料、结构和段落大意；详细提纲要求具体写出你要演讲的每个细目内容，基本上能看出你要演讲的内容。原则上以方便演讲稿创作或依纲发表演讲为准。

例1：恩格斯《在马克思墓前的讲话》演讲稿概要写作提纲

一、开场白内容

二、主体部分

1. 马克思的伟大理论贡献

2. 马克思的伟大革命实践

3. 马克思对无产阶级革命事业的杰出贡献

三、结束语

例2：恩格斯《在马克思墓前的讲话》演讲稿详细写作提纲

一、开场白内容

1. 马克思逝世的时间和经过。

2. 马克思的逝世是无产阶级不可估量的损失。

二、主体部分

1. 马克思作为“科学巨匠”在理论上的巨大贡献：三大发现。发现人类历史发展规律——历史唯物主义；发现现代资本主义的生产方式和资本主义社会的特殊运动规律——剩余价值规律；在所研究的每一个领域都有独到的贡献。

2. 马克思作为革命家在革命实践中的贡献：参加打碎旧的国家机器的斗争；参加无产阶级解放事业的斗争；编辑报刊、撰写书籍、参加工人运动。

3. 马克思对无产阶级革命事业的卓越贡献：敌人对马克思的嫉恨和诬蔑，马克思对敌人的蔑视和斗争，无产阶级和劳动人民对马克思的尊敬、爱戴和悼念。

三、结束语

马克思的英名和事业永垂不朽。

【思考题】

1. 写作演讲稿的意义有哪些？

2. 你在演讲前会精心准备演讲稿吗？

3. 演讲稿的类型及各自的特点有哪些？

4. 如何提高写作演讲稿的水平？谈谈你对写作演讲稿的想法。

5. 请找一篇优秀的演讲稿进行赏析。谈谈你从中获得了哪些启示？

【参考文献】

1. 李双. 最伟大的演说辞[M]. 北京：中央编译出版社，2007.

2. 邵守义等. 演讲学教程[M]. 北京：高等教育出版社，2006.

3. 谢伯端. 实用演讲与口才教程[M]. 武汉：华中科技大学出版社，2007.

4. 傅春丹. 演讲与口才案例教程[M]. 北京：中国水利水电出版社，2011.

5. 许丽平. 职业口才训练教程[M]. 北京：北京交通大学出版社，2011.

【演讲箴言】

知识是导引人生到光明与真实境界的灯烛。

——李大钊

一个人追求的目标越高，他的才力就发展得越快，对社会就越有益；我确信这也是一个真理。这个真理是由我的全部生活经验，即是我观察、阅读、比较和深思熟虑过的一切确定下来的。

——[苏联]高尔基

第六章　演讲素材收集与使用

【学习目标】

1. 了解演讲素材的内涵。
2. 掌握演讲素材的分类方法。
3. 理解收集演讲素材的意义。
4. 懂得在演讲中恰当使用演讲素材。

写作完成一篇演讲稿，不论确定什么演讲主题，都必须有足够充分、可靠和典型的演讲素材做支撑。对演讲素材的选用及使用，是衡量演讲稿写作质量的重要标准。在指导学生写作演讲稿的过程中，我发现学生最易出现三类问题：一是阐述演讲主题缺乏具体感人的事例做依托，给听众留下空发议论、空洞抒情、空喊口号的感觉和印象；二是引用演讲素材不恰当，素材的寓意与演讲主题不相符，让听众感到乱贴标签，有简单对号入座之嫌；三是对引用的素材内涵发掘不够，体现不出新意，或分析不出独到之处，体现不出亮点和吸引听众的意蕴。上述问题出现的根本原因在于不善于收集与使用演讲素材。有效解决上述问题即是这一章节的主要内容。

如果没有可供使用的演讲素材，演讲稿写作就成为一纸空谈。正所谓“巧妇难为无米之炊"，没有演讲素材做依托做支撑或是提供保障，演讲稿的写作就如同纸上谈兵。在确定了演讲主题之后，演讲稿的写作就不再是难事，而是可以直面的最主要的任务。因此，写作演讲稿的关键是演讲者是否掌握足够的演讲素材，并能对这些素材进行恰到好处的分析和使用。如果有了演讲素材，却不能很好地使用，再丰富的演讲素材也会失去应有的价值。如何收集演讲素材，如何分析和使用演讲素材，这对演讲成功至关重要。本章节针对这些内容进行阐述，以能为演讲素材的收集和使用提供好的思路和建议。

第一节 演讲素材分类与收集

演讲意向产生并确定之后，演讲者就要静下心来形成演讲思路与演讲主题。接下来最关键的问题是：找到并选用阐明和支撑演讲主题与论点的强有力的素材。在演讲课上，每当给学生布置演讲稿写作作业，我即刻就会听到来自学生叫苦连天的声音："老师，我写什么呀？""老师，我没有合适的例子，您能不能给我提供一些素材啊？"一些基础较好的学生也说自己缺乏演讲素材，说自己在写演讲稿时，会突然觉得没的写。出现这些问题，关键就是缺乏写作演讲稿的素材所致。

要避免出现这一问题，演讲者在日常学习和生活中应处处留心，做善于积累演讲素材的有心人，细心为即将或是可能进行的演讲活动准备素材。做学习和生活的有心人，必然会常有收获。一旦在日常生活中掌握了大量的演讲素材，就可以在写作演讲稿时做到信手拈来，左右逢源。古人提倡的"读书破万卷，下笔如有神"，演讲学界提倡的"读万卷书，行万里路，识万般友，吃万般苦"正是这个道理。演讲者要善于多读书积累知识，多观察生活，热爱生活，多思考沉淀思想观点，如此便可在日常生活与学习中获取丰富有价值的演讲素材，在进行演讲时就不会出现无话可讲的困难了，并能对遇到的任何问题都能列举适当的例子，以体现演讲生动的说服力量。

一、演讲素材的含义与分类

写作演讲稿一般有八个步骤：选择题目—设定目标—写下要点—归纳素材—进一步收集素材—拟定提纲—完成初稿—试讲练习—确定讲前稿。如果说收集、归纳与分析、选用演讲素材是演讲稿写作的重要组成部分，那么掌握高质量的演讲素材则是演讲稿写作的前提与基础。

当演讲者明确了演讲主题之后，就要明确自己现有掌握的可用于说明或支持演讲主题的演讲事例或依据。如果所需的演讲素材掌握不够充分，或不具有典型意义，不具有代表性，演讲者就要考虑进一步寻找和收集演讲素材，以能选取到恰当贴切、有典型代表意义的演讲素材。然后通过对演讲素材进行深入分析和总结，将丰富的演讲素材谙熟于心，于是演讲稿写作也就能顺理成章了。

(一)演讲素材的含义

演讲素材指能够服务演讲主题的一切信息资料，如人、事、景、物、情与理等。如具体发生的事件、事实与事情，生活中的场景、景色或景物，演讲者的情感与情怀，听众关注的理论观点、人生道理与伦理道德等。也就是说，凡可作为演讲内容写进演讲稿的都称为演讲素材。演讲素材既可以是过往的人和事，也可以是正在发生的热点事件，或是进行推测和想象的未来会发生的事情；演讲素材既可以是真实的现实生活，也可以是科学的抽象理论，这些素材给听众提供信息，影响或作用于演讲者的想象，引发演讲者有所感悟，产生认识和想象，进而开展创作形成文字稿。

演讲素材为演讲者阐述演讲主题服务，是演讲者为阐述思想观点和主张而选取的论据及事实。演讲素材是演讲者思想观点形成的基础，也是演讲者思想观点赖以存在的依托和支柱。如果说演讲主题是演讲的“灵魂”，那么演讲素材就是演讲的“血肉”，两者结合形成演讲稿的生命力和价值。如果没有了演讲素材，演讲者光有想法是难以写出演讲稿的。演讲者的真知灼见与正确演讲观点的确立，必须建立在大量素材的分析与选用基础之上。

2019年许多单位组织“决胜全面小康，我们是亲历者”主题演讲比赛。主题观点都是一致的，但选用素材不同，阐述的具体演讲观点必然是各有视角，各具特色。演讲者可选取自身经历，具体展示家乡的旧貌换新颜；可选用北京扶贫干部的大爱奉献，歌颂习近平总书记提出的精准扶贫政策等，可选用有充满真挚情感的亲力亲为的事例，对脱贫攻坚战、全面小康等概念准确解读，阐释对复兴中华民族的责任、担当、情怀。由此涌现了一批精彩高质量的演讲稿，如“情洒脱贫路，携手迎小康”“立于胡同，望眼北京”“决胜小康，从沂蒙到北京”“中国维度定义勇敢的光”“青山一道同云雨，同心协力奔小康”等。上述演讲的成功源自演讲者对演讲素材的完美掌握和恰当使用，源自演讲者对祖国改革开放40多年来发展历程的深刻认识。如果没有这些素材的使用，演讲者所要阐述的演讲主题就无法明确深刻地表达了。

(二)演讲素材的分类

关于演讲素材的分类，由于解读视角的不同，研究者的理论观点会有出入。根据演讲者本人与演讲素材的关联角度可以将演讲素材分为三类：直接演讲素材、间接演讲素材和创见演讲素材。演讲者演讲前占有的演讲素材越丰富，就越有利于写好演讲稿。对于演讲素材的选用来讲，演讲者掌握演讲素材的数量远远大于演讲稿写作任务的需求。

演讲者占有的演讲素材并非都适用于演讲稿写作，对那些不适合演讲主题表达的演讲素材，演讲者在写作过程中必须善于忍痛割爱，应对已有的丰富素材进行恰当取舍。一方面果断舍弃那些与演讲主题结合不紧密的素材，要有反复推敲的思考与定夺。正如唐代诗人，人称“诗奴”及“郊寒岛瘦”之一的贾岛诗所云：“鸟宿池边树，僧敲月下门。”要有这种反复斟酌的思想境界与思考习惯。另一方面还要继续寻找适宜的演讲素材，开动脑筋，读书调研。正如唐代文学家罗隐的诗所言：“不论平地与山尖，无限风光尽被占。采得百花成蜜后，为谁辛苦为谁甜。”演讲者收集演讲素材要经历蜜蜂采蜜一样的辛勤劳作，才能使自己的演讲更深刻，更有说服力。

1. 直接演讲素材

直接演讲素材指演讲者亲身经历或真实体验过的人与事，并将之选用于演讲稿的写作中，用以支撑演讲者的思想与情感表达。演讲者在日常生活、学习及社会活动中的所见所闻、所思所感，包括演讲者通过对社会生活的观察、体验、感受或调查研究所得到的第一手演讲素材，这些都是宝贵的直接演讲素材。通过对社会生活细心与深刻的观察和体验，演讲者可获取大量生动、翔实的直接演讲素材，为顺利完成演讲稿的写作任务打下基础，并提供保障。演讲者根据自己真实的切身体验进行演讲稿创作，必然增强演讲稿的生动性与感动力。

当今社会各行各业都会组织由先进模范人物组成的先进事迹演讲团，演讲者均是讲自己在学习、工作与生活中的感人事例与人生感悟，所用的演讲素材基本上都是直接演讲素材。比如，“我行在我心中”这类主题的演讲，其主题阐明必然依据直接演讲素材的支撑，依托于演讲者对本职工作的热爱与科学认知，依托于演讲者为本行业的发展付出的努力与心血，依托于演讲者对培养和关心自己成长的领导与同事的感恩之情等。如果没有这些直接演讲素材的选用，演讲者表达的演讲主题的说服力与感动力就无从得以实现。这正如宋朝著名思想家朱熹在他的诗中说的那样：“半亩方塘一鉴开，天光云影共徘徊。问渠那得清如许？为有源头活水来。”演讲者经由亲身实践活动得来的直接演讲素材，是演讲真情得以源源不断展现的“源头活水”，带给听众生生不息的生命感染力。

2. 间接演讲素材

间接演讲素材指演讲者通过他人传播，或通过书刊、网络等传播途径获得的演讲素材。因为是非演讲者本人亲历所得，因而也称第二手演讲素材。受演讲时间、空间的限制，演讲者不可能事事亲身观察体验，这就需要拓宽素材来源的途径，以便获取大量的间接演讲素材，以保证演讲内容的充实与说服效果。如学术类演讲、法庭类演讲更需要加入他人的专业研究成果，比如证人的证词，引用法律条文与条款的内容，以加强演讲的权威性。使用间接演讲素材，需仔细鉴别真伪，并做到去伪存真，去粗取精。

比如，师范生参加“明日教师，今日做起”演讲比赛，题目确定为《梦想从这里起航》。这样主题的演讲必然以自己的教师理想为中心，需要讲明教师职业理想的缘由起始，讲明自己在校期间学习目标的设定，自己对教师职业的认识和理解。此外还必须借鉴引用他人成功的经验，比如自己印象深刻的优秀教师带给自己的思想启迪。这里的关于教师职业的要求、优秀教师的做法等都是间接演讲素材，对升华演讲主题意境起着至关重要的作用。如果演讲者写作演讲稿时，再引入其他间接演讲素材，比如，其他师范生对教师职业的向往、社会群体对教师职业正反两方面的看法，就会促使演讲内容的表达更加丰厚，对听众发挥信息传递的作用就更具有说服效果。

总之，对间接演讲素材的鉴别、分析、引用、加工，是一个艰辛的费思量的脑力劳动过程。正如北宋著名词人、婉约派代表人物柳永的词中表达的意境那样：“衣带渐宽终不悔，为伊消得人憔悴。”对间接演讲素材的搜集与选用是非常艰苦的劳动过程。

3. 创见演讲素材

创见演讲素材指演讲者通过对直接演讲素材或间接演讲素材进行分析思考、加工研究而获得了新意，包括新的视角、新的感悟、新的观点等，这些较为原始的素材就成为演讲者掌握的独一无二的创见素材了。例如，马克思在分析、研究德国古典哲学、英国古典经济学和法国空想社会主义理论的基础上，形成许多新的数据材料、图表材料和理论材料而产生了自己的理论观点和学说体系，形成了他写作教学演讲稿的创见素材。创见素材是每位演讲者都必须刻意追求的宝贵资料。

在演讲稿写作过程中，写作者往往不会单纯只使用一种类型的演讲素材，而会进行综合运用，以获得最佳说服力与感染效果。无论使用哪一类演讲素材，演讲者都要始终牢记演讲素材对揭示演讲主题的要求。如果演讲素材不能说明或深化演讲主题，即使再有权威性或再广受人们关注的素材也都是不值得选用的。

例如，马克思在1850年和1851年两年，开设了经济学讲习班。他在班上所做的演讲中，基本阐述了他后来在《资本论》中所阐述的思想和理论体系，使一切有幸听讲的人感到极大愉悦和受益。而马克思在演讲中表述的独到、正确而精深的思想和见解，正是建立在他掌握了极其丰富的素材基础上的。他在英国博物馆阅览室里阅读了1500多种经济学、文化史、技术史等领域的科学著作并做了大量摘要。他的读书摘录写满了50多个笔记本，几乎有3万页，都是密密麻麻的小字。他所消耗和收集的成吨的素材，使恩格斯大为惊异。列宁的评价是："《资本论》不是别的，正是把堆积如山的实际材料总结为几点概括的，彼此紧密相联系的思想。"从这些伟人的做法和观点论述中，我们可以深刻体会到演讲三类素材之间的区分和联系。

二、收集演讲素材的方法

在组织学生写作演讲稿时，我从学生的表情和话语表达中，可清晰感受到他们对写作演讲稿的畏难情绪。通过与他们交流和沟通，我了解到他们的问题很大程度上在于他们对演讲素材的占有量不够。也就是说，学生写不出或写不好演讲稿，主要问题是缺乏写作素材。事实上，是否掌握足够的演讲素材是演讲者能否写好演讲稿的基础，也可以说是他能否演讲成功的根本条件。因此，演讲者应善于在生活与学习中吸收和接纳知识，丰富自我阅历，最大限度地积累和掌握演讲素材。

有人说："一切具有独特风格，获得巨大成功的演讲，几乎都是素材积累的产物。"这句话非常有道理。可以说，没有演讲素材就不会有演讲稿写作。任何一位演讲者要想获得精彩而有意义的演讲效果，首先都必须在占有大量演讲素材方面下苦功夫。在生活和学习中要敏锐地感知和把握一切可用素材，做到随时随地积累演讲素材。同时要做到一有时间就进行演讲素材的整理与思考，由此才能在演讲机会到来之时，立刻就能选取到充实而有说服力的演讲素材，保障演讲顺利进行。以下是收集演讲素材的两种常用方法，供大家参考借鉴。

(一)长期并广泛收集演讲素材法

演讲者应养成日常收集演讲素材的习惯，这是演讲者坚持长期收集演讲素材的方法，也称广泛收集法。采用这种收集法的演讲者往往是兴趣点比较集中和明确，或者是在某一研究领域有较为突出的强项，他可以依据自己的兴趣或强项，在平常的学习、工作和生活中将自己看到、听到的信息随时进行记录和保存，以作为写作演讲稿的备选素材。比如，马克思、恩格斯在收集、积累和整理演讲素材方面为我们树立了榜样，为演讲爱好者有效收集演讲素材提供了宝贵经验和具体做法。他们的成功做法启示我们如何在平时养成及时收集和总结演讲素材的能力和习惯。恩格斯评价马克思说："只要有一点可能，他任何时候总要工作的。就是去散步，他也要带一个笔记本，并且时时在上面写点什么。"恩格斯也是这样，即使是在航行的船上，他仍然会每天坚持写日记。在航船上他日复一日地记录太阳的位置、风向和海潮的变化。他总能勤勉地将自己看到的和想到的内容认真地记录下来，并细心妥当地保存好。

演讲者若决定采用这种长期性的收集演讲素材的方法，更为重要的是要能持之以恒，始终保持对某一专业领域进行研究并愿意发表演讲的兴趣。演讲者总要保持在心中想着演讲主题，时刻留意自己看到的、听到的和想到的各种信息，一旦有所收获，就要立即记录下来，并进行妥善保管和存放。采用这种收集素材方法的演讲者要注意做到以下六点：一是做好长期规划，谋划好关注的领域和方向；二是为收集或保存演讲素材做好必要的准备，如准备好固定放置素材的空间和设施等；三是做到广泛阅读，广泛浏览；四是进行重点精读，读懂读透；五是记专题笔记；六是在生活中进行积累，搜索有意义、有意思的话题等。

比如，演讲家万承奎为做好"健康学"演讲，他用了 10 多年的时间参加各种辅导班的学习。除了听与健康学、演讲与口才学相关的 53 门课程之外，他还购买、订阅大量的书籍与报刊资料，并访问调查大量的人群。他说，要演讲就要对现实生活现象进行筛选、提炼、概括和评价，要综合各学科丰富的知识并对比成果，包括哲学、演讲学、逻辑学、心理学、写作学、传播学、语言学、修辞学、社会学、公关学、历史学、民俗学等。万承奎开展"健康学"演讲素材的收集，是建立在他数十年如一日对演讲进行长期规划的基础上的，他对进行健康学演讲做了诸多充分的准备工作。

(二)临时并集中收集演讲素材法

临时集中地收集演讲素材是演讲者具有演讲能力的体现。这类方法是演讲者接到确定的演讲任务，为了写好演讲稿，可以在短时间内快速收集演讲素材的方法。采用这种方法收集演讲素材，演讲者往往已经确定或明确了演讲主题，已接到了特定的演讲任务，并且准备时间比较紧迫。比如，教育部推出先进教师师德演讲报告团，集中团员们一起写作演讲稿，时间为期一个月，这种情况下收集和选用演讲素材就适合使用这类临时集中收集演讲素材的方法。

再比如，1995年首都师范大学作为指定高校，负责组织学生参加在新加坡举行的国际大专辩论赛。接到通知后，学校在全校举行参赛选手的选拔活动。为保证参加这次活动获得圆满成功，学校在短时间内对最终选出的四位正式参赛辩手、两位备赛辩手进行了集中培训。在集中培训时间近一个月的时间内，学校为参赛选手安排集体读书、交流活动，组织他们听讲座，教师对其进行一对一辅导，学生之间多次进行辩论模拟赛，开阔思路，熟悉辩论表达等。这就是选手针对辩论赛临时并集中收集演讲素材，对成功参赛提供了极有力的保障。参赛学生没有辜负学校的希望，在此届国际大专辩论赛中荣获亚军，为祖国赢得了荣誉。

演讲者采取有针对性的集中收集演讲素材法要注意以下两点。一是注意对听众实际情况的了解，关注即将面对的听众的思想与心理需求，以听众对演讲主题的需求为切入点寻找收集演讲素材；二是注意关注涉及听众切身利益的话题与事例，收集突出主题表达与听众需求的学术文化观点及重要思想动向等。这种收集演讲素材的方法适用于时间紧的演讲准备工作，如此进行演讲素材的收集具有针对性强、收集效率高的特点。

集中收集演讲素材法，也称定向收集演讲素材法。强调在收集演讲素材之前，演讲者预选一个演讲方向或是确定演讲题目，从而为既定的演讲内容划定一个范围。然后根据演讲目标与范围的需要，有目的、有计划地开展收集演讲素材的工作。比如，一位演讲者接到做“青年与理想”主题的演讲邀请后，在正式下笔写作演讲稿之前，为充实和深化演讲稿的内容，他将主要的准备工作聚焦在演讲素材的收集方面。他确定的收集演讲素材的范围是：先贤哲人有关青年与理想的论述；心理学方面关于青年人的心理特点及发展趋势的研究结论；历史名人有关青年立志成才、报效祖国的感人事迹；报刊或网络报道的当代青年胸怀大志、奋发上进的典型事例等。这种根据演讲主题需要划定收集演讲素材的范围和方向，在收集演讲素材时更易于达到预定目的，也更易于获得所需要的素材。

总之，演讲者无论是进行长期而广泛的演讲素材收集，还是进行短期或定向的演讲素材收集，目的只有一个，就是为写好演讲稿做准备。在收集演讲素材过程中，这些收集演讲素材的方法往往可以交互使用，相互借鉴。当然，聚焦到更细微的层面，收集演讲素材的具体方法还有很多。比如，及时在纸张、卡片、笔记本、手机、电脑上记录触发演讲者灵感的人、事、物或情感、观点；记录的演讲素材类型可以是写作纲要，记录大致的意思，或摘录某些语句或语段，并注明出处等。选用这些方法需要注意的事项是：无论记录什么内容或者选用哪种方法，一定要进行分门别类的记录和存放，以免出现在需要使用时却无从寻找的情况。要想写好演讲稿，演讲者平时应在案头准备一个实用的笔记本，随时记录有用的信息及详细获取信息的渠道，以备需要时进行查阅使用。

三、养成勤于收集演讲素材的习惯

要想写好演讲稿，演讲者就要占有丰富的演讲素材；而要占有丰富的演讲素材，演讲者需要养成良好的收集素材的习惯。这些习惯包括勤于收集演讲素材，勤于整理已收集到的演讲素材，静下心发掘收集到的演讲素材的内涵和意义等。

(一)勤于收集演讲素材

勤于收集演讲素材就要勤看书面文字素材，勤听他人的语言表达，勤思考琢磨周围发生的事件，勤记录觉得有价值的信息。勤于收集演讲素材就要做到不辞辛劳，持之以恒，多听多记，积少成多。需要注意的是，一些有实用价值的演讲素材往往不是俯拾皆是，也不是信手拈来即可以使用的，除非你的演讲能力达到相当高的程度。因此，要以蜜蜂采蜜的精神，广采博收，不厌其烦，不嫌其碎，兢兢业业地收集各种有益的演讲素材。

众所周知，林肯是美国很有演讲才能的总统，是一位著名的演讲家，他的《葛底斯堡演说》是不可多得的演讲名篇。林肯演讲的成功，和他舍得花工夫收集演讲素材密切相关。按照他生活年代的美国习俗，许多人都喜欢戴帽子。林肯也不例外，他也是经常戴着帽子。与其他人所不同的是，他的高帽子成了他收集素材的临时储存库。他总是根据演讲的需要，随时把一些有用的文字素材抄写下来，东一句西一句地记在碎纸片、旧信封、破包装纸上。然后他摘下帽子，把它们一同放进去，再把帽子戴上。等到有闲暇时间时，他便会把这些素材取出来加以整理，并分门别类地抄在本子上，以备将来进行演讲时可以派上用场。

再比如，美国 19 世纪的大演讲家维德摩迪也跟林肯相似。当他选定了一个演讲题目后，就会把演讲题目写在一个大信封上。他有许多标写着演讲题目的大信封。倘若在他读书时遇到一些好的文字素材可以做将来演讲的参考，他便会把这些素材抄写下来放入写有相应演讲题目的信封内。此外，他还经常随身携带一个记事本，在聆听他人演讲时他会将切合他演讲题目的话题随时记录下来，然后也放入他的信封内。有时这些材料会存放上一两年也使用不上，但因为有这样的素材储备，一旦他需要了就能马上从相应的信封中取出，并选用进他的演讲稿写作中。

（二）勤于整理演讲素材

找寻到对写作演讲稿有益的演讲素材，进行收集仅仅是第一步，更为重要的事情是要经常翻阅和整理收集到的素材。这些收集到的素材往往会是零碎、杂乱的，而为了让演讲者方便使用，则需要对收集到的演讲素材进行整理、加工，使之系统化、条理化。在整理演讲素材的过程中，演讲者要善于对素材进行比较、分析和鉴别。在这个方面，马克思给我们做出了表率。马克思为了做好研究、讲好课，他勤奋阅读，在图书馆收集大量文字资料。同时他经常翻阅自己的笔记，把收集到的文字素材系统化，并做内容提要，方便以后在工作中随时取用。马克思的这种勤于整理收集到的演讲素材的做法值得我们学习。作为演讲学习者，我们非常有必要养成勤于收集演讲素材的好习惯，培养善于整理演讲素材的能力。

（三）勤于发掘演讲素材的内涵新意

收集到演讲素材之后，重要的是整理分析，演讲者经过细心整理运用于演讲稿的写作。这种运用绝非照搬照抄，而是需要静下心对收集到的素材进行发掘。通过发掘其内涵和意义所在，找到其中的新意。就是说，即使是别人用过的实例，通过你的解读和感悟，让同一份演讲素材体现出不同于他人的视角、深度和高度的演讲观点是非常有可能的。

毋庸置疑，很多演讲者虽然收集了大量的演讲素材，也对收集的演讲素材进行了整理，但在演讲时，他们往往把收集、整理的素材原汁原味地全盘端给听众，由此获得的演讲效果并不理想。很显然，问题出在演讲者对演讲素材缺乏创见精神，没能对收集到的演讲素材内涵进行分析整理和深度发掘。写作演讲稿，需要演讲者怀着满腔热情，对演讲素材具有敏锐的洞察力，对素材进行认真琢磨、思考和研究，从中发掘出别人所未发现的新意，进而使素材具有新的内涵。对于他人引用的素材，尤其要花工夫，下气力，多做分析与升华工作，由此带给听众新知识、新视角与新启迪。

第二节　合理选用演讲素材

衡量演讲稿的作品质量的标准之一是为说明、论证、支持演讲主题，是否选用了充分、恰当、典型和新颖的演讲素材。毋庸置疑，演讲素材是为演讲主题服务的，有能力支撑演讲主题的演讲素材，在西方演讲学教材中称supporting material。

一、注重选用有价值的演讲素材

在演讲稿写作教学中，我发现许多学生对演讲的理解是有的讲就行。有这种想法的学生在写作过程中，对所收集的素材不做筛选，哪份素材也不肯舍弃，统统用于演讲稿的写作中。于是演讲稿写作出现逻辑不清或主题表达不明确的问题。更为糟糕的是，有些学生在演讲主题并不确定的情况下，演讲稿写作出现所用演讲素材与主题表达毫无关系，或是关系不大等问题。一些学生写作演讲稿出现的问题正应了那句“演讲是演讲者自由的选择，我想写什么就写什么，我想用什么素材就用什么素材”这句话，毫无标准和规则可言。

学生收集的各种演讲素材，或是自己感兴趣的，或是认为能为听众传达某些新想法的。所以，很多学生一接到演讲任务，就慌忙去寻找各种演讲素材，然后将素材堆在一起，恨不得一股脑都讲给听众听。有的学生在完成演讲稿写作后，问他准备讲什么，他会讲一讲自己想说的演讲素材。比如，讲“一个印象深刻的人”这个话题，学生接下来所讲的内容都是那个人为他做过哪些事情，把一件件的事都讲给听众。但如果你问学生：这个人做这些事情，你有哪些收获和感动呢？学生甚至会一脸茫然。写作者缺乏思想表达力，甚至不清楚自己写了些什么，究竟想表达什么。这便是在选用素材、分析素材方面出现的问题。认真考虑选用演讲素材的价值非常有必要。

选择演讲素材的目的只有一个，即选用的所有素材都是为了体现演讲的主题。除此之外的素材都没有什么价值。比如，写作演讲稿时，演讲者面对收集的大量素材：事实素料、统计数据、具体事例、引证素材、对比素材、定义素材以及比较素材等，如何选用或选用哪些内容，都必须进行仔细分析并加以鉴别，最终选择出适合此篇演讲稿写作的素材。

在演讲稿写作过程中，备选的演讲素材多种多样。每篇演讲稿都是一个具有创新思维的作品，是一个经历不断取舍、筛选演讲素材的完整的内容体系。最终入选演讲稿的演讲素材，都必然符合以下条件：科学专业、寓意深刻、精彩生动、丰富饱满，这些素材共同服务于演讲主题的表达，合力产生吸引力和感召力，从而激发和引导听众获取新知，产生新理念，采取新行动。

二、选用演讲素材的原则

演讲素材是为体现演讲主题服务的，在此核心理念的引领下，选用演讲素材可依循的原则很多，其中较为重要的是以下三条。一是选用演讲素材要多选择体现精准特点的细节素材。演讲素材的细节精准度越高，越能保障演讲主题的可信度和说服力。二是要多选用第一手演讲素材，强化演讲主题表达的权威性和感染力。三是要尽量选用多种类型的演讲素材，避免演讲出现单调乏味倾向，或易于被听众全盘否定的情况，力求演讲主题得以丰富与深刻的表达。

(一)选取体现精准特点的细节素材

细节决定成败。细节素材也称原始的生活素材，在支持演讲者的观点和想法表达方面，最能体现真实可信度。细节素材可以说是演讲主题的立足点，涉及演讲素材语言表达记述、议论的规范、精练与准确。在涉及关键用词与数据方面，不能给听众含糊其辞、模棱两可的感觉，不能让听众感到丈二和尚摸不到头脑。写作演讲稿注重选用有精准表达度的细节素材，可以更好地提高演讲主题表达的可信度和说服力。

1. 使用细节素材能提高演讲的可信度

使用细节素材可以更有效地证实演讲观点。这些细节素材包括事实和数据素材等，给听众以真实可信、如临其境之感。比如，讲“不健康的生活方式导致不健康的身体”，先列出一系列数据来证实，可以增强说服力。比如，新华网与某健康管理平台联合发布了《2018 年十大不健康生活方式报告》，报告基于 5840 万人的数据得出。这些不健康的生活方式有：久坐不动、超长时间使用电子产品、熬夜、饮食不健康、缺乏运动、肥胖、饮水不足等。而持有这些不健康生活方式的人以 30—39 岁的中青年为主。报告显示，睡眠不足 6 小时的人约占 32.2%。长期睡眠不足会导致身体免疫力下降、体重增加，容易罹患心血管病、糖尿病、心脏病，甚至猝死等。这对存在不健康生活方式的人敲响了警钟，非常有说服力，促使人们及时调整生活方式，提高生活质量。

2. 使用细节素材易于给听众留下深刻印象

使用细节素材有助于演讲者阐明思想观点，帮助听众加强记忆，因为具体的细节更能给人留下深刻印象。如《青春在这里闪光》的演讲稿中提到作者在阳光灿烂的白桦林里哭泣。如果没有这一细节叙述，而只是说自己非常想家，就难以给人留下深刻印象。此外，细节易于增加趣味感，引起听众的兴趣。演讲中注重选取这种具有典型意义且新颖有趣的素材易于增强演讲的说服效果。

3. 使用细节素材便于准确展现演讲主题

为充分而恰当地展现演讲主题，选取演讲素材应遵循准确与精确原则。比如，“那还是在几年以前，我在北方的一所大学读书……”这个演讲素材给听众笼统而模糊之感。如果遵循精准表达的原则，可将之替换为：“那是在1986年10月1日下午，当时我正在北京师范学院中文系读书……”这给听众以准确与真实之感。演讲稿选用的素材要尽量准确，越精确具体，越能体现演讲主题表达的生动性。

4. 使用多种类细节素材提升演讲效果

写作演讲稿或发表演讲，如选用多种类型的细节素材，可以有效提升演讲的表达效果。体现准确与精确性的素材统称为细节素材。细节素材的种类很多，演讲者可根据实际需要和具体条件选择使用。以下主要介绍八类细节素材供大家参阅。一是举例类演讲素材，反映现实生活的真实情况，恰当证实演讲观点，引发听众兴趣。二是引用类演讲素材，如引用权威人士的原话，增强演讲的权威性。三是统计数字类演讲素材，很多听众都容易信服数字。使用统计数字素材要考虑数据来源的可靠性与可信度，由于数字容易给人枯燥乏味之感，使用数字素材需在语言处理方面做到生动有趣。四是故事类演讲素材，讲故事易于打动听众，但要注意语言精练，避免松散拖沓。五是定义类演讲素材，这种确切表达思想的方式，易于将演讲者的思想表达得清晰简洁，使听众确信不疑。六是类比类演讲素材，即用对比或比喻的方法揭示事物之间的特性或本质等方面的近似性，通常能把听众的已知与未知相连接。七是对照类演讲素材，即把两种相差、相反、相关的事物，或同一事物相差、相反、相对的两个方面，放在一起加以比照，使之相反相成，以更鲜明地表现事物特征。比如，肯尼迪在就职演讲中做过一个著名的对照：“不要问国家能为你做什么，还是问问你能为国家做些什么吧!”八是直观教具类演讲素材。所谓百闻不如一见，实物可以在演讲中起到集中听众注意力、增加听众兴趣、使听众易于理解和接纳演讲观点的作用，这包括实物、挂图、板书，以及声频与视频等音像资料的展示等。细节素材选用得当便于提高演讲稿的完成质量，更便于演讲最终达到预期目标。

(二)注重选用第一手演讲素材

寻找、查阅并选用间接演讲素材是写作演讲稿必不可少的环节，因而很多演讲者准备写演讲稿时，为了收集、寻找演讲素材，第一件事就是查阅书籍，或上网搜集与演讲主题相关的信息，出现自我资源发掘不够，甚至是忽视自身丰富的第一手演讲素材，而过分依赖外部信息资源的问题倾向。殊不知自我资源与第一手演讲素材才是演讲最为打动听众心灵的演讲素材与信息源。

1. 第一手演讲素材真实感强

第一手演讲素材指演讲者亲身经历记录的资料，包括个人档案、历史信函、留存日记、照片资料等。这些资料相较其他形式的资料而言，其实证性、真实性与生动性特点最为突出。这些演讲素材绝非道听途说而得来的信息，而是演讲者本人亲身经历，经由本人调查验证、直接获取的演讲素材，因而这类演讲素材最为准确，最具科学性。证据最为直接，信息最为真实。比如，在一次大学生演讲比赛中，刘洪莲同学的“我的父亲”中的演讲素材来自她与父亲共同经历的艰难岁月。演讲素材主要涉及父亲在家庭遭遇困境之时，把支持她读书作为家里最重大的事情。通过与父亲交谈，父亲鼓励她自尊、自爱、自立、自强，生动塑造了一位在劳苦中坚强、在困境中培育女儿的好父亲形象，令听众肃然起敬。

2. 第一手演讲素材易于获得感人效果

选取第一手素材进行演讲，这种表达演讲主题的方式也称现身演讲法。演讲者讲述自己的事情，因而最为真实自然，最易于产生令人感动的效果。比如，大学生演讲比赛中，成功的获奖选手往往都是讲述自我，用的演讲素材都是来自他们自己的真实事例与真情实感，因而最能产生感染力，最易于打动听众。如在一次大学生演讲比赛中，李萌同学的演讲稿《自律先行，争创先锋》使用的素材是他参加中文系学生社团自律社的活动情况，讲述他参加集体活动义务辅导烈士子女的事迹，令在场听众动容。

3. 演讲者应注重对自身资源的发掘

写作演讲稿注重选用第一手演讲素材，演讲者应务必加强对自身资源的充分发掘。注重对自身资源的发掘，指选用演讲素材一定要利用好自己的记忆库，让自己安静下来，认真记录所能想到的、感受到的事情。演讲者自身的经历是演讲稿内容中的闪光点。演讲稿追求真情实感的效果，因此在接到演讲任务时，不要盲目到处收集资料。正确的做法是能静下心来，认真思考自己对即将演讲的主题有些什么想法和观点，自己经历中有哪些真实的事例可以用来说明、论证或支持演讲主题。如有什么可以阐述演讲主题，自己掌握哪些说服听众的事实、数字或想法，并能对这些素材如实进行表达，以作为促使演讲获得良好效果的第一手资料。事实上，每个人的大脑都是丰富的演讲素材库，关键在于你是否善于发现和发掘它。

4. 第一手演讲素材强化主题表达的权威性

第一手演讲素材的权威性通过事件首次记录，演讲者是事件的实际目击者，演讲者是参与者、经历者，演讲素材是演讲者自己经过搜集整理或直接经验的体现。它以文献资料、文物资料的形式存在，体现原创性。第一手演讲素材是演讲者最先接触的，因而保密性强，体现权威性。这种权威性还体现为学术研究最重视的第一手素材，以保证研究结果的准确科学。

比如，大学生演讲比赛确定“成长的故事”为演讲主题，要求演讲者必须结合个人亲身经历展开演讲，要求提交的演讲稿是原创作品，由此彰显演讲比赛的权威性。在大学生演讲比赛中，吴征同学的《我的大学生活》中的演讲素材的核心是在大学学习与生活中感触最深的事情；邵艺同学的《圆梦》中的演讲素材集中于大学梦的实现，以及对“希望工程”的深情感激；韩扬同学的《一个与一百个》中的演讲素材是想要成为教师的职业理想：她决心用自己一个人的付出换取一百位学生的成功。上述演讲素材与演讲观点都不是查阅资料所得，而是大学生个体的思想、经历、情感与人生体会，是他们从内心深处传达出的挚情，这既是原创，也是首次记录，因而最具演讲表达的权威性。

(三)尽量选用多种类型的演讲素材

演讲要尽量选用多种类型的素材，避免演讲出现单调乏味倾向，或出现被听众全盘否定的问题。力求演讲主题表达得丰富与深刻，就需要选用多种类型的演讲素材，可以最大限度地充实演讲稿，使演讲获得一波三折的表达效果，增强演讲的表现力与感染力。

1. 根据需要尽量选用多种类素材

尽量选用多种类型的演讲素材，包括善于运用第一手演讲素材，也包括尽可能多地掌握间接演讲素材和创建演讲素材。因此演讲者在充分利用好自己大脑存储的资料之后，应根据自己所列的演讲稿写作大纲，认真考虑应充实哪些演讲素材，以使演讲稿更加符合演讲需要。

2. 勤于多途径多方法地寻找各类素材

尽量选用多种类型的素材，需善于扩充获取演讲素材的途径与方法。如果感到演讲素材不够充分，接下来就可以到图书馆进行查阅，寻找相应的书籍、杂志或报纸。也可以利用互联网资源，输入想要查询信息的关键词，以获得自己需要的演讲素材。还可以尽可能地联系、请教相关研究机构及专家，与演讲邀请者进行访谈，对确定的听众群开展调查等，加大对演讲素材的掌握力度。

3. 寻找符合多种语体修辞表达需要的素材

演讲素材要体现出多种类型的优势，就需要丰富演讲稿写作的语体修辞手段。在演讲的具体表述过程中，要体现演讲素材的多种类型，就应强化充分论证，详细叙述，得体抒情。在写作中综合使用多种多样的表达方式，可增强演讲语言表达的丰富性。

4. 选用听众感兴趣的多种类素材

针对听众的具体情况多选用能作用于听众感官的演讲素材。选用演讲素材应针对不同场合、不同听众的具体特点与兴趣爱好。演讲是为听众服务的。写作演讲稿要尽可能多地占有素材，并且在实际写作过程中，慎重选取素材，以使演讲稿更加符合演讲的目的与要求，这就必须关注听众的实际需求。

演讲者讲述深奥的道理，要力求通过生动形象的素材来说明。如诺贝尔奖获得者杨振宁的演讲给听众留下了深刻印象。他在讲基本粒子时，曾做生动的比喻："那仿佛是不同的脸：有的圆胖丰满，有的秀丽清瘦，有的笑容可掬，有的愁眉苦脸，有的机灵，有的呆笨，有的一脸稚气，有的凝神沉思。"杨振宇把高深的理论拟人化，深入浅出的文字材料阐明了深奥的道理。听众不仅爱听，而且也易于理解。

总之，演讲素材是为演讲目的及论证演讲要点服务的。演讲前需要演讲者静下心来，把自己已经掌握的真实可信、饶有趣味的事实、数字、对比及例子写下来，最好分别记录于卡片上，以便在使用时推敲取舍。记录素材要做到精确无误，例如，"教师的平均月工资是600元，而工人的平均月工资是300元……"交代情况要力求精确。然后在此基础上补充各种素材，并做深入研究和思考，可以到图书馆查阅资料，以便尽可能多地占有素材，最后再考虑删除哪些素材以使演讲更加生动精彩。

第三节　演讲素材组织规则与要求

确定演讲主题与演讲题目以后，演讲者就要仔细考虑，自己在演讲主题领域掌握了哪些素材。使用素材要先安排组织好已经掌握的第一手资料，并在安排和使用演讲素材过程中，及时记录自己随时对演讲主题生发的思绪与想法，务必将忽然冒出来的思考点写下来。随时记下心里想到的内容，随时摘记脑海中涌现的观点和看法，甚至不用在意逻辑顺序，坚持不懈地进行记录。过一段时间再把它们按照逻辑顺序进行整理，这是使用演讲素材的主要方法。

对已有演讲素材进行充分发掘以后，演讲者应根据写作需求广泛收集素材，并对某些特殊素材进行精准研究，为在写作中恰当、准确地使用演讲素材做好准备。这一小节的内容集中探讨写作过程中，如何根据演讲结构的需要合理选用演讲素材的问题。

一、依据演讲结构组织安排素材

演讲素材的使用有着明确、鲜明、特定的目的性、指向性和倾向性，它为演讲观点的成立提供论证，为演讲者抒发情感提供依据，为演讲成功达成说服目的服务。选用演讲素材应对演讲素材进行合理的安排与组织，以达到恰当、准确、合理使用的目的和效果。合理选用演讲素材的首要问题，即是依据演讲结构合理组织和安排好各类演讲素材。

(一)依据演讲结构模式安排组织素材

如果说演讲主题是演讲稿的灵魂，选用的素材应该就是演讲稿的血肉，那么结构就是演讲稿的骨架。没有骨架的人无法站立，没有结构的演讲稿只能说是一堆素材，严格意义上讲不具有演讲稿的功用。演讲稿的结构为体现演讲主题服务，它以规范、专业的架构方式将分散、零碎的素材，按照演讲语言的表达规律进行有机巧妙的组织，使之产生演讲的生命力。

演讲结构的基本模式有五方面不可缺少的内容，即开场白、开头部分、主体内容、结尾与结束语。其中，主体部分是演讲的核心内容，其常规结构依据演讲语言的修辞特点不同而有所不同。这里以议论为主要特征的演讲稿为例，议论式演讲稿的结构内容主要包括三个方面：一是提出问题；二是进行分析论证；三是得出结论。

为了使演讲结构紧凑，在组织安排素材时，开场白部分要使用充分吸引听众注意力的素材，并使其充分发挥对整体内容起提前预告的作用；主体论述部分的内容要使用好核心论点，安排好逻辑顺序与论据素材；结论部分使用素材应起到概括、重述与强调演讲整体内容的作用；最后要下功夫设计令人难忘的结束语句。

（二）组织安排素材需确保演讲结构合理

演讲稿的结构直接影响演讲稿的质量，合理的演讲结构使演讲整体表达实现层次分明、条理清晰、环环相扣、衔接自如、首尾呼应、浑然一体的特点，从而使演讲者顺畅地表达思想，对听众实现强烈的吸引力和感染力。反之，如果演讲者不善于安排结构，就可能出现堆积演讲素材的倾向，使本来很有价值的素材在演讲中无法发挥应有的作用。演讲素材安排得杂乱无章、层次不清、逻辑混乱，会让听众感到颠三倒四，不知所云，导致听众产生疑问，不清楚演讲者究竟想要表达什么主题思想。安排好演讲的结构，演讲稿要体现以下两个特点。

1. 演讲结构层次清晰醒目

演讲结构要避免出现过于复杂或跳跃性过大的情况，应给人层次清晰、一目了然之感。演讲结构合理、层次分明、条理清晰，前提是演讲者对先讲什么、后讲什么进行了科学的设计，具有清晰的思路。在此基础上演讲者对要先讲的内容与后讲的内容之间有什么关系，都自然是清清楚楚、明明白白、了然于心的，自然能做到随心所欲、得心应手。

2. 演讲稿写作遵循固定的结构模式

写作演讲稿是有固定结构模式可依循的，即写作前头脑中就有固定的架构，组织和安排演讲素材应充实开场白、开头、主体、结尾、结束语五个部分的内容。遵循此固定结构模式进行创作，即将收集到的演讲素材相应地置入此框架内，以实现科学与专业化的组织与排序。比如，以议论修辞为主体的演讲稿，应将提出问题的内容放在开头部分；将分析论证的内容安排在主体部分；将得出的结论内容放在结尾部分。

演讲者面对听众发表演讲，见到听众先要向听众打个招呼，问个好，然后讲一些预告演讲内容或与听众建立情感连接的话语，作为演讲的“开场白”，这是演讲结构里的开头部分。在演讲临近结束时，演讲者总要讲出对听众的希望、建议与告别的话语，作为演讲结构的“结束语”部分。

（三）组织安排素材需分配好结构各部分的组成比例

从常规结构比例来讲，开场白部分约占总演讲内容的15%；主体论述部分约占总演讲内容的 75％；结论部分约占总演讲内容的 10％。比如要为一次 20 分钟的演讲活动写作演讲稿，演讲结构可做以下安排：开场白部分的文字素材约 600 字，用时约 3 分钟；主体论述部分的文字素材约 3000 字，用时约 15 分钟；结尾部分的文字素材约 400 字，用时约 2 分钟。同理，要为一次 5 分钟的演讲准备演讲稿，演讲稿的结构安排情况如下：开场白部分的文字素材约讲 45 秒；主体论述部分的文字素材约讲 3 分钟 45 秒；结尾部分的文字素材约讲 30 秒。当然，在具体进行安排时不必过于机械刻板，可根据具体情况进行微调。以将演讲素材安排得得体为宜，各部分素材安排可根据演讲现场情况进行调整。

比如，对于不容易引起听众兴趣的演讲，演讲者需适当扩充篇幅吸引听众注意力，稳定听众情绪。如此，开场白部分可以适当增加所占比例，甚至在较短时间的演讲里这部分的比例可占一半。比如，为了吸引听众的注意力，演讲者在开始部分可先讲述一个动人的故事，等达到吸引听众注意力的效果时再切入演讲主题。在讲完生动的故事之后，应切中肯綮地总结我们从故事中可以获得哪些思想启迪，或可以从中吸取哪些经验教训，然后再展开后续部分的内容进行安排等，以确保演讲整体内容既连贯一致又思想深刻。为加强各部分内容间的逻辑，尤其要注重对演讲结构里的过渡段落与过渡语句进行精心设计，确保前后各部分内容衔接自然、得体、紧凑，体现演讲的整体性与说服性。

二、依据主体部分需要组织与安排素材

假定一篇演讲稿的主体内容以议论为主，那么演讲素材的逻辑顺序应按照提出问题、分析问题和解决问题的结构进行安排。在具体使用演讲素材时可供选用的方法很多，最常见的方法有并列法、总分法、分总法、递进法、对比法等。假定演讲稿的主体内容以叙述为主，演讲稿的主体结构安排主要是对客观事件与人物情况进行真实论述，演讲素材重点突出、线索清晰，组织安排素材的具体方法主要有时间法、因果法和问题法等。使用的具体方法不同，体现的侧重点也有不同。比如，使用时间法，叙述素材要做到交代明白、线索清晰、详略得当、叙议结合、高潮明显等。

(一)论述素材要体现逻辑清晰的特点

论述即理论性描述，演讲者对某一个或多个问题、事件等进行单一或归纳性阐述，指出其中的问题所在，对解决问题的方法提出见解，用具有鲜明

特色的话语进行叙述。这里的“论”是指以独特的视角分析判断事物内在的道理，分析即是阐明事物内在道理依存的理论和观点，即得出系统的主张。这里的“述”是指陈述、叙说、描述、论述、综述及述评。对论述素材的选用要遵循逻辑清晰的原则，彰显其说服力。万事开头难。主体论述部分吸引听众的注意力，用逻辑观点深深吸引听众。但在进行设计时，让演讲者一下子就想出一个特别别致，并带有震撼力的素材做开头往往较为困难，因而可以采用避难就易的方法，从易处着手，然后随着思路的打开，再解决疑难问题，获得水到渠成的效果。

(二)随时捕捉灵感，及时组织论述性素材

上述讲先从组织与安排主体论述部分的素材入手，主要是强调要善于使用迂回获胜的策略，做到提升信心，激发兴趣，先易后难地完成全部素材的组织任务。比如，在组织与安排主体论述部分的素材时，要随时留意头脑中闪现的富有吸引力的开场白语句，对头脑中产生的思想火花做到及时捕捉，准确记录。若忽然想到一个可做开场白的故事，或者忽然想到一个令人吃惊的数字，或者忽然想到了一首动人心田的诗句，也可以暂停写作，先来安排开头部分的写作素材。以此类推，对于设定好的演讲结构，都可以随时调整素材的选用，以达到预想的写作目的。

(三)借助头脑风暴法组织安排演讲素材

头脑风暴(Brain-storming)是 1939 年美国创造学家奥斯本首次提出、1953 年正式发表的一种激发性思维方法。头脑风暴法又称智力激励法、BS 法、自由思考法。头脑风暴最早是精神病理学上的用语，是针对精神病患者的精神错乱状态而言的，现在转而指无限制的自由联想和讨论，成为一种广受欢迎的激发创造能力的集体训练法。其目的在于产生新观念或激发创新设想，参加者需共同遵守四个原则：一是参加者需充分解放思想，积极开展毫无拘束、自由奔放的思考，一有新观点和新见解就大声说出来，绝不自谦、心存顾虑、羞于表达；二是倾听者不可对讲述者的言论表达进行任何评判，即使是奇谈怪论也不要打断或干扰，更不可对表达者评头品足，影响其畅所欲言的兴趣；三是鼓励参与者多提设想，多多益善，不考虑构思好坏；四是倡议借助联想发表见解，鼓励“搭便车”，实现以灵感引发灵感的目的，通过头脑风暴获得更多有价值的新设想、新见解、新思路。

借助头脑风暴法选用演讲素材有两层含义：一是演讲者个体写作演讲稿过程中围绕演讲主题，进行天马行空的思考，产生新观点、新感受、新见解、新方法，并及时进行记录成为有价值的演讲素材。二是组织听众群体开展调研，鼓励听众集思广益，广泛征询各方面的意见，获得更优质的演讲素材。

个体采用头脑风暴法组织与安排主体素材的方法很多。比如，演讲前演讲者安静地坐下来，肯于花时间、下功夫把想到的所有观点都写出来，把在头脑中闪现的每个词句都记录下来。接下来要对记录在纸面上的素材进行整理，把觉得最有意义的想法、观点、语句标注出来，从中选出 2—5 个最满意的观点作为选定的写作素材。

(四)组织安排素材避免出现不充分论证问题

因为听众一旦不接受演讲者给出的唯一观点，那么全篇演讲就置身于失败的危险中了。但如果演讲者有两个以上的观点给予听众，哪怕其中有听众不能接受的观点和见解，至少还有其他观点可以接受和理解，那么演讲也就仍然是成功的。

比如，举办大学生演讲社团招新活动，活动主题确定为发展新成员。为了让更多的听众参与活动中，社团招新的理由就不能只有一个，而应列出几个理由影响听众，实现一次演讲用多个观点达到演讲目的的理念。比如，此次演讲社团活动招新理由有三个：一是演讲社团的现有人数在下降，迫切需要增加新成员；二是与其他社团进行横向比较，演讲社团处在弱势，社团现有人数明显少于其他社团；三是演讲社团目前要完成的工作任务较为繁重，亟待新成员的加入参加指定工作。多观点支撑演讲吸引更多听众加入社团。

(五)组织安排事实素材为表述论点服务

事实素材与论点素材在演讲稿写作中需结合使用，体现强烈的说服效果。论点素材是演讲稿写作的核心内容，其作用在于阐述理论和事理，这是演讲逻辑力量的来源。事实素材指客观事实，包括事例、数据、引文等，具有真实性、可靠性和典型性。其作用主要在于举例子，支持观点素材的成立，彰显观点素材的吸引力与趣味性，有助于加强听众的记忆，加强观点素材的说服力。

比如，上述演讲社团招新活动，观点素材有三个，即现有社团人数在下降；现有社团人数明显少于其他社团；社团目前要完成的工作任务繁重等，以此号召更多的学生参与社团工作中来。而为了实现此演讲的目的，可以选用数字素材，即事实素材的一种，以加强听众的印象。比如，演讲社团当前仅有 10 人，而去年有 80 人；现在其他社团一般都是 70 多人；本学期演讲社团需要完成 10 项大型演讲赛事，需要更多的学生一同承担工作。在上述的演讲社团招新活动中，数据素材服务于观点素材的表达，为观点素材体现说服力提供了强有力的支撑。

三、依据演讲逻辑脉络组织安排素材

演讲素材的组织追求条理化、清晰化，因而必须遵从一定的逻辑脉络进行创作。演讲素材实现逻辑脉络清晰的方法很多，最常用的主要有以下四类：一是时间顺序法，即以时间为逻辑脉络安排演讲素材；二是空间顺序法，即以空间为逻辑脉络安排演讲素材；三是立题顺序法，即以演讲的各论题为逻辑脉络安排演讲素材；四是问题解决法，即以演讲要解决的问题为逻辑脉络安排演讲素材。

(一)以时间为逻辑脉络安排演讲素材

演讲稿写作中按照事情发生的前后顺序安排演讲结构的逻辑方法，简称演讲素材使用的时间顺序法。比如 2020 年 9 月我参加北京市文联主办的“决胜全面小康，我们是亲历者”主题征文与演讲朗诵活动，我的演讲稿《情洒脱贫路，携手迎小康》的演讲结构逻辑即是按照事件发生的顺序进行安排的。我亲历家乡的巨变从 20 世纪 60 年代一直讲到新时代的精准扶贫，给听众历史的厚重感。在讲北京扶贫干部的大爱付出时，讲他们帮扶的老乡家前前后后的变化，讲贫苦户家庭的一贫如洗到步入小康。演讲素材的时间顺序法主要适用于讲如何完成好一次考察计划，如何执行好一个有益的项目，如何更有效地向听众介绍某个历史性事件等。采用时间顺序法安排演讲素材，可以更好地向听众讲明白演讲者的具体想法，也能更条理化地向听众讲清楚准备好的演讲内容。比如，向听众介绍如何执行好一个有益的项目，即可以按照时间顺序法安排演讲素材：一是项目实际执行之前要完成哪些事情；二是项目执行过程中要完成的工作及相关注意事项；三是项目完成之后的成果展示和总结汇报安排等。

(二)以空间为逻辑脉络安排演讲素材

使用空间顺序法安排演讲素材，同样是演讲稿写作中常用的逻辑方法，为了清楚明白地阐述演讲主题，写作时采用空间顺序选取演讲素材是个不错的选择。比如，完成一篇以讲述当代大学生特征为主题的演讲，可以先讲来自北京、上海、广东等大城市的学生的特征，再讲来自新疆、西藏、青海等地少数民族的学生的特征，还可以讲来自山西、河北等地农村地区的学生的特征，这种选取演讲素材的方式即使用了空间顺序。又如，以电脑芯片的发展情况为主题的演讲，可以先讲电脑芯片在美国的发展历史；再讲电脑芯片在我国的发展现状；最后讲电脑芯片在日本的发展情况。演讲稿写作使用空间顺序法安排演讲素材，可以避免演讲稿写作给听众造成毫无条理、杂乱无章的感觉。

(三)以论题为逻辑脉络安排演讲素材

演讲稿写作中的立题顺序法可运用于任何一个演讲题目，相比于时间顺序法与空间顺序法来讲，其适用的范畴更加广泛。比如，演讲稿《情洒脱贫路，携手迎小康》前后分了两个论题：一是北京扶贫干部在全面实现小康社会中做出了大爱奉献；二是演讲者亲历家乡实现的脱贫奔小康的巨变。再比如，演讲稿《让生命充满爱》，全篇分了四个论题：一是爱祖国；二是爱老师；三是爱父母；四是爱自己。每一个分论题都集中明确，共同阐明让生命充满爱的内涵与意义，演讲的逻辑结构极为紧密。使用立题顺序法便于选取大量的素材，演讲内容可以无限丰富，适合做时间较长的演讲，便于演讲者的临场发挥。

(四)以解决问题为逻辑脉络安排素材

以解决问题为逻辑脉络安排演讲材料的写作方法，简称问题解决法。依循此类写作方法进行创作，一般分为两个步骤：第一步是列出要具体解决的问题；第二步是提出有效解决问题的方法。比如，我国模范班主任任小艾老师的演讲《班主任的工作艺术》，即是按此类方法组织安排演讲素材的范例。在这篇演讲稿中，她首先提出了问题：班主任不懂教育艺术，教学中出现了各种问题；然后她根据教学实践提出相应的解决办法；最后提出：要做好班主任工作就要掌握班主任的工作艺术。班主任的工作艺术包括六方面内容：一则、二感、三言、四通、五心、六法。任老师组织演讲素材的逻辑即是“提出问题—解决问题”。

“一则”是指教育成功的秘诀在于尊重学生。“二感”是指班主任对本职工作要有责任感，对教育事业要有使命感。“三言”是指班主任要牢记三句话：“没有不合格的学生，只有不合格的教师。”“没有教不会的学生，只有不会教的老师。”“教师最大的成功与快乐是培养出值得自己崇拜的学生。”“四通”是指班主任要做到：通晓班主任工作，通晓学科教学，通晓相关学科，通晓教育科研。“五心”是指班主任须具有爱心、信心、专心、恒心和虚心。“六法”是指班主任要掌握六个教育技巧：优良环境感召法、虚功实做导行法、捕捉兴奋磁性法、抓住时机功倍法、三位一体互促法、自我教育内驱法。

四、依据演讲效果需要组织安排特殊素材

从时空视角来讲，演讲写作是特定时间和空间的产物，且在作为演讲词发表之前总是处在不断调整与变化之中。即使是已发表的演讲词，也仍然因时间与空间的变化，演讲者会对其做进一步的调整，因此时间和空间本身也就成了演讲结构的组成内容。演讲者在写作演讲稿时可有意识地设计时间、空间与运动等特殊演讲素材，增强演讲效果。而且演讲内容和结构可根据时空与语境的具体情况进行变换与调整，给读者以触景生情的阅读效果。合理选用演讲结构中的特殊素材，即是合理使用演讲结构中的时空类特殊素材。

(一)写作演讲稿可选用时间素材

演讲者因时间变化对演讲内容进行调整，统称演讲的时间素材。其中，演讲稿中的时间素材中有一种独特的语言空白性素材，也称演讲中的停顿素材。比如，《怎样对待自己的一生》这篇演讲稿，演讲者从正、反两个方面表述自己的观点，然后给出一个设问句："同志们，我们到底应该怎样对待自己的一生呢?"此处进行标注：演讲进行到这里时，需要停顿3—4秒，由此提醒自己演讲时要给听众留下足够思考的时间，引导听众和自己一同思考，然后给出答案，引起听众注意。这里的3—4秒就是演讲稿中的时间素材，是演讲特有的组成部分。演讲中的停顿时间是演讲过程中演讲者特别设计的适当停顿，是引发听众参与的演讲技巧，是演讲稿别具特色的有机组成内容。

(二)写作演讲稿可选用空间素材

在写作演讲稿的过程中，为加强演讲的效果，可以想象演讲的现场情况，同时将想象的内容设计为演讲稿中的空间素材。写作演讲现场里的空间情况作为演讲内容为演讲的整体服务。比如，提前到演讲现场观看和考察，对于烘托演讲会场气氛而悬挂的演讲主题条幅，对摆放在演讲现场的鲜花，对演讲现场的宣传内容，如对演讲者和演讲内容进行介绍而摆放的海报与宣传册、宣传单页等，都可以在演讲稿的内容中做对应安排。尤其是在演讲进行过程中，可以将上述空间演讲内容纳入演讲中，借以增加演讲的丰富性与感染性。

演讲中运用空间素材更有利于发挥听众的想象。空间素材有助于听众理解和接受演讲者的思想和情感表达，强化演讲的表达效果。选用演讲空间素材因人而异，具有某些特长的演讲者由此可以更好地发挥自身的优势。比如，彭清一老师不仅是著名的演讲家，还是国家一级舞蹈演员，他在设计演讲时选用空间素材获得了好的效果。他在演讲现场总会呈现给听众一段舞蹈，让

听众欣赏到他在舞蹈表演方面拥有的高超专业水准，充分展现了他对舞蹈事业的热爱，及为舞蹈表演事业进行拼搏奋斗的精神状态，增强了他的“爱国、奉献、拼搏”演讲主题的感染力，加深了听众对他演讲主题的认识。

(三)写作演讲稿可选用运动素材

演讲中对演讲内容和结构进行适当变换与调整，如根据时空、语境的具体情况，因触景生情和随感而发，而将“情”与“感”有机组织到演讲的结构中，使演讲原有的结构模式随之改变，从而恰到好处地获取演讲效果。比如，李燕杰老师每次演讲都会结合当地情况和现场观众的特点，给听众书写情景相融的演讲诗，或根据听众的需求即兴加入演讲内容，这便是演讲稿中的运动素材的选用。又如，李燕杰老师讲“爱情美学”中提到夫妻应该互相忠诚，他的演讲结束语是：“团员面对团旗，党员面对党旗，战士面对军旗，公民面对国旗要不要表示我们的忠诚？我说我是不会变心的，用大理石雕成的塑像，用铜铸成的钟，我们都是用忠诚铸造的。即使是破了，碎了，留下的每一片、每一片仍然还是忠诚。”此次演讲将忠诚品质的内涵进行延伸和升华，并将演讲会场的气氛推向高潮。演讲在高潮中戛然而止。这段富有感染力的演讲词适当变换与调整了演讲的内容，收获了动人心魄的演讲效果。

在演讲中运用运动素材的事例很多。比如，闻一多先生在他的《最后一次的讲演》中也运用了运动素材。1946 年 7 月 1 日，闻一多先生讲：“你们完了！快完了！”他抬头看见天空中的乌云，马上接着讲：“我们的光明就要出现了。我们看，光明就在我们眼前，而现在正是黎明之前那个最黑暗的时候。我们有力量打破这个黑暗，争到光明！我们的光明，就是反动派的末日！”这一段著名的演讲词，就是闻一多对演讲现场上空的乌云的所见所感，加强了演讲的感染力和说服效果。这段文字体现了演讲结构的动态表达。这种对原有结构进行调整和改变的运动类素材，使演讲者的思想和情感得以更加充分的表达，促使演讲主题得以进一步深化。

五、组织安排演讲素材注意事项

写好演讲稿的一个关键因素是演讲素材的组织和安排。换句话说，写好演讲稿必须要合情合理地安排选定的演讲素材，为此需遵循以下四条规则，这是演讲稿可以达到实现预期写作目的的有效保障。演讲稿要达到合理组织演讲素材的目的，必须遵循紧扣演讲主题、适度关联、张弛有度、针对性强等写作规则。

(一)服务突出中心与主次分明

合理安排演讲素材首先应突出中心，实现紧扣主题、语不离宗的表达效果。演讲稿中的所有演讲素材的选用都必须扣准演讲主题句，紧紧围绕演讲主题安排和选用演讲素材。无论演讲的结构设计是以论证为主，还是演讲的主体以叙述为主，组织和运用演讲素材都应始终围绕演讲主题进行。由于演讲的论述会涉及许多侧面，进行叙述也会有多个视角，那么演讲素材就会纷繁复杂、丰富多彩，对其进行合理安排应遵从主次分明的原则。演讲的主题句只有一个，演讲素材运用的核心也只能有一个，但是支撑演讲核心的素材则应根据需要进行合理选取与组织。

(二)体现完整统一与适度关联

由于支撑演讲核心思想的素材是根据需要进行合理选取的，所用演讲素材不免会纷繁多样，因而对这些素材的组织需体现统一性、完整性，所有的演讲素材之间都是适度关联，达到层次分明、条理清晰的要求。演讲内容的前后次序安排是演讲展开的脉络和步骤的内蕴，是演讲者的思想与情感在演讲中的真实反映，也是演讲者的思维对演讲所揭示的事理的体现。演讲稿的段落是演讲素材的具体运用，是演讲内容的基本构成单位，由此演讲者的思路得以发挥，演讲所揭示的事理也得以具体展现，听众在此过程中获悉演讲结构和思想表达。演讲素材整体运用得越统一完整，其关联说服力度就越加得体到位，演讲稿的写作质量就越高。

(三)追求舒缓有致与相得益彰

文似喜山不喜平。同理，演讲追求精彩不断、动人心弦的表达效果，为此效果服务并提供保障的演讲稿必然应做到舒缓有致、相得益彰，切忌结构松散、平淡无奇。演讲稿写作应力求实现激动人心、高潮迭起的表达效果，为此运用演讲素材要做到精心设计，使演讲稿的结构安排整体做到错落有致、张弛相宜、跌宕起伏，似行云流水。

(四)遵循实事求是与讲究科学

写作演讲稿所选用的素材无论多么千差万别，都必须是真实有效的，其科学性与真理性应能经得起实践的考验，经得住时间的拷问。因而组织与选用演讲素材要务求真实准确，富有鲜明的针对性。演讲的目的在于宣传、教育与说服听众，因而选用的素材必须是真实的，演讲者的态度表达必须是真诚老实、科学坦诚。演讲者只有在选用素材时讲求实事求是，讲真理讲科学，才能使演讲发挥其应有的作用。直接演讲素材讲究真实准确，间接演讲素材讲究鉴别确认，以科学求真的态度加以选用。对符合听众心理需求的演讲素材，务必使演讲内容和听众的切身利益相结合，既引起听众的兴趣，又体现较强的针对性。在演讲素材的选择中应首先关注能引发听众感动与共鸣的素材，尽量使用具有新颖性和典型性的演讲素材。

【演讲实例】

感恩于心践于行

张雄豹

尊敬的各位领导、老师、同学们：

大家好！

贫穷苦难对于我来说，不仅仅是经历痛苦，更是羞辱和自卑。党和国家的资助政策给我的贫困注入了幸福、希望和感激之情。因为有国家的资助政策，我即将顺利地完成大学学业；因为有在座的各位领导、各位老师为落实资助政策倾情付出，我们千千万万个贫困大学生才能在高校健康成长。此时此刻，我对大家充满感激，请允许我代表贫困大学生在这里对你们道一声“辛苦”，再大声说一句感谢。谢谢你们！

我叫张雄豹，是北京信息科技大学大四学生。今天我发言的题目是《感恩于心践于行》。

从我记事起，我对生活的理解就是贫穷和困苦。记得我和姐姐上学时从没有用过新的课本，我们的书都是找村里之前上过学的哥哥姐姐们借的。屋漏偏逢连夜雨，船迟又遇打头风。在我上初一时，爸爸为了给我和姐姐挣学费，除了做农活外，一有空闲就骑着自行车帮别人送玻璃，小小的自行车后面驮着两大捆一米见方的玻璃。一次意外，自行车倒了，两大捆玻璃重重压在了父亲的小腿上，瞬间流得满地都是血。玻璃割断了父亲小腿部的血管和一根筋脉。为了治疗腿伤，爸爸做了很多次手术，吃了很多苦，也几乎花光了家里所有的积蓄。一天晚上，妈妈把我和姐姐叫到她的身边，她对姐姐说：“孩子，家里没钱了，你和弟弟只能有一个人上学，就让弟弟再读一年吧……”说完这些，妈妈哭了，姐姐哭了，我和爸爸也哭了。我低着头，多想跟妈妈说：“让姐姐读吧，我不读了。”可当我抬起头看见妈妈的眼睛，我读懂了妈妈的期望。我咬咬牙没有再说什么，而是下定决心，一定要把书读好！初二期末考试，我取得了年级第二的好成绩。当我回家把这个好消息告诉全家人时，我看到的是他们笑容背后的忧伤。姐姐说：“弟弟学习这么好，就让弟弟继续读吧，我和爸妈一起挣钱帮助他。”我低着头，心中暗下决心，一定要学出个名堂来。

终于我收到大学录取通知书，一家人喜悦的同时又陷入了学费与生活费从何而来的惆怅。当我看到随通知书一起寄来的资助政策说明手册时，我看到了实现求学梦的希望。可爸爸妈妈担心我申请不到助学金，仍然东拼西凑地借了些钱给我。独自一人来北京的路上，我想，我要利用课余时间去打工，把爸妈借的钱尽早还上。说实在话，对于自己究竟能否有条件读完大学四年，我心里实在没底，我为随时都有辍学可能的危险感到忐忑不安。但幸运的是，一入学我就申请到了助学金和助学贷款，我可以安心学习了，我的家人也可以放心了。

我决心全身心投入学习中。从入学至今，我从没有睡过懒觉，每天都要学到教室熄灯才回宿舍。我的辛勤付出有了结果：一年级期末我的高数考了满分，其他各门成绩也都在年级名列前茅，我获得了学校综合一等奖学金。当我回家把学习情况告诉家人时，姐姐高兴得哭了，妈妈和爸爸也都流下了喜悦的泪水。我们对未来的生活充满了希望。

大学四年里我的综合测评成绩一直名列前茅，三次取得年级第一名，四次获得校综合一等奖学金，三次获得国家励志奖学金。今年 7 月我即将离开母校，走上工作岗位。可以说如果没有国家的资助政策，我无法跑完大学学习全程，更不可能取得优异的学习成绩。

在辅导员的推荐下，我还参加了由学校全额资助的社会科技活动，我获得了前所未有的成长。在这次活动中，我聆听了许多专家的前沿报告，看到了从未见过的前沿科技产品，也被研发实践活动深深吸引，我决心把科研作为奋斗的新起点。在参加机器人兴趣小组的那段日子里，除了上课我几乎都是在实验室里度过。早上舍友们还在熟睡我就起床，每次回到宿舍都已经熄灯，舍友们大都已经入睡。那些日子我成了宿舍里的名誉成员，整天见不到人影。2012 年 10 月我所在的 7 人机器人团队参加了中国机器人大赛暨 RoboCup 公开赛类人组比赛。我在团队里负责机器人的决策部分。比赛前几天，我们每天都熬到半夜反复仔细地调试机器人，把机器人身上的螺丝钉检查了一次又一次，我把决策部分的配置文件核对了一遍又一遍。苍天不负苦心人，我们团队在比赛中一举获得了两项好成绩，一个是类人组竞速赛冠军，另一个是类人组足球点球赛亚军。可以肯定地说，如果没有学校的全额资助，我不可能参加到这次比赛活动中，更无法品尝通过艰辛努力而获得这些成绩的喜悦。

获得了奖学金之后，我想到还有很多跟我有同样经历的贫困学生，我应该以实际行动回报国家。2013 年 8 月我和同学们联系了青海互助县的大通苑小学，想去给那里的孩子普及科学知识。到达大通苑小学后，我看到了低矮的平房，破旧的书桌，我宛如回到了自己的童年。我和孩子们交流了自己儿时的梦想，我看到了他们清澈眼神里的憧憬和希望，我下决心将来要尽我所能帮助他们。我们向孩子们展示了机器人，然后问："你们想和机器人合个影吗?"一听这话孩子们立刻排成一队。从他们身上我看到了自己儿时的身影，我被他们感动了。通过这次支教活动，我感悟到社会公益活动的真谛，更感受到"感恩于心践于行"的责任和使命。

最后，再次感谢国家的资助政策，感谢为落实资助政策而倾情投入的各位领导和老师。是你们为贫困的学生插上了理想的翅膀，是你们帮助贫困的学生完成了学业，是你们让我们暗淡的世界变得绚丽多彩，让我们对美好的人生充满了希望!

谢谢大家!

此篇演讲稿是北京市资助中心组织的全市总结表彰大会同学代表的发言稿。我受邀担任指导教师。

【互动练习】

写一篇适合 5 分钟演讲的演讲稿，字数控制在 1500 字以内。参考题目：《我的大学生活》《我的读书故事》《我的梦想》《我的父亲》《我的母亲》《我的老师》《我的朋友》《我的理想》等。

要求写正文之前，写一个概要提纲，包括演讲题目、简要开场语、正文构架(演讲稿各层次脉络、使用的主要事例材料等)、结束语句内容等。完成写作任务后，同学们自选 3 人一组进行交流，每个人都要完整地向小组成员介绍自己写演讲稿的总体构想，选择此演讲主题的理由。其他 2 位同学分别回馈听后感，并认真提出合理与积极的建议。

【思考题】

1. 收集演讲素材的途径和方法有哪些?
2. 选取演讲素材须遵循的四条规则是什么?
3. 使用和组织特殊演讲素材的技巧有哪些?

4. 如何养成对日常生活素材进行收集与整理的习惯?

【参考文献】

1. 蔡顺华,彭树楷. 演讲与说话艺术辞典[M]. 西安:陕西人民教育出版社,1990.

2. 李志勤. 演讲探艺[M]. 昆明:云南大学出版社,2012.

3. 邵守义等. 演讲学教程[M]. 北京:高等教育出版社,2006.

4. 谢伯端. 实用演讲与口才教程[M]. 武汉:华中科技大学出版社,2007.

5. 李然. 影响世界文明进程的名人演讲[M]. 北京:中国国际广播出版社,2003.

【演讲箴言】

天时不如地利，地利不如人和。

——孟子

大海多一番波澜，人生则少一分平庸。

——李燕杰

第七章　心理健康与成功演讲

【学习目标】

1. 学会维护心理健康的有效方法。
2. 深刻理解演讲健康人格的内涵。
3. 正确解读心理健康与演讲素养提升的关系。
4. 掌握养成健康演讲人格的有效途径和方法。

标准严谨、清晰流畅、自然美好的演讲表达才能是大学生综合素养最为明显的体现，它展现了大学生的内在学识修养、道德情感与心理状态。大学生演讲才能的养成与他们维护心理健康密切相关。在日常生活中，开朗乐观的大学生在人群中往往乐于表达自我，愿意和他人分享自己最为珍贵和有价值的思想、经历与情感，表现出有利于展现演讲才能的特点。反过来，心理状态不佳的大学生，他们在现实生活中往往不能客观评价自我与他人，也难以正确面对自己的缺点，不易于接纳过去和当下的自我状态。由此，他们除了不能很好地表达自我之外，也不易于被听众接纳，难以与听众形成良好的交流与沟通氛围。因此，我们应积极引导大学生正确认识心理健康的意义，科学把握鉴别演讲心理问题的方法，并对自我的演讲心理状态进行有效维护，在此基础上养成卓越的演讲才能。

第一节　提升演讲能力需保持心理健康

演讲活动过程是个体对群体的影响过程。正向积极的影响是有效演讲的价值所在。要做出这样效果的演讲，演讲者必须是积极健康的，由此体现演讲内外一致的要求。演讲者的心态健康，心理素质符合演讲的需要，这是演讲者展现和持续提升演讲素养的必备基础。

大学生是思想积极活跃、追求成功人生、成功事业发展意识最为强烈的群体，如果他们不能平心静气地接纳自己的学习与生活现状，不能正确看待和应对诸多突发事件，不能直面遭遇的各种难题，就易于产生不健康的心理。比如，对前途忧心忡忡，没有进一步发展的需求和自信；对发展表现出急于求成的心态，却不能踏实做好手边的工作，而是进行犹豫不决的观望，或是止步不前。这些问题会使大学生偏离奋发进取、乐于开拓的健康发展轨道，陷于理想与现实的矛盾冲突，对未来怀有不切实际的期待，或对未来心怀担忧与畏惧，等等。处于这种心理心态的大学生自然难以做出激励听众、给听众以积极促进作用的演讲。而拥有积极健康的心理状态，他们就会在演讲机会到来时把握机会，适度展现自我，让健康美好的思想和情感引发听众的共鸣，体现出演讲传递真善美的价值追求。

一、心理健康是大学生演讲成功的前提

在日常生活与工作中，我们常会关注到这样的现象：心理不够健康的学生往往易于误解他人，对他人不能心怀善意，甚至会做些损人不利己的事情。这类人与周围人群难以和谐相处，甚至闹别扭，或是争吵冲突不断。不健康心态导致他们出现各种身心问题。比如，身体出现高血压、糖尿病、心脏病等慢性疾病，由此就会伴生种种心理问题。比如，生活中对于别人都是小事一桩，发生在他们那里就会大发雷霆、大呼小叫，甚至大打出手，由此对身心健康造成更严重的伤害。对于那些做了违法、有违道德事情的人来讲，他会终日受道德折磨、良心压力、法律压力，做贼心虚，往往坐立不安、失眠、烦躁、内分泌紊乱或失调，终生背上沉重的精神负担。他们的生活质量、生存质量、工作水平的发挥要打上一个大大的问号，又谈何拥有良好的身心健康与发展呢？如果演讲者处于这样的生存境遇，如何受听众欢迎与欣赏呢？因此，心理健康是演讲成功的前提，是演讲者参加演讲活动的必备条件。

演讲学习者拥有健康的身体和心灵，是他们顺利进行演讲活动的有力保障。没有健康的身心状态，演讲活动就会无法顺利进行。比如，你接受了一次演讲邀请，恰巧上呼吸道严重发炎，咳嗽严重，连讲话都感到非常困难，因为已接受了演讲任务，你很可能会出现焦躁、难过和懊恼，这种身心状态如何能顺利完成好演讲任务呢？在演讲教学课堂上，我也注意到了这种情况，有的学生身体状况很好，对一些问题颇有看法和观点，但就是不愿意表达。他担心同学看低自己，觉得自己的表达内容没有意义，对于表达想法感到恐惧，可见心态不佳是难以达成演讲成功的。如演讲现场欲言又止，或者有表达的愿望，却缺乏表达的勇气。在这样的心态下，演讲活动自然也不会产生。更有甚者孤僻厌世心态严重，连表达想法的愿望都没有。如果演讲者不能有效地调整好心态，他的演讲活动就会遭遇许多意想不到的困难与挫败。

身体健康的大学生容易保持良好的心态，但并不是说身体健康就一定心态好。比如，一位大一男生，在教室上课的表现明显与他人不同。别的学生都很自然地按座位就座，并与周围的学生相互致意，在交流活动中可以融洽地分享看法。但这位学生却要挑选一个离别人比较远的地方坐下来，课上大部分时间是无精打采地趴在桌子上。在交流活动中他不像其他学生那样积极踊跃，而是生硬冷酷地拒绝参与课堂演讲实践活动。与同学进行交流表现得很不友善，用词有些不够文明，不够有礼貌。他身体健康，但心态问题影响他的演讲学习活动不能顺畅开展。

课后我专门找到这位学生进行交谈，了解他的心结所在。原来他有打篮球的爱好和特长，但初入大学，恰逢篮球场进行改建，同学们都不能进场地正常打球，这打乱了他原有的练球与锻炼计划。本来，他打算每天下午在学校都打两个小时的篮球，但这个愿望落空了。需求得不到满足，因而一段时间以来心情极为郁闷，以致做什么事情都心不在焉，不感兴趣。这种心态失衡，导致他在课堂上有了异常表现。

通过交流沟通，这位学生决定调整心态。他说会在周末去附近的专业篮球场馆打球，在校学习期间参加跑步等健身活动。之后，他的学习情况发生了改变，在演讲练习活动中发表了《篮球——我的精神支柱》，受到同学一致好评。试想，如果他不调整心态，即使他身体状况良好，又怎么能成功完成演讲实践活动呢？

身体与心态是统一和谐的整体，为演讲成功奠定必要的前提。而心态往往会发挥更加明显的作用。哈佛大学的科学家曾做过一个实验，观察实验者在真实环境里的情感体验，了解身体健康与心理健康之间的关联。

这个实验是让大学生集体观看一部纪录片。纪录片讲述了一位美国妇女终生帮助印度残疾人的故事。学生们在观看过程中被片中的生动故事感动得流下了眼泪。科学家们随后对这些学生的唾液进行分析，发现他们的免疫球蛋白 A 的数量比看纪录片前明显增加了，而这种抗体能防止呼吸道感染。这就说明，人的正向情感体验有助于人身体健康。

由此得出结论，人的心态与其身体状况相互关联，在一定情况下甚至互为条件。对于成功演讲这件事情来说，拥有健康的心态比拥有健康的体魄更显得重要。这也是为何我们常组织观众聆听残疾运动员演讲，听他们坚守理想，在省市级、全国级，乃至世界级的体育竞赛赛事上捷报频传，震撼和激励听众。听众激动万分，感到特别受益，因而思想和心灵都获得了净化。

二、保持心理健康为成功演讲保驾护航

影响演讲成功的因素很多，比如，知识素养的积累情况、演讲者的身体状况，但最为直接的影响是心理状况。心理健康的演讲者有利于成功演讲，反之，导致演讲不能达到预定目的。

有些大学生在演讲学习中遇到困难，发现自己在心理或个性等方面存在某些不足。他们与成功演讲擦肩而过，有时根本原因在于心态不适于演讲，而不是缺少演讲知识与能力。诚然，演讲前对演讲进行充分的准备，演讲过程中努力与听众进行有效沟通和交流，演讲过后静下心来进行客观的自我评价和总结，这些环节都对演讲成功发挥了极为重要的作用。但若在任何一个环节遭遇心理困惑与苦恼，导致放弃演讲的行为，演讲成功也就无从谈起了。所以说演讲成功根本上需要心理健康做保障。以下是保障演讲成功各项因素的简要图示，从中可以看到心理方面的内容占到 2/3 的篇幅。

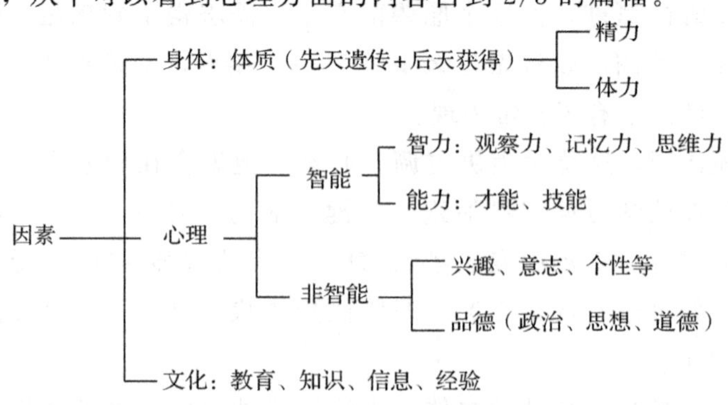

图 7-1　保证演讲成功的各项因素

在演讲实践活动中，自信、情绪积极乐观、意志力坚定的学生，能够做到认真准备，易于最大限度地激发演讲潜能；而当学生处于自卑、愤怒、抑郁、焦虑与紧张等消极状态时，他对外界的感知能力会下降，言行表现不利于演讲才能的展现，从而限制演讲潜能的发挥。因而培养健康的情绪、坚强的意志力、良好的性格与个性，会对学生演讲成功发挥保障和促进作用。我们可以尝试想象一下，究竟是智商中等、情商分值高的演讲者易于获得演讲成功，还是智商分数高、情商低下的演讲者易于获得演讲成功？我想大多数人都会选择前者，因为情商高的演讲者往往心理更健康，在演讲中更能充满活力，更易于对听众发挥正向影响力。

心理健康是成功演讲的保证。在现实生活中我们会看到这样的情况：心理健康的人往往更善良并乐于与人为善，这反过来促使他们心情愉悦，更易于保持身心健康。在演讲活动中他们乐于分享，乐于交流。美国科学家进行过一项科研，专门研究人的道德善恶与他的寿命长短的关系，最终的研究结论是："善恶影响人寿命的长短。"

参与这项科研项目的研究人员解释说，一个善良的人为什么容易长寿呢？因为从心理视角来看，乐于助人可以使他获得别人的感激，由此激发内心温暖，从而缓解了很多在日常生活中积累的焦虑、烦恼和苦闷。而且，乐于助人的行为不仅能帮助他们增强身体的免疫功能，对于那些目睹了他们助人行为的旁观者也会从中受益。演讲活动本身就是一种乐于助人的行为，成功的演讲自然也会使演讲者与听众双方受益良多。

三、提升演讲能力与保持心理健康相互促进

持续提升演讲能力与拥有健康的心理是相互依存与促进的。人的心理素养越好，就越易于在演讲活动中有出色的表现。相反，如果他的心理素养较差，即便他有出色的演讲才能，也难以在演讲中有理想的展现与发挥。

演讲要获得成功，需要大学生拥有健康的心态，支撑他养成良好的个性品质，拥有创新、进取、合作精神，实现身体、心理、文化与演讲专业素养协调发展。在面对演讲挑战与机遇时，心态好不仅有易于承受更强的压力，更有利于及时调整至最佳状态。因此，在演讲实践活动中应展现良好的个体形象，积极发挥促进社会发展的作用，体现演讲的终极目的。一次演讲的成功，需要健康心态提供保障，而持续提升演讲才能更需要心理健康予以保驾护航。

我遇到过一位心态出现波折的大学生，深感心态对她演讲产生的一波三折的影响力。她是一位大一新生，心态积极乐观，对未来有强烈的美好憧憬与向往。在一次演讲比赛中，她做了题为《一个和一百个》的演讲，引发同学强烈的心理共鸣，获得了演讲成功。她在演讲中讲述了自己立志教育事业的理想，她说愿意以一个人的奉献与付出去换取一百个学生的成长与成功。她的理想和精神境界，深深震撼了听众的心灵。

上述演讲比赛结束两年后接到学校通知，要我带学生参加北京市六所高校组织的演讲联赛，她成为学校推荐的选手。接到带队参赛任务不久，我收到她题为《我自豪，我是师范生》的演讲稿。但接下来她的试讲让我感到困惑：她的演讲激情为何消散了，为何她的演讲情绪情感多了许多不满、谴责和痛苦，这样的演讲效果如何能给听众传递正能量？

试讲结束我把她单独留了下来。通过交谈得知，原来她在情感与学业方面遇到了较大的困难与挫折，她无法说服自己从困顿的情感中走出来。在这样矛盾的心态中自然就有了她的上述演讲表现。经过有效的心理调适，在正式的演讲决赛中，她再燃心中热爱教育的火焰。她是这场比赛第一位出场的选手，她的分数也成为这场比赛的最高分，自然是这场演讲比赛的冠军。由此可见，心理健康是学生持续提升演讲才能的有效保障。

我们很难把一个胆怯、害羞、内向的人同一位叱咤风云的演讲家联系在一起。但许多演讲家谈起自己演讲初始的情况，往往都说自己曾经是胆怯、害羞与内向的。著名演讲家李燕杰教授曾说，自己大学时代当选为学生会主席一职，当晚他站上演讲台发表履职演说时，内心感到非常害怕，他说自己只有一个希望：自己上台演讲时停电，演讲现场黑漆漆的谁也看不见自己。他说别人评价他平时像一位害羞的大姑娘，但一旦开口讲话他就有了自信，别人的话使他的演讲潜能得到了开发。因而演讲者的积极心态能帮助其提升演讲能力。大学生要想让自己的演讲才能获得持续提升，必要关注和培养自己保持健康心理。

第二节　大学生常见的演讲心理问题

参加演讲比赛活动人人都可能遭遇心理困惑或苦恼，比如赛前深感无法实现演讲预期，内心产生恐慌受挫之感，以致产生退赛想法等。其实演讲心理问题普遍存在，只是每个人在感受上有所差异而已。人的演讲心理及行为的存在形态，是一种“正常”与“异常”相互依存与转化的连续谱。

由于受全球化、现代化与不断深化的改革社会实践活动的影响，大学生的思想观念和行为方式呈现出多样化趋向，易于引发心理困惑与冲突，成为影响他们演讲成功的心理问题。大学生的演讲心理问题，可以说是学生心理问题的一种外化表现形式。

学生常见的心理问题集中在人际交往、恋爱与性心理、学业压力、新生适应问题及择业心理问题方面。2005—2006 年北京市大学生易发生心理问题的人数百分比分别为：13.86%与 12.53%。这就是说，约 13%的学生有潜在的演讲心理问题，会在演讲活动过程前后显现。

新生易于产生的心理问题主要有：对人对事苛求完美、人际关系障碍、对人易产生敌意、偏激、易走极端、抑郁等问题。我校 2004—2006 年新生易发心理问题的人数百分比是 8.52%、6.73%和 10.48%。由数据调查可以看出：我校新生情况略好于全市大学生的情况，10%左右的学生会有潜在的演讲心理问题。

通过查阅心理咨询数据获悉：1996 年 9 月至 2003 年 1 月，我校大学生心理咨询中心共接待个别心理咨询 2780 人次，团体咨询 904 人次，现场咨询近 1200 人次。其中人际交往问题占 28.9%，恋爱与性心理问题占 22.6%，学业压力问题占 16.2%，新生适应问题占 18.0%，择业心理问题占 3.20%，其他问题占 11.1%。由此来看：大学生的心理状况总体是好的，但也存在某些潜在的严重心理问题。如果不进行及时有效的引导，这些心理适应问题不仅阻碍这部分学生成功演讲，也会影响他们以后的健康发展。

一、大学生演讲心理问题类型

根据大学生出现的种种心理问题现象，依据这些心理问题对学生身心健康影响的程度，我们把这些现象归纳为困扰与障碍两种类型。如果学生出现了较为严重的心理障碍，那么这些心理问题就会波及其正常的学习和生活，自然就会影响他的演讲活动的进行。所以学习演讲需要明确认知自己的心理状态，明确自己属于哪种心理类型，从而做到调整自我，做身心健康的演讲学习者。

(一)演讲心理困扰与表现

产生演讲心理困扰指学生在演讲活动中遇到类似心理适应、应激状态与人际交流等方面的困扰。从表现程度上讲，演讲心理困扰属于轻度演讲心理问题，相对来说可以在较短时间里通过心理调整得以解决。但在心理问题解决之前会成为他们成功演讲的干扰。因而演讲学习者需要准确找到产生心理困扰的原因，即究竟是因何原因感到困扰，从而尽快从心理困扰中走出来，以顺利完成演讲学习任务。

大学生遭遇演讲心理困扰一般会有三方面的表现。一是演讲学习出现不适应感，对演讲学习、演讲练习、参加演讲比赛等活动感到不适；二是参加演讲实践活动，或者与听众进行交流产生不适感，表现为演讲焦虑、不喜欢发表演讲、参加演讲活动动力不足等；三是对演讲主持人和听众产生不适感，包括与主持人沟通不畅，对听众的表现过于敏感，甚至产生恐惧感等，影响演讲能力的展示和发挥。

(二)演讲心理障碍与表现

学生的演讲心理困扰如得不到及时化解，长期发展或会转化为演讲心理障碍。演讲心理障碍包括演讲心理焦虑症、演讲心理神经症、演讲心理强迫症和演讲人格异常等。演讲心理神经症包括因参加演讲导致神经衰弱，在长期存在演讲精神压力作用下，引发脑机能活动的过度紧张，造成神经精神活动能力减弱，出现演讲情感控制能力差、演讲情绪反应强烈、注意力无法集中、记忆力出现衰退下降、睡眠困难、多汗、易疲劳等症状。大学生一旦出现较为严重的演讲心理障碍，就会影响演讲能力的正常发挥。

演讲心理强迫症即演讲学习者主观上感到有不可抗拒和被迫无奈的观念和情绪情感，虽然可以认识到出现的这些观念和情绪毫无意义，也无必要，但却无力改变自已出现这种观念和意向，处在极为痛苦之中。处于这种状态中的学生从事演讲活动较为困难，需要做出积极努力和调整，情绪情感上变被动演讲心理为主动演讲心理，变演讲无奈心态为跃跃欲试心态，参加演讲活动前认真准备，在演讲活动中具有满满的演讲自信，能够充分展现演讲才能与素养。

(三)演讲精神障碍与表现

具有演讲精神障碍的学生是无法正常进行演讲的。换句话说，假如学生无法正常进行演讲，他就有可能处于演讲精神障碍状态。学生一旦遭遇演讲精神障碍，其大脑机能即会失调，丧失自知力，不能正常进行演讲活动。比如，在演讲过程中出现暂时休克、晕倒等；出现言行的反常表现，无法发出声音、身体不停抖动与晃动等。处于这种状态的学生无法正常进行演讲实践活动，需要专业教师给予及时关注和帮助。

总体上讲，有演讲心理障碍的学生在群体中分布占比较少，多数学生会遭遇一般性的演讲心理困扰。但即使是一般性的演讲心理困扰也会在很大程度上影响他们参与演讲的热情，影响他们获得预期的演讲效果。演讲心理问题产生的原因是多方面的，其中既有遗传和生理原因，也有社会和环境等方面的因素。这或会以其中的某一方面的因素影响为主，或会是个体、学校教育、社会和家庭等方面原因的综合影响的结果。比如，学生或会因一次参加学校组织的国旗下的演讲活动的失败受到负面影响，而处在很长一段时间的演讲心理困扰期中。

演讲心理问题一般会因轻度的心理困扰发展而来，因轻度的心理困扰未得到及时调节而形成心理障碍。由于形成时间久远和程度较为严重，因而化解过程也需要相对较长的时间，并且解决起来会遇到较大的困难，成为不太容易解决和调节的演讲心理困扰。这提示演讲学习者要及时敏锐地关注自己的演讲心态，尤其在出现演讲心理问题的早期，要及时对其进行化解，以避免问题变得严重而不易解决。

二、大学生需调整负向演讲心态

学生常见的演讲心态包括兴奋、紧张、自信、激动、害怕、恐惧等，依据这些心态对演讲所发生的不同的作用，我们或称之为正向、积极的演讲心态，或称之为负向、消极的演讲心态。正向积极的演讲心态，比如镇定、自信、兴奋、激动等，对演讲成功发挥积极的促进和保障作用；负向消极的演讲心态，比如害怕、恐惧、冷漠、自卑等，对演讲成功有消极阻碍作用。

镇定、自信、兴奋、激动等演讲心态是演讲学习者需要养成的正向演讲心态；害怕、恐惧、冷漠、自卑等演讲心态，往往会引发争议性看法。演讲者如能对紧张、恐惧心理进行适度的把握和调控，这类心态或会对成功演讲发挥促动力。比如，对演讲感到紧张、害怕与恐惧等，促使演讲者感到演讲任务重要且紧迫，因而会对演讲进行积极充分的准备，也更多地在演讲中投入精力。但如果演讲者只陷于紧张害怕之中，而感到无能为力，就会任凭其成为成功演讲的阻力。比如，害怕和恐慌会导致演讲学习者失去演讲自信，不再努力准备，并寻找各种理由对演讲活动表示推辞，这段时间里的心态就会成为消极演讲心态，不利于学习者展现演讲才能。积极的演讲心态与消极的演讲心态是相互连接、互为转化的。按其对演讲者的影响程度来看，演讲紧张是最常见的演讲心态。

(一)演讲紧张心态与表现

演讲者的一切准备工作都进展顺利，但却因参加演讲活动而感到坐立不安，这即是演讲紧张心态在演讲者身上的具体表现。受演讲紧张心态的影响，演讲者在演讲前不能集中注意力认真准备，或不能积极寻找可能出现问题的解决办法，而是患得患失或畏首畏尾，总是对自己的能力与演讲的效果产生各种不必要的担忧。演讲者过度紧张，会不由自主地联想自己演讲失败；会感到自己的演讲不会对听众有价值；自己演讲时会出错，听众会不接受自己等。演讲者过度紧张会在演讲中出现言行表现失常现象，从而真正导致演讲的失败。

(二)演讲畏惧心态与表现

演讲畏惧心态比紧张感要强烈，这种心理感受对演讲活动易产生破坏作用。对参加演讲活动感到害怕或心慌是典型的演讲畏惧心态。演讲的初学者或缺少演讲实践经验的学习者最易于产生这种心态。这种心态既会在演讲前表现突出，也有可能出现在演讲过程之中，外显在演讲者的言谈举止中。如害怕在观众面前演讲而不敢上台；演讲时手脚发抖、脸红、心跳加快；上台后不知所措，小动作明显增多；演讲声音发颤，音量过小，语速过快，语言表达频繁出错等。

(三)演讲恐惧心态与表现

一旦演讲者出现恐惧心态会在演讲时怯场、喉头发紧、发声困难，这是阻碍演讲成功最严重的心态。这种状态导致演讲者出现自我封闭倾向，对当众演讲失去安全感，失去演讲兴趣，出现意想不到的种种演讲失误现象。极度恐惧会使演讲者在演讲时拒绝或逃避演讲，或在演讲时害怕得难以开口讲话，甚至会莫名其妙地哭泣或大笑不止。也有演讲学习者表述自己会不由自主地感到头晕眼花、呼吸困难、面红耳赤、出汗口吃、面部痉挛、舌头僵硬、两腿发软、尴尬失态等。有人说：“大部分人宁可选择静静地躺在棺材里，也不愿意站起来说些溢美之词。”可见恐惧心理对演讲的负面作用影响之强烈。

第三节　积极维护演讲者的健康心态

健康心态是成功演讲的前提，也是演讲者不断积累演讲经验、获得演讲能力持续提升的必要保障。健康的演讲心态包括自信自如、振奋有活力，专注镇静、敏锐且从容，自控自强、积极而主动等。拥有健康演讲心态的学习者，在演讲中可以得体地展现演讲的仪容仪表与仪态风度，可以表达富有说服力的思想观点。要达到这一演讲境界，需要演讲者掌握维持健康演讲心态的理论知识，养成科学维持健康演讲心态的能力。要及时敏锐地了解自己的演讲心态现状，掌握科学鉴别演讲心理问题的方法。一旦发觉自己出现了偏离正常健康演讲心态，就要适时做出积极有效的调整，保证自己处于健康的演讲心态。

一、运用专业知识与方法涵养演讲健康心态

演讲者保持健康的演讲心态，首先要能正确认知和评价自己的心态现状，了解并掌握科学鉴别演讲心态的方法。大学生处于世界观、人生观、价值观的最后定型期，社会动态会在他们身上留下明显痕迹。加之有的学生从原有的对大学生活有较高希望转而为失望，随之出现了郁闷、无奈、目标尽失等消极心理现象，引发了在适应环境、管理自我、学习成才、人际交往、交友恋爱、求职择业、人格发展和情绪情感调节等方面的心理问题，如果让自己处在这种心境而参加演讲实践活动，势必不利于演讲成功。因而在感知自己出现了不健康的演讲心态后，要能正确接纳自己的演讲心态现状，正确看待自己现存的演讲心理问题，正确运用科学的鉴别演讲心理问题的方法帮助自己。

（一）正确接纳自己的演讲心态现状

在实际演讲过程中，演讲学习者产生“正常”演讲心态和“异常”演讲心态之间并没有十分严格的界限。我们所谈到的“正常”的演讲心态，是指演讲者在演讲实践活动中的言行表现与真实生活状态里的自我，以及与其他演讲者之间并没有出现太大差异，而且他本人和周围人也都十分悦纳他的演讲状态。比如，当众进行演讲，很多人会紧张、兴奋，这是十分正常的演讲状态，也是演讲活动能够获得成功的必要条件，然而有的人会因此而选择临场退赛，其言行表现明显与多数演讲人的表现有所不同，在这个情境中他就出现了一定的演讲心理问题，他的“正常”演讲心态就转变成了“异常”演讲心态。

比如，有的学生演讲顺利成功，他对自己的演讲效果应该感到高兴，应该自我肯定积累成功的经验，成为今后进一步成功演讲的阶梯，这才是“正常”范围值之内的健康演讲心态。然而他却产生自责和不满的情绪情感，演讲后垂头丧气，表现得十分伤感，甚至觉得技不如人而自卑落泪。因为他们对自我要求过高，自感付出了很多努力，因而没办法接纳与自己期望相去甚远

的演讲效果。这就好比有的学生回宿舍休息，本应有平静、放松、舒适感，但却因各种原因总是处在愤愤不平、忐忑不安、焦躁烦闷或抑郁难耐的状态。这就是一种非“正常”的情绪情感，是“异常”心态的种种表现。因而演讲学习者要做到用专业知识和方法涵养健康的演讲心态，首先就要接纳自己的演讲心态现状，调整自己达到“正常”状态里的演讲心态。

(二)正确看待自己出现的演讲心理问题

演讲学习者要涵养健康的演讲心态，尤为重要的是正确看待自己现存的演讲心理问题。出现“异常”演讲心态时的主观想法更是关键。其实，我们每个人都会出现演讲心理问题，这些问题具有一定的相对性及连续变化的特点。所以遭遇演讲心理问题与困扰，我们完全不必大惊小怪，而应坦然面对。况且，每个人都有潜在的应对负面情绪情感的能力，也就是说无论他处于怎样的演讲心境，他都有可能成长为演讲高手，不是极特殊的情况他都有可能保证演讲活动得以圆满完成。

如果演讲中出现了某些心理问题，比如，演讲者出现演讲认知或意志力偏差，或出现极度兴奋或者精神萎靡与抑郁等方面的演讲心理问题，他就处在了非正常心理状态，如果不注意调节，不发动自我悦纳等心理机制的正向作用，他的演讲实践活动就难以正常进行。“异常”演讲心态如不适时调整，就会导致一系列难以预料的情境与后果发生，演讲者也会因此逐渐丧失持续演讲的兴趣和乐趣。

及时调整演讲心态，可以有效转变“异常”的演讲心态。通过调节演讲心态，主动调整现有的精神状态，可以使自己和周围的人际关系与情境有一个协调状态，从而使演讲活动顺利达成。演讲者要杜绝带着严重的不协调感与不适应感参加演讲实践活动，而应努力做到内心活动协调一致；没有太多的精神、心理或理智方面的矛盾和困惑；没有太多的失衡感，内在情感和理智协调一致；能做到外在行为、言谈举止在整体上有一个相对的和谐感和稳定感。

(三)正确运用演讲心理问题鉴别法帮助自己

一般来讲，对演讲心理问题进行鉴别的方法很多，但通常使用内省觉察法。内省觉察法即通过内省觉察自己的演讲言行表现，以判断自己是否存在异常演讲心理问题。比如，学生们认为一位同学演讲才能优秀，觉得他很适合做学生代表参加演讲活动，但他自己却非常不自信，反而觉得大家在作弄自己，他自己更是极力贬低自己的演讲能力，推三阻四，百般托词拒绝参加演讲活动。这位学生的演讲“异常”心态是显而易见的，他自己能够觉察到，身边的同学同样能够觉察到。一旦发生这样的情况就需要他自己进行及时的心态调整，内在的改变相对于外在因素的作用力量更加强大。

再比如，有的学生在演讲能力与素质等方面明显存在不足，但他对演讲却表现了极大的兴趣与自信，他的过于自信与好为人师，与周围听众的反馈格格不入，但他不愿做任何调整和改变，这种演讲心态需要演讲心理内省觉察法的干预与介入。学生存在演讲心理问题，教师要及时引导学生进行内省，通过与学生进行耐心细致的谈话，并及时给予其必要的关心与帮助，促使其通过反省与顿悟拥有积极、自信、乐观、平和的心态，引导他在真实的演讲实践活动中获得能力提升。

二、正确进行演讲心态自评

（一）用通用心理健康标准评价自我演讲心态

了解并正确认知心理健康指标。比如，世界卫生联合会给出的心理健康的定义是：身体、智力、情绪十分调和；适应环境，人际关系中能彼此谦让；有幸福感；在工作和职业中能发挥自己的能力，过着有效率的生活。1989年联合国世界卫生组织为健康做的定义是：“健康不仅是没有疾病，而且包括躯体健康、心理健康、社会适应良好和道德健康。”拥有健康演讲心态的演讲者是心理健康的人，这是他和谐心灵、拥有和谐演讲素养的本源。心态健康的演讲人会有良好的道德品质，能对社会和他人抱有爱心、热心、诚心，他乐于奉献，乐于助人，愿意通过演讲活动影响更多的听众，帮助听众健康成长。

演讲心态好是相对于演讲中出现心理问题而言的。健康演讲心态是通过对演讲心理素养的整合而展现出来的持续、高效和满意的外显状态。依据心理健康专家涂旭东老师的健康观点：“人在生活实践中，要不断地与外界环境（包括自然的和社会的）发生关系，相互作用，接受环境的影响并积极反作用于环境，以取得与外界环境的平衡与协调。”我们认为，心理健康的演讲者在演讲活动中能保持良好的演讲心理状态。心理健康的演讲者能随演讲境遇调整自己，以达到与演讲情境的平衡。心理健康的标准是：智力正常、情绪健康、意志健全、人格完整、人际关系和谐、与社会协调一致、心理行为符合年龄特征和角色特征。

心理健康的演讲者起码应具有以下特点。一是能有意识地控制自己，能有意识地驾驭自己，而不是由意识不到的、不能控制的力量驱使。二是了解并且接受自己的实际情况，能认识到自己的优点和缺点，也能容忍并认可这些优缺点的存在。在平时的生活中能胜任各种社会角色，如同学、朋友、邻居、公民、子女、恋人、配偶、父母等，愿意以自己的本来面目出现在社会活动中。三是能坚定地立足于当下。尽管不能排除过去经历的影响，但不会陷入过去之中，不会为过去的演讲挫折而无休止地悔恨，也不会用未来代替当下。四是注重保持演讲张力，通过经常性地参加演讲，产生愉悦感，渴望演讲挑战，渴望达到演讲新目标和拥有新体验。

由此，我们得出结论：健康的演讲心态是一个相对概念，它包含三个共同准则。换句话说，演讲者是处于正常演讲心态，还是处于非正常演讲心态，概括起来可以从以下三个方面进行区分。一是其主观感受与其面临演讲任务与演讲比赛活动能够做到协调统一，对面临的演讲压力和挑战没有产生严重的不协调感与不适应感；二是其内在演讲心理活动协调一致，在演讲意识、演讲认知、演讲心理与演讲理智之间没有太多矛盾和困惑，演讲理智和演讲心理方面没有太多失衡与矛盾，其内在演讲情感和演讲理智能保持协调一致；三是其外在的演讲语言表达和体态语言表现与整体表现出的风度与人格具有完整性。如此我们称此人处在正常的演讲心态之中。即演讲者能够做到演讲主体与演讲客体和谐统一，演讲者内在的精神活动与外在演讲言行协调一致，他的演讲人格与个性表现具有相对的稳定性和一致性，这就表明他的演讲心态处在正常健康状态。

(二)掌握并使用好评定演讲心态的十个标准

大学生的演讲心态自评可以依照以下十个方面进行。一是能否正确认识自我演讲才能，能够做到既不盲目自大，对自己的演讲能力进行过高评价，也不会妄自菲薄，贬低看轻自己的演讲潜能。健康的演讲心态是能够悦纳自我的现状，接受自己获得的听众反馈。二是能与他人进行融洽合作，乐于与听众交流与沟通，表现出较强的交流与沟通能力，演讲能够获得绝大多数听众的喜爱与欢迎。三是能恰当控制和管理自己的演讲情感与情绪，使自己大部分时间都能保持积极乐观的表达心态。四是具有独立演讲的意识和能力，没有过多的依赖心理，具有良好的选择演讲话题的能力和收获满意演讲效果的能力，体现出较强的演讲应变能力和适应能力。五是具有较强的演讲意志品质，能够承受遭遇到的各种演讲挫折和失败，坚守演讲初衷，在经受打击和磨炼中历练成长。六是热爱演讲和学习，能在演讲学习和演讲实践活动中获得满足感、快乐感和幸福感。七是在演讲学习和演讲活动中能发挥自己的综合潜力，具有演讲创新精神和能力，对启迪听众心智发挥出积极有益的作用。八是拥有完善和谐的人格特征，即使出现矛盾冲突感也能在较短时间化解。九是智商正常，演讲的理论素养与专业知识储备符合演讲活动要求。十是演讲者的心理年龄与生理年龄相符合，成熟稳重。如果大学生在上述十个方面都能完全吻合，他的演讲心态就是健康的。如果在某些方面存在问题，那么就需要着重在此方面进行必要的调整，以逐步达到要求。

目前，考量演讲学习者的心态是否健康，最简便易行的方法就是看他是否符合以下六项要求：一是能正确认识和接纳自我的演讲现状；二是能与听众保持和谐的交流与沟通关系；三是对参加演讲实践活动具有良好的适应能力；四是在应对演讲压力与挑战方面具有顽强的意志力；五是在参加演讲实践活动过程中具有良好的情绪情感体验；六是在公众表达场合体现出完整和谐的健康人格与个性特征等。

三、积极维护演讲者的健康心态

(一)学习并掌握心理健康学知识

要维护好演讲心态，演讲者要积极学习心理健康理论和知识，包括阅读心理健康类书籍、报纸、杂志，浏览网络媒体发布的关于心理健康方面的信息资料。参加心理健康专业的课程学习，包括参加心理健康培训，参加学校组织的心理健康教育活动，如心理健康学术讲座。参加学校组织的集体心理健康培训，尤其是多种主题的学生成长小组活动或专题辅导工作坊，如人际交往工作坊、心理素质训练工作坊、演讲志愿服务工作坊等。

(二)勤于从四个方面入手调整自我

一是树立正确的社会主义核心价值观，树立科学的健康观，做到将自我价值与社会价值相统一，全面认识自我价值，积极为社会做出贡献，包括物质和精神两方面的贡献。二是充分认识与接纳自我，包括学会多方面、多途径地了解自己，既不盲目自信，也不妄自菲薄，对别人能进行较为恰当的评价。三是进行积极的人际交往，对他人既不期望过高，也不贬低、诋毁和嘲讽，不会盲目与人竞争。四是学会管理和调整情绪，建立理性的认知方式，合理地规划学习目标，以适当的方式宣泄，培养自己的兴趣爱好，多参加有益的社会演讲活动，培养自立能力，并适应角色的要求和期待。

(三)积极寻求专业规范的心理援助

如同人的身体会感冒一样，人的心灵也会出现不适感，导致出现心理问题。人人都会遭遇演讲心理问题，尽管人自身具有神奇的自我愈合力，但人也不是万能的。有时由于看问题的视角，或个体已有的人格特征与处世习惯，在较短的时间里无法自行从演讲心理困境中走出。最有效的办法，是积极寻求有益的援助和理解，尽快走出当局者迷的困境，杜绝孤僻封闭的走向，尤其不能在消沉中放纵。可以寻找积极健康的亲友进行倾诉，寻求专业人士指点迷津。在此过程中，以平常心放下压力，树立过程意识，将寻求帮助看作演讲学习成长的必要环节。在此过程中体会走出心灵困境的成功愉悦，并规划出清晰的成功演讲蓝图。

（四）做自我演讲心理调节师

演讲活动中每个人都会遇到一些心理困惑，因此应掌握一些心理调节的方法，帮助自己及时有效地调节出好心情、好心态，享受演讲的成功和快乐。成为自己的演讲心理咨询师，一是要善待自己的心灵，随时调适自己的心情。二是在演讲困惑中成长，因为演讲过后压力和困惑自然消失，演讲不会是永久进行时。每次经历演讲困惑和烦恼，都把它当作个人成长进步的机遇，遇到问题，并能寻找到解题的秘诀，反而会加快成长的步伐。三是能换一种思考问题的方式，因为许多类似的心理困扰都与封闭、简单、绝对化的思维方式有关。如果我们不再固执己见，而采用开放、弹性的思维方式思考问题，也许演讲烦恼会变成成长的契机。转换思考问题的方式，每一种演讲困惑都可以找到解决方案。

四、掌握调试演讲心理的方法和技巧

（一）及时调试演讲紧张心理

俗话说："好的开始是成功的一半。"演讲前容易产生紧张心理，需要及时进行调整，为演讲开个好头。有效减缓紧张心理，降低紧张心理干扰，帮助自己演讲成功，最常用也被大家证实最有效的有如下三个做法。

1. 提前到达演讲现场，演讲前熟悉演讲环境和场地

演讲前除了做好各种准备之外，演讲前半小时也是非常关键的时间节点。演讲者要尽量避免匆忙赶至现场的情况，甚至迟到，因为这会导致加重演讲紧张感受。正确的做法是要在正式进行演讲前的10—20分钟抵达现场。早些到达演讲现场能够增加演讲的准备时间，并有一个较为镇定从容的演讲状态。讲前进行适当的休息和调整，演讲者的身心会获得自然放松之感。早些到达演讲会场也有机会和听众适当交流，让自己获得坦然自若之感，也能对演讲

场所的情况了然于胸，从而让熟悉感、镇静感、愉悦感、自信感取代紧张感。

2. 演讲前尽量放松身体，做些简单的运动放松自我

演讲前向听众致意微笑，微笑时表情自然放松；演讲前在讲台上站一站，试一试话筒音量，演讲中适时调换自己的站姿；结合演讲的具体内容，适时、适当地做些手势动作，都会起到缓解紧张的作用。此外，演讲中还可以走近听众，向听众提出一个问题，给听众赠送一份准备好的礼物，比如，赠送一本和演讲主题相关的书籍、杂志或一幅书法条幅等，增加与听众进行交流的环节；根据演讲主题的内容设计，组织听众进行一些简短的交流与沟通，邀请听众参与交流活动等。

3. 把握参加演讲活动的机遇，总结积累适合自我的调节法

多数演讲者尝试演讲前主动向听众致意，获得听众友好反馈的信息与感觉；将注意力集中在演讲内容上，认真体会演讲内容的思想感情；模仿成功演讲者的言谈举止；回顾自己以往演讲的成功经验，帮助自己获得演讲自信，这些都是克服紧张心理的有效方法。

(二)最大限度地降低演讲畏惧心理

降低演讲成功期待，可以有效消除演讲畏惧心理，帮助演讲者顺利进行演讲。比如，演讲前和听众接触交谈，站上讲台向听众微笑；充分准备演讲的开头部分；设计与听众进行交流互动的环节，尽快让自己进入演讲情境。

1. 演讲准备工作尽量做到细致充分

演讲的准备工作充分，演讲的畏惧心理会自然消减。演讲者必须对演讲内容进行认真思考，反复厘清演讲的脉络和思路，字斟句酌地确定要讲的每一句话。之后理智地预想自己在演讲中可能会出现的反馈情况，并针对这些情况逐一想好应对和解决的办法，比如出现怯场怎么办？出现笑场怎么办？头脑出现空白怎么办？感到面红耳赤怎么办？有听众提出质疑和反对的声音怎么办？容易出汗怎么办？此外，自己要准备好演讲过程中喝的水，可能会用到的纸巾、润喉糖等；穿着的衣服要方便增减。要有无论如何都不能与听众发生冲突的意识与心理准备。

2. 善于对自我进行积极心理暗示

考虑自己已做的准备工作，提升想要和大家进行分享的热情，提升想要和大家进行交流的愿望。在内心坚定信念："镇静，我很有信心把我准备好的内容讲给大家听。""没有人比我更用功，没有人比我做了更充分的准备。""我的想法很有价值和意义，我的讲话风格很有感染力。只要我有始有终地完成

演讲的全过程，一定能引起听众的强烈共鸣。”不断地肯定自己，鼓励自己，让自己进入积极的心理暗示情境，为成功演讲奠定基础。

3. 演讲前反复进行演练

俗话说“熟能生巧”，尤其是巧用一些小技巧，演讲时就会胸有成竹，潇洒自如，自然就不会有畏惧心理了。自己对演讲稿的内容能做到倒背如流，并且已经做到了融会贯通。同时在准备时间允许的情况下，要持续进行演练，不仅进行自言自语式的独自演练，也要讲给不同的听众，听取听众朋友的如实反馈。正式演讲前，最好在规模较小的演讲现场进行演讲实战，或是进行30遍以上的模拟演练，做到熟练流畅，表达清晰、自然、感人。如此，再进行正式演讲自然会较为成熟，与演讲恐惧之间也就自然而然地拉开了距离。

（三）缓解演讲恐惧至适度紧张状态

适度紧张易于激发想与听众分享的热情，增加演讲的亲和力和激情；适度紧张易于激发自信力，感受自己在人群中是重要的一员；适度紧张督促演讲者在准备工作中下足功夫，在演讲前进行周密的安排；易于产生演讲恐惧心理的学习者，要掌握成功演讲的方法和技术，有效缓解恐惧感至适度紧张状态，帮助自己获得演讲成功。

1. 激发想与听众分享的热情，主动走出演讲恐惧困境

不管自己感到如何害怕，都不会逃避参加演讲实践活动，要珍惜演讲机遇，即使忍受精神的痛苦也要坚持参加。爱护自己更要关爱听众，渴望演讲成功，更有表达的挚情。希望听众了解自己，希望听众在自己的演讲中能够获益。

2. 激发演讲自信心，感受自我的独特价值

感受自己是独一无二的个体，对要表达的想法和观点进行充分的准备。自己的表达对自己、对听众都非常有意义。任何情况下都不放弃表达自我的机会，要通过演讲传达自信力。

3. 在准备演讲方面下功夫，演讲前做足够的努力

认真准备和练习演讲，包括反复默念演讲稿，对着镜子加手势读诵演讲稿，利用录音、录像设备反省自己的演讲效果。还可找几个朋友和家人，让他们聆听演讲，请他们提出反馈意见，以便完善演讲稿。相信有成功的演讲稿做保障，自己一定能够顺利完成演讲活动。这种成功的自信和预想会逐渐强烈，恐惧心理自然也就会消减。

4. 掌握成功演讲的方法和技术，帮助自己获得演讲自信

在熟悉演讲稿的基础上，演讲前强化记住文稿中的关键点，并在演讲主

题和小标题处做些标记。不死记硬背整篇演讲稿，而是整体把握演讲主题，对达到的演讲效果有成竹在胸之感。

随着现代社会的发展，心理健康对大学生成长与发展发挥的保护健康、塑造人格、开发潜能的作用愈加明显。教育部颁布的《普通高等学校大学生心理健康教育工作实施纲要(试行)》提出："宣传普及心理科学基础知识，使学生认识自身的心理活动与个性特点；宣传普及心理健康知识，使大学生认识到心理健康的重要作用，特别是心理健康对成才的重要意义，树立心理健康意识。培训心理调适的技能，提供维护心理健康和提高心理素质的方法，使大学生学会自我心理调适，有效消除心理困惑，及时调节负性情绪；使大学生养成良好的学习习惯，掌握科学、有效的学习方法，提高学习能力，自觉地开发智力潜能，培养创新精神和实践能力；使大学生树立积极的交往态度，掌握人际沟通的方法，学会协调人际关系，增强适应社会生活的能力；使大学生自觉培养坚韧不拔的意志品质和艰苦奋斗的精神，提高承受和应对挫折的能力。"这些论述为我们培养和提升演讲者的心理素养提供了科学依据、支撑和着力点。

第四节 健康人格与演讲能力提升

做成功的演讲，努力成长为受听众欢迎的演讲者，需要不断反省并培养自己拥有健康的人格品质。演讲者的人格特征会在演讲实践活动中表现出来。如果他在演讲中表现出来的人格特征是听众所期待的、接受的和欣赏的，这样的演讲就会受听众的欢迎和好评。演讲者在完成好演讲任务的过程中，用坚定的理想信念、博学深广的学识、积极乐观的情感吸引听众，这是他本人的人格修养在发挥作用。学习演讲的大学生，在学习演讲理论知识，练就演讲技能的过程中，应把塑造健康演讲人格作为重要的学习内容。学习演讲的过程也是培养和塑造健康演讲人格的过程。

一、人格学研究对演讲者成长的启示

人格是人相对稳定的心理特征的总和。它是人的品格、品质、思想境界、情操格调、道德水平等方面的综合外显。塑造个体健全的演讲人格，就是要形成崇高丰富的精神境界，养成健康良好的演讲心理品质。一方面要明确自己的人生方向，确立相应的认知、态度、情感，产生相应的行为；另一方面

要在具体的生活和学习中，养成社会需要的思想品德、心理素质、品德能力等。要把外在的社会要求，如社会价值准则、理论观点与行为规范等转化为内在的个人意识，再将个人意识、思想动机转化为外显的言行和相关的习惯。由此形成健康人格，助力演讲获得成功。

(一)演讲人格词义探源

人格也称个性，源于希腊语 Persona，原指演员在舞台上戴的面具，类似于我国的京剧脸谱。后来心理学借用这个术语用来说明：在人生的大舞台上，人会根据社会角色的不同来变换面具，这些面具就是人格的外在表现。

人格是一种具有自我意识和自我控制能力，具有感觉、情感、意志等机能的主体，主要指人所具有的与他人相区别的独特而稳定的思维方式和行为风格，也指人的道德品质和人作为权利、义务主体的资格。它是人的性格、气质、能力等特征的综合体现。

随着人们对人格研究的不断深化，人格的研究内涵愈加丰厚。迄今，最受人关注并令人信服的人格解读有两方面的出处。一是由商务印书馆出版的《现代汉语词典》(第 5 版)里的“人格”词条，它对人格一词列出三种解释：人的性格、气质、能力等特征的总和；个人的道德品格；人作为权利、义务主体的资格。二是由商务印书馆与牛津大学出版社联合推出的《牛津高阶英汉双解词典》(第 6 版)，词条 Personality 将西方国家关于对人格的研究做了全面的概括，从以下五个方面对人格进行科学解读：人格即性格、个性与人格；指人的魅力、气质与气度；指名流、名人与风云人物；指性格鲜明的人、有突出个性的人；指特色与特征。人格的内涵涉及范围较为丰富而广泛。

每个人都是独立的个体，都有着独特的人格特征，但同时人也是集体的一员，包含集体人格成分。比如，个体会体现出群体、社会的同一性及文化象征等。个体归属在种族、民族、团体、家庭或组织中，受到了社会群体的要求和影响，在道德品质、能力与义务等方面都具有明显的共同点。比如中国人共同的人格特征是中华儿女共有的，都具有中华民族的归属感、认同感、自豪感、责任感与使命感，都愿意为实现中华民族伟大复兴的中国梦，为建设和发展中国特色社会主义贡献力量。

演讲人格是演讲者按照高尚人格评价标准要求自己的内在动机。培养和提升演讲人格，是提高演讲整体素质的重要内容。这既非一日之功，也难以一蹴而就。提升演讲人格需要提高身体、知识与心理素质，能够拥有真诚、谦逊、豁达大度、镇定自若、思维完整、有幸福感等。每个人都有同等的机会养成演讲人格，我们都要有坚持不懈对自我进行培养与要求的意识和毅力。

（二）心理学视域中的人格研究

从心理学角度讲，人格包括两部分，即性格与气质。性格从本质上表现人的特征，是人稳定的个性心理特征，体现为对现实的态度和与之相应的行为方式。气质指人的心理活动和行为模式的特点，好比是给人格涂抹上色彩，或打上标记，赋予性格光泽。比如，热爱劳动是人的一种性格品质，但气质不同的人在劳动过程中会有不同的表现：有的人表现为动作迅速，工作中会出现重视效率的特点，胆汁质气质类型明显；有的人工作细致，按部就班，反应比较迟缓，黏液质气质类型突出；有的人工作时乐观开朗，积极性高，多血质气质类型显著；有的人劳动中闷头苦干，遇到问题易患得患失，易产生伤感情绪，体现出较为典型的抑郁质气质类型。所以说人格由气质和性格共同组成和决定。

心理学界关于人格研究的内容十分丰富。概括起来讲，人格指一个人的心理活动的各个方面，包括人的认知、情感、意志行为，尤其是人的情感活动和意志行为活动方面所表现出的总特点，主要涵盖以下四方面的内容：一是人的需要、兴趣、爱好、理想与信念等心理活动倾向；二是人的情感反应与心境倾向，比如，乐观或抑郁，焦虑或平静，暴躁或温顺等；三是人的意志特征和行为方式的选择，比如，果断或犹豫，勇敢或怯懦，好动或爱静，合群或孤僻等；四是人的认知能力特征，比如，敏锐或迟钝，细致或粗糙，注意力与记忆力强或弱，想象力丰富或贫乏，思维具体或抽象等。上述内容为塑造健康演讲人格提供依据与支撑。

二、培养健康人格与提升演讲素养的关系

理解和把握人格的内涵，加强健康演讲人格培养，是有效提升演讲素养的重要内容。有效强化健康演讲人格的培养，有助于有效提升演讲素养；反过来，随着演讲素养的不断提高，演讲者的健康人格也会获得培养。一个人的人格表现，在演讲过程中会有明显体现，并不断稳定升华为演讲素养的重要内容。

（一）培养健康人格，有助于提升演讲素养

许多大学生表述自己上台演讲会很紧张，动作表情会很不自然……原因之一是其个人的心理素养存在某些不足和缺憾，比如，存在自卑心理、自信心不足、缺少勇气和胆识等。因此，健康人格不仅是演讲顺利的前提，也是

演讲取得好效果的保障。培养健康人格，养成正确的人生观与价值观，会对演讲主题的选择，人生经历与知识底蕴的解读产生直接影响。

人格是演讲者进行演讲时的心理特点表现。从演讲过程看，演讲的动因产生于演讲者对真理的追求；演讲的准备，是演讲者科学和艺术的创作过程；演讲的表达是演讲者与听众之间的交流和沟通。无论是演讲活动的起源，还是演讲稿的创作过程，以及演讲活动的进行，其能否顺利成功，都与演讲者的人格是否健康密切相关。比如，演讲者是否积极乐观，愿意与听众进行有价值、有意义观点的分享，影响他是否接受演讲任务；演讲者是否有专业素养、是否勤于创作决定他能否拿出一篇高质量的演讲稿；演讲者是否具有公众表达的技能，面对听众是否自信大方，直接影响他现场演讲的效果。

首先，提升自信心有利于演讲成功。会演讲的人一定自信善良、具有智慧与胆识，敢于向他人讲出自己的想法，引导听者顺着他的思维方向想问题。其次，培养细心与耐心的心理品质有利于演讲成功。善于演讲的人应十分细心、有耐心。演讲本身是一个复杂的工程，演讲过程是由演讲主题选择、演讲资料获取、演讲稿创作等一系列内容构成的。要在演讲领域有所建树，需要付出许多的耐心。最后，爱心和责任心是保证演讲者拥有演讲激情的必备条件。演讲者要有爱心、责任心，并有勇气。演讲实践活动给予他向大家倾诉心声的平台，让听众获得同样感触的情感与思想力。

(二)提升演讲素养，有助于促进健康人格的养成

提升演讲素养与培养健全人格相辅相成，互为依托。演讲者需要提升演讲素养，需要有先进的科学思想、高尚的道德品质、丰富的学识。提升演讲素养包括提升思想道德、学识修养、情绪情感控制力，加强演讲才能、艺术技巧等多个方面。随着上述修养与才能的养成和提高，演讲者的人格也逐渐得以涵养。提升演讲素养使演讲者更加自信地表达自己的观点，养成自信乐观的品格；提升演讲素养使演讲者有更多的机会去展现自己的才能，促使演讲者不断进取，赢得更好的成长；提升演讲素养使演讲者以更加严肃、负责的态度去对待人生，养成高尚的人格。

提升演讲素养的过程，同样是培养健康人格的过程。具备高素养的演讲者具有良好的心理特征，演讲过程中他展现出自信、自如，振奋有活力，体现出专注、镇静、敏锐而从容，自控自强，积极主动，外显出更好的仪态，卓越的语言表达能力，较强的人际沟通能力，而这些外显的心理特征与其健康演讲人格是融为一体的。

提升演讲素养需要从多方面积累知识，养成能力，还需要多与人交往交流，开阔视野增长见识，多向优秀的人学习。在这丰富多彩的学习过程中，健康演讲人格也就逐渐培养起来了。演讲素养的提升与健康人格的培养相辅相成，相互影响，相互促进。

（三）培养健康人格与提升演讲素养既有各自的独立性，也相互依存

演讲者提升演讲素养有许多要做的功课，要提高健康的演讲人格有更多要努力的地方，但两者之间的素养与能力是相通的，培养健康人格与提升演讲素养相辅相成，互为参照和影响源。提升演讲素养有利于健康人格的培养，同时，拥有了健康人格也有利于演讲素养的提升。

演讲素养的提升有助于健康人格的树立；而健康人格的确立，更有助于养成高水平的演讲素养。演讲素养与演讲人格本质上是一致的。演讲素养不是与生俱来的，而是通过持续不断的学习历练而成的，既包括学习演讲时用心用情的学习和训练，也包括在平时生活中加强自身修养。演讲人格与演讲品质等同，演讲人格会受环境的影响，受自身修养的影响。

三、塑造健康演讲人格与成功演讲

没有演讲人格的养成就难有成功的演讲。言为心声，演讲者在演讲中的一举一动、一言一行、一颦一笑都无不透露着他的个性特点和人品内涵，听众对演讲者的接纳建立在对其人格悦纳的基础上。演讲者选取的演讲主题、演讲事例、所表达的想法和抒发的情感无不透露着他对社会人群的态度倾向和责任意识，这是演讲人品与人格的重要组成部分。演讲的最高目标是对听众产生最大限度的正向影响作用，演讲者在听众面前的表现，直接影响听众对演讲、对演讲者的接纳程度。演讲者体现出健康的演讲人格特征，有助于有效发挥演讲的作用。否则，或会贻笑大方，产生负面的演讲效果。

（一）避免出现令听众反感的演讲人格特征

如果演讲者具有不健康的人格特点，在公众面前的表现不够正直开朗，不能与人为善，他的演讲就不会受到听众的欢迎。如果演讲者的人格特点是傲慢无礼，那么在演讲中他可能会表现出居高临下、蔑视听众、自以为是的倾向，听众也会藐视他，远离他，难以形成良好的交流与沟通关系；如果演讲者的人格特点是刻薄苛刻的，那么演讲中他会表现得斤斤计较、冷言冷语、出口伤人，难以获得好的演讲效果；如果演讲者是自卑人格特点，演讲中他会表现得欲言又止、吞吞吐吐、支支吾吾，自然也就无法感染听众；如果演讲者是自负人格特点，演讲中他会夸大其词、易走极端、好为人师，听众也会反感；如果演讲者是圆滑的人格特征，演讲中会表现得闪烁其词，面常带笑，不知其心，难以有真诚的交流；如果演讲者是冷漠的，演讲中会表现得冷嘲热讽，专挑毛病，专揭短处，对人和事吹毛求疵，听众当然不喜爱这样的演讲者。

在我教授的演讲课上，我组织学生开展演讲练习活动，引导学生提高自我认识觉察力，通过互评、自评、全班交流分享，学生认识、感悟自己演讲人格的现状。认知问题是解决问题的前提，问题把握准确可以发挥自我培养的内生动力。学生认识到自己当前的演讲人格特征，也就找到了影响自己演讲成功的人格因素。这种自我认知帮助学生厘清了问题，树立了变弱点为强项的清晰目标。学生们认为某些人格特点是不受听众欢迎的，也影响自己获得满意的演讲效果，就会尽量避免这些特征出现，同时对症下药，在克服弱点的基础上，逐渐养成并彰显健康的、受听众欢迎的演讲人格特征。

学生的实际情况是五花八门的，但归纳起来可概括为以下四类。第一类集中在气质特征与人格特点方面。缺乏演讲气场，无精打采，开场不够活跃，说话语气随意、平淡，出现冷场，不自然。第二类集中在思想、阅历方面体现出的人格特点。知识、经验储备明显不足，人生阅历不广，孤陋寡闻，思想匮乏，表达中容易跑题，内容单调，思维混乱，缺乏思想深度，逻辑性差，思维状态封闭不兴奋，演讲内容空洞无物，演讲主题缺乏现实意义。第三类集中在待人接物方面体现出的人格特点。与人交流态度不端庄，自说自话，忽略与听众的互动和沟通，形体语言不得体，肢体动作随便，表达缺乏文采，肢体语言运用不到位，小动作太多，语塞时间过长，说话磕磕绊绊不利索，口头语频繁出现，不仅没有说服力，反而有理屈词穷之感。第四类集中在心理素养方面体现出的人格特点。慌乱不沉稳，拘谨、胆怯、紧张、害怕、担忧，缺乏自信，手足无措，眼神慌张，声音的底气不足，羞于说话，无法调动听众，不能吸引、震撼听众。

(二)成功演讲助力健康人格的养成

初学演讲的学生往往会有这样或那样的演讲认识误区，如他们或认为，“只要有思想观点和才识学问就能做成功的演讲。”殊不知要达到成功演讲的境界，演讲者还需要具备健康人格与实践经验等。尤其是养成健康演讲人格方面，演讲者具备优秀道德品质是十分重要的，可以说是对演讲成功起决定作用的。如果演讲者道德素质低下，品性败劣，那么，即使他的思想再渊博丰厚，他的学问再好再有造诣，他的演讲才能与技能水平再高超，他也不会赢得观众的尊重和喜爱，相反会招致观众反感，最终难以获得得偿所愿的演讲效果。

人格特质理论的创始人、美国心理学家阿尔伯特说："同样的火候，使黄油融化，使鸡蛋变硬。""人格是个体内部那些决定个人对其环境独特顺应方式的身心系统的动力结构"，因而人格具有个别特点。面对同样主题的演讲活动，不同的演讲者会有不同的侧重点，会想起不同的人和事，会有不同的思想情感产生，表达的方式也会因人而异，这便是人格特质在演讲者身上的体现。

演讲表达与人格特征的彰显之间紧密相连，因而人们才有"言为心声"的共识。在演讲活动过程中，演讲主题鲜明，演讲目的明确，演讲逻辑结构严密完整，面向公众群体的"言"与演讲者对演讲内容、风格进行内心思考、设计、谋划、相融相通。演讲反映演讲者的思想认识水平和道德、法律等综合素质。本教材旨在传授必要的演讲理论概念、知识和技能、技巧，培养学生"立言"的能力。同时，在课程中通过开展小组学习、专题讨论、即兴演讲训练、心理素质测量等活动，为大学生明确自我认知，塑造积极、健康、蓬勃向上的人格特质做出了积极有益的探索。

有什么风格的演讲者就会有什么风格的演讲活动，这便是演讲表达与健康演讲人格塑造之间关系的证明。听众可以从演讲者表达的思想内容、选取的事例、演讲的方式、对待听众的态度等多个方面感受他的人格特征。这正好启示我们思考：要完成对听众发挥正向影响力的演讲，前提是塑造自己卓越而美好的演讲人格。

四、健康演讲人格内涵释义

(一)健康人格是演讲者形成演讲才能的必备根基

健康人格是演讲者成功演讲的基石，成功演讲是人格健康之树盛开的花朵，结出的累累硕果。西方演讲理论界的一种说法是："Character is the root, the support system for your entire life. Achievement is simply the visible fruit."这段话的意思是说，人们在一生中取得的成功业绩是外显的，直接可以被人们看到，这是扎根于健康性格结出的果实。人的性格根基对人的一生发展起着强有力的支撑作用，尽管根系不外显，不能被人们直接看到，有时我们还会忽略它的作用，但其从根本上保障演讲者才能的发挥。

性格与人格关联密切。关于性格的形成逻辑有一个为人们接受的常理，即人的信念影响思想的形成，人的思想影响人产生情感，人的情感影响人形成心态，人的心态影响人采取行动，人的行动助力人养成习惯。习惯成就性格，性格决定人生。对于演讲学习者来讲，他要有坚定的信念，这是站稳讲台的精神支柱；他要有对演讲事业的炽热情感，热爱演讲如同生命，这是演讲家在演讲中激情似火的热力源泉；他要一直保持勤奋，要能持之以恒地坚持学习，与时俱进并能站在时代的前列；他要有坚韧的意志力，要能克服常人难以克服的各种困难，勇于战胜并超越自我。上述这一切人格特点都是演讲学习者形成演讲才能的必备根基。

（二）大学生健康演讲人格特征

培养健康人格是演讲学习者养成演讲素养的保障。在我教授的演讲课上，在讲授演讲者应具备的演讲人格特征一课时，我给学生布置了一项作业，让他们列出自己的人格发展成长目标，自我培养受听众喜爱的演讲人格。他们给出的演讲人格特征是：深刻、沉稳、淡定、自信、幽默、机智、老练、活跃、从容、智慧、激情、渊博、自如、冷静、成熟、理智、勇敢、成长、开放、大胆、真诚、平易近人、享受演讲、有情趣、激昂、兴奋、有气质、专业、严谨、高昂、充实、高水平、有内涵、温和、自由、深奥、贴心、潇洒、震撼、大方、放松、清晰、真实、细节、深度、务实、客观等。

在学生提交的作业中，我读到的频率最高的词有：自信、激情和幽默，提交作业的学生共有 46 人，其中把“自信”列为演讲人格的学生有 18 人，占学生总数的 39%；把“激情”列为演讲人格的学生有 10 人，占学生总数的 22%；把“幽默”列为演讲人格的学生有 8 人，占学生总数的 17%。也就是说，更多的学生认为，成功的演讲者应具有自信、激情和幽默等人格特征。

大学生普遍认为，如果他们想要成为优秀的演讲者，他们就必须具有上述人格特征，进而做出较为成功的演讲，收获以下演讲效果：内容充实、丰富，结构严谨、清晰，条理清楚，简明扼要，逻辑性强，语言流畅、优美，博古通今，有文采，激情澎湃，意义深远，打动人心。这是大学生心目中成功演讲的特点。

他们认为，成功的演讲应给听众留下以下印象：放松、自然、生动、阳光、有力、有意义、有风度、有广度、灵活应变、积极正面、博学、自在、自如、自主、风趣、面带微笑、姿态得体、有条不紊、轻松自如、声情并茂、口若悬河、扣人心弦、气势磅礴、引人入胜、生动感人、引人深思、充满活力、有吸引力、感染力强、反响热烈、丰富流畅、深入人心等。

(三)大学生欣赏的演讲家人格特征

我在演讲教学班中请学生讲一讲自己最欣赏的演讲家，他们列出总计 13 位中外演讲家的名字。学生最欣赏的国内演讲家有：毛泽东、周恩来、郭沫若、李燕杰、俞敏洪、易中天、刘心武等；他们最欣赏的国外演讲家有：马丁·路德·金、奥巴马、戴尔·卡耐基、尼克·胡哲等。最为集中的是马丁·路德·金与李燕杰，占一半以上人数。这次发表想法的学生共有 46 人，选择马丁·路德·金与李燕杰为自己最欣赏的演讲家的学生有 24 人，在发表想法的学生中占 52%。其中将李燕杰列为自己最喜欢的演讲家的学生有 10 人，在发表想法的学生中占 22%；将马丁·路德·金列为自己最喜欢的演讲家的学生有 14 人，在发表想法的学生中占 30%。

大学生们欣赏美国演讲家马丁·路德·金，关键原因在于演讲者的人格魅力。大家为他高尚的人格所折服，为他展现的精妙绝伦的演讲效果所感染。大家普遍认为马丁·路德·金虽然受到歧视和迫害，但没有憎恨和敌视，取而代之的是平等与博爱的美好思想。他的内心对种族平等充满渴望，演讲语调处理得恰到好处，震撼人心；他有渊博的知识和深刻的思想，激情澎湃，充满自信，豪放而有爆发力。他讲身边的事，贴近生活，又高于生活；他从听众的思想本源出发，逐步带动听众的思维，从而赢得听众的支持。他精彩的演说感染了每一位听众。

大学生欣赏我国演讲大家李燕杰教授，不仅因为听李燕杰老师的演讲是一种美的享受，更重要的是欣赏李燕杰老师在演讲中表现出来的人格魅力。学生普遍认为李燕杰老师在演讲中充满热情，时而慷慨激昂，时而娓娓道来。他像是挣脱了岁月的束缚，完全像一位风华正茂的少年。在他的身上，演讲家的精气神与真善美得到了完美体现。他知识渊博丰厚，在演讲中化为决堤的洪水，奔涌而出，气势磅礴。而他又风趣幽默，将人生道理讲得深入浅出，充满喜乐，这使听众在轻松的情境中体会人生哲理，而且感悟深刻。他的演讲以教育艺术与演讲美学为载体，引导听众追求真善美。

五、养成健康演讲人格的路径

大学生要养成健康的演讲人格需要在不断的学习过程中自觉修养思想品格，逐步奠定广博的知识技能基础，培养高超的语言表达能力，拥有并保持健康的心态。也就是说，大学生要具有良好的演讲人格特征，首先，必须注重品德培养，相信品格培养的力量，能够管住自己的言行，愿意并努力培养自己具有高尚的品格。其次，在日常学习和生活中重视演讲能力培养，在与时俱进的学习过程中学习并掌握演讲知识与技能，并逐步将学到的知识与技能运用到演讲活动中。最后，要注重练声和形体锻炼，琢磨语言表达的魅力，做到演讲中声音洪亮，语言表达富有节奏；情理交融，声情并茂；吐词清晰，通俗易懂；有声无声，巧妙配合，以此使学习演讲、练习演讲与人格培养相互促进，携手提高。

(一)养成健康演讲人格的必由路径

演讲者具有特定的身份，是受人关注的公众人物，其言行要经得起检验，而不能出现“你在台上说，观众在台下说你”的问题。因此，应养成值得观众尊重和学习的品德，演讲者应努力做大学生群体中最优秀的成员。应养成坚韧笃实的品行、思想政治素质和道德水平，应培养高尚的道德品质，完善健康的人格心理，确立正确的理想追求，学习成绩优异，工作组织能力卓越，勇于承担演讲任务与责任。

从本质上讲，演讲者应是最有影响力的育人者。育人先育己，演讲者本人先要有崇高的道德追求，要做正直、爱国、团结、坚贞、勤奋、改革之人，要光明磊落，表里一致，这样才具有演讲的人格力量。无德，不可为公众演讲；无智，难以帮助听众，更难以提高听众；无美无艺，难以感染听众。因此，演讲者应从德智体美艺多方面培养自己，与听众的关系做到如师如友，使演讲成为“善的意图、真的内容、美的形式”的和谐统一，以实现美的演讲与演讲的和谐。因此，培养至真、至善、至美之德是大学生培养健康演讲人格的最佳途径，也应该成为大学生一生的追求。

1. 培养至真之德，形成人格感召力

演讲活动是生命影响生命、心灵呼唤心灵的现实活动，来不得半点虚假。演讲者要具有求真务实的责任感和使命感，为人要真诚、真情、真意，要能心中有听众，把听众当作最知心的朋友。演讲者应树立三种境界：一是坚定追求真理，弘扬真理的理想追求，无论遇到怎样的艰难都能矢志不移，传播知识，宣传真理；二是热爱读书、与时俱进、勤于学习，让勤奋读书成为自己的生活常态；三是站稳演讲台，不断提高综合素养，愿意以听众为师，以听众为友，努力做受听众欢迎和信赖的优秀演讲者。

培养至真之德，最重要的是形成正直人格。“其身正，不令而行；其身不正，虽令不从。”一位阳光正直、无私大义、具有宽厚仁慈心灵与胸怀的演讲者，一位有着崇高理想追求、对美好人生具有坚定信念、充满智慧与人文素养的演讲者会在潜移默化中影响听众。因此，大学生应不断完善人格，努力培养高尚的品德，拥有至真之德。做优秀的演讲者，先要做好手边的事情，做优秀的大学生。

2. 培养至善之德，形成人格感染力

善的真谛是爱，有了爱才能拥有博大的心胸，才能真切地关爱听众，在演讲中做到微笑传挚诚，润物细无声，由此感染听众，使听众受益。培养至善之德，最重要的是形成高尚人格。培养至善之德就要努力成为政治上的强者、道德上的善者、生活中的好人、人格上的完人、知识素养方面的泰斗、智慧见识上的尊长。同时要做到时时反省总结，在不断积累中实现持续进步和成长。

培养至善之德，要对人生充满热爱之情，对听众饱含深情厚谊。爱是演讲家热力的源泉，也是演讲家热爱演讲的不竭动力。如果演讲者心里缺少了爱，那就会和听众像平行线一样永不相交，交互影响的演讲活动也就无法获得应有的效果。具有至善之德的演讲者要对听众有大爱之情，善于用语言激励听众淡定自爱，向上向善，保持并增强信心，积极进取，努力工作。演讲者如果想让听众喜爱自己，那么自己首先要热爱听众；演讲者如果想让听众尊重自己，那么自己首先要无条件地尊重听众。

3. 培养至美之德，形成人格感化力

演讲活动应善于用美好的事物吸引人，美好的心灵感动人，要能给演讲营造美好的氛围，让听众在美的境界中受到陶冶。演讲“不是锤的打击，而是水的载歌载舞，使鹅卵石臻于完美”。因此，演讲者应追求“清风能感水能化，修竹有情兰有怀”的演讲佳境。培养至美之德，最重要的是形成艺术人格，他应善于做到无邪、无瑕、无私、无畏，以养成“品若梅花香在骨，人如秋水玉为神”的美好品德。

演讲者应能将高尚的品德和纯美的情感和听众交流，能将字面上的文字讲生动，让听众通过听你的演讲走近智慧，收获美的享受，塑造美的心灵。演讲者应注重演讲的诗化、美化、艺术化，让听众对你讲的内容入耳、入脑、入心，进而沉浸在诗情画意般的演讲活动中，在美的享受中获得成长。演讲者应能身体力行地开展教育艺术活动，要善于选用审美演讲艺术的刺激物，善于构建审美演讲艺术的“磁场”，善于形成审美演讲艺术的意境，善于进行审美演讲艺术的哲理概括，善于引发审美演讲艺术的快感，善于促使审美演讲意象的延伸，形成“起承转合”、有情义、有磁场的感动力与凝聚力，最终达到演讲助人成长的目的。

(二)养成健康演讲人格的六个“依循”

演讲者的健康人格在演讲活动中会有真实的呈现，而他真实而健康的人格品质却需经过长久的磨炼。真实的人格是在知道他人绝不会发现的情况下而有的言行内源，每一个人都可以通过慎独的方法历练真实的人格。每一位大学生都能养成健康的演讲人格品质。培养健康演讲人格品质的方法很多，包括加强思想品德修养，拥有健康的心理素质，主动进行意志力磨炼，不断完善个性品质，培养创新思维，加强演讲训练并积极参加演讲活动等，以下提供养成健康演讲人格的六个“依循”。

1. 强化演讲学习，提升思想品德素养

树立正确的世界观、人生观、价值观，心中具有崇高的理想和人生追求，对人生持积极进取的态度，并脚踏实地地实践，在生活中经得起苦乐、成败、荣辱，甚至生死的考验，在艰苦的环境中自觉磨炼自己，做到品行高洁、才学超群。严于律己，宽以待人，善待他人，乐于助人，在大学生中发挥积极作用。对真善美执着追求，有强烈的爱国主义情怀，有虚心宽广的胸襟。具有正确的政治立场、政治信念、政治品德、政治水平和政策水平等。刻苦学习，勤于思考，勇于实践，经常进行反省，有针对性地约束和调整自己的思想和行为，保证自己每天都在进步和完善。

2. 适时调整演讲心理状态，提升心理健康素养

善于了解、评价自己，愿意接受现实中的自我，没有明显的自卑感，容忍自己存在某些缺点和不足，愿意努力调整自己，脚踏实地地付出努力。保持人格完整和谐，从经验中学习，有良好的人际关系，能适度发泄和控制情绪，演讲时做到：自信、自如、振奋有活力，专注、镇静、敏锐而从容，自控、自强、积极而主动，在公众面前展现得体而受听众欢迎的仪态、语言和个性品质。

3. 主动参与演讲实践活动，开展有效的意志磨炼

坚定信仰，对信念的坚持有矢志不渝的坚毅力。演讲人格要依靠努力奋斗而展现，要培养独立自主的意识，参加演讲活动充分发挥积极性、主动性和创造性。做事情有始有终，控制自己的行为，培养并坚持良好的生活和学习习惯，能够经受住挫折和失败的磨炼，不冲动，不消沉，始终保持乐观向上的精神状态。演讲中充满自信，语言坚定有力，具有强烈的号召力和影响

力。不管遇到怎样的困难和挫折，都能保持积极乐观的精神，克服困难，坚持到底，最终保证演讲顺利。要努力历练演讲能力，要善于运用理性思维能力对演讲信息加以分析、选择和处理，同时运用理智控制和驾驭自己的情感和意志，争取使每一次的演讲活动都取得最好效果。

4. 积极涵养健康人格，持续完善个性与性格

有完善性格培养的意识和目标，能做到自觉培养，逐渐进步和提高。了解自己的个性与人格特征，善于发现自己受人欣赏的一面，并发扬光大；善于发觉自己个性不足的一面，自觉进行调整和修正。保持开朗的心态和心境，不断控制和调节自己的情绪，使自己大多数时间都处在积极、乐观、开朗的状态。乐于与他人交流与合作，愿意学习，善于学习，并能在学习中不断取得进步。

5. 善于养成开放宽容的心态，培养创新思维品质

善于思考，具有独立分析问题和解决问题的能力，培养创新思维品质。不唯上，不唯书，追求真理，坚持原则，始终保持开放与创造的心境。培养创新人格，具有服务社会的创新责任感，心系社会乐于奉献；具有追求真理的创新精神，坚持“独立之精神，自由之思想”；具有坚韧不拔的创新意志，在成功的道路上克服浮躁，耐得住寂寞，具备百折不挠的意志品质；具有脚踏实地的吃苦精神，不畏艰辛，不畏劳苦，在学习和工作中踏踏实实做人，认认真真做事；具有善于合作的创新禀赋，以开放的心态兼容并蓄，团结协作，吸纳他人的长处，包容他人的不足。

6. 勤于思考与练习，增强交流与沟通能力

勤于思考与练习，在演讲中不断向自己提出涵养人格的目标，比如，自信、自如、振奋有活力等；要求自己体现美好的仪态，优秀的语言表达，有较强的与人沟通的能力等，持续不断地塑造与提升演讲人格品质。练习沉着果断，有潇洒自如的感染力；练习举止得体，有平易近人的感染力；勤于准备演讲，养成严肃、负责的态度；善意对待自己与他人，并信守承诺，认真做事。演讲者在演讲中要自信地表达观点，养成自信乐观的品格；要勤于发表演讲，把握更多的演讲机会，展现自己的演讲潜能，促使自我不断进取，赢得更加满意的成长和发展。

总之，演讲者要做到言行如一，保障演讲的真实有效。演讲者在生活中应品行高洁，善于学习，博才多学，以使演讲具有说服力和吸引力，赢得听众的尊重和喜爱。同时，乐于演讲，在演讲中获得成就感；乐于与人交流，

保持积极心态多于消极心态，与听众能建立起良好的互动关系；努力完善自己，持续提升综合素质，做真善美合一的大学生，做自爱、自信、自立、自强的大学生，在演讲实践活动中真实地展现自己健康的人格品质。

【演讲实例】

辉煌，写在每个人的脸上

郑方一

尊敬的各位评委，各位老师：

大家好！

我是北京大学国际关系学院 2018 级本科新生郑方一。今天我要演讲的题目是《辉煌，写在每个人的脸上》。

在我上小学的时候，我的老师曾经给我们出过一篇命题作文，题目是《我的梦想》。那个时候，因为我的家庭条件并不好，所以我在自己的作文里写道："我希望有一种魔法，哪里有贫穷，哪里有欺凌，我砰的一变就可以没有了。"

这是一个小学生无比天真幼稚的梦想。可偏偏是这个幼稚的梦想，从小到大一直在影响我。

两年前的暑假，我刚刚成为一名高中生，那个时候的我跟着一支大学生支教队伍，去到甘肃会宁县的李湾小学。在那个距离最近的一个小镇都要走两个小时山路的小村庄里，我们和二十多个皮肤黝黑、眼神清亮的孩子们，度过了半个多月的时光。这些孩子们大多都有一个共同的名字，叫留守儿童。直到现在，我还时不时地和那里的孩子保持着联系，我还清晰地记得有个小男孩在我走的那一天抱住我说："哥哥你别担心，你在大城市等着我！"我还清晰地记得那个住得最远的老爷爷跟我们说："就算是砸锅卖铁也得让咱娃读书。"短短的几天，在这些被贴上贫困标签的孩子和家长身上，我没有看到预想的那种颓丧，那种抱怨，我在他们身上看到的是追求，是希望。

四个月前，我又一次带着我的同学，去了国家级贫困县——陕西省山阳县。我们在大巴车险些开不进去的小镇上，又一次认识了一群新的孩子。从一个贫困县到另一个贫困县，我们渐渐发现，这里的校园正在进行铺设操场的施工，这里的教室虽然闷热但是配上了多媒体黑板，这里的孩子们有了自己的体育器材室，他们的教学硬件设施正在一点点完善。这些孩子们，开始有了自己喜欢听的歌，有了自己喜欢的明星和偶像。

在离开之前，我们作为支教老师，和很多孩子的家长加了微信。我很感谢这个时代，因为现代的科技，让我们能有机会在离开了学校之后，依旧继续关注着孩子们的生活。在支教结束后的那个夏天，我时常能通过朋友圈，看到他们生活里一点一滴的变化。伊菲的爸爸妈妈带着他们去了西安的昆明池看风景，鹏瑞的家里，通过农村淘宝在最热的夏天买了一台空调，在那一条短短的 5 秒钟的微信小视频里，我听见了鹏瑞特别开心的笑声。

从甘肃山坡上四间平房的学堂，到深度贫困镇里配有多媒体黑板的学校，这背后的每一点改变，是我眼中这个时代最可爱的部分。

究竟什么是辉煌？辉煌应该是一种闪闪发光，它的背后应该是一种光亮、一种温暖，所以在我眼里，这个时代真正的辉煌，不仅仅在于大国崛起时那一个个闪亮的数字，更在于它把生活的阳光照向了穷乡僻壤，照上了悬崖峭壁，照进了大山深处，让每一位在这个国度上生存和生活的人民都开始感受到幸福和希望。

前几天我又和甘肃李湾小学的校长通了电话，校长跟我说："小伙子，我们这个学校啊，也就快要干不下去啦，我也快要退休了。"他的语气里有失落，却也包含着欣慰，因为乡村小学的光荣退役，意味着这群孩子们，可以有条件去镇上更好的学校读书，接受更好的教育了。校长和我开玩笑说："以后啊，可能就没有那么辛苦的支教啦。"突然间我觉得这句话令我感到无比欣喜，不是因为不用吃苦，而是因为我发现，我童年时代的那个梦想，正在这个时代被一点点地实现。

新时代坚持和发展中国特色社会主义的基本方略之一，就是坚持"以人民为中心"。习近平总书记带着全国人民决心要打赢这场脱贫攻坚战，为的就是要让每家每户的百姓都能感受到这个崭新时代的魅力。我经历的人生实在太过短暂，属于"00 后"的我，没能有机会目睹新中国从无到有的沧桑巨变，可是在我身边的一个个鲜活的例子，每一个贫困县的孩子们清亮的眼神和干净的笑脸，都让我看见这个时代最辉煌的部分。

谢谢大家！

作者系当年北京大学本科一年级大学生。他在 2018 年参加首都师范大学承办的"辉煌四十载　筑梦新时代"首都高校大学生阅读演讲比赛决赛中获得一等奖。我受邀担任此次比赛评委。

【互动练习】

请大家阅读下面的演讲放松指导语，并跟着指导语进行放松练习活动。

请大家放下手中的本和笔，放下自己手上和身边的事情，把双脚平放在地上，调整一下自己的身体，让自己坐在座位上感到很舒服，很放松。如果你现在能够感到自己很舒服，很放松了，就可以轻轻闭上自己的眼睛，但请千万不要睡觉。请把注意力集中到自己的呼吸上，尽量把呼吸放缓慢，请把嘴闭上，慢慢用鼻子吸气，吸气时能感到气息把自己的小腹胀满，慢慢地、深深地吸气，感到把气吸满时请略微停顿 3—5 秒，然后用嘴将气慢慢地、轻轻地吐出，好，由此完成一次呼吸。接下来再按照这一方式来做深呼吸。慢慢吸气，慢慢吐气……

大家现在非常放松，请跟着我一起思考一个问题。先请大家想一想，你对自己的演讲状况是否满意，有无演讲紧张或恐惧问题。假如有，请你现在关注一下自己的感受，确认一下自己到底是哪种感觉。如果要把这种感觉想象成一种物品，你会把它看成什么？你会想到什么？请你看一下你现在选择的物品，它是什么样子的？那是一个怎样的情景？请你找一个形容词来形容你现在看到的情景。

现在请你思考第二个问题。如果你有力量改变这一切，你现在愿意看到一个怎样的场景？你愿意选用哪一个形容词来形容这一个场景？你会选择哪一个形容词来表达你的心情？如果你已经找到这个形容词，请你记住这个形容词，并请再感受一下现在的心情。你现在能够想象自己处在一个什么样的情景中吗？在这个情景里你会做些什么事情？你会有什么样的表情？你周围的环境是怎样的？天气怎么样？你周围是否还有其他人？如果有其他人，他们是什么表情？他们都在做什么？请你把右手的大拇指、食指和中指紧捏到一起，告诉自己将来在任何一个时间，如果你愿意，你就能及时有效地达成情感与记忆的关联。具体做法是：只要你捏住自己的这三根手指，你就能打开一个开关，仍然能够看到你现在看到的情景。这就好比是我们身在黑暗中，需要找到灯的开关，然后按一下开关，就可以立刻如愿看到我们想要看到的情景。

好了，现在请你再做几个深呼吸，活动活动自己的手指，活动活动自己的脚趾，活动活动自己的肩，轻轻晃晃自己的头，给自己一个微笑，然后就请慢慢睁开自己的眼睛。请你看看周围的同学，和自己前后左右的同学打个招呼，问候一下大家。

演讲放松练习活动到此结束。

请两人一组交流自己做练习的经过和感受。再请四人一组，大家分别介绍刚才听到的同学的情况，讲一讲自己最想与同学分享的内容。

【思考题】

1. 请结合自己的情况谈谈心理健康对成功演讲的意义。

2. 假如你遇到了心理问题，你会采取哪些自助与求助方式？

3. 大学生欣赏的健康演讲人格特征有哪些？

4. 请用 5 个形容词表述你希望拥有怎样的演讲人格特征，并简要说明理由。

【参考文献】

1. 教育部. 普通高等学校大学生心理健康教育工作实施纲要（试行）[S]. 2002.

2. 张耀灿等. 现代思想政治教育学[M]. 北京：人民出版社，2006.

3. 郑永廷. 思想政治教育方法论[M]. 北京：高等教育出版社，2007.

4. 贺淑曼. 心理健康与人才发展[M]. 北京：北京工业大学出版社，1997.

5. 陈英. 大学生健康教育[M]. 上海：上海大学出版社，2005.

6. 涂旭东等. 大学生心理健康教程[M]. 北京：中国医药科技出版社，2006.

7. 樊富珉等. 心理素质：成功人生的基础[M]. 北京：北京出版社，2005.

8. 梁宝勇. 大学生和研究生心理压力情况的调查研究[J]. 心理科学，2009(1).

9. 姚本先等. 我国大学生心理健康教育研究的现状与展望[J]. 心理科学，2007(2).

10. 张松. 大一新生需要特点的调查研究[J]. 心理科学，2009(1).

11. 中国社会科学院语言研究所词典编辑室. 现代汉语词典（第 5 版）[M]. 北京：商务印书馆，2005.

12. 牛津高阶英汉双解词典(第6版)[M]. 北京：商务印书馆、牛津大学出版社，2004.

13. 张耀灿，吴潜涛等. 现代思想政治教育学[M]. 北京：人民出版社，2006.

14. 张耀灿等. 思想政治教育学前沿[M]. 北京：人民出版社，2005.

15. 万光侠等. 思想政治教育的人学基础[M]. 北京：人民出版社，2006.

16. 张韬等. 沟通与演讲[M]. 北京：清华大学出版社，2005.

17. 张耀灿，陈万柏. 思想政治教育学原理[M]. 北京：高等教育出版社，2006.

【演讲箴言】

一人之辩重于九鼎之宝，三寸之舌强于百万之师。

——刘勰

爱人者，人恒爱之；敬人者，人恒敬之。

——孟子

第八章　高校校园情境类演讲

【学习目标】

1. 掌握提升即兴演讲技能的途径与方法。
2. 把握论辩演讲的内涵，提升论辩演讲素养。
3. 理解在主题演讲比赛环节为何设置即兴演讲比赛。
4. 明确主题演讲比赛的价值和意义，增强参赛内动力。

毋庸置疑，演讲活动都是在一定的情境中进行的。成功的演讲需要三个条件，一是发表演讲的时间合适；二是发表的演讲符合听众的需求；三是发表的演讲符合演讲者的身份。所谓在什么场合说什么话，就是说在此情此景，或在此时此刻，听众与演讲者在特定情境进行思想沟通与交流，这是对演讲活动进行分类的依据。

在众多演讲实践活动中，不同的演讲情境呼唤不同表达方式和特点的展示。比如，政治报告类演讲、社会生活类演讲、社会非常时期特殊类型的演讲、教师教学类演讲、学术论坛与讲座类演讲、公众集会类演讲、法庭惩恶扬善类演讲、辩论式演讲、演讲比赛类演讲等。无论上述哪类演讲，都既可开展主题演讲表达，也可开展即兴演讲表达，还可开展辩论演讲表达。目前在大学校园里，本着立德树人、营建校园文化氛围，学生工作部门通常会组织全体学生进行大学生演讲比赛活动，主要包括大学生主题演讲比赛、大学生即兴演讲比赛与大学生辩论赛三种情境类演讲比赛。以上即是本章节涵盖的主要内容。

第一节　主题演讲比赛

学校开展各类演讲比赛是文化育人的重要载体。一般来讲，组织演讲比赛基本是指进行主题演讲比赛。举办演讲比赛，首先要确定一个有社会价值和意义的演讲主题，然后发出活动举办通知，组织学生撰写演讲稿，最后进行现场比赛，由专家评委和大众评委评选出符合主题演讲比赛要求的优胜选手，对其进行表彰，让他们成为同学们学习演讲、提升演讲素养的学习典型。由此也激励更多的同学参与到演讲活动之中，实现表达促学习、促思考、促交流的比赛目标。

举办主题演讲比赛的历史悠久，这是校园文化建设最喜闻乐见的活动之一，也是我们最常见和最规范的情境类演讲。演讲比赛的组织者依据教学目标的实施、受教育者健康成长的需求，确定特定的演讲主题，开展并组织主题演讲比赛，负责制定演讲评比规则，运用选拔和邀请方式确定参赛选手，邀请演讲评委。主题演讲比赛前一般先举办演讲稿征文比赛，优秀演讲稿入选选手进行现场演讲，评比出优秀演讲者。

一、主题演讲比赛的价值与意义

举办主题演讲比赛活动，是普及演讲理念、培养和选拔演讲人才、保障演讲专业健康发展的必要环节。每一次公正专业的演讲评判，都会促使演讲水平向更高的目标进发。演讲评判保障演讲的质量，提升演讲者的水平，为今后的持续发展积累经验。提高演讲的专业水准和演讲评委的资格，宣传演讲的真谛，普及演讲专业理论知识，培养演讲专业人才，为社会进步与发展服务。

(一)总结演讲的经验教训，保证演讲目标的总体实现

针对某一具体的演讲活动，演讲评委当场给出分数，进行演讲点评，是为了对演讲进行正确的指导。演讲评委除了要评定选手演讲的成功之处，鼓励选手保持对演讲的热诚，积累演讲自信，提升演讲技能；同时更为重要的一项职责是帮助选手找到演讲存在的问题，帮他分析演讲存在的问题原因，指出进一步提升演讲能力的努力方向，帮助选手在今后的演讲中获得更好的成绩。

(二)对演讲活动进行反省，保证演讲处于满意状态

每一次的演讲比赛活动都有大量的听众参与，共同聆听演讲评委的现场指导与点评，影响更多的人热爱演讲，参加到演讲活动中。众多的演讲活动形成一定的演讲氛围、演讲情怀，产生一批优秀的演讲稿，成为演讲活动始终处于令人满意状态的保障。尤其是组织重大演讲主题活动和先进典型人物演讲活动，更会对演讲事业的发展发挥积极的推动作用。

(三)调动积极性，推进演讲活动的普及与提高

举办高质量的演讲比赛活动与组织演讲评委的现场点评旨在使所有在场的人都能有所提高，演讲积极性获得促进与激发。演讲评委所讲内容的权威性与实用性，能帮助演讲选手和听众确定以后的演讲走向，激励人们对演讲保持兴趣和积极性，持续提升演讲的总体水平。

(四)重视现场点评与指导相结合

演讲评委团遵循大众认可的评分准则对选手进行评价，且进行现场点评的评委要具有一定的代表性。演讲比赛活动的举办方依据演讲活动的比赛规模，会邀请人数不等的演讲评委团，评委团或现场直接公布选手的演讲分数，或集体商议后给出分数。但无论人数是多少，评委团依据的评分规则都相同，遵循的评分原则也相同，即客观、公正、公平、公开、全面、合理，做到定性与定量评定相结合，动态与静态评定相结合，单项与综合评定相结合，评定评价与指导相结合。

二、主题演讲比赛评比规则实例

主题演讲也称命题演讲，讲究演讲题目信息含量高，观点明确、新颖、醒目、吸引力强；演讲材料符合主题要求，真实、充实、感人、说服力强；演讲结构合理、完整、运用灵活；演讲语言表达清晰、流畅、美好；演讲态势语言自然、准确、到位。以下是主题演讲比赛常用的评比规则，供大家学习参考。

(一)大学生演讲比赛评分标准实例

实例一：演讲比赛评比规则

1. 内容积极向上，有教育启迪作用。　　40分
2. 主题鲜明集中，真实而有感染力。　　20分
3. 语音标准正确，表达自然流畅。　　20分

4. 精神饱满自信，表情态势语得当。　　　10 分

5. 着装整洁大方，体现大学生形象。　　　10 分

说明：满分 100 分，起评分 60 分；最终成绩去掉一个最高分和一个最低分，取平均分。

实例二：演讲比赛评比规则

1. 说明

(1)本次比赛满分为 200 分，其中基础分为 100 分。

(2)由抽签决定选手出场参赛的先后次序。

2. 评分细则

(1)内容：共 40 分，其中，

①材料：15 分，要求材料翔实，有的放矢，有说服力和鼓动力。

②观点：10 分，要求观点正确、鲜明。

③结构：15 分，要求结构清晰，合乎逻辑。

(2)表达：共 50 分，其中，

①语言：20 分，要求语言鲜明生动，说普通话，口语化，讲究修辞，流畅，富于节奏感。

②声调：20 分，其中，

A. 声音：10 分，要求声音清晰、洪亮、富于感情，有变化。

B. 节奏：10 分，要求语调的变化、讲话的快慢、语气的强弱必须合乎感情的起伏。

③态势：10 分，要求举止自然、活泼、大方，有利于发声和表情达意。

(3)其他：共 10 分，其中，

①演讲者仪表风度：5 分。

②听众反映：5 分。

3. 要求

(1)尊重评委。

(2)演讲时间为 5—7 分钟。

(3)演讲必须脱稿。

实例三：美国莫尔黑德州立大学演讲系学生成绩评定规则

1. Choice of subject　　　主题选择　　2 分

2. Supporting Material　　演讲材料　　1 分

3. Outline　　　结构大纲

(1)Introduction	自我介绍	0.5 分
(2)Body	主体内容	2 分
(3)Conclusion	结语与结论	0.5 分
4. Bodily	体态语言	1 分
5. Eye Contact	眼神语言	1 分
6. Voice	声音质量	1 分
7. Language/Style	语言风格	0.5 分
8. Overall Effect	总体效果	0.5 分

(二)演讲比赛评分规则释义

1. 从演讲内容、表达及其他三个方面进行评定

内容涉及演讲观点、材料与结构等；表达涉及演讲语言、声调与态势等；其他方面包括听众反应、演讲者的仪表仪态。

2. 从演讲评比六要素视角进行评定

第一个要素是观点。演讲必须表达正确、鲜明的观点，既体现时代精神，又解决人们关心的实际问题。第二个要素是语言。演讲是高水平的语言作品，语言风格与水平体现演讲的价值。演讲的语言既要有文采，又要充满哲理。第三个要素是结构。演讲是有声音的文章。讲究结构合理完整，既层次清晰，合乎逻辑；又过渡自然，详略得当。第四个要素是声音表达。演讲是有声语言的表达，声音要清晰洪亮，便于听众接听；表达要追求艺术美，给听众美的享受、感情的震撼。第五个要素是节奏控制。演讲情感的起承转合，演讲声音的高低快慢，演讲效果的抑扬顿挫，都是演讲者对演讲节奏的把控。第六个要素是态势。演讲的成功需要态势语言的配合和辅助，态势语言追求得体而到位、自然而活泼，既有利于发声，又强化演讲的表情达意。

3. 从演讲的内外标准两个视角进行评价

一是演讲的内在标准：指演讲内容思想的深刻性、现实性与实现性；演讲者观点的正确性、权威性与学术性。二是演讲的外在标准：演讲稿的结构，演讲语言的表达风格，演讲的材料，演讲者的外貌体态特征，听众的掌声、笑声等。

评委进行演讲的点评过程，也是评委传授知识、交流思想、实现助人成才的教育过程：演讲点评既要找到演讲者的优点所在，为他以后演讲能力的持续提高提供建议；也要找到他的现存问题，以使他找准今后努力进步的方向和着力点。

(三)参赛选手需关注的五个注意事项

1. 明确演讲主题与题目的关系，做好预演等相关准备

注意演讲题目并非演讲主题，不能照搬照抄，而应依据自己准备讲的内容拟定恰当独特的演讲题目；演讲稿强调背诵环节，但不应死记硬背，而是背诵后要对演讲稿做到融会贯通。提倡通过对演讲稿整体框架的记忆强化演讲思路的记忆；对于容易遗忘、口误的字词句，要加以强化训练，或做成备用卡片；正式演讲前给同学、朋友进行预讲；要鼓励自己，增强自信心；提升表达的愿望，想象自己当众说话获得成功。

2. 熟悉领悟演讲比赛规则，参加比赛严格遵守规则要求

演讲立论要做到明确集中，见解深刻，高屋建瓴；演讲材料必须真实可信、贴近生活和现实；演讲结构要合理，详略得当；严格遵守时间要求，在规定的时间里完成演讲；尊重评委，爱护听众，积极与听众互动；充分运用好有声语言与态势语言，借助好多媒体技术对现场进行有益的烘托。

3. 正确对待评比结果，及时做好反思总结的记录

一场演讲比赛获胜的名额是事先确定的，获得冠亚军的人数少之又少。但凡参赛，选手都会期望获得一个好成绩，拿到一个好名次，以体验成功，以获得成长。在一次演讲比赛中，报名参赛的选手越多，选手遭遇落选机遇的可能性就越大。每一位选手都要保持良好的参赛心态。既然参赛就要接受任何一种评比结果，做到胜不骄、败不馁。尤其重要的是从整个参赛经历中获取成长的经验，演讲稿写作与实际进行演讲的技能都取得了一定的进步。

4. 保持最佳演讲状态，为演讲开个好头

好的开始是成功的一半。演讲一开场，演讲者精神饱满，神采奕奕，平易近人，演讲状态佳，有助于为整场演讲奠定好的基础。开头讲顺了，讲好了，可以增强演讲自信。好的演讲形象，自然有助于赢得听众的关注，便于与听众建立良好的情感联结，引发听众对演讲的兴趣，这就为整场演讲的成功创设了适宜的氛围，为演讲获得预期效果提供了有益保障。

5. 重视演讲结束语，为演讲收好尾

编筐编篓重在收口，作为语言与声音表达艺术的演讲更是如此。精彩的结尾是成功演讲的重要标志。如果演讲的结尾出现谋篇布局或遣词造句方面的纰漏，整个演讲效果就会事与愿违。正确的做法是在结尾时让演讲思想得以升华，让听众有怦然心动之感。演讲的结尾需进行精心谋划，体现出演讲者独特的表达风格。演讲在结尾时应再次重申观点与立场，使主题更加明确

与深刻。要能给听众留下余音绕梁之感，让听众回味无穷，对演讲内容表现出浓厚的兴趣。

第二节 即兴演讲比赛

在社会活动与日常生活中，即兴演讲作为一种常见的当众讲话形式广泛存在。比如，某人对正在发生或刚结束的某一社会事件当众进行评价，公开发表意见或看法，我们称之为即兴演讲；或某人在一活动现场，如座谈会、研讨会等，临时受邀进行发言，发表观点和想法，我们称之为即兴演讲。演讲者的即兴演讲能力与修养是其综合实力的彰显，在社会发展进程中发挥着不可或缺，甚至是至关重要的引领与推动作用。

一、即兴演讲的内涵与分类

(一)即兴演讲的概念与特征

1. 即兴演讲的概念

即兴演讲也称即席演讲。如果我们给即兴演讲下一个简短的定义，即演讲者事先不掌握详细资料，而需要在当下对某一个问题发表见解的一种演讲形式。演讲者在短暂的时间内需要收拢思路，按照演讲结构模式的要求，面对公众发表演讲。在这一真实的社会交流活动中，演讲者针对某一特定话题发表想法，抒发情感，与听众发生思想的碰撞，情感的交流，或传递正确的理念，或传播知识，或解读现实生活中正在发生的事件，从而形成思想引领的力量，获得听众的普遍认可与欢迎。

在日常工作和社会生活中，即兴演讲是较为常见的，且被大众认为是最像演讲的演讲，深受大众喜爱。即兴演讲能力体现出演讲者的综合素养，在现实生活中具有较强的实用性和应用性，并被广泛运用。而我们常说的即兴演讲比赛，往往是指设列在主题演讲比赛之中的一项比赛环节，一般不单独进行即兴演讲比赛。

2. 即兴演讲的特征

即兴演讲最大的特征是即时、当场表达以实现演讲者的演讲职责与目的。取得好的表达效果的即兴演讲，往往是演讲者在发表即兴演讲前进行了充分准备。因为进行了充分准备，所以在演讲现场演讲者才能根据演讲要求和现场情况进行灵活应对，充分发挥即兴演讲技能与技巧并进行表达。比如，演讲者去参加某一主题的研讨会，无论他有无受到演讲邀请，也无论他是否能确定自己会在现场发表演讲，有经验的即兴演讲者一定不会打无准备之仗，让自己陷于临场尴尬或无语的状态。而是在会前对议题尽可能周到地了解情况，开展文本研究，进行深入思考，对参会成员也做到心中有数。因而一旦在现场需要发言，即能得体地开口讲话。

所以，要做好即兴演讲，演讲者应努力体现以下五个特点：一是即兴而发，针对性强；二是灵活多变，表达自然；三是听说并行，相互支撑；四是诱导联想，激发情感；五是语言精练，达意为上。由于即兴演讲是临场发挥之作，因而即兴演讲还应体现不宜过长的特点，即发表即兴演讲切忌繁杂，防止啰唆冗长。

即兴演讲的特征还包括应时性、挑战性和竞技性。由于其用时相对较短，演讲比赛往往不进行单独的即兴演讲比赛，而是配合主题演讲比赛进行，作为整体演讲比赛的一个环节或一个部分来呈现，考查选手的即兴演讲能力、演讲理论修养、临场应变能力，以及演讲心态素养等。

对即兴演讲能力的考查主要包括以下八个要点。一是选手根据现场要求对演讲内容的组织能力，二是选手在现场进行即兴表达的语音语调，三是选手的体态语言表达，四是演讲整体体现出的逻辑性与流畅性，五是选手对时间要求的遵循，六是选手对现场氛围的渲染与调动，七是选手与听众进行互动的效果，八是听众的现场反馈与反应等。我国著名演讲家李燕杰教授说："即兴演讲即没有准备的演讲。我的体会是，只要遇到有可能即兴演讲的场合，都要'防患于未然'，争取在进入会场前，就做好准备。先打一腹稿，以免被动。"

(二)即兴演讲的类型

从演讲者进行即兴演讲的情境视角，可以将即兴演讲划分为三种类型，第一类是主动型即兴演讲；第二类是被动型即兴演讲；第三类是比赛型即兴演讲。

1. 主动型即兴演讲

演讲者本未打算发表演讲，但在某一特定情境现场，受现场的氛围影响，或者自己突发感想，产生发言灵感，因而临时动意，发表触景生情式的演讲，即为主动型即兴演讲。这类演讲是从演讲者本人有意发表演讲，并主动发表演讲的视角而言，属于演讲者本人主动发表即兴演讲。发表这类演讲，演讲者需把握简洁、得体、高雅、有趣四个即兴演讲要点，并努力使即兴演讲的内容与现场气氛融洽协调。

2. 被动型即兴演讲

这类演讲属于演讲者本人没有想要发表演讲的意愿，但又必须进行的演讲。这类演讲发生的场景主要在会议、法庭或学术性讨论与答辩会上。由于演讲者有被发问或受邀的具体内容和主题，因而这类演讲的表达范围易于把握。受邀时需注意做到：在演讲心态方面及时由被动状态调整为主动状态，变“让我讲”为“我要讲”。情绪平和愉悦；谦逊有礼；表达的观点符合邀请方的要求，符合听众的需求；演讲者本着实事求是的原则，做到答即所问；所讲内容务必条理清楚，内容完整，体现出演讲者的真知灼见，传递热情，精彩而简短。

3. 比赛型即兴演讲

比赛型即兴演讲是指以即兴演讲的形式进行比赛。由于即兴演讲时间用时较短，一般不单独进行此类比赛。我们常讲的即兴演讲比赛，往往是指大型演讲比赛活动中的一项比赛环节。即在参赛选手参加完命题演讲比赛后，安排脱颖而出者加赛进行后半程的即兴演讲比赛。这种在命题演讲比赛之后，对选手加赛即兴演讲的做法目前较为常见。即在同一场主题演讲比赛过程中，赛程往往设定为前后两个环节。前半部分的比赛内容为依稿演讲的命题演讲比赛，演讲成绩优胜者获准参加后半程的即兴演讲比赛，两项比赛成绩之和为选手在该场演讲比赛中的总成绩。

目前，在现场进行即兴演讲比赛涉及从时间限定视角划分出的各类用时不等的即兴演讲比赛；或是从比赛出题方式的视角划分出的不同的即兴演讲比赛。从比赛时间限定的视角进行划分，可将比赛型即兴演讲分为多种类型；从比赛出题视角进行划分，可将比赛型即兴演讲分为三种类型：即兴演讲比赛给出完整的题目，给出关键词作为即兴演讲的题目，给出一个表达语境作为即兴演讲的依据。比赛型即兴演讲是大众普遍认为难度相对较大、对演讲者的综合素质要求相对较高的演讲方式。比赛型即兴演讲比赛涵盖了上述主动型即兴演讲与被动型即兴演讲的全部特征，并且更加具有挑战性。

(三)即兴演讲的准备类型

前面讲过，即兴演讲即讲前不进行准备就进行的演讲。那为什么会有即兴演讲的准备一说？为什么提高演讲素养，尤其是提高即兴演讲能力，我们应特别关注即兴演讲的准备环节呢？实际上，讲前不进行充分的准备就进行演讲是很少见的。大多数即兴演讲从表达形式上看未做事先准备，但实质上是可以用精心的准备来确保即兴演讲质量的。学习以下内容有助于提升即兴演讲能力。研究如何准备即兴演讲，从对即兴演讲的准备类型着手可以给我们许多启示。

1. 事先进行预测性准备

演讲前进行预测性的准备是指在演讲前有预见地做一些推测，推测在演讲现场会遇到什么情况，为避免现场表达遭遇尴尬与唐突，前往演讲现场要依据推测和想象准备相关材料，以便在演讲现场进行迁移性使用和发挥，并辅之以乐观积极的心态发表演讲。这类准备可以细分为以下三个方面。

(1)充分进行演讲心理准备。无论参加什么样的活动，都要在心理上做好发言的准备，具有随时都可以发表即兴演讲的积极心态。参加活动前要认真思考：假如需要发言，自己想阐述什么观点？自己能把握的内容有哪些？自己的哪些经历和感受可以用在演讲中？听众可能会想听些什么等。对此做到胸有成竹，在活动现场有随时可以发言的心态，一旦需要演讲即能迅速由听者转化为讲者，快速进入演讲状态并发表演讲。

(2)尽最大可能准备必要的演讲素材。如果事先已经知道要参加活动的内容和主题，除了要认真提炼自己经验中与之相关的事件、人物和数据之外，一定要多花时间和精力尽可能周全地准备演讲素材，总结提炼自己人生阅历中与演讲主题相关联的内容。可以翻阅相关资料充实自己，尽量多阅读，临时扩大知识储备量；可以进行相关调研，走访专业人员，了解情况，交流经验，积累素材。

(3)精心酝酿并斟酌腹稿。如果时间和情况允许，演讲者可以逐字逐句地记录自己想要讲述的内容。但如果时间紧急，则可以事先酝酿斟酌想法，然后生成较为成熟的腹稿。在实在来不及的情况下，可以简单形成一个大体框架与思路，牢记于心。腹稿的内容包括：演讲的主题、演讲结构、演讲内容涉及的关键性素材等。对自己准备要讲的具体问题、拟提出的解决方法，应非常清晰明了，层次清晰得当，并对开头与结尾进行精心安排。

2. 演讲现场进行临场性准备

当面临即兴演讲情境，事先确实又没有做任何功课，即由于种种原因，演讲者在发表即兴演讲前未能做必要的预测性准备，还有一个可靠的办法可以帮助自己获得即兴演讲的成功，就是临场进行有策略的应对，从而为从容开讲提供保障。由这一视角进行考虑，这便是演讲现场的临场性准备。那么，哪些技巧性做法可以帮助自己进行临场应对，进而从容开讲呢？以下三种应对办法较为常见。

(1)从演讲模式与经验方面进行思考赢得时间。从演讲模式方面进行思考，即演讲者一旦受到演讲邀请，或者确定了演讲题目，思维可以立即切入演讲结构模式，这种毫不犹豫的决定必然为演讲赢得了准备时间。具体做法是：首先以自己最熟悉或常用的方式开场，与听众建立连接；其次，由此切入演讲正题，实现自然而然的开讲；再次，运用边讲边考虑的方式，与听众分享闪过脑际的观点和事例；最后，在边讲边进行总结的过程中，概括或升华演讲主旨与目的，准备出一个有号召力，且能给听众留下深刻印象的结尾。

从演讲经验方面进行思考，即兴演讲的表达一定要紧紧围绕中心主题句这一核心展开，演讲中所举事例与中心句，以及所要表达的思想观点都要与演讲的中心句贴合。依据时间所需，在演讲中要善于举实例，列举自己亲身经历过的事实，或是让听众听来感到亲切、真实，并十分有趣的事例，吸引听众注意力。要力求演讲内容符合演讲目的，能发挥真实的说服作用。演讲中要选取能够体现演讲效果故事性、生动性、感染性的实例。

(2)采用语言表达延迟法为自己增加思考时间。当演讲者突然受到邀请，或是对演讲题目感到一时语塞，可先说些与主题关系不大、无须进行深入思考且易于表达的题外话，同时在大脑中迅速组织演讲素材，确立演讲主旨和中心语句等，然后再慢慢切入演讲主题。比如一次演讲中，忽然有听众向演讲者问了一个问题，演讲者一时难以回答，因而就采用了语言延迟法为自己解围："这位听众问了一个很好的问题，我想大家也一定像他一样，很想知道我对这个问题的看法。那我就给大家做一下解答……"这话说完了，他的答案也就准备得差不多了。

再比如，美国演讲家理查德总结出的即兴演讲"四步曲"也对应对即兴演讲大有裨益：第一步大声表达：大家好！第二步做个设问：今天我为什么要讲这个话题呢？第三步举一个例子。第四步再做个设问：面对这个问题我们应该怎么办呢？即兴演讲按照这一步骤进行就可以为自己赢得许多宝贵的思考时间，在整个演讲过程中也就可以从容许多。

(3)采用增加动作语言的表达方式为自己创造准备时间。在正式进行即兴演讲表达之前，为了让思考更加趋于成熟，在大脑快速组织语言的同时，可以增加一些动作语言的表达，以适当延迟演讲的开始时间。比如，站起身的时间稍稍缓和一些，向听众微笑点头行礼，或是招手致意。也可以在站起身之后拉一拉椅子，整理一下衣服，或是开口之前喝口水，等等。由此，演讲者获得快速思考或是调整心态的时间，保障即兴演讲获得成功。

综上所述，从表象形式来看，即兴演讲确实是没有准备的演讲。但从本质上来讲，每一篇成功的即兴演讲无不浸透着演讲者精心的准备。美国著名小说家、演说家马克·吐温说："我曾用两个星期的时间准备我的一个一分钟演讲。"这给我们做出了有益的示范：精彩的即兴演讲需要进行精心准备。即兴演讲成功的秘诀在于随时准备好发言，注重平时的学习与积累，谙熟并能熟练使用演讲的结构要领，相信并善于发掘已掌握的演讲资源，对听众有真挚的热爱之情，愿意并能进行成功分享。

二、即兴演讲比赛类型与参赛技巧

顾名思义，以即兴演讲的方式开展演讲比赛即为即兴演讲比赛，旨在考查参赛选手的即兴演讲能力。当前，单独进行即兴演讲比赛的活动较为少见，多见于主题演讲比赛活动中增设即兴演讲比赛的环节。参加即兴演讲比赛，演讲者需了解即兴演讲比赛的价值和意义、即兴演讲比赛的类型及注意事项，从而掌握并运用好参赛技巧，进而使自己的即兴演讲实力得以体现。

(一)即兴演讲比赛的价值与意义

举办即兴演讲比赛，重在考查演讲选手的即兴演讲能力，尤其是临场应变能力与演讲的心态素养。由于参赛选手在参加即兴演讲比赛时，赛前只知道即兴演讲的大致范围和时间要求，对即兴演讲的题目与具体内容并不知晓，因而即兴演讲比赛被认为是对演讲者综合素养考查最严格的比赛方式，也是演讲者综合实力最真实、可见度最高的演讲比赛形式。这类比赛因其即时性、挑战性、灵活性较强而广受听众的喜爱和欢迎。

1. 考查选手的即兴演讲能力

从组织与实施比赛的视角来看，为公平考查参赛选手的即兴演讲能力，包括即兴表达的知识储备、思维能力、敏捷反应能力、确定演讲立意能力、对语言的组织架构能力、遣词造句能力、与听众的互动反馈能力等，比赛之前会对演讲题目做严格的保密工作。正式比赛之前组织与实施方已准备了比赛题目，或是设计了演讲的情境表达题，但在赛前不会告知演讲者，只是公开比赛的时间要求与比赛方式。因此，参赛选手对比赛的具体内容无从知晓。

从这一视角来看，对参赛选手的即兴演讲能力考查是公平合理的。这涉及考查演讲者临场确定演讲题目后，能否快速组织演讲内容，能否使演讲内容的表达实现条理分明、逻辑严密、用语规范、得体贴切；能否使口语表达体现通俗易懂、整体语势连贯、跌宕起伏、生动幽默；能否使态势语表达体现得当美好、适切语境。由于赛前给予演讲者相同的准备时间，因而考查选手的即兴演讲能力是显而易见的。即兴演讲比赛可以较为全面地考查和锻炼演讲者的即兴演讲表达能力。

2. 考查选手的临场应变能力

从参赛选手的角度看，演讲者事先都未能对即将发表的演讲做具体而充分的准备。准确地说，演讲者在发表演讲前并不知道自己将会发表什么题目与内容的演讲，只是了解总的演讲主题，心中谋划有一个大致的演讲方向，但却无法确定自己在演讲中讲些什么，或怎么讲。演讲者需要在比赛现场根据比赛要求和规则临时确定演讲题目，然后快速确定演讲观点，科学规范演讲结构，有效组织演讲内容，然后即时用口语表达加态势语表达演绎的形式完成此次的即兴演讲。

从这一视角来看，即兴演讲比赛对选手的临场应变能力要求较高，他需要在极为有限的时间内确定题目、收拢思想、发表演讲。而且在比赛过程中，演讲者对需要表达的观点或想法，可能会感到猝不及防，甚至完全出乎意料，因而需要迅速扭转思路，变被动为主动。如若出现了失误，更需要临场应变，把握好情境与时机，做到思维敏捷、反应迅速、灵活善变。

3. 考查选手的演讲心态素养

对即兴演讲能力的考查，是对演讲者的综合表达实力的考查，即考查演讲者的思考能力、判断能力、语言组织能力与表达能力等在短时间里的呈现情况。因即兴演讲比赛在时间要求方面的限制较为苛刻，对演讲者来讲意味着要能经受更大的压力与挑战，所以对演讲者的心理素质要求更高。在参加即兴演讲比赛时，演讲者务必充满热情，注意力高度集中。在没有条件可以进行赛前准备的情况下，应努力做到镇静构思，热诚表达，从容开讲；在遇到猝不及防的演讲题目时，应避免临场慌乱，而应落落大方，气定神闲；在出现演讲失误时，应巧妙补救，得体应对。

与参加主题演讲比赛不同，参加即兴演讲比赛的选手更要有良好的心态。参加主题演讲比赛，赛前演讲者可以花大量时间写作演讲稿，并依照演讲稿进行多次演练，因而讲前会有胸有成竹、从容自信之感。但参加即兴演讲比赛难以做到这一点，因为演讲者事先不知道演讲题目，更不要说字斟句酌地去准备成熟的演讲稿并进行演练了。因而参加即兴演讲比赛，相比于参加主题演讲比赛，即兴演讲选手的心态更容易出现被动、忐忑不安、心态不稳定等方面的问题。尤其是相比于依稿演讲来说，即兴演讲者因为没有可依循的稿件，因而更有可能出现演讲失误，这时演讲者的心态便是演讲获得成功的保障。

(二)从出题方式视角对即兴演讲比赛进行分类

从即兴演讲比赛的出题方式进行划分，目前我们大体可以欣赏到三种类型的即兴演讲比赛。第一种类型是赛前为选手准备好即兴演讲题目；第二种类型是赛前为选手准备即兴演讲的语境；第三种类型是赛前为选手准备一个特定的句式和可供选择的词语，让选手进行半命题式演讲比赛。

1. 为选手准备题目的即兴演讲比赛

赛前为选手准备好即兴演讲题目，现场让选手抽签获得一个题目进行即兴演讲。同样是为选手准备演讲题目，但具体到比赛的环节，在选手的准备时间方面又有许多不同。有些比赛会给选手准备时间，比如，要求选手做1分钟演讲，演讲前给选手1分钟的准备时间；或要求选手做3分钟的即兴演讲，给选手3分钟的准备时间。当然也有设定更短时间的即兴演讲，比如演讲和准备时间都是45秒或90秒。当然也有比赛并不给选手准备的时间，而是要求选手在现场抽签获得演讲题目，随后当即进行演讲。需要注意的是：无论是否给选手准备演讲的时间，演讲者都不能慌乱，务必要按照演讲结构进行演讲。如果有准备时间，务必充分用好可以准备的时间。

2. 让选手进行半命题式的即兴演讲比赛

这类比赛要求选手在现场抽签获得某个关键词语，将抽到的词语填充进事先公布的某个句型中，然后组成一句完整的话语。这句当即组成的话语即为即兴演讲题目，参赛选手依此发表演讲。演讲者依次进行比赛即为半命题式演讲比赛。

现场进行半命题式即兴演讲比赛，即赛前告知选手即兴演讲题目的总架构，如“年轻人最需要……”“师范生最应该养成的素养是……”在正式进行比赛时，选手在现场临时获得一个关键词，如健康、梦想、担当等。然后参赛者把抽到的关键词用到句式构架中，从而形成演讲题目，如“年轻人最需要健康”“年轻人最需要梦想”“年轻人最需要担当”“师范生最应该养成阅读素养”“师范生最应该养成写好板书的素养”等等。选手当众读出自己的题目，接下来就是当即发表演讲。

3. 为选手准备语境表达的即兴演讲比赛

在演讲现场，出题者给选手出示一段语境语言表达，选手依此语境表达生成演讲题目，或有较短准备时间，或需当即进行演讲。比如，出题者为演讲选手读出一段话，或描述一个场景，如讲一个简短的教育教学案例，师生在课堂教学中发生了言语冲突，请选手以当事教师的身份对全班同学发表即兴演讲，营造和谐的教学气氛。或者，直接让选手抽签获得一段文字，然后让其当众读出，随即进行演讲。发表此类演讲，演讲者务必边听或边读，边捕捉其中的主题论点，然后快速形成演讲题目，组织演讲内容，随后融入角色进行演讲。

（三）从时间限定视角对即兴演讲比赛进行分类

从即兴演讲的用时视角对即兴演讲比赛进行划分，这是人们常用的分类方法。比如，这次进行的是3分钟即兴演讲，或这次进行的是90秒的即兴演讲，这是对这种演讲类型的描述。完成好时间限定类即兴演讲比赛需厘清以下三方面注意事项。

1. 即兴演讲比赛限定在3分钟之内

相比于命题演讲比赛，即兴演讲比赛最大的特点是简短鲜明。比赛组织者给选手演讲的时间短，给选手准备演讲的时间也短。以3分钟的即兴演讲比赛为例，演讲时长一般规定在2分半钟至3分钟之间。选手的演讲时间若少于2分半钟，或多于3分钟即是不遵守演讲规则，将会被酌情扣分。当然也有更短时间的即兴演讲比赛，比如，要求选手在90秒、60秒、45秒或30秒内完成即兴演讲的比赛等。

给选手准备即兴演讲的时间，往往与要求其在台上发表演讲的时间相匹配。比如，要求选手进行3分钟的即兴演讲，那么给予他的准备时间同样也会是3分钟。以此类推，给予选手准备即兴演讲的时间或为2分钟、1分半钟、1分钟、45秒、30秒。以上是针对给予演讲者准备时间的比赛，当然也有不给准备时间的比赛。

2. 时间限定类即兴演讲比赛评价标准等同于主题演讲评价标准

即兴演讲比赛的评价标准，往往与主题演讲比赛的评价标准基本相同。在时间限定类即兴演讲比赛中，对即兴演讲的评定标准，与前面所讲的对主题演讲比赛的评价标准基本相当，但在时间要求方面更加严苛。基本上是50%的得分对应演讲者的思想观点表达，50%的得分对应演讲者在现场的有声语言表达与态势语言的运用。比如，一场3分钟的即兴演讲评比规则为：即兴演讲时间：3分钟；准备时间：3分钟；满分：100分。以下为具体的分值安排：内容50分，语音语调20分，态势语得当10分，逻辑性10分，流畅性 10 分，共计五项分值取和为比赛总分数。即兴演讲时间不达标或超时均依规扣分。

(四)参加即兴演讲比赛演讲者需练就临场构思才能

为什么说参加即兴演讲比赛务必要培养临场构思的能力？因为参加即兴演讲比赛，演讲者无法在赛前进行充分准备，现场的即兴演讲更展现演讲者的综合演讲实力。即兴演讲能力需经日积月累、持之以恒养成，尤其需要演讲者在平时“多读书、多思考、多练习、多观摩、多演练”，并在实践中下功夫，这是依靠较长时间持续不断的准备与努力才能养成的素养。但这并不是说初学者就一定做不好即兴演讲。事实上，即使我们未做任何准备，但如果掌握“临场构思”的技巧，也可以帮助我们获得成功。那么，如何进行“临场构思”呢？这需要演讲者做到以下三点。

1. 养成站立式思考的习惯与能力

养成“站立式思考”的习惯需要在平时经常进行站立式讲话训练，即临时为自己定一个话题，然后迅速边想边说，整体完成之后再进行总结。养成“站立式思考”的能力需要敢于应对挑战，只要有进行即兴演讲表达的机会就敢于站上台表达，并善于征求听众的反馈意见，不断提高自己的即兴表达能力。

2. 养成快速确定听众需求的习惯与能力

在受到即兴演讲邀请时，演讲者应做到快速确定听众的需求，并果断确定演讲的目的与观点；在时间许可的范围内进行谋篇布局，依照开场白、主体和结语三段式组织结构进行顺序表达；要善于利用现场的资源，激发听众进行互动的兴趣等，所有这一切都应做到一气呵成。

3. 养成快速组织演讲思路的习惯与能力

由于给即兴演讲的准备时间有限，演讲者不可能像准备命题演讲那样有充分的时间写作演讲稿，所以即兴演讲者需养成快速组织演讲思路的习惯与能力。在发表即兴演讲前，演讲者快速组织演讲思路，可将只言片语生成腹稿，可以借用提纲式演讲方式帮助自己演讲成功。按照演讲稿的规范模式，从问候听众开始，逐一阐释演讲题目，进行热身开场，亮明演讲观点，选用事实与论据材料表达心声，把所涉及的时间、地点、人名交代清楚，逻辑严谨，最后恰到好处地结束演讲。演讲的整个过程在边思考、边讲述、边补充的状态中完成。

三、提升即兴演讲能力训练与注意事项

(一)即兴演讲训练方法

由于即兴演讲是演讲者在没有讲稿，没有现成材料的情况下进行的，要取得成功的效果需要演讲者迅速融合自己的阅历、知识与才能、即兴阐述观点、表达思想认识与抒发感情的能力。因而要做好即兴演讲，演讲者务必在平时注重学习，同时加强应变训练、心态训练、思维训练与口语表达训练等。除了日积月累的学习、思考与口语表达能力的历练与积淀，以下四项训练也是切实可行，并行之有效的。

1. 快速形成思想观点训练法

即兴演讲需要演讲者头脑快速运转，快速形成思想观点，要果断决定自己想讲什么，自己能够告诉听众哪些有价值、有意义的事理，等等。因而需要经常进行快速形成思想观点的训练活动，开展具体练习以提升这种才能。比如，可以进行“定话题”训练，即选择并确定自己想说、观众想听、自己又能把控的话题进行练习。可以进行“定观点”训练，即选择并确定为观众所接受，自己可以言之有理的观点进行练习，表达的观点要符合正确深刻、集中精练、明确而有高度等特点。可以进行“定框架”训练，即选择并确定一个演讲主题句，然后对该句进行详细论证和分析说明。可以进行“卡耐基演讲公式”训练，即练习演讲四步走：第一步，列举一个实例；第二步，叙述要表达的演讲观点要旨；第三步，明确演讲观点要旨的必要理由；第四步，对所列理由逐一进行论证与分析。

发表即兴演讲需要干练的机智，这是演讲者厚积才学的外化表现，是可以经由培养训练而养成的技能技巧。通过有效练习，演讲者有意积累成功的经验，即可以生成发表即兴演讲的才能。日常可积极开展练习活动，比如，开展一人或多人的成语接龙、“诗词飞花令”、“故事接龙续写”等活动，或在遇到任何一个问题时，积极进行思考，形成有效表达看法的思维模式。更为重要的是：要持续保持积极练习的热情与行动。在练习过程中对要阐述的观点与看法充满真情，对所要表达的话题真正感兴趣，在表达的全过程中能够注入发自肺腑的热情，做到全身心投入。

2. 依循结构要求组织演讲训练法

每次练习都依循演讲的结构，即开头、主体、结尾进行。要快速抓住从脑际闪过的想法，形成确定的演讲主题，然后迅速收集能说明演讲主题的故

事和事例，要注意联系实际，把自己摆进去，讲自己曾经历过的事情，讲听众最关注的事情，演讲时把全部的注意力集中在要讲的想法和内容上，用清晰的语句表达出来。比如，知心姐姐卢勤演讲“孩子你能行”，往往列举她鼓励过的孩子的例子，从而让听众知道如何激发孩子的自信心。在整体练习过程中集中从以下三方面进行强化。

第一集中为“讲”：立意正确，符合主题要求；用语规范，贴切易懂；切合语境，话语得体；使用普通话表达，标准规范；咬字准确清晰，吐字流畅自然；语气畅通，语调适中；轻重缓急到位，节奏控制合理；语势连贯，跌宕起伏。第二集中为“演”：表情自然，态势语得体；用语贴切，表意得当；应变自然得体，反应敏捷。第三集中为公众形象塑造：衣着得体，修饰面容；精神饱满，自信乐观；仪态得当，落落大方；平易近人，谦谦君子。

3. 依据情境需要有效开场训练法

积极有效的即兴开场既有利于打开演讲局面，又能稳定演讲者的心理状态。常听到有演讲者说，即兴演讲刚开始总感觉张不开嘴，但讲着讲着就可以收放自如了。从张不开嘴到顺畅自如的演讲，这之中有个对开场应对自如的问题。问题回答得好，开场的思路就会明晰。也就是说练习开场前需要明确两点。一是思考开场的问题：如何与听众建立良好的关系？你想在演讲中讲什么？这能给听众带来什么价值？二是明确开头的目的：拉近距离；赢得听众信任；引发听众兴趣。在此基础之上，借鉴即兴演讲常见的开场方法，并不断进行强化练习。

即兴演讲开场的方法很多，演讲者可依据情境需要做出选择。以下是常见的八种开场方法，可逐一进行练习。一是开门见山式开场：开宗明义，亮出观点；二是巧设问题式开场：提出问题，引发思考；三是制造悬念式开场：设置悬念，营造氛围；四是讲述故事式开场：讲述故事，生动感人；五是组织活动式开场：活动互动，热身投入；六是引用名言式开场：名人启智，哲思升华；七是列举事实式开场：举出实例，叩击心弦；八是鼓励听众式开场：赞美鼓劲，真切激励。相信经过持之以恒的练习，定能在开场部分做到胸有成竹，游刃有余。

4. 强化演讲效果练习结尾训练法

能做出响亮感人、给听众留下难忘印象的结尾是演讲成功的重要标志，这也是需经切实有效的练习可以掌握的演讲技巧。有效结束演讲的方法很多，即兴演讲者可以依据实际需求，着重对以下六种结尾方法进行练习。一是总结式结尾方法：对演讲的整体内容进行概括总结，注意回应开头；二是号召式结尾方法：从对听众提出倡议的视角，结尾处发出号召；三是讲故事式结尾方法：讲述一个真实贴切的故事，生动而形象感人；四是幽默式结尾方法：营造幽默风趣的氛围，给人轻松愉悦感；五是对联式结尾方法：语言对仗工整，寓意深刻精彩；六是诗词式结尾方法：传递澎湃的激情，达到美好动听的演讲效果。

同时，在练习结尾方法时要强化语言表达的效果，并在成功的尝试中逐步积累经验，增强自信心。练习增强语言表达效果的方法很多，以下六个方面最有代表性：一是努力让表达的声音嘹亮动听；二是努力让表达语速明快紧凑；三是努力增长表达语气的韵味；四是努力使语言表达顺畅婉转；五是努力促使表达情感积极兴奋；六是努力让手势动作大气潇洒。

(二)发表即兴演讲的注意事项

即兴演讲是对演讲者的知识储备、表达能力和应变能力的综合检验，尤其是对演讲者的心理素养和表达技巧要求较高。即兴演讲者务必做到从容应对、镇静构思、热诚表达、潇洒大方。以下提出的有益建议，供大家参考。大家可将其作为参加即兴演讲比赛时的注意事项牢记在心，最大可能地提升即兴演讲表达水平。

1. 即兴非尽兴，忌随意

即兴演讲应做到即兴但不随兴，不能只一味地由着自己的兴趣和心情进行，当然即兴演讲更不能不顾时间限制而随意进行发挥。曾经听到演讲学习者说，即兴演讲最重要的是自己要说得高兴。他们把即兴理解为尽兴就好，殊不知，这是即兴演讲理解方面的认知误区。即兴演讲必须围绕一个特定的主题进行，绝不能随意讲，更不能随便讲。全部的内容表达都不可偏离演讲比赛规则要求，更不可以随心所欲、漫无边际地发挥。比如，开头部分向听众和主持人的致意不可或缺，向听众、主持人致意，用有声语言进行问候的同时，不要缺少肢体动作的行礼致意。演讲者可向听众致鞠躬礼、点头礼、微笑注目礼等，既要注意不能傲慢无礼，也不能哗众取宠。不可使用舞台表演式的行礼方式，如芭蕾舞演员式的谢幕，或是作揖跪拜式的叩谢。即兴演讲要注意行礼的得当得体，符合演讲现场的环境氛围。

演讲的全过程要尽可能和听众建立良好的关系，形成融洽的演讲氛围。演讲者应做到乐观自信而保持冷静，在演讲过程中始终抱着至诚之心面对听众，使朝气蓬勃的力量贯穿演讲全过程。无话可说时千万不多讲，并要及时结束表达。不管用时多么简短，都要严格遵守演讲模式的要求。尤其是比赛式的即兴演讲，更应注意按照现场的评比规则和要求进行，按照即兴演讲的总体结构要求进行，围绕听众的需求、事先确定好的演讲主题要求进行，所讲的每句话都与演讲主题相一致；在列举实例时，注意把自己摆进演讲中，同时做到口齿清晰，表达流畅，注重目光语等态势语言的使用。

2. 突出简短完美，戒除两类错误倾向

即兴演讲应追求简短完美的表达效果，因而话题表达务求单一鲜明，思路清晰流畅，语言简洁明快，态势语运用灵活适度，时间把握得当。在表达时，演讲者务求自信镇静，注意力集中，并要努力使开头引人入胜，结尾耐人寻味。表达中应多用口语短句，适当运用比喻、排比、设问、反问、引用与反复强调等修辞手法，使表达既通俗易懂，又生动形象。对过渡段、过渡句、过渡词应精心设计，充分发挥其衔接功能。表达时要力求做到口齿清晰，寓意深刻，机敏幽默；要把握好语调的抑扬起伏，体现出语言内蕴的热情与激情；要使用普通话，尽量避免方言，慎用网络用语，切忌表达陋习，不讲粗话或闲言碎语，要注重塑造演讲者积极正面的形象。

即兴演讲表达的内容安排基本等同于命题演讲的组织结构要求，同时突出篇幅短小，与现场氛围变化相协调等特点。演讲切忌出现以下两类错误倾向：一类是演讲者以高高在上者自居，营造"舍我其谁"、夸夸其谈的氛围，演讲中视自己为焦点人物，不尊重听众，抱怨命运不公，或对他人的言行评头品足。另一类是缺乏自信，演讲表达过于谦虚，出现过分取悦、恭维或阿谀奉承听众的用语。表达中或具体表现为人云亦云，内涵表达毫无主见，或是缺少热情，缺乏真诚，过于严肃冷漠。

3. 功夫用到平时，养成良好的语言表达习惯

即兴演讲时间短，又不便做充分的讲前准备，因而演讲者更需要养成以下四方面的语言表达习惯。一要锤炼语言，注重语言表达的纯净度，保持"语不惊人死不休"的追求和努力。二要树立首次演讲意识，把每次即兴表达当成是首次演讲，对语言表达具有高度责任感，既对听众负责，又对自己负责，语言表达声音响亮、清晰流畅、充满激情、一气呵成、气势恢宏。三要保持终极演讲意识，把每次演讲当成是最后一次的告别演讲，确保语言表达纯净美好。对听众提过的，或自己觉察到的语言表达问题，尤其是不自觉脱口而出的口头语都要坚决改掉，从而在演讲台上留下较为完美的形象。四要保持足够的警惕心和警惕意识，演讲时时刻绷紧一根弦，绝不出现语言表达问题，

或者把问题降至最低限度。

演讲者要养成良好的语言表达习惯，这是一个有意识的实践过程，需要演讲者进行长期认真的努力。演讲者要善于学习他人表达的长处，养成乐于交流与分享的好习惯；要善于进行自我调节与自我鼓励，凡有发言机会，都要把握机遇敢于表达；要将功夫用在平常，不仅在演讲中，而且平时讲话就注重高标准、严要求，日常表达不带口头语，体现出较高的语言表达素养；要注重多学习，多思考，积累知识，提高文化素养。知识就是力量，要博学专才以保障语言表达的学识涵养，同时也增强演讲的勇气和自信。尤其是临近演讲时间，演讲者更要舍得花时间补充知识。除了自我勤奋阅读之外，还要大胆扩大交往面，主动与周围人对话，从中汲取口才表达的营养。由此在学习实践过程中不断提升即兴演讲能力与素养。

四、有效提升即兴演讲能力的技能技巧

即兴演讲能力涵盖进行主题演讲的全部能力。除此之外，由于其演讲的即时性，对演讲者的现场反应能力要求较高，一般被认为是演讲类别中难度最大的。为了提升即兴演讲表达能力，除了在演讲竞技性方面下功夫进行训练与自我准备之外，还可以着手从以下五个方面加强自我修养。

(一)让即兴演讲表达符合思维严谨、结构完整的要求

在现实生活中，即兴演讲往往以简短、精彩、有现场感为听众喜爱。在即兴演讲比赛中，由于时间限定方面的明确规定，加之临场起兴、准备时间短等条件限定，相比于参加主题演讲，即兴演讲者的压力更大，演讲的难度也更大。因此，要做好即兴演讲应加强即兴演讲者的自我修炼。

1. 避免临场慌乱而出现演讲失误

对于经验不足或即兴演讲素养欠佳的演讲者来说，他们极易产生临场慌乱，并有可能出现演讲失误等方面的问题。比如，在现场的演讲思考出现偏差，演讲的总体表达偏离演讲结构要求等。这种演讲失误主要表现为：演讲主题散漫随意，演讲题目缺失不明，对听众没有表达得当的称呼，演讲者的礼仪展现不到位、不得体，现场出现超出演讲时间限定、演讲结构残缺不全、不按演讲规则进行演讲等问题，最终影响演讲表达的效果。

2. 强化日常练习与修养

在平时养成依循演讲结构进行思维与表达的习惯，练习按时间限定进行完整表达的习惯。依循演讲结构进行表达要注意做到：开头注重与听众建立

情感连接，体现亲和力，吸引听众；演讲的正文观点要明确集中，材料运用充分贴切，富有时代气息；内容与现实生活、与个体的实际情况紧密联系；表述的事理要逻辑严密、合理；结尾处要体现较强的概括性、总结性、激励性与号召性等。

3. 依循比赛规则进行演练

按照比赛规则进行表达要做到：演讲者的有声语言、态势语言表达要浑然一体，专业、精当、美观、到位；演讲遵守规定的时间限定，指演讲者务必在规定的时间段里完成全部的演讲内容。即兴演讲过程是演讲者积极而充满创造性思考与表达的过程，更应是用思维清晰的逻辑锦线穿缀思想与情感体验而展示语言作品的过程，它是演讲者的才识心志的展示，是演讲者的人生观、价值观的传递，它实现凝聚人心、振奋精神、拓展成才之路的演讲目的。即兴演讲者只有严格依循演讲结构进行思维与表达，按照演讲时间的限定进行完整表述，才能使演讲主题表达鲜明突出，演讲层次清晰合理，演讲结构完整严谨，由此将演讲目的真正落到实处。

(二)让即兴表达体现真情洋溢、大气雅致的特点

即兴演讲表达要体现真情高雅的特点，需要演讲者用心用情涵养高雅品质与心境，做到真情表达。

1. 即兴演讲表达应真情洋溢

动之于心发乎于情，心中有真情表达才能有真意。真实与真诚是即兴演讲的基调，演讲者的内心要有对听众的真情，对听众满怀关心与关爱。演讲者的内心对听众要始终充满活力与热情，由此才能洋溢热情，感染与感召听众。演讲者的真情体现为对生活与工作的热情，对所从事事业的挚爱，对理想的执着追求，对听众的满腔热情。只有真情才能赢得真情，只有真诚才能感召真诚。只有自信与自然相统一、生动活泼与文雅得体相融合，即兴演讲才能真正抓住听众的兴奋点，发挥促人奋斗的作用。

2. 即兴演讲表达应大气高雅

我国亚圣孟子提出，为人要“养吾心中浩然之气”。演讲者的大气高雅由其思想、心理和文化共同组成，涵盖了演讲者的正气观、发展观和事业观。内心高雅才能高雅，心中有大气，表达才能有大气。演讲者修养大气高雅的“心中境界”，需要总能站在国家与事业发展的前沿“领风气之先”，并能毫无私念地与听众分享学习与思考成果，进而在表达与反省中助推内心境界的锤炼与提升。比如，1924 年宋庆龄受邀在日本神户县立高等女子学校发表演讲：

“不论是种族和信仰，没有任何东西能比共同的利益更能把人们维系在一起，因为这种共同的利益是为正义而斗争。我恳切呼吁：东方和西方的妇女，为改造世界而联合起来!”这体现出演讲者团结凝聚全世界女性的内心境界，这种内在的宏大气度彰显了演讲者的大气高雅。

(三)让即兴演讲表达吸引听众，产生足够的亲和力

所谓亲其师信其道，这一教育理念迁移至演讲表达，启示我们演讲表达要体现亲和力。亲和力能让演讲者获得听众的认可和喜爱，实现演讲传递与交流思想的目的。

1. 演讲亲和力是演讲者综合素养的体现

演讲亲和力的形成需要演讲者拥有较高的知识理论水平、较强的综合分析能力与敏捷的思维表达力，从而能与听众和谐互动，情感发生共鸣，实现演讲思想的穿透力、感召力与亲和力。演讲亲和力包含了演讲者声音传递出的饱满热情，包含了演讲者对听众的接纳与得当礼仪的表达，包含了演讲者对现场氛围的把握与调动，包含了演讲者对表情、态势语的准确使用，从而体现出演讲者真实与真诚的生命热度，让听众感到演讲者的和蔼可亲、真诚感人。

2. 演讲亲和力是演讲获得成效的关键要素

演讲表达要体现亲和力，需要演讲者发挥画龙点睛的作用。演讲者要能用寥寥数语表达真情，传递感召听众的力量。演讲者应能敏锐地发现和捕捉到听众对健康向上内容的兴奋点，并能对其进行简练、精准的表达，点燃听众内心的热情。演讲者要善于准确把握现场的氛围，准确把握听众的心理需求，由此才能正确引领社会风气，激励创新，点燃热诚，通过充满智慧与活力的语言，激发听众的信心，使听众在原有基础上有所进步与提高。演讲者要有理解和接纳听众现状的宽容情怀，从而能迅速领悟和捕捉他们思想的聚焦点与心灵生活的敏感区，能用语言有效击中他们的思考关键点，从而提升他们的情感热度，激活他们的生命活力，助力他们保持昂扬振奋的精神状态。

(四)让即兴演讲表达气势顺畅、文采斐然

1. 即兴演讲表达应彰显气势顺畅的优势

即兴演讲表达气势顺畅即表达有一气呵成的整体感和气势感。为此，演讲者要强化责任意识，讲话充满激情，既有对听众负责的意识，又有对自己负责的意识。对听众负责，即是努力让听众听清楚，听明白，有所领悟，有所收获；对自己负责，即是爱护自己的公众演讲形象，努力展现最佳的状态、最好的水平。永远把要做的演讲看成是第一次演讲，要求自己保持高度的责任感，认真进行准备，让演讲精彩呈现。对于听众反馈的语言表达问题，自己要有高度的自觉意识，自省自悟，警惕自己出现语言表达方面的问题，做到语言表达纯净。演讲时时刻绷紧一根弦，坚持不让问题出现，坚持每一次的表达都能有进步和提高。平时讲话要养成良好的语言表达习惯，吐字清晰、声音响亮，表达清晰流畅。

2. 即兴演讲表达应体现文采斐然的特点

即兴演讲表达要吸引听众、打动听众，就要体现文采斐然的特点。演讲者在听众面前的形象应是博学强识、儒雅有礼，谈吐优雅、文质彬彬。孔子曰："质胜文则野，文胜质则史。文质彬彬，然后君子。"即兴演讲表达亦如此，文采斐然需将语言的质朴与文采体现得平衡到位。演讲用语应表达得当、美好动听，精彩凝练、哲理深刻，富有思想表达力。因而演讲者应对自己严格要求，平常做到多看多读，多听多想，多学好的经验，多进行实战演练。即兴表达做到"字贵炼精，词贵炼想"，对语言表达持有"语不惊人死不休"的决心和意志。

(五)让即兴演讲表达生动有趣、机智幽默

幽默得体的表达既能让听众感到开心，又能让听众在融洽的氛围中有所领悟，从而获得生动有趣的即兴演讲效果。有幽默感的演讲者往往较为自信，他有能力借助幽默营造和谐的交流氛围，让讲者和听者双方既坦诚相待，又轻松愉快。

1. 即兴演讲表达应体现生动有趣的特点

即兴演讲表达生动有趣指演讲者思维活跃敏捷，语言表达积极活泼、生动形象，有趣味。由此演讲效果充满生机活力，让听众感到兴趣盎然。因而即兴表达要尽量避免演讲者的思维出现僵化呆板状态，避免语言表达的单调无趣，或演讲氛围的枯燥乏味、死气沉沉。即兴演讲表达要生动有趣，讲述演讲事例需具体典型，让听众有身临其境之感；塑造人物形象需惟妙惟肖，使其具有生动逼真之感，体现较强的代入感。即兴演讲表达彰显生动有趣的特点，可有效增强演讲对听众的感动力、感染力、吸引力和影响力，对听众发挥积极的思想促进作用。

2. 即兴演讲表达应体现机智幽默的特点

机智指演讲者在演讲时脑筋灵活，聪明灵巧，应变睿智得当；幽默指演讲者的表达既有趣欢乐，而又意味深长。即兴演讲表达体现机智幽默的特征，这是演讲者的良好性情、敏锐洞察力的综合体现。由此演讲者确保在紧急时刻，或出现口误或失误时，能够及时快速地做出恰当反应，同时给予得当的反馈。反之，缺乏机智幽默的演讲者在演讲中会显得笨拙迂腐，在遭遇演讲尴尬时会因反应迟缓、表达迟钝，影响演讲获得总体良好的演讲效果。

演讲者的即兴表达一旦出现纰漏，比如，演讲中出现口误、失误或错误，演讲者会因此感到紧张、尴尬，或失去听众的信任，这时的机智反应尤为重要。在演讲遭遇失利的情形下，演讲者切忌对出现的问题听之任之，置若罔闻，置听众的疑虑于不顾；也不可焦虑自责，反应过度，或是生硬纠错，尽失风度。演讲者应及时反应，得当补救。要让听众感到真实可信、宽容大度，生动活泼、文雅得体，直言不讳、与人为善。

使用幽默诙谐的语言要注意把握表达分寸，既不能过于幽默给听众随意之感，又不能死板拘谨让听众感到别扭。恰到好处的幽默要能产生智慧和亲和力。总之，提升即兴演讲素养是可行性自我修养，学习者应下功夫努力养成专业的表达习惯，并高标准严格要求自己，将已然形成的表达能力用于现场的即兴演讲表达。在发表演讲前，务必聚精会神，专注地投入现场发生的事情，做到真感悟，表达切中要害，有的放矢，努力使即兴演讲表达吸引听众，对听众能起到引导思想、激发情感、融洽氛围的作用；努力使即兴演讲表达体现思维严谨、结构完整的特点，充分彰显演讲的逻辑力量；努力使即兴演讲表达体现高远雅致、洋溢真情的表达效果，让演讲主题明确，富有文采，生动而有趣味。

第三节　论辩演讲与辩论赛

“一人之辩重于九鼎之宝，三寸之舌强于百万之师。”“灯不拨不亮，理不辩不明。”“真理越辩越明，事实胜于雄辩。”这些耳熟能详的话语都是人们日常开展辩论实践活动的理念依据。从古至今，思想家、政论家、演说家都有丰富精彩的论辩文化传承。在当今社会，作为演讲重要类型的论辩演讲，在日常生活与学习工作中的运用极为广泛，并发挥着无可替代的作用。尤其在法庭论辩与辩论赛中，论辩演讲才能成为人们公认的学术价值和专业性最为高超的语言表达才能的代表。

一、论辩演讲概述

(一)论辩演讲的含义

演讲者树立并传递己方的立场与观点，与观点对立者之间进行语言交锋，尽最大可能说服大多数听众认同己方立场与观点。这类观点可以是社会敏感的现实问题，也可以是社会日常生活中人们思想存在的各种分歧观点。演讲论辩者开展辩论的场合与情境会有不同，进行辩论的目的与方式也会有不同。比如，论辩演讲可以是个体与个体之间的辩论，多用于个体之间因思想观点不同而进行的争论与交流；也可以是团队与团队之间的辩论，多用于辩论赛与法庭辩论的场合；还可以是国家与国家之间的辩论，外交部发言人通过电视讲话等形式进行。

尽管人们开展辩论的目的、展开辩论的场合与参与辩论的人数都存在许多差异，但辩论过程中体现出的辩论语言特点有着许多共同点。比如，所有的论辩都一定先存在一个可以引发不同观点的辩题，论辩者在论辩中都会借鉴阐述、论证、辩驳、责难等多种论辩语言表达的方法。论辩对立双方在论辩过程中都必须坚定而有策略地树立和证明己方观点的正确，驳斥并直击对方观点的错误指点。

在整个论辩过程中，观点对立的双方表达的主旨都在于积极有效地传递己方观点，以及己方观点的正确理由和价值所在。为此，在唇枪舌剑之中必须能够有效推翻对立方的立场与观点，并能将支撑其观点立场的理念完全驳倒。在论辩现场，听众可以欣赏辩论团队的辩论风采，更可以获得对论题所涉及问题的深刻认识，使思想得以进步，使思维水平得以进一步提高。

(二)辩才在演讲者心目中的重要位置

辩才在演讲者心目中有着极为重要的位置，辩才理念与演讲才能通常被认为是相融相通的。

2015 年 3 月，笔者首次以首都师范大学演讲代表队领队与指导老师的身份，参加全国大学生演讲大赛，并取得佳绩。参赛出征前一天，是年 86 岁的著名演讲家李燕杰老师为大赛写了书法条幅，委托我带给大赛组委会。在去李老师办公室的路上，我脑海中闪现出许多李老师常写的书法条幅的内容，但唯独没有想到这幅条幅写的是：“一人之辩重于九鼎之宝，三寸之舌强于百万之师。”看到李老师展开条幅，读着这句人们广为传颂的名言，我的内心受到极大触动，从中我领悟到演讲人对辩才的推崇和挚爱。在隆重的襄阳赛场开幕式上，我郑重地向组委会转赠条幅，并向全体与会者分享我对这句话的思考，受到听众好评。这一次的经历让我深刻感悟到演讲人对辩才的重视和喜爱。

之后，同年 5 月与 8 月我再次带队参加全国大学生演讲大赛。仅 2015 年这一年，作为首都师范大学演讲代表队的领队与指导老师，我三次全程参与、精心指导队员参加了全国演讲大赛，包括指导学生进行赛前准备和现场展示，并在赛场受邀担任大赛评委。首都师范大学参赛选手在大赛中获得个人一等奖与团队一等奖的好成绩，我见证了演讲才能的养成带给学生的历练与成长。“一人之辩重于九鼎之宝，三寸之舌强于百万之师”这句至理名言带给演讲人很大启迪，由此，在以后受邀为大学生辩论赛做开赛致辞，或是担任辩论赛评委，或是担任主题演讲比赛评委为大赛进行点评，我常用这句话做开场与学生分享对演讲能力养成意义的感悟，鼓励学生热爱辩论，学好演讲，练好口才。我本人更将其作为从事演讲实践活动、演讲理论研究与教学自勉的座右铭。

(三)论辩演讲才能受人推崇溯源

古往今来，论辩演讲才能在人类历史发展中历来受到推崇和喜爱。崇尚辩才，研究辩才能力养成的秘籍，努力涵养个体发展与社会发展所需的论辩演讲才能，素来就是社会发展热议的一个焦点。无论在我国还是在西方社会，人们对辩才都是同等重视与关注，对其服务社会发展、推动社会发展的作用也总是赞赏有加。“一人之辩重于九鼎之宝，三寸之舌强于百万之师”就是典型的例证。这句名言源自我国南北朝时期著名文学评论家刘勰的著述，说明了人们对演讲才能的普遍重视与肯定，早已为人们世代相传并熟知。

在西方的历史长河中，早在公元前 5 世纪至 2 世纪，就形成了以古希腊、古罗马为中心的黄金时代，也是文化史上著名的论辩演讲的兴盛时期。从流传下来的演讲名著来看，人们对演讲与辩论的认知有许多重合与交叉之处。比如，亚里士多德著有《修辞学》一书，指出演讲有三种场合，包括了法庭辩论与政论演讲；西塞罗著有《雄辩家》一书，提出演讲有五个要素；昆体良著有《雄辩术原理》一书，提出“好的演讲者是一个接受过演讲训练的好人”的论断；伊索克拉底著有多篇演讲词流传于世，包括政治演说辞、诉讼演说辞与劝告辞等；德摩西尼被尊为古希腊“十大演讲家”之首，是人们公认的最雄辩的演讲家。他自己还亲自参加法庭诉讼并取得成功，为培养更多的青年演讲才俊，他开办了最有影响力的演讲学校并亲自授课，组织学员参加全国性的演讲大赛并获得第一名的殊荣。

我国早在先秦时期就有着灿烂的古文明，并且坚实地奠定了我国文明古国的地位。该时期的演讲辩论思想更是流传至今，影响深远。众所周知的“一人之辩重于九鼎之宝，三寸之舌强于百万之师”的名言典故即是对这一时期的苏秦、张仪等谋士口才魅力的赞扬。讲的是谋士苏秦提倡合纵，而谋士张仪提倡联横，他们分别运用智慧辩才游说各国君主，积极推动当时的社会发生了翻天覆地的变化。由此我国历史上出现了“一言可以兴邦，一言可以丧国”的社会局面，这些著名的谋士也成为用语言影响人类思想的典型代表，并称为我国春秋战国时期的纵横家。

而在这一时期，在论辩思想方面获得最高成就的当属我国亚圣孟子。记载孟子言行的著述为《孟子》，是我国儒家经典的“四书”之一。“其文气势充沛，感情洋溢，逻辑严密；既体现其滔滔雄辩，又表现得从容不迫”。其论辩学说与观点极为丰富和精彩。比如，“人有不为也，而后可以有为”“天时不如地利，地利不如人和”“生，亦我所欲也；义，亦我所欲也。二者不可兼得，舍生而取义者也”等等。

孟子文论善用排偶句、叠句等修辞手法，善用形象化的事物与语言说明复杂的道理，善用逻辑推理之法，采用欲擒故纵、反复诘难、迂回曲折等论辩技巧，将对方引入预设结论，达到说服听众的目的。比如，《孟子·梁惠王》涉及“义利之辨”“与民偕乐”“仁者无敌”等重要思想。这些集中体现孟子杰出辩才的名篇，以论辩特色彰显了语言表达的意义与魅力，对后世产生了极大影响和启发。

二、论辩演讲的特点与表达技巧

为了能更好地做好论辩演讲，在理解论辩的意义与含义之后，我们需要进一步掌握论辩演讲的特点与技巧。理解并彰显论辩演讲的特点，掌握和体现论辩演讲的技巧，都是做好论辩演讲的必要条件。演讲者在论辩演讲中越能突出论辩演讲的特点，越能熟练运用论辩演讲的技巧，他的论辩演讲也就越能获得成功。

（一）论辩演讲的特点

论辩演讲是演讲活动的重要类型，其应用与解决实际问题的特点极为突出。在日常生活和工作场合，我们可以经常见到具有论辩特点的演讲，发挥着广泛而不可替代的现实作用。论辩演讲可以为提高人们对论题所及问题的认识而进行，能够在社会发展中发挥出有效的传递思想、澄清事实、明辨是非、传播知识的作用。尤其是法庭辩论，以及各级各类专业性很强的辩论赛，论辩演讲在其中更是有着不可或缺的重要位置，发挥着毋庸置疑的重要作用。

对于各类辩论赛场合中的论辩演讲来说，尤其是辩手的开篇立论、攻辩小结与总结陈词，都是典型与专业的论辩演讲。这类论辩演讲具有以下六个特点。一是双方对同一个问题的认识持相互矛盾、对立冲突的观点；二是双方在辩论中都各持己见，双方都认为自己的观点正确；三是论辩凸显争辩性，双方针锋相对、各不相让，充满火药味，最终形成“我对你错”的结果；四是论辩寻求真理，崇尚理论知识的传递，崇尚逻辑的力量与说服的力量；五是论辩过程体现辩驳性，无论是攻击，还是驳斥、诘难，目的是致使对方理屈词穷、无言以对；六是论辩具有应变性的特点，尤其是在攻辩、自由辩环节，很多情况会是辩手难以预料到的，辩手要努力做到自信满满、从容坦荡，回答对方问题能做到幽默大度、机智巧妙。

(二)论辩演讲的表达技巧

最常见的论辩演讲能力比拼以辩论赛方式进行，通常要确定一个大众关心且具有争议性的论题，组织各由四名队员组成的正反方辩论队参加比赛。各队旨在树立和维护己方观点，驳倒和攻击对方观点。在演讲比赛中，论辩演讲是继命题演讲比赛、即兴演讲比赛之外最受大众欢迎、演讲特点最为独特、对演讲者综合素质要求最高的一类演讲。论辩演讲广泛运用于辩论赛中，尤其以一辩的开场立论，二、三辩的攻辩小结，四辩的总结陈词最具代表性。

为了有效达到论辩演讲的目标，参加论辩需掌握并熟练运用论辩技巧。论辩演讲的技巧有许多，以下介绍常见的六点技巧。一是辩论赛的本质是思想交锋与交流，辩论的中心只能是辩论的观点和理由，为此要熟练使用诠释法、类比法、归谬法、证明法、反例法等论辩技巧。二是论辩的目的在于辨明真理，事实胜于雄辩，因而要十分重视事实与数据材料的呈现，坚持真理要善于使用事实、数据等现实与细节材料，增强可信度。三是论辩者要有捍卫真理的勇气与智慧，要敢于进行正面攻击，不因对方的强势而胆怯，不因对方的权威而乱了己方阵脚，而应积极敏锐地找准对方破绽，一语中的驳倒对方，获得论辩的胜利。四是论辩者要有大局观念，不仅对己方观点做到胸有成竹，而且赛前要对对方可能设立的观点认真分析，做到充分准备，以保障在赛场上机智应变，巧妙应答。五是论辩者要管理好自己的情绪，论辩时要始终保持礼仪风度与成熟度，不能把辩论当成争吵，更不能出现人身攻击或有辱人格的言行。论辩忌急于获胜，不可情绪失控或急躁，出现口不择言的状况。论辩中不去激怒对方，也不被对方所激怒，而是要保持应有的论辩风度。六是论辩者需立场坚定，坚信己方观点是真理，要尽量多地使用论辩方法，比如借力打力、移花接木、顺水推舟、正本清源、釜底抽薪、攻其要害、利用矛盾、使用缓兵计等技巧性方法。

(三)论辩演讲特点与表达技巧相辅相成

相比于其他类型的演讲来说，论辩演讲的特点非常突出，因此其使用的辩论技巧也很独特。比如，论辩演讲者需在论辩中做到：有备无患，立场坚定；论据充实，紧扣论点；论证有力，合乎逻辑；趁机巧问，步步紧逼；反攻为守，迂回侧击；神态自若，灵活应变；巧使言辞，妙用态势；情理交融，有理有节；胜而不狂，败而不馁。以上这些内容既可以称之为是论辩演讲的特点，也可以称之为是论辩演讲的技巧风格。换句话说，论辩过程中的论辩演讲特点越突出，就越应使用辩论的技巧；而论辩技巧被运用得越娴熟，论辩演讲的特点就会越明显，越突出。

三、大学生常用辩论赛赛制解读

论辩演讲能力是大学生演讲的必备素养，是大学生自我培养和锻炼的重要内容。因此，大学生在校期间应积极参加辩论赛，这对大学生的综合素质提高大有益处。大学生积极参加辩论赛的方式很多，这包括报名参赛承担辩手职责，也包括积极做辩论赛的志愿者，成为学校、院系或班级辩赛的积极推动者和组织者。为此大学生了解和把握辩论赛环节的具体内容与辩论赛赛制十分必要。

(一)辩论赛与论辩环节

尽管辩论赛的赛制多种多样，但设定的论辩环节基本一致。辩论赛环节的内容主要分三个部分，即辩论赛筹备与组织环节内容、开赛前辩论赛主席宣布的内容、正式开赛后的论辩内容。第一部分含辩论赛筹备与组织内容的六大环节。环节一：赛前组织者需确定辩题；环节二：选拔辩手；环节三：选定辩赛主席；环节四：邀请辩赛评委；环节五：制定辩赛规则；环节六：确定辩赛场地等。

第二部分含开赛前辩论赛主席宣布开赛内容的三大环节。环节一：辩论赛主席宣布辩论赛开始，宣布辩题；环节二：介绍参赛代表队及所持立场，介绍参赛队员；环节三：介绍评委及点评嘉宾，嘉宾致辞。

第三部分含正式开赛的七大环节。环节一：正反双方辩手集体亮相，进行自我介绍；环节二：立论陈词(一辩)；环节三：攻辩(二、三辩)；环节四：自由辩论(全体)；环节五：总结陈词(四辩)；环节六：亲友团提问；环节七：评委点评，宣布比赛结果，宣布全场最佳辩手。

(二)常见大学生辩论赛赛制实例

辩手在赛前必须对辩题进行专业破题，队友之间相互熟悉，增强团队的分工合作意识，要熟悉辩论规则，力求进行创新性的整体配合，队员各自发挥优势，尽量做到脱稿论辩，增强论辩的感染力与说服力。充分彰显论辩演讲的特点，掌握并运用好论辩的技巧，在赛场做好论辩，不断提升论辩演讲才能。

表 8-1　常见大学生辩论赛程序及用时规定

序号	程序	时间	备注
1	正方一辩发言	2 分 30 秒	
2	反方一辩发言	2 分 30 秒	
3	正方二辩选择反方二辩或三辩进行一对一攻辩	1 分 45 秒	每个提问不超过 15 秒
4	反方二辩选择正方二辩或三辩进行一对一攻辩	1 分 45 秒	每次回答不超过 20 秒
5	正方三辩选择反方二辩或三辩进行一对一攻辩	1 分 45 秒	
6	反方三辩选择正方二辩或三辩进行一对一攻辩	1 分 45 秒	
7	正方一辩进行攻辩小结	1 分 30 秒	
8	反方一辩进行攻辩小结	1 分 30 秒	
9	自由辩论(正方先开始)	8 分钟(双方各 4 分钟)	
10	观众向正方提问一个问题	回答时间不超过 1 分钟	除四辩外任意辩手回答
11	观众向反方提问一个问题	回答时间不超过 1 分钟	同上
12	观众向正方提问一个问题	回答时间不超过 1 分钟	同上
13	观众向反方提问一个问题	回答时间不超过 1 分钟	同上
14	反方四辩总结陈词	3 分钟	
15	正方四辩总结陈词	3 分钟	

【演讲实例一】

演讲家李燕杰的两段即兴演讲片段

片段一：即兴创作开场诗，瞬间拉近与听众的心理距离。

在一个炎热的午后，李燕杰教授应邀到一家医院演讲。一上台他就发现了一种不利于成功演讲的情况。听众情绪不高，看着颇有一些倦意。坐在前两排的医务人员注意力不集中，似乎是手里有活儿、心里有事儿的状态。面对这种情况，李老师即兴创作了一首开场小诗："每当我忆起那病中的时光，白衣战士就引起我深情的遐想。他们那人格的诗，心灵的美，还有那圣洁的光，给我以顽强生活的信心，增添着我前进的力量。"这首小诗一朗诵完，医务工作者马上来了精神，他们似乎看到了自己最关心的病患者来到了面前，转而关切和关注地聆听演讲，演讲氛围瞬间构建成功。

李老师的这首应用在开场部分的演讲诗，发挥了演讲者与听众建立情感连接的作用，是成功的即兴演讲表达。演讲者的真情抒怀使听众受到感染、激励与启迪，瞬间拉近了与听众的心理距离，进而产生了心灵上的共鸣，助力演讲顺利进行。演讲者一旦成功吸引了听众的注意力，引发了听众的兴趣，就为成功演讲奠定了良好的基础。万事开头难，好的开场是成功的一半。演讲开场针对现场需要创作并朗诵开场诗不失为发表即兴演讲的明智之举。

片段二：李燕杰教授答听众问："青年人如何才能达到博学？"

书，是要读的，而且要抓紧时间读，多读书，读好书。古往今来，那些在学业上有成就的人，多受益于刻苦读书。

宋人欧阳修主张"三上"(即在"三"上读书)：马上、枕上、厕上。

清人张之洞主张"三贵"：贵博、贵精、贵通。

当代史学家翦伯赞主张"三法"：一通读法，二重点读书法，三做笔记法。

鲁迅先生讲"三性"：目的性、灵活性、广泛性。

三国时代魏国人董遇常教导学生利用"三余"时间读书，他说："冬者岁之余，夜者日之余，阴雨时之余。"

总之，抓紧时间，认真读书，广泛阅览，对造就一个高素质的演讲者是有好处的。

以上，李燕杰教授的著名答听众问，即是成功的即兴演讲的范例。他把听众现场提出的问题当作即兴演讲题目，然后有观点，有实例，有方法，有总结，有激励，发挥了即兴演讲即时传递思想、激发心智、引领听众思考与行动的作用。

【演讲实例二】

最佳辩手蒋昌建在1993年参加新加坡电视广播局与中央电视台联合举办的首届“国际大专辩论赛”中的总结陈词。

一、“人性本善/恶”辩论赛立场为“人性本恶”，四辩总结陈词

谢谢各位！一个严肃的辩论场需要一个严肃的概念。对方多次问我们人性怎么样，却始终没有问我们人性本怎么样。我想请问对方，人性是什么和人性本是什么是同样的概念吗？你们如果连这个概念都没有建立基础的话，那你们的立论从何而来呢？我们多次问对方善花里面如何结出恶果，对方说要浇水，要施肥。那我就不懂了，大家都承蒙阳光雨露的话，为何有那么多罪行横遍这个世界呢？难道对这个水、那个肥还情有独钟吗？为何要跟恶的人做一个潇洒的“吻别”呢？

今天我们本着对真理的追求来同对方一起探讨这个千年探讨不完的话题。无论是从性善论的孟子也好，还是性恶论的荀子也好，又有哪一家、哪一派不要我们抑恶扬善呢？抑恶扬善是我方今天确立立场的一个根本出发点。下面我再一次总结我方的观点。

第一，只有认识人性本恶，才能正视历史和现实。回顾历史的时候，我的内心总感到痛苦而颤抖。从希波战争到十字军东征，从希特勒的奥斯维辛集中营到日寇在华北的细菌试验场，真可谓是“色情与贪婪齐飞，野心共暴力一色”。以往的人类历史，可以说是交织着满足人类无限贪欲而展开的狼烟与铁血啊！可见，本恶的人性如果不加以控制的话，将会给这个世界带来什么呢？

第二，只有认识人性本恶，才能重视道德、法律教化的作用，才能重视人类文明引导的结果，培养健全而又向上的人格。在历史的坎坷当中，人类并没有自取灭亡。尤其是在面对彬彬有礼、亲切友善的新加坡朋友面前，我们更有理由相信，人类明天会更好，这其中我们要感谢新加坡孜孜不倦地建立起他们优良的社会教化系统。人类文明是在人类智慧之光照耀下不断茁壮成长的。饮水思源，借此我们要感谢那些在人类教化路途中洒进他们含辛茹苦汗水的这些中西先哲们。正因为从他们的理论智慧当中，从他们的身体力

行当中，人们才有可能从外在的强制走上理性的自约，自约人的本性的恶，从而培养一个健全而又向善的人格。可见，人性本恶，并不意味着人终身成为恶，只要通过社会的教化系统就可以弃恶扬善，化性起伪啊！

第三，只有认识人性本恶，才能调动一切社会教化的手段来扬善避恶。光阴荏苒，逝者如斯，在物质和科学技术突飞猛进的同时，人类的精神家园可谓是花果飘零。在这个时候，我们要警惕，人性本恶这个基本的命题。可喜的是，在东方的大地上，我们说传统文化的发扬光大，已经从一阳来复开始走向了新的春天。我们也相信，通过传统文化的精华，必将使人类从无节制的欲望中合理地扼制并加以引导，从他律走向自律，从执法走向立法。人类才可能挽狂澜于既倒，扶大厦于将倾。“黑夜给了我黑色的眼睛，而我却要用它来寻找光明！”谢谢各位！（掌声）

二、“艾滋病是社会问题/医学问题”辩赛立场为“艾滋病是社会问题”，四辩总结陈词

谢谢各位！今天辩场上可谓是问题来问题去，对方的医学问题没有论证出，自己的问题倒出了不少。我一一列给大家听。

第一是逻辑问题。把医学参与的活动就说成是医学问题，把社会应当承担的责任推到医学的身上去。

第二是理论上的问题。他们缺乏有效的判断标准。理论上不清，概念上的混乱，说艾滋病是一个影响，我想请问：艾滋病是好的影响还是坏的影响？如果是坏的影响的话，难道还不是个社会问题吗？

第三是事实上的问题。对方习惯把大事化小，小事化了，但始终没有解决为什么化来化去从 5 个患者化成了 250 万个？

第四是价值判断问题。对方视艾滋病对人类社会的总体威胁而不见，认为医学所谓治标而不治本的方法不能给社会的文明带来巨大的威胁，我不知道对方是怎么展望我们的未来世纪的。今天离世界“艾滋病日”只有 126 天，它的口号就是“时不我待，行动起来”。这难道是社会对医学界的一个独门偶语吗？

我方已经从逻辑、理论、事实的层面说明了艾滋病从社会中产生，在社会中蔓延，必须协调社会总体力量才能加以解决，我进一步论证我方的基本观点。

第一，艾滋病不是一般的疾病，它大大地超过了医学的范围，属于社会问题，艾滋病的产生到艾滋病的蔓延，无一不是同病态的社会行为，享乐主

义的道德规范与腐败的管理体制息息相关。我们很欣赏对方想用显微镜来分析社会制度，用试管来培养道德规范的愿望，但幻想归幻想，事实归事实，再好的针筒也戳不出一个社会改良的方案，再好的药片也除不去社会机体上的病变，我们说，只有靠社会系统工程，统筹规划，共管齐抓，艾滋病才能得以有效地控制。

第二，艾滋病的产生、发展涉及社会的方方面面，其引发出来的社会问题可谓是层出不穷，社会有其不可推卸的责任。再愚蠢的法官也不会把奎因街的失火归结为消防队。让医学来“一肩担尽古今愁”的话，必然导致艾滋病是“不尽黄河滚滚流”！我们不是一个心安理得的看客，也有可能成为剧中的角色。当艾滋病患者被社会抛弃在街头的时候，他们孤身只影，孤独、贫困、歧视，把他们一个个逼上人生绝路的时候，人权危机、信仰危机、信任危机、财政危机，难道不是靠社会的整体力量去帮助解决吗？光靠医学必然是孤掌难鸣，鞭长莫及！

第三，当艾滋病给人类造成巨大威胁的时候，向人类社会的发展提出了一个严肃的问题：20 世纪 80 年代，我们在物质昌荣的时候，人类的精神家园究竟如何呢？我们对这个要有一个价值判断。我们说，应该以人的全面发展为依归，来修复已经饱经沧桑的精神家园，使我们的生命搏击出生活的健康、理性和美丽，这才能安慰成千上万个长眠于地底下艾滋病患者屈死的灵魂，才能启示将衍继人类文明火种的子孙后代！对方辩友，“魔高一尺，道高一丈”，只要我们相信艾滋病是社会问题，不是医学问题的话，艾滋病这个“世界恶魔”终究是能够被降服的！有道是：“沉舟侧畔千帆过，病树前头万木春。”谢谢各位！

三、“温饱是/不是谈道德的必要条件”辩赛立场为“温饱不是谈道德的必要条件”，四辩总结陈词

谢谢主席，谢谢各位。经过刚才一番的唇枪舌剑，我的肚子的确有些饿了，但是我仍然要把道德问题谈清楚。（笑声、掌声）下面我总结对方的几个基本错误。犯的第一个错误就是：“李代桃僵”。对方用温饱过来代替温饱，用温饱等同于生存来构建他们的立论基础。这显然是错误的。对方犯的第二个错误就是：“扬汤止沸”。认为一个贫寒的人只要教唆他追求温饱就可以了，从来不问用什么手段，我刚才已经说过，如果到麦当劳里面打砸抢的话，这难道就能合法地追求到温饱了吗？这显然又是荒谬的。对方犯的第三个错误就是：“避实就虚”。对方始终告诉我们温饱能够给谈道德提供更好的条件，

但是没有说不温饱的情况下绝对不能谈道德。对方犯的第四个错误就是："指鹿为马"。把谈道德与谈道德的效果混为一谈。对方今天的论点可谓是云山雾罩，让我们一头雾水，不知所云。相反，今天我们已经从逻辑、理论、事实上论证了，只要基于理性的人类存在就能够谈道德。

下面我主要从价值层面论述我方的立场。第一，谈道德是基于理性的人。只要人类存在着，就能够谈道德。"富贵不能淫，威武不能屈，贫贱不能移。"人类之所以不同于动物的一个重要的标志就是人能够基于自身的理性而谈道德。孔子说："不义而富且贵，于我如浮云"，不以温饱为基本前提而谈道德，恰恰显示了人类理性的伟大和崇高。第二，谈道德是基于社会整体发展的价值选择。人类如果想求得生存和发展就要谈道德，否则必然导致人类历史生活的毁灭。群体统一的行动是社会生存下去的基本方式。而统一的行动是要以谈道德为前提的。只有在社会生活中谈道德，才能保证社会的相对的稳定和有序，才能赋予整体人类活动的价值内涵。这是谈道德被历史和经验证明了的社会意义。第三，谈道德是基于人们摆脱贫困的热望。我们今天在这里不仅要谈道德的理念，更要谈在现实社会当中的人类该何去何从。环顾当今的世界，衣不蔽体、食不果腹的人们成千上万，他们怎么办？不谈道德了吗？对方能够设想一下，在纷争四起的社会条件下，丧失人伦能够促成繁荣富强吗？相互残杀的鲜血能够浇灌出温饱的果实吗？显然不能。"宝剑锋从磨砺出，梅花香自苦寒来。"越是贫困向人类发出强烈挑战的时候，就更要谈道德。第四，当人类迈向未来世纪的时候，更要基于人的理性来谈道德。当今的世界，环境、人口、饥饿、战争等问题都存在于贫困的国家和地区当中，他们不谈道德了吗？不谈的话会给人类带来什么样的命运呢？从罗尔斯到唐君毅，又有哪个伦理学家不告诉我们要呼唤人的道德感与责任感呢？我们、你们和他们难道还要让自己的心智像风、像雨，以对道德的沉默来拯救这个越发脆弱的星球吗？

谈到这里，我不由得想起一百多年前生活在哥尼斯堡的一位叫康德的老人说过的一句话："这个世界唯有两样东西能让我们的心灵感到深深的震撼，一是我们头顶上灿烂的星空，一是我们内心崇高的道德法则！"谢谢各位！（长时间掌声）

【互动练习一】

根据教育部、国家语言文字工作委员会制定的《普通话水平测试大纲》，普通话水平测试以口试方式进行，测试内容包括普通话语音、词汇和语法。试卷由四个部分组成，满分为100分。

第一部分(10分)：读单音节字词，100个音节，限时3.5分钟。

第二部分(20分)：读双音节词语，50个音节，限时2.5分钟。

第三部分(30分)：朗读短文，限时4分钟。

第四部分(40分)：命题自由说话，限时3分钟。

其中第四部分“命题自由说话”，等同于考查应试者的即兴演讲能力。下表提供《普通话水平测试大纲》规定的话题，供同学们练习即兴演讲使用。

表 《普通话水平测试大纲》规定的话题

序号	话题	序号	话题
1	我的愿望(或理想)	16	我的成长之路
2	我的学习生活	17	谈谈科技发展与社会生活
3	我尊敬的人	18	我知道的风俗
4	我喜爱的动物(或植物)	19	我和体育
5	童年的记忆	20	我的家乡(或熟悉的地方)
6	我喜爱的职业	21	谈谈美食
7	难忘的旅行	22	我喜欢的节日
8	我的朋友	23	我所在的集体(学校、机关、公司等)
9	我喜爱的文学(或其他)艺术形式	24	谈谈社会公德(或职业理想)
10	谈谈卫生与健康	25	谈谈个人修养
11	我的业余生活	26	我喜欢的明星(或其他知名人士)
12	我喜欢的季节(或天气)	27	我喜爱的书刊
13	学习普通话的体会	28	谈谈对环境保护的认识
14	谈谈服饰	29	我向往的地方
15	我的假日生活	30	购物(消费)的感受

【互动练习二】

以下是1997国际大专辩论会决赛“真理越辩越明”辩题正、反方一辩的开篇立论辩词。请大家学习之后，自选立场，写一篇3分钟的开篇立论辩词。或者自选一个辩题，比如“大学生恋爱的弊与利”，从价值、逻辑、理论、事实各选一个视角，写出3分钟的阐明立场的开篇立论辩词。

1997年首都师范大学代表队参加在新加坡狮城举办的国际大专辩论会，获得总场比赛亚军。辩论会最终决赛队伍是：首都师范大学代表队对马来亚大学代表队。辩题：真理越辩越明。正方为首都师范大学代表队，立场是：真理越辩越明；反方为马来亚大学代表队，立场是：真理不是越辩越明。正方与反方的立场由抽签决定。

首都师范大学代表队队员：一辩，崔卫军(政法系三年级学生)；二辩，王雁宏(外语系三年级学生)；三辩，王蔚卿(历史系三年级学生)；四辩，李雪霞(中文系三年级学生)；带队教师为杨生平教授。

正方一辩崔卫军同学表明立场的3分钟开篇立论词：

谢谢主席！各位评委，各位来宾，对方辩友，大家好！

为政论政，在商言商。辩论里自然要涉及辩。今天，我方的立场是：真理越辩越明。真理是人们对客观事物及其规律的正确认识，所谓“辩”则是以一定的逻辑基础为规则，通过摆事实、讲道理的方式，与不同的观点进行交流、交锋，而“明”即清楚明晰。真理越辩越明，就是说，真理在与其他思想的论辩中更加清晰明白。人类的历史是追求真理，探求真理，传播真理，进而摆脱蒙昧、无知、愚钝的历史。我们热爱真理，敬仰真理。正如亚里士多德所说，吾爱吾师，吾更爱真理。然而，认识真理的过程并非一帆风顺，它是一个去伪存真、去粗求精的过程。在这个过程中，论辩是必不可少的环节。人们为了寻求真理，要同无知辩，要同偏见辩，向未知挑战，与荒谬斗争，同强权抗衡。俗话说：鼓不敲不响，理不辩不明。人类正是在长期追求真理的过程中，认识到了真理越辩越明的道理。当然，我们并不否认，实践在探索真理、检验真理中的巨大作用，它是必要条件，而我们认为，辩是使真理明的充分条件。

第一，在认识真理的过程中，辩可以使认识由片面到全面，由含混到清晰，由肤浅到深刻。大千世界，万物运行，无数规律隐藏在表象的背后，需要我们去探索，去检验。然而，人们的认识水平是有限的，正所谓，人非生而知之者，孰能无惑。于是，人们用辩辨明真假，用辩来裁决真理与谬误。在辩的过程中，真理逐渐由萌芽走向成熟。

第二，在真理的传播过程中，辩可以使真理为大多数人所掌握。真知灼见产生之时，习惯与偏见就早已站在它的面前，它们的力量是如此强大，以至于真理最初只是被少数人所掌握。但是，星星之火，可以燎原。正如古罗马的李维所言，真理之火有时会变得暗淡，但它永远不会熄灭。因为我们的争辩终将以真理的胜利而告终，而真理之光必将照亮整个人类！谢谢大家！

反方马来亚大学代表队一辩箫俊仁（法律系三年级学生）3分钟开篇立论表明立场：

大家好！第二次世界大战的时候，英国人说：我是为真理而战。德国人也说，我是为真理而战。就连法国人也说：我是为了真理啊！大家都各言其说，结果我们发现，真理是什么？真理是躺在地上千千万万的尸体呀！培根说，研究真理，认识真理和相信真理，那是人最崇高的美德。真理是对客观事物本质及其规律的正确认识。它又可分为主观与客观真理。我觉得今天的主席非常英俊，这是主观真理。地球绕着太阳转，这是客观真理。辩是一种行为，不是规律，它建立在两个或更多的对立观点的基础之上。对方辩友今天犯的令我们遗憾的错误是将辩等同于一定是善的，讲道理、说真话就是辩。可是，在现实的生活中，辩是这样的吗？辩论的人一定讲道理吗？辩论的人一定说真话吗？显然不会！而今天我方说的口舌之战、笔墨之战，就是辩的表现了。而越辩越明则是指将真理从局部到整体，从相对到绝对的整个深化过程，真理不会越辩越明。

第一，真正使真理明朗化，要靠经验累积和实践领悟。而辩是独立于人类引导真理的整个过程之外，它只是提供了一个场合，让更多不同的思想，不同的意见，被发表出来。但是，辩本身是不具生产性的，辩所带出的种种思想，并不能凸显何者更接近真理。因为我们说获胜的一方就更接近真理吗？不，真正使真理更明的要靠研究，要靠实践。

第二，辩只是一种行为。由于有人的介入，让其面临了种种局限，从人性的不完美到权利的介入，从表达的缺陷到语言的局限，都使人们在现实的生活中无法将自己的思想表达出来，越多的辩论想来会离真理越来越远啊！

第三，一些真理根本不会越辩越明。许多哲学命题是主观真理，无论怎么辩也辩不明，知难行难，何者更易？义利可否统一？请问被辩明了吗？一个人的言行不会因为我们辩论而变为正方形；一加一等于二，也不是辩论而来的。像这种不辩自明的例子更是比比皆是。综上所述，辩本身并不能将真理的不明之处明朗化，感性之处理性化，主观之处客观化。谢谢！

【思考题】

1. 参加校园演讲比赛活动对大学生健康成长的意义有哪些？
2. 参加大学生主题演讲比赛有哪些注意事项？
3. 参加主题演讲比赛与参加即兴演讲比赛有哪些异同？
4. 你参加或聆听过的辩论赛有哪些，你最深刻的感受是什么？

【参考文献】

1. 孟子．孟子[M]．长沙：岳麓书社，2017.
2. 朱熹．四书集注[M]．南京：凤凰出版社，2016.
3. 刘勰．文心雕龙[M]．扬州：广陵书社，2019.
4. [古希腊]亚里士多德．修辞术·亚历山大修辞学·论诗[M]．颜一，崔延强，译．北京：中国人民大学出版社，2003.
5. [古希腊]亚里士多德．政治学[M]．吴寿彭，译．北京：商务印书馆，1965.
6. [古罗马]西塞罗．西塞罗全集·演说词卷[M]．王晓朝，译．北京：中国人民大学出版社，2008.
7. 黄汉林．古罗马的教育——从西塞罗到昆体良[M]．北京：华夏出版社，2015.
8. 李燕杰．创造丰盛人生——总有一种方式让你脱颖而出[M]．北京：清华大学出版社，2008.
9. 李燕杰．大道有言[M]．北京：清华大学出版社，2008.
10. 李燕杰．磁性与魅力[M]．呼和浩特：内蒙古人民出版社，1991.
11. 李燕杰．铸魂·艺术·魅力[M]．北京：中国华侨出版社，1992.
12. 李燕杰．演讲美学[M]．上海：上海人民出版社，1985.
13. 李燕杰．塑造美的心灵[M]．上海：上海人民出版社，1982.

【演讲箴言】

21世纪是合作的世纪。心胸有多宽，合作舞台就有多广。

——习近平

演说术是接近自然的艺术。

——[德]黑格尔

第九章　大学生演讲恐惧心态管理

【学习目标】

1. 科学认知演讲恐惧心态表现。
2. 学会正确分辨演讲紧张与演讲恐惧。
3. 了解大学生演讲恐惧心态对演讲效果的影响。
4. 掌握有效管理演讲恐惧言行的策略与方法。

从1988年9月至今，我一直为大学生开设“演讲理论与实践教学”课程。教学中我发现很多选修这门课的学生在经过系统学习演讲理论和技巧之后，仍然存在比较明显的演讲恐惧心理。这从他们经常挂在嘴边的话语与对发表演讲的行为中可略知一二。“老师，能不能别让我上去讲啊，我很害怕。”“我不敢上台演讲，一上去我都不知道眼睛往哪儿看。”不敢上台，不敢面对公众开口讲话，面对公众感到手足无措，这些都是明显的演讲恐惧心理的外在言行表现。一般情况下，只要有学生当众如此表达心迹，马上就会引来其他学生连续不断的随声附和。由此可知，学生演讲恐惧心理的存在是较为普遍的，而且伴随有较强的负面影响，如果不及时进行管理和引导，这种心理状态就会在学生群体里蔓延开来，从而妨碍大学生群体演讲能力的有效提升。

教学中我发现许多学生处在“想讲但又怕讲”的状态中，并为此感到痛苦。更有学生因走不出困境而苦恼，难以排解而沉沦。演讲恐惧心理妨碍个体获得学习演讲理论与技能的实效，而且影响学生演讲潜能的发挥与正能量的传播。因此，了解并管理好演讲恐惧心理极为重要，这可以有效帮助演讲者缓解演讲恐惧心理，为演讲做好充分的心理准备，为演讲成功奠定积极的情感基调；助力学生生成良好的演讲氛围，助力演讲正能量的有效传播。

第一节　大学生演讲恐惧心态现状与成因

大学生演讲恐惧是他们在演讲前、演讲中或演讲过后，对演讲特有的心理感受，这类感受偏离正常的口语表达曲线，通过面部表情、眼神及体态等外在的言行，外化为影响演讲效果的消极因素。为了确切认知大学生群体中演讲恐惧的存在现状及表现，我从2007年至今先后多次对“非演讲选修课程班”与“演讲选修课程班”两类学生群体进行书面调查，并在中文、政法、数学专业各选择一个毕业班进行调研，以此探究演讲恐惧在大学生中的分布情况及具体表现。为了科学认知并理性把握大学生的演讲恐惧问题，针对调研结果及相关访谈，分析学生出现演讲恐惧问题的原因，提出有针对性的解决办法和策略。

调查结果显示：演讲恐惧问题在大学生群体中真实存在，且涉及人数较多，影响范围较为广泛。由于不同的个体受演讲恐惧的影响程度存在差异，学生的演讲恐惧问题在演讲中的表现形式各异。

一、演讲恐惧心态在大学生群体中的存在现状

为了确切把握学生对演讲恐惧问题的认知，了解演讲恐惧对学生演讲能力提升的影响，我在2019年9月11日给校演讲课程班的41名学生发放了调查问卷。参加调研的学生除4名大三学生之外，其余都是大二学生。这些学生中有11位是男生，30位是女生。学生对演讲恐惧的表现认知比较到位，共有35位学生表述自己有演讲恐惧的困惑，希望可以在演讲学习过程中得以克服，这部分学生的人数占到全体学生的85%。其中有15位学生表述自己在演讲比赛中深刻体验到了演讲恐惧的烦恼，20名学生表示至今尚未有机会参加任何正式的演讲活动，但对发表演讲却感到莫名恐惧，希望通过练习演讲克服这一恐惧，促使自己获得人生进步与提升。

对于演讲恐惧问题的研究，早在20多年前我就着手进行了。在我所做的多次调研活动中，2007年9月我在任教的校公选课上的调研最为规范。当时

针对学生是否存在演讲恐惧问题，我在班上发放了调查问卷。参与调研活动的学生来自全校 16 个院系，涵盖大二到大四的学生。收回的 48 份调查问卷情况显示：99％的学生未参加过演讲活动。

令人吃惊的一个现象是：无论是参加过演讲活动，还是没有参加过演讲活动，这些学生有一个共同的特点，即百分百认定自己有演讲恐惧问题，且都对演讲恐惧的种种表现做了如临其境的描述。相比较来讲，演讲经验相对丰富的学生，他们对演讲恐惧的成分相对要少一些。他们对自我的演讲得失情况的分析表现得较为客观而理智，并且对如何合理解决这些问题都能提出操作性较强的规划与设想。

对于如何解决大学生存在的演讲恐惧问题，我在 2007 年底进行了较为系统的思考。为了科学认知与解决演讲恐惧问题，我在任教的“大学生适应与发展”必修课上对外国语学院小语种专业学生进行调研。参与这次调研活动的学生是 139 名大一学生。调查结果验证了我关于大学生演讲恐惧问题普遍存在的观察与预判。

(一)演讲恐惧问题在“非演讲选修课程班”学生中存在较为普遍

在“大学生适应与发展”必修课上，为了解演讲恐惧问题在外国语学院的小语种专业学生中的分布比例与具体表现，我发出调查问卷 139 份，收回调查问卷 139 份。经过数据统计得出结论：学生的演讲恐惧问题普遍存在。在这 139 名学生之中，相信自己的能力，认为只要努力就能做好演讲，不存在演讲恐惧问题的学生有 22 人，约占总人数的 16％；认为自己演讲时紧张但没有达到恐惧程度的学生有 10 人，约占总人数的 7％；认为自己有演讲恐惧的学生有 107 人，约占总人数的 77％。由此可见，在“非演讲选修课程班”中有近 4/5 的学生存在演讲恐惧问题，此问题在学生中的存在情况较为普遍。需要说明：大一下学期的新生已经历了幼、小、初、高中阶段的演讲，并在高校经历了军训阶段的演讲历练。

学生提交的调查资料显示，学生的演讲恐惧首先集中在对演讲过程的回忆，具体表现是：上台后脸红怯场，羞涩不好意思；扭捏紧张，拘束放不开；无话可说，大脑一片空白；慌乱不知所措，出现尴尬冷场不知如何应对；手心出汗，感到非常不自在；哆嗦忘词，说话打磕巴；语无伦次，不知自己在说些什么；心跳加快，口齿不利索，语速明显加快。其次，集中表现在演讲前，具体表现是：演讲前夜无法入睡，出现睡眠障碍；头脑发沉，身体拘谨不敢上台；慌乱致使心乱如麻，即使已做了充分准备仍想逃避退出；担心不被听众接纳，担心演讲出错，临场想要赶快结束离开；等等。演讲过后恐惧情绪仍在持续，具体表现是：演讲后后悔自责，不接纳自己的表现，担忧别人对自己有不好的印象和看法等。

在开展这次调研活动之前，我曾单纯引导学生客观地谈谈自己对参加演讲活动的真实感受，绝口不跟学生谈及演讲恐惧问题，以免引发学生误读情绪情感。总体来看，学生给出的信息较为分散，他们谈及的演讲感受多达 88 个不同的情况描述。把这些描述按照积极性、中性、消极性进行区分，具体情况如下。

学生给出的积极性描述是：自豪、惊喜、积极、好奇、盼望、新奇、镇定、放松、感恩、振奋、自我鼓励、充满感激、珍惜机会、展现自己、新鲜、想笑、激动、兴奋、期待、荣幸、刺激、高兴、开心、荣耀、荣誉、满足、快乐、酝酿、努力、自信、想做好、沉着、愉快、努力平静、认真等，有 35 项之多。

在他们的描述中呈中性特征的是：平静、无所谓、勉强、无从下手、无话可说、心里没底、一般、不知所措、茫然、空白等，大致有 10 种不同的情况。

学生给出的消极性描述数量几乎等于积极性与中性描述情况之和，有多达 43 项不同的负面性情况描述。具体内容主要包括：害羞、恐惧、担忧、吃惊、忐忑、慌乱、犹豫、恐慌、不太愿意、忐忑不安、畏惧、慌张、焦虑、不想讲、想放弃、尴尬、忸怩、不情愿、不自信、窘迫、害怕、郁闷、约束、不自在、坐立不安、麻烦、无聊、心烦、慌神、忙乱、逃避、焦虑、怀疑、灾难、想跳楼、恶心、恐怖、无奈、紧张、担心、害怕、不安、生气出汗等。

由此可见，当学生面对演讲活动时，自然而然产生的心理感受几乎是喜忧参半，可谓是动荡不安。其消极情绪要高于积极正向情绪。这些消极性描述相对集中的词语是：紧张、害怕、担心、恐惧等。积极性描述相对集中的词语是：激动、兴奋、自信、期待等。演讲课教师需要通过积极引导，帮助学生合理管理消极和中性情感，有效激发学生产生更多积极情感，让积极正向的情绪情感直接影响学生参与演讲活动的状态，长远地影响学生对自我演讲能力的培养与提升。

继上述调研活动结束后，我尝试给出“演讲恐惧”一词，再次对他们的演讲心态进行调研。结果发现，他们一旦看到“演讲恐惧”一词，马上认可了“恐惧感”这一名词，并说自己终于找到了感觉，纷纷表示有演讲恐惧问题。并就此得出结论："演讲恐惧是影响我演讲成功潜在的不利因素。"

(二)演讲恐惧在"演讲选修课程班"学生中的分布比例与表现

在校公选课"大学生演讲心理与人格"教学课堂上，我给学生发出调查问卷48份，收回调查问卷48份。学生表述自己有演讲恐惧的共37人，约占总人数的77%。认为自己演讲时紧张但未达到恐惧程度的有5人，约占总人数的10%。认为演讲是培养自己综合能力的好机会，表示很喜欢在公众场合表达自己，而且在公众面前表达自己的机会很多，因而不存在演讲恐惧问题，即使存在演讲恐惧，但随着演讲活动的展开，这种恐惧感就会渐渐消失，这样的学生共有6人，约占总人数的13%。

有演讲恐惧心态的学生对自己的表现的表述有：紧张、仓促、脸红、语无伦次、忘词、慌张、性格内向、发抖、想急切地讲完；会不由自主地害怕，萌生恐惧感；不敢看听众，不敢与听众进行交流；声音弱小，口齿不清，听众听不到自己的声音；把演讲当作单纯的背诵；表达不清楚想法，车轱辘话来回讲，讲话缺乏逻辑性，连续几句话讲的都是同一个意思等。总之，那些表达自己有演讲恐惧的学生，他们往往可以对自己的演讲恐惧做出具体描述。

(三)选取带典型案例的学生，解读他们具体存在的演讲恐惧问题

以下选取14位典型学生解读演讲恐惧问题，在于通过这种管中窥豹、以点带面的方式，准确认知并科学把控学生存在的演讲恐惧状况，以便有针对性地提出解决问题的策略与方法。

学生1：上初中的时候，老师安排他做一次在国旗下的演讲。他说那次演讲前自己已经在语文老师面前讲了几次，办公室里的其他老师也都肯定他讲得不错。可第二天一到讲台上，面对台下的同学们，他说不知道大脑中的哪根弦被触动了，自己的语速越来越慢，最后感觉整个人都快在讲台上冻僵了。当时正值冬天，那次演讲的情境几乎像一块坚冰凝结在了记忆深处。今天讲出来那次失败的演讲经历，感到释然了许多。希望这学期通过学习，在老师的指导下走出困境，以后不再惧怕公众演讲。

学生2：他清楚地记得当时是第一次参加大型演讲比赛，对面对全校的老师和同学演讲感到非常紧张。所幸的是觉得自己演讲稿背得不错，觉得演讲一开始应该加上一些肢体语言，但是实际情况是因为自己突然出现了演讲恐惧，站在讲台上一个动作也没做，然后就结束了那次演讲。现在想想也是感到很紧张，心里只有一个念头，把准备好的讲稿内容告诉听众。

学生3：由于紧张，面对人群时他经常会感到自己说话不连贯。而越是这

样，就越感到紧张，所以没有一次演讲能讲畅快的。因此常常会脸涨得通红，特别害怕台下的听众笑话自己，看着听众时说话的声音也不敢放出来，声音总是弱弱的。

学生 4：在大学开学时他被指定代表新生讲话。听到这一安排后，他感到脑子空空的，晚上睡觉都不踏实，夜里经常突然就醒了。这就是演讲前的恐惧心理造成的。

学生 5：演讲时会感到手脚冰凉，冒冷汗，四肢发抖，身体来回晃荡。自己曾经讲过什么内容一点都不记得了。只记得演讲时声音微颤，脸色涨红，不敢看台下的听众。因为那一次的演讲失败经历，自己更加害怕演讲。现在只要有想去参加演讲活动的念头，就会很害怕。

学生 6：记忆中最深刻的一次演讲经历，是被指定在一次班会活动中做主持人。因为这次活动要进行录像，所以格外下功夫，之前也把主持词背得很熟。但那次一走到台上，看到镜头时，话说到一半大脑就空白了。那次主持非常失败，感觉辜负了老师的期望，辜负了同学的期待。

学生 7：无论是老师点名让他上台演讲，还是他自己主动想上台演讲，演讲前都会觉得心怦怦乱跳，血压也会升高。演讲时不会用眼神与听众交流，手也不知放在哪里好，所以一直很害怕演讲。

学生 8：往演讲台上走的时候，他的腿就会开始颤抖，心跳加速。当站在演讲台上时，会感觉自己张不开口，感到非常紧张、害怕，甚至后悔站在演讲台上。

学生 9：对他来说，做演讲最大的障碍就是恐惧和害怕，因为一上台演讲就不由自主地哆嗦、急躁、忐忑不安、目光游离，所以会尽量回避参加演讲活动。

学生 10：以前他每次上台都会感到紧张，感觉台下盯着他看的观众给自己很大压力，很希望他们能不盯着自己。如果能那样，可以减少一些恐惧，可是这样的想法正确吗？如果观众对演讲者不感兴趣，根本不看演讲者，那演讲者是在做什么？演讲者在给谁演讲呢？

学生 11：每次看到别人自告奋勇地上台演讲，都会给他带来很大的动力，他也想像别人一样勇敢自信地表达自我，但却始终不敢上去，始终迈不开这第一步。只要有演讲的想法，就感到脸通红，心跳加快，结果是在座位上挣扎到下课为止，下课之后又会很后悔没上台演讲。他觉得演讲是一件让人胆战心惊的事情。

学生12：他有过一次很害怕的演讲经历。演讲的内容不记得了，但当时的情境印象深刻。他记得自己当时站在讲台上，心里很害怕，很紧张，说话结结巴巴的。演讲时始终不敢看台下的观众，只是低着头，小声地说，然后就赶快下来了。

学生13：每次上台演讲，他都感到心怦怦直跳，忐忑不安。演讲时最突出的表现是面红耳赤，声音颤抖。可以说，他对参加演讲活动简直是怕得要命。

学生14：经历过演讲恐惧。主要的感觉就是只要上台讲话，他就会哆嗦得不行，语无伦次。演讲时的感觉像是心脏要从嘴里跳出来似的，所以一遇上上台演讲的事情，他就会想办法赶快溜掉。

(四)对师范生毕业班学生的演讲恐惧心态调研

我曾对师范生的毕业班进行过演讲恐惧调研。那一次的调研对象较前述调研对象的情况差异性明显。相比较而言，上述调研对象较为分散，而对毕业班学生的调研则较为集中。那次是在1999年7月，我选定的调研对象限于应届师范生毕业班，调研目的在于了解毕业班里的师范生演讲恐惧问题的存在情况与表现形态。

此次调研活动可以说是我关注演讲恐惧问题，并尝试对该问题进行解决的缘起。当年我并没有明确提出演讲恐惧这个概念，所以调研中我设计的调研问题是"当众进行口语表达的压力感或担忧"，以此了解学生是否存在演讲恐惧问题。为了尽可能掌握较为客观的情况，我选择了师范生参加教育实习前与参加教育实习中两个关键时间段，了解他们在这两个时间段里对自我口语表达能力的表述，并分别在中文、政法、数学三个专业随机各选一个毕业班进行分析研究。

这次问卷调查结果显示：学生的问题体现为对自我的口语表达能力培养观念不强，不能对自己的口语表达现状做出客观评定。他们只是在遇到问题时才感到压力很大，理论上存在着盲目乐观自信的倾向。师范生参加教育实习前与参加教育实习中这两个关键时间段，他们的自我口语表达能力存在相对较大的差异性。参加实习之前，约30%的师范生会担心自己实习中遭遇口语表达能力问题，约40%的师范生会对自己的口语表达能力不太满意或非常不满意。而实习过程之中，约90%的师范生感到自己出现并存在口语表达能力问题，存在与此相关的心理压力问题，因而削弱或阻碍教育实习能力的展现和发挥。

总体来看，学生对自我口语表达能力的评价比实际情况偏高，而实际存在的问题要比自我认识到的问题更多、更复杂一些。类似演讲恐惧问题的内容主要涉及讲话内容吸引力不够，不能和听众形成良性互动关系，对应对现场突发问题感到心里没底、忐忑不安等，由此弱化教育实习能力的展现和发挥，使教育实习活动难以达到预期效果与目标。

从 1999 年至今，我始终重视大学生的演讲恐惧问题，并尝试有针对性地解决他们的问题。尽管学生的情况随着时代的发展而变化，他们的演讲素养也有整体性提升，但仍然非常需要演讲课教师的积极引导和培养。从各时期学生的实际表述来看，尽管他们演讲恐惧的表现形式存在差异，但概括来讲，他们在以下四个方面表现出很多相同点。以此留待今后做进一步认识与思考，以期对有效解决大学生的演讲恐惧问题做有益启示，期待更有效的策略和方法帮助大学生持续提升演讲素养。

(1)接到演讲任务后，学生出现的演讲恐惧表现主要有：紧张不安、担忧、恐惧，有的学生会出现演讲前失眠、夜不能寐或做噩梦的问题，等等。

(2)临近上台，学生的演讲恐惧心理会更加内向化，如表现为怯场脸红，不好意思；神情慌张，慌乱逃避；回避婉拒，不敢上台。

(3)在演讲进行中，学生的演讲恐惧会表现得无话可说，不知所措，尴尬冷场；紧张，担心，拘束；手心出汗，大脑一片空白；感到很不自在，哆嗦忘词，说话结巴；不知自己在说什么，语无伦次；心跳加快，口齿不利索；想急切地讲完，会不由自主地害怕，萌生恐惧感；不敢看听众，不敢与听众交流；声音低微，不能让听众听到自己的声音；把演讲当作单纯的背诵；连续几句话都说同一个意思；虽然准备充分，但想赶快结束演讲离开现场等。

(4)演讲活动结束后，学生的演讲恐惧问题主要是担心听众对自己有不好的印象，甚至心情沉重、担心、沮丧，决定以后尽量避开演讲活动等。

二、大学生出现演讲恐惧心态的成因分析

大学生出现演讲恐惧心态的原因是多方面的。“非演讲选修课程班”的学生相比于“演讲选修课程班”的学生来说，演讲恐惧问题产生的原因更复杂一些，因而影响面更广，解决的难度也更大一些。从学生的实际情况来看，“演讲选修课程班”的学生的演讲恐惧问题成因相对简单，加之学生对演讲能力提升的内动力较强，锻炼提升的平台和机会也较多，因而解决的难度也相对较低。换句话说，“演讲选修课程班”的学生较易于走出演讲恐惧困境，步入演

讲能力提升的良性循环。

（一）“非演讲选修课程班”学生演讲恐惧心态成因

经过课堂调查问卷分析的结论，加之与学生进行面对面的访谈交流，这部分学生出现演讲恐惧心态的成因大致分为以下三个方面。

第一，因缺乏参加演讲实践活动的经验，对参加演讲实践活动产生恐惧想象。许多学生表示从未参加过演讲活动，既没有发表公众演讲的机会，也找不到参加演讲实践活动的平台。由于缺乏参加演讲实践活动的经验，因而回答这类问题全凭想象。有的说自己有演讲恐惧问题，主要是担心自己的演讲不能获得预期的效果；有的是害怕自己登台演讲会讲错话，从而给自己造成不良影响，被人嘲笑丢了面子；有的是怕听众不认同、不接纳自己，或者担心同学说自己太张扬、太嚣张，怕引起大家的负面评论；有的特别害怕观众里有自己很在乎的人；有的是因持续紧张而最终形成恐惧心境难以排解。

第二，因缺乏系统的演讲理论知识的学习训练，不掌握演讲的技巧而对演讲活动产生恐惧。学生在谈及演讲理论时，对于什么是演讲，演讲的本质是什么等问题并不清楚。一个对此学科不了解的学生发表演讲自然会担忧害怕。因为不懂得演讲的理论知识与技巧，所以很怕演讲现场出现状况，自己没有能力控制局面；有的害怕自己不善言辞、表达生硬等，给听众留下不良印象，殊不知个性与演讲风格就是演讲者的优势所在；有的是怕缺乏公众演讲技巧，不知道如何与公众打招呼，不知道如何安排演讲结构，对演讲陡然而生恐惧感；有的感到自己阅历尚浅，人生经历不够丰富，因而缺乏应有的演讲素材，害怕演讲不够生动，不能深刻影响听众；有的因缺乏对演讲高潮进行设计的技巧，不能确定演讲内容能否足够引发听众与之互动，能否引起听众共鸣等。

第三，因缺乏对自己个性的科学认知，加之经历了不可逆的演讲失败经历而对演讲活动产生恐惧。个性是一个人区别于他人，相对稳定的外显和内隐行为模式的总和。人具有不同的个性是再正常不过的事情，但许多学生会强调自己个性有缺陷、自卑，加剧担忧恐惧的心理。有的学生觉得自己不够活泼，个性胆小，不习惯在众人面前讲话；有的学生怀疑自己有恐惧症，因为每次演讲都会莫名其妙地忘词；有的学生对自我的外在形象表示担忧，甚至没有化妆打扮都不能和人进行交谈，演讲的自信心严重不足。个性是一个人整体的精神风貌，如此认识个性即会对演讲者演讲时的思想情感、价值观念、感知态度与言语行为产生不利影响，演讲者将经历过的演讲失败经历归因于个性原因，进一步增加了个体的演讲恐惧。

(二)“演讲选修课程班”学生演讲恐惧心态成因

通过课堂上对学生进行的调查问卷分析，结合课余与学生进行的交流，“演讲选修课程班”学生演讲恐惧心态成因分为以下五个方面。

第一，演讲班学生的演讲恐惧问题成因相对较为明晰，指向性也较为明确。学生描述的自我演讲恐惧问题的成因包括：不太了解自己，不能正确定位自己；怕在演讲中讲得不够精彩；因为听到别的同学讲得太好而感到压力；现场听众人数众多感到压力；害怕自己提出的演讲观点不被听众理解、接纳或支持；害怕自己演讲时内容枯燥匮乏，表达条理不清，甚至不知道说些什么；害怕普通话不标准，不符合演讲的要求；害怕平时锻炼机会太少，缺乏演讲经验；害怕演讲没有思想深度，对听众不能发挥影响力；害怕缺少演讲者的权威感，演讲不能吸引听众；害怕演讲出错突发状况，完不成演讲任务；感到演讲成功的希望太渺茫，害怕演讲效果平淡不精彩；担心自己知识储备不够，面对听众不能进行思考；认为自己的口语表达能力差，担心讲不出自己想讲的内容；认为自己的心理素质不太好，害怕上台演讲让听众觉得没水平；害怕问题准备得不够充分，演讲能力存在很多不足等。

第二，演讲班学生的演讲恐惧成因相对较为具体，因而也更有助于得到解决。他们主要对自己的现状做了消极定位，引发演讲恐惧心理。这方面的恐惧心理成因包括：自己的心理素质不太好，缺乏演讲自信；语言表达能力不佳，怕上台演讲让听众觉得没水平；没有时间做充分的准备，怕说得不够深刻、生动和精彩；别的演讲者讲得太好感到有压力；听众人数太多感到心理压力大等。

第三，班上不乏缺少演讲实践经验的学生，恐惧问题成因也来自对演讲活动的消极想象。面对听众不能像在台下一样思考，因持续紧张而形成恐惧；由于平时锻炼的机会太少，很担心自己的演讲不能获得好效果；担心讲错话给自己造成不良影响，怕被听众嘲笑丢面子；担心听众不认同接纳自己，怕获得大家的差评。

第四，缺乏演讲理论知识学习与技能的养成，因担忧心态产生恐惧。担忧自己没有掌握足够的演讲技巧，认为自己的演讲知识储备不够；怕自己的演讲技能不强，如果现场出现状况不能很好地控场；怕缺乏公众演讲技巧，不知如何才能塑造良好的公众形象；感到自己阅历尚浅，缺乏有公众影响力的演讲素材；不能确定演讲内容是否符合听众的心理需求等。由此来看，只要演讲班的学生经过一段时间的演讲理论与技能的学习和训练，并且有机会站上演讲台体验演讲的成功和喜悦，他们的演讲恐惧问题是易于得到解决的。

第五，个性与不可逆的失败经历影响难消，导致学生长期存在演讲恐惧问题。个性是人的言行的总动力和总动机。个性通过人的需要与动机、兴趣与追求、理想信念与世界观等表现出积极的倾向性，从而决定人的态度和选择，体现为积极的言行。从完成演讲活动的潜能视角看，演讲个性呈现为演讲能力、演讲气质与演讲性格；从演讲个体的自我意识视角看，演讲个性包括演讲者的自我认知、自我体验与自我监控等，如演讲自尊心与演讲自信心等。有的学生生性胆小，不习惯在众人面前讲话；有的觉得自己的性格内向、沉默寡言，在众人面前非常不自信；有的自卑，有心理阴影，甚至对自我的外在形象表示担忧；有的直接说自己可能有抑郁症或恐惧症；经历过演讲失败的学生心理压力很大，很难从遭遇过的演讲恐惧中走出，他们怕再次失败，因而尽量回避演讲实践活动。

人的个性问题的形成原因很复杂，但健康演讲个性的培养是有方法可依循的。有些演讲个性是易于被捕捉和觉察的，比如，演讲者很热情、健谈，喜欢讲激动人心的故事等，因而可以进行有针对性的培养。但有些演讲个性却是不易被捕捉和觉察的，或者他自己也难以解读，比如，学生对获得演讲成功的动机与愿望等，这些是可以进行引导和发掘的。同时要引导学生演讲前务必做好充分准备，以便在成功体验中形成稳定的演讲积极性和能动性，促使演讲能力得到发展和完善。

第二节　科学认知和把控演讲恐惧心态

人非草木，孰能无情。喜怒哀乐爱恶惧是人人皆有的情绪情感，科学认知人的情绪情感，既有助于保证和成就演讲活动的顺利开展，也能更有效地焕发演讲的生命活力。演讲者在演讲中保持充沛的情感表达，才能有效感召和调动、影响听众的情绪情感。而在演讲者或听众出现了负面的情绪情感时，需要演讲者对之进行科学认知和得当的把控，尤其是及时有效地缓解恐惧状态，可以调动演讲者的积极效能，促使演讲引发听众的共鸣，感召听众产生新思想与新行动。

一、演讲恐惧导致五项演讲技能缺失

从学生的实际情况来看，存在恐惧问题对他们演讲成功，以及演讲能力

的持续提升存在明显负面影响。存在恐惧问题导致大学生在演讲中出现五种演讲技能缺失：一是因为恐惧而缺失应有的演讲自信与积极乐观的表达；二是因为恐惧导致演讲者缺失应有的肢体语言表达；三是因为恐惧导致演讲者缺失应有的表情语言；四是因为恐惧导致演讲者缺失应有的表达节奏；五是因为恐惧致使演讲者缺失声调控制。这五种缺失情况在很大程度上影响了学生本应体现的演讲活力、演讲魅力与演讲说服力，明显对演讲效果产生负面影响。

（一）出现恐惧导致学生缺失演讲自信与积极乐观的表达愿望

由于学生对演讲产生极度的恐惧情感，因而会被消极负面情感所掌控，他们主观夸大来自演讲的许多负面信息，如自己演讲准备不充分，自己的身体状态不太好，听众可能对自己要讲的内容不感兴趣等，由此导致演讲缺失信心。表现为对参加演讲活动产生逆反心理，或者躲避、抵制，对即将参加的演讲实践活动消极应付；演讲时自我封闭状态明显，出现心跳加快、脸红、浑身颤抖等症状。演讲者缺失演讲自信，而难以彰显应有的演讲才能，这是导致演讲失败的重要原因。

（二）出现恐惧导致学生缺失美观得体的演讲肢体语言表达缺失

学生在恐惧害怕情感的作用下，演讲时无法做出得体、到位的肢体动作。比如，他们走向讲台的行走姿态不自然，拘谨失态，甚至出现了顺边行走的问题；他们在听众面前站姿不够自信挺拔，感觉手足无措，不知道站在什么位置开口说话；或身体僵直、呆板、站立不动；或手一直放在讲台上，或趴在讲台上；或者矫枉过正，因害怕导致不规范的小动作频繁增多，一会儿拨弄头发，一会儿整理衣服，或不停地挥舞手臂等。以上，学生受恐惧情绪情感的支配，失去了本应有的乐观自信与自如表达，在演讲中不能配合演讲内容做出适当的肢体动作，不能强化演讲的综合表达效果。

（三）出现恐惧导致学生缺失演讲目光语与表情语的运用

学生因为害怕，演讲时眼睛不敢离开演讲稿，不敢用目光语与听众进行交流，目光低垂或过高，目光游移不定，甚至在致问候语时都不知看向听众。对演讲的恐惧使学生演讲时表情过于严肃，用面无表情形容他们的演讲状态一点也不为过。因为过于紧张而恐惧，有的学生演讲时出现表情过于夸张的问题。他们在演讲中对听众挤眉弄眼，频繁地挑眉或眉头紧锁；有的会出现“笑场”，因过于害怕不停地独自大笑。因此，学生要想实现演讲进步，就需要走出恐惧困境。在演讲中应正确使用目光语与表情语，做到面带微笑、表情自然、神态镇静、目光传神、生动活泼、欢快有趣等，以凸显演讲的正向感染效果。

(四)出现恐惧导致学生缺失演讲有声语言的表达节奏

演讲是演讲者身心处于和谐状态之中创作出的有声语言作品，一旦学生遭遇了演讲恐惧，其身心和谐状态就会失衡，导致有声语言表达的失序与混乱。如表达急促失去控制，越讲越快，不给听众倾听理解的空间；或表达过于缓慢，表达过程中出现停顿时间过长的空白点，导致演讲者与听众思维产生凝滞感；或是缺乏表达节奏的设计和变化，演讲表达单调枯燥、平淡乏味，毫无美好动听之感。演讲有声语言的表达因缺失了表达节奏，缺少了与演讲文稿的文脉相接，难以展现演讲的清晰流畅、抑扬顿挫与生动感人，无法获得演讲生动深刻、美好感人的表达效果。

(五)出现恐惧导致学生缺失对演讲有声语言的声调控制

如果演讲者在演讲时出现声调失控问题，演讲的有声语言是很难被听众悦纳的。演讲的有声语言表达要做到吐字标准，声调发音准确无误；发音的起承转合技巧运用娴熟自如，语句表达中的高低起伏、抑扬顿挫错落有致，和谐美好。假如有听众评价你的演讲给听众带来美的享受，那你的有声语言声调控制一定是上乘的。但如果遭遇了演讲恐惧，有声语言的发音就可能频频出错。如果你被听众评价说：你的演讲简直“呕哑嘲哳难为听”，那么你的演讲一定缺失声调的把控，自然不具有演讲的吸引力。演讲的声调控制是演讲得体表达的关键，如果受演讲恐惧的影响，演讲者的声调失去控制，或声调过低，演讲者音量微弱，达不到清晰传递声音的效果；或声调尖锐刺耳，与演讲追求悦耳动听的效果背道而驰，更谈不上获得演讲声音表达的艺术美感。

二、演讲恐惧心态是演讲情境中的情绪状态

真实的情感以非常微妙和系统变化的状态存在着，需要演讲者对其进行科学认知和把控。尤其是演讲者在情境中出现了恐惧感，需要演讲者科学认知这种应激状态，在经历了演讲前、演讲中及演讲后三个阶段性的恐惧感受后，随着演讲活动的彻底结束，演讲恐惧也随之自然消失。所以演讲恐惧并非病理性情绪情感，是经由调整引导和得当训练可以得到缓解的。

(一)出现恐惧是演讲者在演讲处境中的应激情绪状态

不同于处于演讲紧张与演讲焦虑状态的演讲者，处于恐惧应激状态的演

讲者，在演讲活动的各个环节都会表现出“企图摆脱、逃避但又感到无能为力的情绪”状态。就像在现实生活中，人人都可能出现恐惧心理，但这并非病理性恐惧，也与强迫性人格没有什么关联。演讲恐惧的具体表现是：有明显的面临演讲压力而出现异常强烈的恐惧感，同时他清楚地知道，自己恐惧的演讲活动实际上对自己并无安全危害，但却不能说服自己克服已经出现的恐惧感。只要演讲活动不结束，演讲者的恐惧感就不会消失。而一旦演讲活动这个前提条件消失，伴随演讲者的恐惧应激情绪也会随之消失。

(二)演讲恐惧感会贯穿演讲者演讲过程的始终

演讲活动的整体过程包含演讲前、演讲中及演讲后三个阶段。演讲者在这三个阶段都可能遭遇演讲恐惧。演讲者一旦遭遇演讲恐惧，即会出现某些反常言行，比如，反常的面部表情、眼神及躯体动作，反常的有声语言表达等。这时就要及时进行准确把控，并做出适时与适当的调整。演讲者参加既定的演讲任务，如演讲比赛、面试竞聘、述职答辩等，或在某一会场突然受到演讲邀请，若演讲恐惧一旦出现，演讲者即会对演讲活动进行推辞、逃避，或在表现与表达方面出现失常情况。处在演讲恐惧状态里的演讲者需要得到科学有效的引导和调整，否则他们的演讲潜能与演讲才能就无法得到展现。

(三)演讲者的恐惧感经由调整、引导和训练可以得到有效缓解

经过科学认知和得当的管控，演讲恐惧可被约束至演讲情境的正常值范围内。比如，因为恐惧，演讲者在演讲前产生了想要逃离演讲场所、避开演讲责任的想法。这时教师应引导学生进行适当的放松训练，即可快速缓解其恐惧心理；学生因担心自己不受听众欢迎，或不能获得演讲的预想效果，而产生了较为强烈的担忧恐惧情绪。对此，教师应及时对学生开展有针对性的训练，帮助学生在写好演讲稿这一环节多下功夫，学生的恐惧感即会得到有效降低。

演讲实践经验表明，教师引导学生进行适当的心理调适，学生完全可以变恐惧心理为适度紧张心理并上台演讲，极有可能获得演讲成功。在演讲的准备环节，对学生进行适当的引导，恐惧心理或可转变为积极的促动力量。比如，有演讲恐惧的学生，相比于没有演讲恐惧的学生，他们在演讲准备环节，在演讲恐惧的促动下，会付出更多的时间和精力。因为害怕演讲失败，他们会更充分地收集演讲材料，更积极地获取演讲帮助等，他们因由恐惧而获得演讲成长。在完成演讲任务之后，演讲恐惧就会成为一段回忆或经验，经由正确的解读，成为演讲活动的有益助力。

三、演讲恐惧感与神经系统的关联

演讲恐惧与神经系统关联密切。神经系统的某些变化会反映到人的心理或身体方面。要有效消除演讲恐惧，需要系统整体性地解读他们之间的关联反应。由此，科学把控演讲者的情感表现，引导演讲者对演讲效果产生正向情感体验。

（一）神经系统的变化对应着心理与身体的反应变化

要科学理解演讲恐惧及恐惧对心理与身体的影响，务必科学解读神经系统的变化与心理和身体反应之间的关联。大量研究数据表明，个体依靠自我情感及各种认识对外界进行认知并做出相关反应，或体现为心理反应，或体现为身体反应。比如，人在睡眠或受酒精影响时，人的身体反应与心理反应表现密切相关。又如，口渴、皮肤温度的变化、流汗等身体反应往往表示他正经受某种强烈的情绪感受。也就是说，人的情感和心理状态明显会通过躯体表现出来。比如，恐惧情感使人呼吸加快、心跳加剧、血压升高、瞳孔变大等。因而解读演讲恐惧需要对人的神经系统加以完整而系统的认知。

（二）演讲恐惧心理与神经系统之间有着千丝万缕的关联

当人处在平和安静的状态，他的情绪情感几乎处在睡眠状态，不易被人发觉和感知，其本人几乎处在浑然不知的状态。对这种情感感受我们称之为沉入潜意识中的情感，被人评价为当局者迷就是这种状态。而一旦人的情感被触动或激活，情感的闸门就会打开，甚至会出现一刹那强烈的情感体验。演讲恐惧类似一刹那产生的情绪情感。要科学认知演讲恐惧心理，需要准确理解情感与神经系统的密切关联。演讲者与演讲活动相连接会产生内心感受和体验，当他体验到听众对自己的认可、接纳和尊敬时，就会产生正向愉快的情感；反之，如果他产生包括预感不能在听众中获得积极情感感受时，他随即会产生消极痛苦的情感，包括担忧、恐惧与伤心等，他的情感与神经系统随即建立密切关联。

（三）正向演讲情感体验可以有效消除演讲恐惧感

在现实生活中，假如见到一个边狂笑边痛哭的人，我们获得的信息是：这个人正处在悲喜交加的情感状态中，仅从表象来看，我们很难确定当事人是极度悲伤失望，还是极为喜悦，喜极而泣。这类情况往往比较少见，或可称之为偏离了正常范畴的情感表现。实际上，人们是较难同时表达出两种情感体验的。假如演讲者接到演讲邀请，他说不清自己是高兴振奋，还是恐惧悲观，那他的心理状态就表现得不稳定，从而影响演讲成功进行。因此，教师应引导学生积极关注演讲的成功体验，激发其感受听众想要听讲的积极心理感受，从而调动积极振奋的状态。学生心理一旦让积极兴奋喜悦的情感占据，演讲恐惧自然就会被屏蔽或被取代了。

第三节　缓解演讲恐惧心态的途径和方法

著名演讲家李燕杰教授在他的《演讲三百问》与《走进智慧》等书中都有相关论述。其中他还讲到自己遭遇演讲恐惧，并伴随着对演讲的莫大恐惧，成功完成了公众演讲。在读美国演讲家卡耐基的《语言的突破》一书时，同样看到他用大量笔墨谈及如何有效克服演讲畏惧心理。

在《语言的突破》这本书里，卡耐基指出：战胜恐惧最有效的方法是战胜情绪记忆法。这是一种用成功的情绪记忆代替恐惧记忆的方法，即在演讲前积极体验成功与喜悦的情感。他建议演讲者在产生演讲恐惧时，要及时调动并激发自身正向的情绪情感，这被称为反向思维疗法，或称逆向思维疗法。接受过他培训与教育的演讲者多达几千万人，其中不乏军政要员、内阁成员，甚至还有几位总统。这些或多或少具有演讲恐惧的演讲者通过尝试积极的情感体验疗法，从而成功克服了演讲畏惧，拥有了演讲自信，并当众做出了卓有成效的演讲，实现了自己的职业理想。

一、强化战胜演讲恐惧感的理念

演讲者对演讲活动的想法，使他产生独特的演讲心态和言行。因为承担演讲任务，面对上台演讲的压力，人人都会产生演讲恐惧。演讲者能否正确认知演讲恐惧，也影响他对恐惧感受的强弱。实践表明，演讲者的想法越简化、越明晰，越容易削弱演讲恐惧感。因而战胜演讲恐惧，应尽量简化由此产生的各种想法，而非使其太过复杂；应尽量弱化而非强化恐惧感；尤其不要把演讲恐惧当成是自己特有的，认为他人都不会像自己如此紧张和有压力感，加剧演讲恐惧。事实上，人人都会遭遇演讲恐惧，在感受演讲恐惧方面，我们每个人都不孤单。

(一)将演讲恐惧感置于可约束、可管理的范畴

因为面对登台演讲，人人都可能遭遇演讲恐惧，那么，在产生演讲恐惧之前，就要建立应对演讲恐惧的预案。首先在主观认识上能够接纳自己产生

演讲恐惧的合理性；其次一旦对演讲出现了恐惧感，要以平常心积极应对，及时恰当地管控，不对正常演讲形成阻碍或破坏作用。比如，不因恐惧而对演讲活动采取逃避和放弃行为；不因恐惧失去成功演讲的自信；不因恐惧减少对演讲全力以赴的准备。对于已然产生的演讲恐惧，应在思想认识上相信：演讲恐惧本身不可怕，它是演讲者正常的一种演讲应激情绪体验。演讲者所要做的，就是放松心态，积极地关注它，并准确找到产生恐惧原因的关键点。应在确保恐惧对演讲者的言行不发生负面影响的前提下，有针对性地逐一解决这些实际存在的演讲恐惧关键项。

(二)演讲现场尝试恐惧心态消除法

坚定可以战胜演讲恐惧感的信念，同时积极尝试有效的消除演讲恐惧的方法。比如，演讲现场可以积极尝试以下三种方法。一是多观察演讲现场人们的动态表现，以此调整和转移自己过多关注恐惧心态的注意力。二是鼓励自己，增强演讲自信心，强化和明确自己热爱演讲的真情实感。尤其要及时充分地调动演讲的自信心，感受来自演讲的喜悦、激动等的正向心理体验。三是集中注意力到自己的呼吸上，有意识地放慢呼吸频率，思考可以带给自己愉悦感的人物、事情和场景，观赏带来亲近感的图片等，助力自己保持轻松愉悦的内心状态，从而及时缓解演讲恐惧。

(三)借鉴演讲名人的成功恐惧应对法

演讲名人成功应对演讲恐惧的方法给人带来信服力，尝试借鉴他们的有益经验会获得事半功倍的效果。我看过许多演讲名人关于战胜演讲恐惧的经典资料，通过他们的描述我们可以得出结论：演讲恐惧往往多发生在他们演讲的初始阶段，这时的他们演讲经验尚且不足。所以，在遭遇演讲恐惧时可以不动声色，坚定演讲自信，在演讲实战中经历恐惧，进而获得演讲成功。这种做法不失为消除演讲恐惧的上乘之策。很多演讲资料都对恐惧有类似的表述：“恐惧心理会影响所有的演讲者。”“演讲者会害怕他忘记要讲的内容，大脑会出现一片空白，不知在台上说些什么。”“害怕自己所讲的观点让听众感到混乱难懂，不能与听众进行有效的交流与沟通。”“害怕自己的言谈举止会不适当，不被听众喜欢和欢迎。”“害怕听众对自己的演讲感到无趣，演讲不能达到预期目标。”“害怕观众会嘲笑自己，认为自己所讲的内容毫无价值。”“害怕自己不知道把手放在哪里，站在讲台上会感到尴尬。”“害怕听众认为自己人生阅历单调，演讲表达无法体现征服力量。”“害怕自己表达中会出现语法错误，演讲的主旨不被听众接纳。”“害怕听众会盯着自己看，让自己感到忐忑不安。”

借鉴这些表述有助于演讲者用平常心看待演讲恐惧及其表现。演讲名人可以带着恐惧表现获得演讲成功，普通演讲者建立在上述认识的基础上，可以加强平常心的认知而获得演讲勇气。

（四）管控演讲初始阶段的恐惧心理

演讲者在从事演讲的初始阶段，尤其是首次经历演讲活动，更易于出现害怕与恐惧感。正如演讲家李燕杰教授所说："任何以出色的口才著称于世的演说家，在初次演讲时都曾经产生过惧怕和紧张的心理。"演讲名家不会因恐惧而停止演讲的脚步，这也是他们能获得卓越的演讲才能的真谛。所以，战胜演讲恐惧的切实有效办法就是鼓励自己经常登台演讲，在日常学习与生活中，要善于抓住一切可以演讲的机遇多加练习。演讲者经常在演讲实践活动中经历磨砺，自然就会增长成功演讲的经验。当演讲成功经验积累到了一定的程度，演讲的实战经验就会多于想象恐惧，演讲自信就会自然而然地取代演讲恐惧了。

（五）积累演讲自信与总结演讲优势

演讲过后进行得当的总结，尤其是总结自己有哪些演讲优点和长处，明确自己在演讲方面又取得了哪些进步，这是积累演讲自信、消除演讲恐惧的有效方法。即使是出现某些不如意的状况，绝不要陷入消极情绪，而应从积极的视角看待问题。比如，思考如果可以重新进行一次演讲，自己可以在哪些方面做出努力；下次演讲再多投入一些热情；再提高一些音量；再多和听众进行一些呼应交流；等等。在这种持续性的再认知、再积累过程中应对恐惧挑战。演讲名人的成功经验证明：演讲成功者都是逾越了演讲恐惧这一难关，而后才表现出了卓越的演讲才能的。演讲恐惧与演讲活动相伴而生，演讲者只有从恐惧中走出，才能真正踏上一条通往演讲才能可持续提升的正途。

（六）增强持续不断的学习、演练与反思意识

提升演讲能力需要持续不断地学习、反思与演练，演讲能力提升了，演讲恐惧也就渐渐消失了。大学生的演讲恐惧有个特点：无论他们是否有意愿参加演讲，他们都承认自己有演讲恐惧。所以做演讲，提升演讲能力，无须期待自己演讲恐惧感的消失，学生所要做的就是去学习、演练和反思。比如，对"非演讲课程班"学生的调查显示：99%的学生未经历过演讲实践活动，他们100%肯定自己有演讲恐惧，且对演讲恐惧的消极作用做了具体描述，其如临其境般的想象反而加重了演讲恐惧感。由此看出，悲观想象会降低演讲自信，而无限夸大演讲困境与障碍的作用，更加不利于战胜演讲恐惧。

在对“演讲课程班”学生做调查之前，我特别为全体学生提供了一次演讲实践机会，之后所做调查的结果印证了以上结论。在经历了一次演讲实践活动之后，相对于“非演讲课程班”的学生来讲，他们对演讲恐惧想象的内容明显减少，对自我演讲恐惧的表现与原因分析明显更加具体而客观。其中强调演讲实践活动可以帮助减轻恐惧的学生显著增多。因此，消除演讲恐惧需要在具体的演讲实践活动中不断地进行学习、演练与反思，以此促使学生形成较强的演讲才能。

二、有针对性地解决演讲才能的缺失问题

学生缺失演讲才能问题表现各异，有的缺失乐观自信的表达能力，需要调动面对演讲活动时的积极性；有的缺失体态语言表达能力，需要增加演讲体态语的使用，包括上、下台的行走步伐，台上的站立姿态与手势动作的运用等；有的缺失表情用语表达能力，需要增强眼神与面部语的表现力，做到准确明朗，美好感人；有的缺失语言表达的节奏感，需要合理规划演讲语言的表达节奏，从而游刃有余地演绎演讲语表达的高低快慢与轻重缓急；有的缺失声调语言表达的控制力，需要提高声调的控制能力，做到依据内容与自身条件选定最佳表达声调。

(一)从培养积极乐观的心态入手

如果对演讲缺少积极乐观的心态，紧张恐惧很可能会消融演讲自信心，进而破坏演讲心境。积极乐观的状态是进行演讲的基础，只有引导出不吐不快的开放式表达心态，生成乐于表达的愿望，演讲者才能进入自然的演讲状态，这是演讲激情与自信心的动力之源。因此，消除演讲恐惧应从培养积极乐观的演讲心态入手，以此为突破口提升演讲自信，完善演讲能力。

(二)进行规范到位的体态语演练

对有演讲恐惧的学生，他们在演讲时易于出现慌乱、僵硬和呆板问题，与之相伴的手势语或趋于为零，或频繁乱动。体态语言是演讲语的重要组成部分，成功的演讲需要体态语的得当辅助。规范得体的上、下台步伐，站立姿势与手势动作，可以增强演讲的表现力，发挥消除演讲恐惧的作用。因此，消除演讲恐惧需要进行大量的体态语练习。

(三)进行自然准确、美好感人的表情语演练

演讲者的面部表情语是演讲语言中最先吸引听众关注的内容，贯穿演讲活动的始终。如果演讲者不重视面容的修饰，不注重眼神语的使用，不对演

讲内容辅之以喜怒哀乐的表情语，演讲的感染力与影响力必然会大打折扣。眼睛是心灵的窗口，演讲者炯炯有神的目光、精神焕发的面部表情，会极大增强演讲的说服力。但是如果演讲者受到了恐惧心理的干扰，他的面部表情就会不自然，或者面无表情，缺少情感表现力。他的目光可能会偏离听众群，出现目光过高或者过低，或者闪烁飘忽不定等方面的问题，自然也就难以传递出丰富的演讲内容，甚至做不到与听众进行亲切得体的目光交流，也不可能用眼神控制或调节演讲的氛围。反过来，有效引导学生多进行自然准确、美好感人的表情语演练，会有效帮助他们消除演讲恐惧。因此可组织学生开展"一对一"或"一对多"的面对面练习，教师给出表情语练习题让学生开展演练活动，如喜悦、兴奋、激励、惊讶、难过等表情语的扮演与评价等。

(四)体验思想情感的表达节奏

文似看山不喜平，演讲也同此理。缺乏表达节奏感的演讲会让听众感到枯燥、单调和平淡乏味。对成功演讲胸有成竹的演讲者，能在演讲中游刃有余地演绎有声语言表达的高低快慢、抑扬顿挫与轻重缓急。同时设计演讲的起承转合，以及无声语言的留白点，做到停连得当、强调有度。整体体现出开始高起吸引听众、内容丰富涵养听众、结尾有力启迪听众的特点。演讲学习者要善于开展有针对性的练习与尝试，用鲜明的演讲节奏感表达出演讲者的思想和情感。

(五)练习感情充沛的有声语言表达

如果演讲者不能底气十足、清晰流畅地进行表达，演讲是难以形成吸引力与亲切感的。缺乏情感的有声语音表达，会让听众感到呆板冷漠，平淡乏味。如果演讲者的表达结结巴巴或断断续续，声音尖响刺耳或声若游丝、语音低沉，听众是难以愉快接受的。因此，演讲者应根据演讲内容选定音调表情，根据自身特点规划声音表达风格。在平时进行练习时，应控制好声音的高低强弱变化与表现力，让演讲饱含能量与激情，增强声音感染力，增强与听众的互动感，拥有演讲的亲切感与吸引力。

大学生通过掌握和学习演讲理论，通过对演讲进行充分准备与练习，可以不断增强演讲自信；通过及时有效的系统支持，能感受到演讲的压力和风险，包括演讲失误、演讲不受听众欢迎，甚或招致反感与反对、演讲无效等，但仍然愿意义无反顾地发表演讲，以此使演讲恐惧情绪降低、减弱或被积极情感取代。在此基础上，以演讲的优势与实力代替对演讲的担忧和恐惧。通过客观认知演讲缺失，有针对性地提升演讲才能，以彰显演讲活力与魅力。

在演讲实践活动中不断被紧张、兴奋与激动所代替，演讲者就会自然而然地产生正向情绪反应，调动自身潜能，积极应对演讲困境，从而全力以赴地参加演讲实践活动。

三、以适度紧张代替演讲恐惧

演讲恐惧和演讲紧张是两个不同的概念，在演讲活动中可以相互转化，却不可以混为一谈。两者对演讲活动的影响方式存在许多不同。演讲紧张不经调整，紧张感加剧会成为演讲恐惧感；演讲恐惧感受强度降低即成为演讲紧张。适度的紧张对演讲活动有益，比如，紧张感有助于演讲者集中注意力，有助于演讲者对演讲进行充分准备，有助于增强演讲的沟通效果。演讲恐惧对演讲的作用弊大于利，比如，演讲恐惧会使演讲者对演讲活动出现推辞、躲避或表达失常等问题。演讲恐惧阻碍学生提升演讲才能，教师需通过有针对性的辅导帮助学生缓和情绪，降低演讲恐惧度，实现适度紧张对演讲恐惧的取代，引导学生提升演讲能力。

（一）理性分辨演讲恐惧与紧张的存在形态

演讲恐惧与演讲紧张是相互关联的。极度紧张即为演讲恐惧；经过调整，演讲恐惧或可降低强度，变为适度紧张。极度恐惧不利于演讲成功，适度紧张在一定程度上有利于演讲的成功。对此问题的研究，这里以风靡全美，被西方近 300 所名校广为采用的《讲话的艺术》一书的内容为例：“事实上，几乎每个人都说自己演讲时感到紧张……不论我们称之为紧张、怯场、演讲胆怯、害羞、沉默寡言、演讲恐惧还是其他什么词，其感觉基本上是一样的：对于演讲交流存在恐惧或焦虑。”①由此可见，演讲理论研究者往往把恐惧与紧张并为一体进行论述。

《讲话的艺术》的作者鲁道夫·F. 维德伯选择“紧张”一词对该问题进行界定和研究：“我们在任何情况下都可能感到某种程度的紧张，但我们多数人注意到紧张最常发生在演讲中。这种紧张中有的是认识上的，也就是说，我们考虑可能会有多紧张。多数紧张是行为上的，也就是说，我们从身体上表现出紧张的特征。比如，我们可能感到胃绞痛、手掌出汗、口干舌燥，并使用一些口头语，像‘嗯’‘这个’和‘要知道’等。”这如同体育竞技运动时在比赛中会喊“加油”“漂亮”“好”等释放紧张、提振士气一样，达到调整状态的目的。

① ［美］鲁道夫·F. 维德伯：《讲话的艺术》，范晓煦，于敦海，译．北京：中信出版社，2003 年版，第 30 页。

这类情况在球类比赛现场较多见。人们可能都想避免在公共场合进行演讲，如果他们确实必须演讲，那么会采用尽可能短的时间演讲。可见演讲紧张是可以被认知的，演讲紧张一旦出现就会投射出一定的躯体症状，也会在言行中有明显的体现，比如拘谨，放不开，出现失误。

为解决演讲紧张问题，鲁道夫提出："为了帮助自己克服这种紧张，请牢记在心：恐惧不是或有或无的东西，它只是程度不同而已。我们大多数人位于一点都不紧张与十分恐惧这两个极端之间的某一点上。问题的关键是对演讲具有紧张感是正常的。"所以问题的解决需要两个步骤：一是承认紧张感的普遍存在，借以降低内心紧张度，客观上阻碍恐惧情绪的产生；二是清楚地认知恐惧是紧张的最高级表现形式，一旦体验到恐惧感，就需要采取适当的方法平复内心情绪，以使恐惧感实现向紧张感的回落。

我对学生的演讲问题所做的调研结果体现为两个方面。一是几乎所有的学生都提到演讲紧张或演讲恐惧，说明紧张和恐惧存在非常广泛；二是许多学生把演讲紧张等同于演讲恐惧，说明学生尚不掌握两者的区别与关联。因此，问题的解决应从引导学生认知紧张与恐惧的不同点及其对演讲不同的作用入手。真正存在演讲恐惧的学生往往占少数。

演讲恐惧往往与一定的强迫性有关，类似于现实生活中遭遇陌生恐惧、旷野恐惧与暗黑恐惧等。这些恐惧都带有一定的强迫性质，难以克服。当事人会感到被迫面临绝境，因而凸显异常强烈的恐惧感。当事人会清楚地意识到，这种恐惧处境可能会对自己造成危害，但有些实质性的危害仅是一种想象。科学认知想象危害与实质性危害问题，以降低恐惧发生，避免出现逃避演讲或在演讲中出现言行失当等方面的问题。

(二)降低演讲恐惧感与保持适度紧张感

在理性分辨演讲恐惧与紧张的基础上，要有效降低演讲恐惧感，坚定战胜演讲恐惧、保持适度紧张的理念。对演讲理论与技能的学习，对演讲内容进行充分准备，促使演讲者在保有紧张感的心理状态下从事演讲实践活动，反思总结经历过的演讲经验与教训，不断发掘演讲潜能。演讲紧张是应对演讲压力与恐惧的正常情绪反应，调整得当有助于演讲成功。演讲紧张促使演讲者进入警醒、警觉的状态，客观上促使演讲者注意力集中，头脑运转速度加快，语言表达效率提高。具有演讲紧张的学生准备演讲时会更加投入，因而演讲会准备得比较充分；在进行演讲过程中，保持紧张有助于精神振奋，注意力高度集中，思维更加敏捷，对听众更加充满热情；适度紧张的演讲者，在整个演讲活动中也更有责任感，更加充满活力，并能最大限度地体现感染力。适度紧张是积极有益的演讲状态，演讲者不需要战胜或克服紧张，而需把握、利用和保持适度紧张以成功完成演讲。

四、尝试操作性较强的恐惧心理消除法

演讲以影响生命个体为己任，旨在激发听众产生情感正能量，引导听众养成正向思维模式，有效传播正确的思想观念。因而在遭遇演讲恐惧时要积极尝试适合自己的恐惧消除法，避免陷于恐惧情绪而影响演讲心态，导致演讲不能获得预期效果。克服演讲恐惧的可操作性方法包括：系统脱敏法、认知重建法、行为调节法与小组成员激励法等。

(一)系统脱敏法

系统脱敏法又称交互抑制法，主要是通过引导演讲者缓慢进入演讲恐惧情境，通过放松状态达到消除恐惧的效果。演讲前引导学生身心放松，使其在深度放松状态下想象自己发表演讲的情境，感受自己在自信放松状态下的演讲情景，以逐渐适应真实的演讲压力，消除演讲恐惧。在逐渐掌握了放松技巧后，就可以带着想象成功参加演讲活动。对于发表演讲的场合，开始应尽量选择较为小型的演讲场地，再逐渐参加场地大、听众多的演讲活动，避免因急于求成而给自己增加演讲压力，产生演讲恐惧。在完成演讲之后，仍可进行演讲准备阶段的放松与反思。最终目标是在想象自己演讲时镇静轻松，之后将那份镇静与轻松感迁移至真实的演讲场合。

(二)认知重建法

认知重建法的目标在于通过改变演讲恐惧者的认知、思想和意象活动，纠正其演讲不合理的演讲表现。这是由行为治疗法发展来的一组治疗法，包括合理情绪疗法、自我指导训练法、认知行为疗法等，旨在帮助容易产生演讲恐惧的人合理辨识他们所持的不合逻辑的演讲理念，提出有针对性的指导意见，使他们形成较为正确的演讲理念。通过充分感受鼓励与欣赏，如演讲前咨询一下指导教师等，识别自己有关恐惧的不合理想法，思考演讲是否真的会产生想象中的危害。然后合理批判已产生的恐惧想法，说服自己改变原有的思维方式，获得合理的演讲情绪感受，从而积极参与到演讲实践活动中。

(三)行为调节法

行为调节法是指通过改变演讲的行为方式，包括做运动放松身体，有针对性地调整一些失当的演讲言行表现，以达到消除演讲恐惧的目的。如果演

讲者只是对演讲产生害怕的感受，这并不构成真实的问题存在。当学生不能圆满地完成演讲任务时，这个时间段里的演讲恐惧才是真实的问题。学生或因受演讲恐惧的困扰，选择用逃课的方式应对演讲活动。具体的缓解方法很多，如选择自己比较有把握的话题进行演练；尽量多地花时间准备演讲；尽量把演讲时间安排在自己感觉最适合的时间；演讲前调动自己有想“讲一讲”的热情；想象自己做过的一次成功的演讲经历，对此想象得越具体、越详细越好；在走向讲台前给自己积极肯定的鼓励；看一眼指导教师，或看一眼自己的好友；开始演讲前喝上几口温水，或略微停顿两秒钟定定神等，都可以起到及时缓解演讲恐惧的作用，以保证演讲活动顺利开展。

（四）小组成员激励法

小组成员激励法是指组织学生开展小组交流活动。每组人数控制在5—8人，通过引导小组成员开展“无评价找优点”活动，让每一位组员都受到肯定、鼓励与赞美，最大限度地给予学生情感上的支持，收获演讲技巧的分享。组员之间相互依靠，通过明确表达支持建立演讲自信。拥有了全体组员的一致支持，演讲者的心理状态会愈加稳定。情感孤独程度和演讲恐惧成正比，即个体越是感到孤独，就越容易产生恐惧。相反，越是能感受到情感的支持，就越会自信和勇敢。实践表明：毫无畏惧的情感来自强大的情感支持，个体内心需要集体的情感支持。通过及时有效的组员支持，演讲者在面对演讲压力与挑战时，恐惧情绪即会获得减弱降低或转移升华。一旦面对演讲，演讲者感受到的是紧张、兴奋与激动，他的演讲正向情绪就会被调动和激发出来，自然也就可以面对演讲困境，调动全部潜能而全力以赴地演讲了。

总之，为了帮助学生降低对演讲的恐惧，助力他们从容地开展演讲实践活动，我在演讲课教学中尝试过加大演讲技巧指导力度，增加演讲练习强度，学生自愿选择演讲话题，课堂教学中引入心理放松训练，组织演讲与辩论模拟比赛，注重营造融洽的课堂氛围，引入小组教学方式培养学生演讲自信等多种方法，一路走来，收获很多，感触也很多。当然，每一种尝试都带来一定的教学效果，但最为有效的方法是开展小组合作演讲，学生在积极参与小组演讲活动中获得了明显的进步与成长。

提升演讲才能是素质教育的重要内容，也是社会发展对高素质人才的必然要求。学生通过参加演讲活动，实现思想进步、道德修养与健康心理的整合与完善，在个体表达与群体反馈中综合实现自身素质的可持续发展。但如果因受恐惧心理困扰，学生对参加演讲活动进行躲避或逃离，那么提升演讲才能就只能沦为空谈，无法完成健康成长与发展的目标。因而应采取积极有效的方法缓解演讲恐惧，调试恐惧状态至适度紧张，以确保演讲任务的顺利完成。

有效摆脱了演讲恐惧的困扰，演讲者就可以借助有声语言和体态语言，在广大听众面前表达思想见解，抒发情感，展现其表达目的性、说服性与感召性的综合实力。在演讲活动的整体进行过程中，情感总是相伴发挥作用。其实不仅仅是恐惧，个体的七情六欲都会对演讲产生正向或负向影响。各类情感都有其独特的意义与价值，但正向情感总能激发演讲者的热情与激情，助力演讲活动成功进行；反之，低迷的情绪、过度的紧张或恐慌等，如果在演讲活动中成为主导因素，任其发展，将不利于演讲者的能力发挥，不利于演讲成功。比如，如果我们对出现的演讲负面情绪不及时加以管理或进行科学认知，就会出现我们常见的演讲恐惧。演讲者可能会因为害怕而调动出想要逃避的内动力，导致演讲活力低下，演讲表达效果欠佳，甚至出现放弃演讲的努力与尝试等诸多问题。

每个人都是情感与理智并存的生命个体。人的理智就在于及时管理和科学认识演讲中出现的负面情绪，使其降低对演讲活动的不利影响，转为促使演讲活动顺利进行的有益因素。比如，演讲者因为害怕演讲失败，担心听众不能更好地接纳自己的想法，在准备演讲内容时注意力更集中，付出的时间和精力会更多，更加积极和勤奋地练习和预演，从而保障演讲获得预期成功。如此，演讲者通过对演讲负面情绪的科学认知和合理把控，从而保障演讲顺利进行，助力演讲者的综合素养获得持续提升。

附：

2007 年 11 月演讲恐惧调查问卷

此次问卷调查的侧重点是了解学生面对演讲活动时的内心感受，引导学生在填写调查表的过程中，对自己的演讲心理状况进行自省自察，以达到直面问题、分析问题、缓解演讲恐惧的目的。

性别　　　　　　　　　　年级　　　　　　　　专业

1. 如果你受邀开展一次公众演讲，请用三个词表达你的内心感受。（如此进行设计旨在了解学生对参加演讲的真实感受，不让学生直接受到“演讲恐惧”一词的诱导。目的在于了解有多少学生会选择使用演讲恐惧或害怕演讲这类词语。）

2. 你对进行公众演讲有无恐惧感，是什么原因造成的？（假定演讲恐惧心理确实在学生中普遍存在，以此引导学生思考演讲恐惧形成的原因与根源。所谓“解铃还须系铃人”，只有学生自己找到问题形成的根源，找到问题生成的脉络，才能理智地认识问题。找准了问题，解决问题也就顺理成章了。引导学生客观冷静地面对自己的真实问题及其成因，有效打开学生自省自悟的大门，引领他们从遭遇问题的困境中走出。）

3. 请你对自己的公众演讲能力打分，最低分为 0 分，最高分为 10 分。请给出你给自己得分的理由。（以此了解学生演讲自信心情况，了解自信心与演讲恐惧之间的关系，使学生在回答问题时关注演讲自信心，了解演讲自信心，以此为武器战胜演讲恐惧。）

4. 你印象最深刻的进行公众演讲的经历是怎样的？请具体说出此次演讲的时间、地点、内容及最终获得的演讲效果。（使学生回归当时的情景，让学生明确自己的演讲才能与经验，关注自己成功演讲的体验，或是总结当时演讲失败的原因，从而知道自己对待演讲的主导态度，明确自己对于演讲是积极情绪较多，还是消极情绪较多。）

5. 请用一句话对你上述谈到的演讲经历进行评价。（以此引导学生从具体的感受经验中走出，实现从理性层面视角获得自我发现与自我认知的有效激发。）

6. 如果你有机会参加一次小组合作演讲活动，你希望这次演讲的演讲主题是什么？（了解学生参加演讲小组合作活动的真实愿望和要求，了解什么问题最能吸引学生的注意力。因为注意力与关注点相通，找到了学生演讲的兴趣点与关注点，便于调动学生的演讲主动性与积极性，进而让演讲热情代替演讲恐惧。）

7. 请你谈谈自己选择上述演讲主题的理由。（从理智角度引导学生思考自己的兴趣点，激励学生进行深层次的演讲思考。）

8. 你希望的演讲合作小组的人数是多少？为什么？（了解学生对小组合作人数的要求和愿望，适当满足学生的心理要求，促使小组演讲活动获得最佳交流与沟通效果。）

【演讲实例】

人生最美好时光的奉献

李雪冬

尊敬的领导，亲爱的老师、同学们：

大家好！

1992 年，我从北京师范学院毕业了。一些同学纷纷托人改行，留在这繁华的大都市。我当时已和爱人恋爱了，而且感情甚笃。他在某大学工作，家在北京，我们要是在一起该是多么幸福啊！花前月下，日日厮守，生活安宁。可是我却抛开这些，主动要求到北京最边远、最贫困的密云县番字牌乡任教。我知道这个选择将给自己带来什么：撇下心上人，不知何时才能回来，婚后也要忍受分居之苦。但是我还是要去，因为那儿最需要教师。如果大家都不去，究竟该谁去呢？

跟讲“实惠”的同龄人相比，大概我这就叫“傻”吧，傻就傻，社会需要我这样的“傻子”。

来到番字牌中学，我带初一一个班，教两个班的语文。看着可爱的孩子们那一张张充满稚气的笑脸，我感觉他们好像是我的弟弟、妹妹，我非常喜欢他们。

每天早上六点，我就爬起来，和同学们一起去上早自习。白天忙活一天，碗上还要照看住校的同学上晚自习。常常是下学了或是周末，我还要去家访。山里地广人稀，学生们的家离学校有 10 里、20 里，要翻山越岭，但我还是很愿意去。作为教师，不了解学生的家庭，是一种失职。每当我走完一家，都深深打动我的心，山里人勤苦劳作，一个好劳力一年才挣几百块钱，供养一个孩子上学不容易。我在心里告诫自己：雪冬呀，你可得对得起父老乡亲，对得起他们的孩子啊！

我最怕学生不在眼前。学校一停水停电，就得把住校的学生放回去，使我感到很孤独。有学生在跟前，总是快乐的，我把精力全花在他们身上，可以不想其他的，就算累，心里也痛快。

我还怕黑夜，尤其是深冬的夜，冷得不行，我睡不着觉，想起我的恋人，想念他的笑容，想起我们在一起的情景，心里特别难受。我非常想听到他的声音，可他从北京往番字牌乡打电话特别难。番字牌乡通往山外只有一条电话线。每次他给我打电话，都得踏踏实实地坐下来，拨上一个小时，碰巧了才能拨通。虽然只能说上两三分钟的话，但对我来说就跟大喜事一样。要是一周接不到一次电话，我心里就没着没落的。

我最发怵的是星期六晚上，因为赶不上回北京的车，我要在学校再住上一宿，第二天大清早赶路。老师们和住校的学生都走了，整个学校空荡荡的，狭长的楼道里只有我一个人走来走去，那单调的脚步声敲打着我的心，我感到无助和孤寂，漫漫长夜不知怎样打发……

有一段时间，一个老师发现我情绪不对，给我写了一张纸条："当你想哭的时候，你就痛痛快快地大哭一场。"我看后，心里没法忍受，我走出校门，不远的山坡上有一片桦树林，夕阳西下，鸟儿叽叽喳喳地归巢，我边走边掉眼泪。走进白桦林深处，遥望着北京，我痛痛快快地大哭了一场。哭完后，我问自己，我是不是没有出息呢？不，我回答自己，我自愿来到偏僻的地方，奉献我美好的青春，我毕竟是20岁出头的女孩子呀！我无愧无悔，发誓干出个样儿来。

孩子们和我建立了深厚的感情。我越看越觉得他们是我的弟弟妹妹。有些男孩子很犟，虽然有时顶嘴，但事后肯定要给我道歉："老师，是我不好，您这么累，这么操心，还惹您生气。"

孩子们看我身体虚弱，有的就变着法给我带吃的，我知道是一片好意，可老拿我也受不了，有时不得不严肃地找他们谈话。有个住校的学生，叫郭亚春，要送鸡蛋给我吃，她想到我不会要，就编了个借口："老师，我要回家了，这是我妈妈给我带的10个鸡蛋，我吃不了，给您吃了吧。"看着他那天真无邪的样子，我不忍伤她的一片好意，就收下了。但我怎么吃得下呢？他们正是长身体的时候呀，家里又不富裕。这只能鼓励我更加爱他们，把他们教好。

星期一，他们又返校了，我找来一个孩子，也编了个"借口"："这鸡蛋是郭亚春的妈妈捎来的，让她吃，你替我一天给她送两个。"那个孩子好像猜透了我的心思："老师，这事我可不管，您就吃了吧！"我软硬兼施，费了不少口舌，他才答应："就这一次，我就管送这两个。"后来正好有个男生病了，我就把剩下的8个鸡蛋给他吃了。

每天我都感觉很累，肩和背都疼，还时常胸闷。眼看我一天天瘦下去，恋人说："结婚吧，后方安定，或许你会轻松些。"疲惫不堪的我，也觉得有个属于自己的港湾，可以更专心地教学生。可是婚后没多久，我便因一阵剧烈的腹痛被送进了乡医院，诊断为肾结石。我不得不住院了。全班的孩子都跑来看我，他们眼神中满是关切，可又不知怎么说，一副不知所措的模样。

乡卫生院治疗不见效，领导让我回北京治疗。孩子们纷纷给我写信，让我放心，他们自己能管住自己。有 5 个孩子一起给我写了一封信，在信的末尾画了红红的 5 颗心，把他们的名字一笔一画地签在里边。我的眼睛湿润了。我对爱人说："不管我自己克服多大困难，受多少苦，也得对得起这些孩子。"

在北京治疗期间，我拖着虚弱的身体，忍受着坐车的晕眩，坚持回校给同学们上课。此时我已不能站着讲课了，只得坐着，用一只手撑着头，坚持再坚持，直到把最后一篇课文讲完。

病痛的折磨，使我一天天地衰弱下去。我的情绪很差，以为自己再也不会有健康的身体了。直到期末考试成绩出来，我的心情才好起来，我教的班级学生语文考出了及格率 92%的好成绩，这是这所中学多年来成绩最好的一次。我兴奋不已。他们的进步让我感到自己存在的价值。

我家住在海淀区花园村，从家到学校来回将近 300 公里。即使中午从学校走，也要摸着黑进门，路上稍有耽搁，家里人便坐不住，总怕出什么事。我的公婆都在核工业部工作，都是党员。公公还是中央国家机关的优秀党员，曾受到过江泽民同志的接见；婆婆也是多年的先进工作者。他们总是鼓励我好好干。可以说，我能够在番字牌中学安心教书，他们给了我极大的支持和鼓励。

从学校回家，早点儿晚点儿都好说，我最发怵返校。本来在家里待的时间就短，还得早早地走，心里不好受。爱人每次都送我到东直门长途汽车站。一次，他陪我一块儿等车，望着他那失神的双眼、苍白的面容，我的心碎了。他当时正患肝炎，我却不能照顾他。因为娶了我，他付出的也够多的了。我的泪水夺眶而出。爱人看出了我的心思，赶忙紧紧握着我的手说："只要有爱，即使天各一方，心也会紧紧相连。"停会儿，他又微笑着说："谁让你那么要强，谁让我们都是党员呢!"

三年来，不论是严冬酷暑，还是刮风下雨，我一直坚持提前返校，我不能让学生们坐在教室里等我一个人。

去年 3 月，我有了身孕，开始尝到做母亲的喜悦，可是以我的身体条件和工作环境，如果要了这个孩子，就不能做班主任，甚至无法正常上班。学生们马上就要升初三了，算一算日子，今年 1 月正是预产期，再休半年产假，正好是学生们面临中考的最后半年，换班主任，对他们影响太大了。我舍不得他们。

回家后，我和爱人商量，爱人非常理解，说："我早就想好了，接受这个结果，山区的孩子要紧，等回到我身边再要孩子吧！"善意的同事对我说："第一胎不要，容易造成习惯性流产和不孕，这可是女人一辈子的大事。"也有人说："要了这个孩子，对你调回去有利。"这些我没听，毅然做了"人流"。当时，我流泪了，心中只有一个愿望："已经失掉了一个，决不能再失掉36个！"

爱人说我要强，是的，我非常要强。从繁华的首都到山沟中学，这中间的得失，只有我最清楚。艰苦的环境磨炼了我的意志，坚定了我的人生目标。我们班的学习成绩稳步上升，今年中考，及格率达到了97%。有两名学生还分别获得县"百名优秀生"和"学雷锋先进个人"称号。我更相信，我对学生的教育会影响他们今后的路。

我无所谓失去，我想得到的都已经得到了。

演讲稿的作者系首都师范大学校友。原稿发表于《北京支部生活》1995年09期。

【互动练习】

在学习演讲、练习演讲的征途上，我们每个人都难免经历畏难、恐惧、犹豫甚至想要退缩的情绪情感，当这些感觉向我们的心头袭来的时候，勇敢无畏的演讲家为我们树立了坚定而充满勇气的信念，鼓舞我们扬起自信的风帆，以执着的信念和无畏的勇气战胜我们内心的彷徨与不安。马丁·路德·金就是这样的一位演讲学习者的榜样。

在我教授的演讲课堂上，我曾做过一次现场调查，班上竟有超过1/3的大学生说自己非常欣赏和喜欢演讲家马丁·路德·金，这不仅是因为他创作出了精妙绝伦的演讲稿，并成功地面对25万名听众做出了成功的演讲，更在于这位黑人领袖通过演讲所展现的高尚人格与演讲魅力。他也因此在发表此演讲的第二年获得诺贝尔和平奖。

马丁·路德·金一生致力于为全美黑人争取平等权利的民权运动而奔走呼喊，他的演说不仅牵动了千千万万人的心灵，也促使美国国会在1964年通过了《民权法案》，他用生命的呐喊传递梦想和信念，斗争历时10年之久。在这一过程中，他曾三次被捕，三次被行刺，但他从未畏惧退缩，直至1968年4月4日在田纳西州孟菲斯被人暗杀，可谓生命不息、呐喊不止的伟大演说家。

倾听马丁·路德·金的演讲，能感到他的内心对种族平等充满渴望，他在演讲中语调处理得恰到好处，震撼听众心灵。他虽然深知同胞们饱受了歧视和迫害，但他的心中没有恨，也没有敌视，取而代之的是对平等与博爱美好思想的呼唤。他用流畅的语言表达，煽动性的言辞发声，极富表现力的态势语言，极有感染力的语音与音色，反对种族歧视，争取自由与平等。他有献出生命的决心和意志，他是视演讲为生命的演讲家，是一位勇敢的掌握公众话语权的民族领袖。他可以为正义的呼声献身，不惜赴汤蹈火，没有任何畏惧。他是在用生命演讲，用演讲呼喊。他的演讲讲出了听众的心声，是代表一个种族、一种文化的演讲。他的演讲具有现实意义和感染力，真实动人；他的演讲充满激情，语言流畅，具有很强的节奏感，给听众力量，鼓舞人心。

从他的演讲中能感受到马丁·路德·金鲜明的人格特征：有渊博的学识和深刻的思考力，感情浓烈，激情澎湃；充满自信，表达轻松自如；豪放而有爆发力。他的演讲慷慨激昂，震撼人心；他讲身边的事，贴近生活，又高于生活；他从听众的思想本源出发，逐步带动听众的思维，从而赢得听众的支持。他精彩的演说感染每一位听众。他真诚，无功利性，充满勇气和智慧。他的演讲冲破自身束缚，推广到整个黑人种族，甚至白人社会。他在演讲中时而委婉，时而直言相告，给人震撼的力量。他用浑厚的嗓音讲出平凡的细节，循序渐进，稳健有底气，充满激情，斗志昂扬。他对演讲做充分的准备，善于用重复的手法加深听众对他演讲主题的理解，使演讲具有极强的感染力、说服力和号召力。

马丁·路德·金以他卓越的演讲才能和他鲜明的人格特征为演讲学习者树立了一面学习演讲、练习演讲的旗帜，是一位鼓舞演讲学习者提升自信、缓解恐惧压力的榜样。请大家阅读学习马丁·路德·金的演讲稿《我有一个梦想》，然后观看网络同篇演讲视频，最后分组分享学习体会。

【思考题】

1. 你是否了解演讲恐惧心态的具体表现？你本人是否存在这方面的问题？你对演讲恐惧问题有何认识和看法？

2. 你认为演讲紧张感与演讲恐惧感有哪些相同点和不同点？你认为演讲紧张心理对演讲成功可以发挥有益的促进作用吗？

3. 你认为大学生有效缓解演讲恐惧的途径与方法有哪些？

【参考文献】

1. 国家中长期教育改革和发展规划纲要(2010—2020)[S]. 2010.

2.[美]鲁道夫·F．维德伯. 讲话的艺术[M]. 范晓煦，于敦海，译．北京：中信出版社，2003.

3. 庞正元等. 马克思主义哲学前沿问题研究[M]. 北京：中共中央党校出版社，2004.

4.[美]戴尔·卡耐基. 语言的突破[M]. 刘芳，译. 南昌：二十一世纪出版社集团，2016.

5.[美]戴尔·卡耐基. 人性的优点[M]. 李丽，译. 南昌：二十一世纪出版社集团，2016.

6.[美]戴尔·卡耐基. 人性的弱点[M]. 尹航，译. 南昌：二十一世纪出版社集团，2016.

7. 林传鼎等. 心理学辞典[M]. 南昌：江西科学技术出版社，1988.

8. 李彩英. 关于运用小组合作方式解决演讲恐惧心理的调查研究[J]. 高教研究，2008.

9. 李彩英. 对营造和谐课堂氛围的初步尝试[J]. 教育艺术，2008(2).

10. 李燕杰. 演讲美学[M]. 上海：上海人民出版社，1985.

11. [美]卢卡斯. 卢卡斯的演讲艺术[M]. 李斯，译. 哈尔滨：北方文艺出版社，2007.

【演讲箴言】

有一种内在的礼貌，它是同爱联系在一起的。它会在行为的外表上产生出最令人愉快的礼貌。

——[德]歌德

礼仪就是待人接物的具体礼节和仪式。

——丰子恺

第十章　演讲者礼仪表达素养

【学习目标】

1. 树立重礼与守礼意识，在演讲实践活动中积极提升演讲礼仪表达素养。

2. 从“讲”和“演”的关系视角理解演讲者自觉提升演讲礼仪表达素养的具体内容。

3. 遵循演讲者的有声语言表达礼仪规则、标准与要求，充分发挥有声语言在表情达意中的作用。

4. 掌握演讲者的身体姿态、仪表风度、手势动作、面部表情和服饰打扮的礼仪表达原则，增强演讲态势语的礼仪表达效果。

演讲者的礼仪表达素养内容涵盖演讲者在演讲过程中体现出的符合演讲规范和礼节要求的礼仪表达素养理念，以及具体的仪态与言谈礼仪表达。演讲者要获得演讲顺利与成功的效果，需要科学认识演讲礼仪表达在演讲中的意义与作用，努力学习演讲礼仪表达的理论与知识，掌握演讲礼仪表达在有声语言与态势语表达方面的技能，严格遵守演讲礼仪表达的各项规则与要求，从而在理性思考与演讲实践活动中持续提升演讲礼仪表达素养。

第一节　演讲者礼仪表达素养概要

演讲者的礼仪表达素养是他在演讲活动中重礼、懂礼与习礼、守礼的内在素养与外在表现的总称。和一般的人际交往礼仪相比，演讲礼仪表达可以是人们日常工作与生活中的一般礼仪表达在演讲活动中的集中体现和运用，但又更具有规范性和可操作性的特点。演讲者提升礼仪表达素养能帮助演讲者提升公众形象，使听众更乐于接纳演讲的思想观点，产生演讲者所期待的新想法与新言行，更便于达到演讲目的，获得演讲的预期效果。

我国清代思想家颜元说："国尚礼则国昌，家尚礼则家大，身有礼则身修，心有礼则心泰。"演讲者要承担演讲职责，完成演讲使命，使演讲达到预期的目标与效果，重视演讲礼仪非常必要。演讲者需深化对演讲礼仪表达素养的内涵理解，自觉展现演讲礼仪的各项特征。在演讲实践活动中，演讲者需严格遵循演讲礼仪的表达原则、规定与要求，向听众表达足够的诚心、关爱与敬意，进而自然而然地完成演讲任务，完美体现演讲者的能力与素养，最终达到演讲目的，并获得预期的演讲效果。

一、演讲者提升礼仪表达素养的意义

演讲者不学礼就无以知礼、守礼，演讲者不知礼守礼就难以建立良好的公众形象。因而，演讲者需积极主动地学习并掌握演讲礼仪理论与知识，在演讲实践活动中不断提升演讲礼仪表达素养。演讲者积极提升礼仪表达素养，经由学礼知礼、尊礼守礼，达到自尊尊人的演讲境界，从而与听众建立融洽和谐的交流关系，赢得听众，保障演讲活动成功顺利进行。

（一）提升礼仪表达素养有助于演讲者学礼、知礼、守礼

我国历来都有倡导"文质彬彬"的礼仪传统。我国儒家圣人孔子说："不学礼，无以立。"他告诫弟子："非礼勿视，非礼勿听，非礼勿言，非礼勿动。"可见"礼"在人们心目中拥有重要的地位。演讲者不懂礼不守礼，就难以站稳演讲台。而被人们期待为视听盛宴的演讲，如果缺少了"礼"，既难以赢得听众，也难以说服听众，从而会失去演讲的意义和价值。

（二）提升礼仪表达素养有助于演讲者塑造良好的公众形象

老子在《道德经》中有言："天下皆知美之为美，斯恶已；皆知善之为善，斯不善已。""人法地，地法天，天法道，道法自然。"这告诉我们做人要讲美

德。讲美德即崇尚礼仪道德。演讲者在演讲活动中注重演讲礼仪的运用和体现，就易于听众接纳演讲者，也更易于听众接纳演讲内容，从而提升演讲效果。遵守演讲礼仪，是演讲者提升演讲能力的重要环节。由此，演讲者与听众构建起和谐的交流氛围，从而有效增强演讲的信誉度。演讲者强化礼仪意识与修养，可以更好地提升自身的公众形象，从而成为受听众欢迎和喜爱的演讲者。

（三）提升礼仪表达素养有助于与听众形成和谐的交流氛围

具有较高礼仪表达素养的演讲者能够赢得听众尊重，由此演讲者要尊重听众，更要学会尊重自我。具有较高演讲礼仪表达素养是演讲者拥有美好公众形象的标志，也是与听众形成和谐人际关系的基础，更是演讲获得成功与进步的必要载体与渠道。演讲者的思想、理念、情感、心态和言行都应该是真善美的体现，这是演讲者实现自尊与尊敬听众的前提条件。演讲者知礼、守礼，展现演讲者美好的品德修养，展现演讲者优秀的文化素养，良好的有声语言与态势语言表达赢得听众的信任与尊重，营造出融洽和谐的演讲氛围，形成适宜的演讲交流与沟通关系，助力演讲达到最终的演讲目标。

（四）提升礼仪表达素养有助于增强演讲表达效果

如果演讲者缺乏礼仪表达素养，就会难以礼遇听众，难以呈现演讲本应有的表达效果。随着时代的进步与人们素质的日益提高，听众对演讲者的礼仪表达素养的期待与要求也越来越高。良好的礼仪表达素养助力演讲者满足听众的心理期待，增强演讲的表达效果，实现演讲者与听众更加顺畅的交流与沟通。因此，演讲者需要不断提高自身的礼仪表达素养，在具体的演讲活动中做到知礼、守礼，向听众表达适宜的礼仪，从而实现思想观点的有效表达与情感的传递。

（五）提升礼仪表达素养有助于演讲活动最终成功

演讲者遵从表达礼仪要求的内容十分丰富，如演讲者遵守演讲规则谓之礼，演讲者尊重评委和听众谓之礼，演讲者遵守时间限定谓之礼，演讲者尽最大努力准备演讲谓之礼，演讲者在演讲现场完美呈现演讲内容谓之礼，演讲者演讲前对自己进行得体的仪容仪表修饰谓之礼，演讲者对听众行礼与问候致意谓之礼，演讲者在演讲中面带生动的表情谓之礼，演讲者表达适宜的语气和语调谓之礼，演讲者告别听众时给予大家美好祝福与祝愿谓之礼，等等。演讲者知礼、守礼，遵从演讲礼仪要求，向听众展现礼仪表达素养，有助于演讲活动最终获得成功。

二、演讲者礼仪表达素养的内涵

演讲者提升礼仪表达素养是演讲者美德的体现，是演讲获得成功必不可少的内容。演讲者的礼仪表达素养在演讲过程中得以具体体现，它是人们的日常礼貌与礼节在演讲中的应用和体现。它通过演讲者的言行举止获得听众的认可，保障演讲效果的高水准、高水平。

(一)演讲礼仪表达素养定义

演讲礼仪表达是在演讲活动过程中形成的为大家公认并为演讲者共同遵守的仪式和演讲表达方式。比如，遵守演讲规则，尊敬演讲评委，遵守演讲时间限定，向听众行礼致意，演讲结束向听众道谢，等等。演讲礼仪表达素养通过一系列完整而综合的规则和要求得以落实。再如，演讲者的礼仪表达理念，演讲者待人接物的态度，演讲的声调语气，演讲者的心态、情绪与个性特征，演讲者的眼神语言、面部表情、衣着打扮、手势动作、站姿与行走姿势，等等，都能传递演讲者的礼仪表达素养。听众通过参加演讲活动，可看到、听到、感受、感知到演讲者礼仪表达素养。

(二)演讲礼仪表达是生活礼貌与礼节的体现

礼貌是对礼节的概括和要求，是人们待人接物时，通过言谈、表情、姿势表达对他人敬重的具体形式。礼节则是日常生活中人们表现相互问候、致意与祝颂等的惯用形式或规矩，这是礼仪的基础，也是礼貌的具体表现。礼仪是人们在社会活动与交往中约定俗成的示人以尊重和友好的规则、习俗和程序，是人们不可或缺的生活、学习与工作内容，更是人们的价值观、道德观及与之适应的日常行为方式。演讲礼仪表达是生活礼貌与礼节的体现，演讲者应在演讲活动中体现日常生活中的礼貌、礼节与礼仪，自然而然地遵从演讲规范和礼节要求，从而有效提升演讲者的礼仪表达素养。

(三)演讲礼仪表达素养是演讲者内在素养的外化

演讲者良好的个人素养是演讲者体现演讲礼仪表达的内蕴，演讲礼仪表达素养反过来体现演讲者的综合个人素养。演讲者的个人素养，包括其学识素养、做人与做事的态度等，在演讲实践活动中可以获得集中而具体的体现。比如，著名演讲家李燕杰在演讲礼仪表达素养方面给我们做出了榜样。他在观众面前从来都是彬彬有礼的学者形象。在演讲中他总是向听众表达敬意与关爱，无论年龄多大一直坚持站立式演讲，演讲中不看稿、不喝水是他多年的演讲习惯。他的演讲总以朗诵一首自己创作的赞美听众的小诗开场，以表达对听众的敬意。因此，具有演讲礼仪表达素养的演讲者注重个人仪表，注重公众形象的再塑造，注重通过礼节性词语向听众传递恳切、敬重与感谢之意。演讲者通过有声语言与态势语言对听众表达足够的爱心、诚心与敬意是演讲者具有演讲礼仪表达素养的体现。

(四)演讲者的礼仪表达素养在实践中获得持续提升

通过不断地完成演讲任务，演讲者可以不断提高演讲技能，同时其礼仪表达素养也会获得持续提升。反过来，演讲者加强学习和实践，同样会促进演讲礼仪表达素养的提升。演讲者不妨从以下十个方面加以努力。一是自觉参加演讲礼仪的学习，并在实践活动中重视展现具体的礼仪内容；二是不断深化对演讲理论知识的领悟，提高演讲学识素养并体现在演讲礼仪的表达中；三是积极参加演讲实践活动，养成遵守演讲礼仪表达的规则与要求的习惯；四是努力规范自己的言谈举止，注意演讲礼仪细节内容的展示；五是把握好自己的演讲优缺点，适时适当地对自我的状态进行有效调整；六是培养健康的心理素质，提高心理承受能力；七是强化心理包容能力，善于开展“化敌为友”活动；八是培养较强的亲和力，关怀爱护每一位听众；九是经常进行自警自省式反思，做乐观健康情绪的管理者；十是持之以恒地练习演讲礼仪表达，相信坚持必会带来演讲才能的成长和发展。

三、演讲者提升礼仪表达素养注意事项

演讲礼仪表达贯穿于“讲”和“演”的始终，从“讲”和“演”的关系理解，“讲”和“演”分别包含具体的礼仪表达内容。演讲者知礼、守礼，就需要在“讲”和“演”的过程中遵从演讲礼仪表达规则。

(一)演讲者需向听众表达足够的诚意、关爱与敬意

相比于传统意义上的人际交往礼仪来讲，演讲礼仪表达更具有规范性和可操作性。演讲是“讲”和“演”的和谐统一。“讲”是演讲活动中最重要、最根本的因素，如讲的目的、讲的内容与讲的方式等。然后是“演”，“演”在演讲中处于从属与辅助角色。演讲者知礼、守礼，就需要通过有声语言表达与态势语言表达对听众表达足够的诚意、关爱与敬意，从而落实和体现演讲礼仪的全部内容。

(二)演讲者在演讲中需遵循礼仪表达原则

无论是“讲”还是“演”，演讲者都需遵从以下演讲表达礼仪原则。一是遵守原则。演讲者对演讲礼仪表达的内容应十分清楚，并要做到严格遵守。二

是自律原则。演讲者要恪守演讲礼仪表达规则，在演讲活动中能做到严于自律。三是敬人原则。演讲者坚守尊敬他人的理念，并能在演讲中时刻落实到位。四是宽容原则。演讲者对听众持有宽宏大度的情怀，对演讲现场发生的一切都能做到体谅和理解。五是平等原则。演讲者没有高高在上、好为人师的心态，要把自己放在与听众平等的地位。六是适度原则。演讲者对所有的听众都能做到不卑不亢，礼仪表达做到张弛有度。总之，演讲者的礼仪表达不存在某些缺乏或不到位的情况，也不存在过分或过度表达礼节的情况。

(三)演讲者应彰显礼仪表达特征

演讲礼仪在其形成与发展过程中，既有传统礼节的特征，又有演讲礼仪表达独特的可操作性特征，共同构成演讲的礼仪表达特征。这些特征主要包含六个方面。一是广泛的社会性。演讲礼仪表达的内容和做法在社会大众中被广泛认同，人们对演讲礼仪表达的认知与具体操作具有较强的一致性。二是历史的传承性。演讲礼仪表达规范在演讲实践活动中逐渐形成，其理念与做法可以在演讲活动中得以接续和传递。三是时代的发展性。演讲礼仪表达规范是一定时代的产物，其理念与做法受时代的影响和约束。四是内容的多样性。演讲礼仪表达的内容极为丰富，包括理念、心态、个性与语言表达等。五是较强的互动性。来而不往非礼也，演讲的礼仪表达由讲者和听者等多方面角色的配合共同完成。六是切实可操作性。演讲礼仪表达的每一项、每一条的具体规范和规定，演讲者都要认真学习，并在演讲实践活动中逐一进行体现。演讲者在演讲中如实彰显以上演讲礼仪表达的基本特征，必将有效提升自身的演讲礼仪表达素养。

(四)演讲者需遵循演讲礼仪表达规定与要求

演讲礼仪无小事，演讲者除了要注重仪容仪表之外，还要特别注重自己的言谈举止，要做到有品位、有修养。演讲者的礼仪表达素养体现在点滴细微之处，所以要特别注重礼貌和礼节，严格遵循演讲礼仪表达的明确规定与要求。

演讲礼仪表达素养是演讲者整体形象和演讲成功的重要组成部分。有经验的演讲者从步入会场、登台演讲，到演讲结束离开会场，都会特别注意自己的体态风度，十分讲究礼仪，给人以完美、良好的印象。比如，演讲者在演讲中的妆容、发型、着装、站姿、行走、语言表达与回答听众提问等都需要符合演讲礼仪表达的具体要求。

总之，演讲者讲究礼仪表达应体现儒雅有德的精神风貌，塑造受听众认可和欢迎的公众形象；演讲者掌握并遵守规范的演讲礼仪表达范式，即可以营造和谐融洽的演讲氛围，与听众保持愉快有效的交流关系；演讲者的礼仪表达体现得当，最终获得理想的演讲效果。在此过程中，演讲者的综合素质得以提升，演讲者的能力得以提高，并能在社会发展与进步中最大限度地发挥作用，做出积极而有益的贡献。

第二节　演讲者有声语言礼仪表达素养

演讲者的礼仪表达素养内容非常丰富，其中最为重要的有两个部分，一是演讲者有声语言的礼仪表达素养；二是演讲者态势语言的礼仪表达素养。前者是可以听得到并能感受体会到的演讲礼仪与礼节的内容，后者是可以看得到并能感受体会到的演讲礼仪与礼节的内容。以下谈演讲者礼仪表达素养在有声语言表达中的礼仪标准、规则与要求，解读大学生有声语言表达中存在的相关礼仪表达的问题与成因，从而找到有效提升有声语言礼仪表达素养的途径与方法。

一、演讲者应遵循有声语言礼仪表达标准、规则与要求

演讲者的有声语言表达要遵循礼仪表达规则、标准与要求，因为这关乎演讲目标的顺利达成。演讲者的责任与使命在于通过在演讲现场进行创造性劳动，将听众听不到的思想观点和情感传递到听众的耳朵里，从而产生有效的生命影响力。演讲者的有声语言表达旨在让躺在演讲稿上的文字站起来，发出有影响力的声音，带着演讲者特有的情感温度，走进听众的耳朵里，走进听众的心中。因而演讲者的有声语言表达应体现足够的礼仪与礼节，从而提升与听众进行有效交流与沟通的温度与热度。

（一）演讲者应掌握有声语言礼仪表达的标准

演讲者的有声语言表达应准确掌握并严格遵循便于听众“听”的礼仪表达标准，即演讲者讲的每一句话都应围绕有利于听众接听和理解这一核心。有声语言的礼仪表达标准的具体内容主要包含以下七个方面。一是吐字发音清楚，易于听众明白接听，音量音调适当，易于听众感悟和理解，促使听众乐于接听，进而将听到的内容转化为自己需要的营养；二是表达要清晰流畅、美好动听，既深入浅出，又异彩纷呈，有吸引力、有感染力地影响听众，让听众有美的感受，进而欣赏和喜爱演讲者的声音表达；三是有声语言表达要

能直击听众心灵，声音表达既能体现气势、魅力与风采，又能吸引听众的注意力；四是有声语言表达应体现较强的逻辑层次性，重点突出，亮点明显，呈现出有序的变化美；五是有声语言表达助力演讲者塑造彬彬有礼的个人形象，形成富有磁性的声音形象，打造独特的表达风格；六是要特别关注第一句话的发音标准规范，赢得听众良好的第一印象，在演讲中实现先声夺人的表达效果，既增强演讲者的自信，又获得听众的正向反馈与积极互动，为成功演讲打开有利局面；七是有声语言表达要亲切自然，在努力用心用情发声方面下足功夫，彰显演讲魅力声音的语言力量。

(二)演讲者应遵循有声语言礼仪表达规则

演讲的有声语言表达旨在追求思想观点的有效传递，并能塑造出演讲者良好的声音形象。演讲者的有声语言应遵循礼仪表达规则，具体内容有以下八个方面。一是演讲者的有声语言应向听众表达敬意，引导并鼓励听众在演讲过程中积极进行思考与交流；二是表达的内容要真实可信，贴合听众需求，让听众感到亲切；三是立意要力求高远，体现演讲者正确而坚定的理想信念，带给听众切实的思想引领力；四是传递的信息量要足够丰满，要有思想深度，且科学严谨；五是目的性要明确清晰，演讲者表达时要能体现出成竹在胸的自信力、说服力与感染力；六是演讲者应善用哲理格言及有助于语言表达生动形象的多种修辞手法，满足听众对声音美感与打动心灵的心理需求；七是应对演讲内容进行巧妙安排，助力演讲获得抑扬顿挫、跌宕起伏的表达效果；八是遭遇表达失误时，应及时应对、巧妙扭转，或不动声色、顺水推舟，并借势表达正确观点，保证演讲活动顺利完成。

(三)大学生参加演讲比赛应符合声音礼仪表达要求

大学生参加演讲比赛活动，在比赛的全过程应把比赛要求看在眼里，放在心上，落实在演讲实践活动中，使有声语言的礼仪表达得以外在展现。这些声音礼仪表达的要求主要包含以下八个方面。一是赛场上要遵守当讲则讲、当止则止的要求，而不能只按自己的表达愿望一意孤行，给在场的听众造成不必要的困扰；二是演讲的语音表达要遵守标准、正确的具体要求，务必规范地讲普通话，做到咬字准确、口齿清晰、声音洪亮；三是声音表达要亲切恰当，完整美好；四是主题表达要遵循积极乐观、健康向上的要求；五是声音传递正能量，带给听众必要的教育启迪和有效引导；六是思想观点表达要鲜明集中，中心观点明确易记；七是声音表达体现出独特的风格，吸引听众接听和理解，给听众留下深刻印象；八是讲述的内容都是真人真事，故事传播要做到情真意切、感人至深，体现出演讲者特有的温暖和激情，带给听众无限感动和感召力。

二、大学生有声语言礼仪表达问题与成因

随着社会的发展与进步，学校与家庭教育越来越注重学生演讲素养的培养，尤其是演讲礼仪表达素质的培养。在大学学习阶段，学生参加各级各类的演讲比赛，如班级、院系级、全校级，甚至省市级和全国性、国际性的演讲比赛，在演讲中都表现出较好的礼仪表达素养。在进行演讲时，他们普遍能够做到严格遵循声音礼仪表达的规则、标准和要求。同时我们也注意到，部分学生的有声语言礼仪表达仍有许多不规范、不到位的问题，他们在参加各级各类演讲比赛过程中，在有声语言礼仪表达方面的问题影响了他们演讲能力的发挥，不利于演讲获得预期的效果。主要问题包括如下六个方面。

(一)有声语言表达自我接纳度不高，导致当众表达的积极性不够

在实际演讲活动中，有的学生不满意自己的声音表达现状，认为自己的声音表达距离美好感人相去甚远，存在自信心与自我接纳不够等方面的问题。具体表现为不愿意发声，不愿意听自己的声音，对当众表达的积极性不高，甚至有有意回避与拒绝的倾向，由此也怠慢了听众，既影响自尊形象树立，也不能向听众表达应有的尊重。这部分学生对人与人之间的交流和沟通不太关注，宁愿躲开人群，独来独往，沉默寡言，抑或三缄其口、冷漠抑郁。这部分学生会觉得自己的声音不好听，甚至认为自己的声音刺耳难听，由此产生自卑、苦恼和痛苦，不敢当众演讲和展示本真的自我，或扭捏羞涩、封闭自我，不好意思开口。如果将他的声音用录音机录下来让他听，他都会有胆怯心理，明确表示不敢或不愿意听自己的录音，对于聆听自己的声音会感到害怕或有愧疚之感。出现此类问题的主要原因在于其自我感知失当，或自信心太低，不懂音量控制，也不善于控制语音语速与语调；或是习惯了消极封闭，不愿意与听众进行分享等。

(二)有声语言表达效果获得他人评价不高，导致表达愿望偏低

相对来讲，这部分学生更易于关注他人对自己的负面反馈，对自己有声语言的表达长处和优点反而容易忽略或关注不够，从而难以形成客观的对自我声音认知的正确观念。比如，被评价声音弱小，让听众难以听清楚；被评价声音尖锐不入耳，惹人烦躁或厌烦；被评价发音吐字方式不正确，不会使用腹式呼吸，气息微弱，缺乏发声共鸣方面的专业训练；被评价声音辨识度

不高，得不到肯定或好评；等等。类似这些被评价声音不佳的经历，有些可以得到改善，提升声音表达质量。但如果不能进行正确认知，或会累积负性情绪情感，储存语音、语调与语速等方面的不被接纳、不被喜欢、不被欣赏的记忆信息，甚或认为是他人对自己的轻视、贬损或嘲笑，反会成为不愿当众表达的缘由，很难对他人评价形成正确认知，不利于有声语言表达能力的持续提高。

(三)有声语言表达不精练，导致主题表达逻辑不明、阐述不清

在演讲中的有声语言表达达不到精确与精练的水准，会有意无意地出现或多次使用口头语，干扰语音的纯净，或是制造“清嗓音”类的杂音。比如，反复发出“嗯”“哦”等无实质意义的词，干扰发音语脉的连贯性，或多次重复“可是”“然后”类似的连接词，导致语句表达的非逻辑性转折。由于上面提到的这些词语并不会在语句中发生意义性表达，会令听众感到啰唆多余，认为演讲者的有声语言表达的礼仪欠佳。还有一类常见现象，就是演讲者用“我们大家都知道……”“我们大家都明白……”等类似无新意、人云亦云的语句开头；习惯性地加问话：“你懂吗?”“你听清楚了吗?”用这样的问语打断语言的顺畅表达，再加上不友善的语气，无益于演讲成功。产生这些问题的原因主要是演讲者演讲前准备不够充分，演讲的逻辑层次安排不当，主题观点提炼不够，有声语言表达方面有一些不好的习惯没有得以改善，而好的语言表达的礼仪习惯尚未养成。

(四)有声语言表达不规范，导致演讲者缺少情感表达感染力

这方面的问题主要表现为：演讲者的发音不标准，表达情感不饱满、不真切、不达标，由此，演讲者不满意自己有声语言表达的现状，听众在听讲过程中给出不满意评价。演讲者发音不标准主要表现为：普通话表达不稳定、不准确，不时会出现乡音乡语，或夹杂外文单词与语句等；演讲者的声音表达枯燥无味，平淡无感情，缺乏语言表达亲和力与感染力。出现这方面问题的原因，一是因为演讲者对演讲内容缺乏真情与热情；二是演讲者对要表达的内容理解得不够准确和到位，因而不能贴切表达出演讲内容的内在情感；三是演讲者进行情感表达缺少应有的技巧，表达语调沉闷缺乏活力，情感表达有些单调乏味，缺乏抑扬顿挫的美感，难以形成语言表达的情感影响力。

(五)有声语言表达基本功掌握不够，导致表达技巧运用不到位

一是表达基本功训练不过关，不达标。演讲者出现咬字不清，发音吐字不正确，语音模糊不清，发音不实不亮，声音弱化与虚化明显，语句最后字音消失不见，整体语句表述不完整，有吞字吞音等方面的问题。主要原因在于平时在训练语音基本功方面时间投入不够，在表达过程中发音器官运动不积极、不到位，演讲者的表达状态欠佳，表情不到位，发音吐字与语句表达不规范等。二是发声表达技巧掌握不够，出现了语流不畅或语调沉闷、表达不顺畅、思路卡壳、表达出现非逻辑停顿现象。在表达节奏方面或是语速过快，不利于听众接听，给听众造成听觉紧迫感；或总体上表达得拖沓缓慢，让听众感到焦虑不耐烦；或频频出现不合理停顿，有较长时间的表达空白，给听众造成接听困难与困惑。有声语言表达出现一个音调或节奏贯穿全程的问题，语调平淡，令听者感到乏味无趣、昏昏欲睡。演讲者出现此类问题的主要原因在于对语速与节奏存在把控不当的问题。三是语言表达存在跑题、颠三倒四、不着边际、感情表达不到位等方面的问题。听众对演讲者的语言表达感到语意不明，不得要领，感受不到其真意。演讲者出现此类问题的主要原因在于思维逻辑不清，语意表达的跳跃度过大等。

(六)有声语言表达倾向单向传递，导致难以实现双向互动效果

演讲者在表达中过于关注单项度信息传播与传送，并没有真正把使听众受益这一演讲的最终目的放在心上，出现了毫无喘息式的信息灌输倾向。不管听众的反应与反馈情况，演讲者只是一味地从头讲到尾；或表达过于实际直接，演讲不注重修辞手法的使用，导致语言表达难以吸引听众，不能及时有效地引发听众的兴趣。比如，语言表达不进行启发式问候，不穿插进行互动交流，存在“目中无人”式的交流不畅问题；或语流过于急速，且表达过程中语气无间歇，造成听众听力疲劳；在应对表达中出现的突发事件时，因思量不缜密而出现口不择言、用语失当的问题；缺乏幽默风趣和智慧，少了轻松与愉悦感；或是表达过于随意，有讥讽、嘲弄听众之嫌；或表达语气过重，让听众无法接受，甚至对听众的心灵造成伤害。出现这些问题的原因多种多样，但最根本的在于演讲者存在居高临下、好为人师的不正确的演讲观念，不能把听众放在演讲活动的核心地位，从而难以实现与听众的有效交流与积极互动。

三、提升有声语言礼仪表达素养的途径与方法

演讲者提升有声语言礼仪表达素养的途径很多，方法也多种多样，关键是把握规范与科学两个着力点，以及有针对性地解决演讲者现存的问题，做到有的放矢，切实有效。

(一)演讲者提升有声语言礼仪表达素养的五条途径

1. 把握和理解声音表达规范和要求，体现演讲者得体的礼仪表达素养

演讲者的讲话规范和要求主要涉及三个方面，一是演讲者的口语表达应符合语音表达规范。演讲者的口语表达应采用听众普遍接受的普通话以彰显礼仪表达素养。二是演讲者的口语表达应符合语法规范。演讲者应以典范的现代白话文著作为语法表达规范的依循，口语表达符合现代汉语语法的各项规定和要求，实现听众提高文化素养与文学素养的期望。三是演讲者的口语表达应符合逻辑表达规范。演讲者的表达应遵循语言表达前后之间的逻辑脉络，注意语句与语句之间的逻辑设定，观照演讲的前言后语之间的逻辑联系，符合语言逻辑表达的要求。演讲在总体上体现逻辑严谨、说服性强、规范精彩、礼遇听众的逻辑表达特征。

2. 准确把握演讲声音情感表达要求，体现演讲者情意礼仪表达素养

演讲者运用情感性语言表达的方式，是演讲者对演讲内容情感把握的显现，由此助力演讲者向听众有效地传授知识，激发听众的情感、真情、热情与激情，真实地实现与听众的思想交流与情感交融。演讲的语言表达能够收获拨动听众心弦，达到励志、美心的总体效果。演讲者与听众之间将心比心，以情感人。演讲者丰富饱满的情感表达必然会凝聚和启发听众心智，必然促使听众在感悟、受感染的氛围中增智益情，拥有开朗积极、乐观向上的精神状态。

3. 把握演讲哲理性表达要求，体现演讲者睿智礼仪表达素养

哲理性语言表达是演讲者基于对现实、人生的深刻感悟与认知，是其深刻丰满思想的集中体现，是其对人生和社会所做的高度概括与凝练，闪耀着演讲者对科学、真理的真知灼见。演讲体现哲理性特点，语言表达必然深刻凝练，启迪引领听众思考，可以使听众产生茅塞顿开、忽然开悟之感。哲理性语言带给听众丰富的智慧，促使听众明理崇德。比如，毛主席在演讲中说："要知道梨子的味道，就要亲口尝一尝。"这句凝练的语言充满人生智慧，向我们揭示了凡事需要身体力行、实践出真知的深刻寓意。哲理性语言的标志性特点是言简意赅，语言精美，令听众产生无限遐想。比如，"大海多一番波澜，人生则少一分平庸"这句话是演讲者为鼓舞听众战胜人生与自我，追求优秀与卓越的哲理性表达。再如，"教育是科学，教育更是艺术。它们如车之两轮，鸟之双翼"这句话是对教育本质与真谛的哲理性表述，促使我们对教育进行理性思考。演讲语充满哲理与智慧是对听众的一种礼遇。

4. 强化语言表达风趣幽默的特征，体现演讲者趣味礼仪表达素养

适度的幽默风趣有助于营造良好的演讲氛围，也是演讲者向听众展示礼仪表达素养的重要内容。风趣幽默是人与人交流的善意表达，会让听众有轻松快乐的感受。英国剧作家萧伯纳说："幽默是使人发笑的一种主要因素。"我国相声表演艺术家侯宝林说："幽默不是耍贫嘴，不是出怪相，现活宝，它是一种高尚的情趣，一种机敏性的反应，一种把普遍现象喜剧化的处理方式。"以上从正反两个方面提示我们如何让演讲体现高雅幽默的格调，如何体现演讲者的口语礼仪表达素养。

5. 注重美好动听的表达效果，体现演讲者高超的语言礼仪表达素养

在演讲过程中，为了让听众更有效地理解和接受科学文化知识，演讲者应尽量把话讲得美好动听，体现科学性、知识性、逻辑性与社会大众性的融合。演讲者的口语表达体现美好，表达应努力做到准确、鲜明、生动，力求用最恰当的词语，正确地表达所讲的事物，恰如其分地阐述道理，适度适当地表达情感，准确地表述知识；力求选用意义明确的词语，表达的事理给听众以鲜明清晰的印象；表达的内容深入浅出，而非晦涩难懂，也无含糊不清、模棱两可等方面的问题；声音圆润洪亮清晰标准，发声既不虚弱也不尖利刺耳；表达鲜活有趣，能灵动有效地描述事物，表达观点富有感染力和激发力，在句式、修辞等语音表达上追求动听悦耳的效果，声调、节奏、语气等方面易于现场听众的接受。声音表达的目的在于获得最佳表达效果，得到听众的认可与接纳。因而要让声音体现自然优美又有修饰的效果，为此可使用真假声交互配合技艺，但绝不能有哗众取宠、卖弄技巧与装腔作势之嫌，否则会事与愿违，引发听众的反感与厌恶，自然是弄巧成拙，效果也就适得其反了。

(二)演讲者提升有声语言礼仪表达素养的五种方法

1. 敏锐觉察提升点，有针对性地提升有声语言的礼仪表达素养

提升有声语言表达觉察力，主要应在以下两个方面下功夫，从而有针对性地提升有声语言的礼仪表达素养。一是避免出现讲话过快、过慢或唱独角戏的问题，演讲前提醒自己一个"适"字；演讲中观察听众的反应，及时进行调整；演讲前思考成熟迅速进入状态，比如，可以先写演讲提纲再进行表达，尽可能想好了再说。二是提高有声语言表达的清晰度，使用录音机自查并纠正问题，多进行流利的朗读朗诵训练；避免出现思维卡壳现象，练习顺畅表达；快节奏练习朗读，进行快速吐字发音练习；在朗读中练语气、语调、重音、节奏等各种技能技巧；善于运用设问句、反问语及各种提问语方式强化

有声语言表达活力；注重话语节奏的快慢结合，在重要之处进行必要的停顿和重复。

2. 强化常规性礼仪训练，日积月累地提升声音礼仪表达素养

西方修辞学巨擘柏拉图认为，在修辞方面若想做到完美，要有三个条件。第一是有语言的天赋，第二是有丰富的知识，第三是勤练习，你才可以成为出色的修辞家。这三个条件如果缺少一个，你都不能做到完美。这一思想论述可以迁移至有声语言的礼仪表达素养，启示我们在学习并掌握了有声语言礼仪表达的相关理论和知识后，就要着重加强练习，而持久不断的练习定会实现由量变到质变的升华，从而养成习惯和能力，进而在演讲中体现有声语言表达的礼仪，展现自己声音的礼仪表达素养。

3. 加强自我训练，规范专业地提升声音礼仪表达素养

训练者可以选择一件发生在身边、印象最为深刻的事情发表观点与看法，要求自己在1分钟内进行合乎礼仪的表达。采用标准的普通话，话语充满真情、激情与温情；注重有声语言表达的熟练流畅，同时在语音、语调与节奏三个方面各体现有三次较为明显的变化；有声语言表达使用生活化口语，做到既深入浅出、通俗易懂，又庄重深刻、风趣幽默，体现出演讲者高超的人生智慧与礼仪表达素养。

4. 遵循和谐美好的表达要求，提升声音艺术的礼仪表达素养

演讲的口语表达是声音的表达艺术，因而应符合声音表达的“六要六不要”要求：“要和风细雨，不要海啸山呼；要委婉动听，不要声嘶力竭；要亲切诚恳，不要油腔滑调；要朴素平和，不要故弄玄虚；要虚怀若谷，不要盛气凌人；要不卑不亢，不要忘乎所以。”同时要体现演讲三个视域里的协调相融，一是声音表达与演讲内容视域实现协调相融；二是声音表达与听众期待视域实现协调相融；三是声音表达与演讲者的身份视域实现协调相融。由此，演讲者的声音美好动听为礼仪表达素养好，演讲声音表达以追求真善美表达意境为礼仪表达素养好。

5. 遵循充满爱的声音表达要求，提升声音情感礼仪表达素养

让声音表达对听众充满关爱与温情是对听众有礼的体现。演讲者应练习声音表达礼仪，对养成好声音充满兴趣与爱好，坚持每天练习与交流，有意识地训练自己的声音表达饱满真情。带着对演讲的热爱练气息、练共鸣、练音质，体验有魅力声音的成功表达。有礼仪表达素养的声音表达传递温暖真情，营造融洽的讲者与听者的关系。有礼仪表达素养的声音表达传播好声音，

彬彬有礼的声音表达实现美好动听。对于演讲者来讲，声音礼仪表达展现良好的精神风貌，增强演讲自信；对于听众来讲，好声音让听众获得美的享受；对于演讲活动来讲，声音礼仪表达助力演讲实现预期目标，打造精彩纷呈的演讲效果。

因此，演讲前应对演讲进行认真而充分的准备，对要表达的观点具有明晰的思路。同时对自我拥有客观的认知，应虚心向专家与听众请教，征求他们的建议和意见。在条件允许的情况下，演讲者可以为自己进行录音和录像，仔细观察并记录总结自己的问题，有针对性地进行克服与改正。在演讲过程中，努力通过语速、语调和音量变化，实现声音打动人心的力量，助力演讲获得热情而真诚的表达效果，让悦耳动听的声音表达合于礼法，合于伦理，合于声韵，合于修辞，合于节律，给听众带来愉悦感。语调要自然流畅，重音把握适度，语势与节奏把握准确；语速节奏合度，停连恰当，富有感染力，活跃演讲氛围。表现在音量方面，应时刻关注适听度。演讲者应随时调整呼吸，及时换气与呼吸，做到顺畅有底气。以观众的接听感为核心把握音量，有时大音量反而不能发挥吸引听众注意力的作用，而适当降低音量反而会吸引听众注意，但切忌用突然增加音量的方式惊吓听众。

总之，仁者见仁，智者见智。演讲者有效提升有声语言礼仪表达素养的途径与方法因人而异，各有不同。总的来讲，演讲者提升有声语言的礼仪表达素养需要“习熏悟化”的帮助与促进，需要演讲者对演讲理论与知识的学习与践行，需要演讲者将有声语言的礼仪表达规则放在心上，并在每一次的演讲实践活动中进行有效落实。

第三节　演讲者态势语礼仪表达素养

聆听精彩的演讲，犹如观看动人心弦、美轮美奂的视听盛宴。坐在观众席中观赏演讲，观众的内心都会满怀期待，会热切地盼望自己心仪的主角登台亮相。演讲帷幕徐徐拉开，当站在我们面前的演讲者刚好是我们所期望的形象，这将是一件多么令人喜悦的事情。由此，演讲者的思想表达，自然而然地合着观众的内心共鸣获得顺畅传递与传播。在此之中，演讲者的有声语言礼仪表达发挥了最重要的功能，而演讲的态势语礼仪表达更是在其中发挥出不可或缺的价值和意义。

一、演讲态势语礼仪表达的内涵

（一）演讲态势语礼仪表达的概念

演讲态势语礼仪表达是演讲者在演讲中非口头语言的表达礼仪，是演讲获得预期表达效果不可或缺的关键要素。与演讲的文字性语言准备、现场的口头语言再创作、多媒体语言的使用以及现场的环境语言相比，演讲态势语的礼仪表达是演讲整体礼仪表达最为直观的表达形式，是可以看得到、值得欣赏的一种演讲礼仪表达形式。它是演讲者通过自己的身体姿态、仪表风度、手势动作、面部表情和服饰打扮等来表达演讲者对听众的敬意，传达富有礼仪性信息的一种辅助性演讲语礼仪表达的形式。

（二）演讲态势语礼仪表达对成功演讲的作用

演讲态势语礼仪表达是演讲整体语言礼仪表达的一部分，是最先为听众关注到的无声语言礼仪表达，比如演讲者的整体形象整洁大方为礼，穿着打扮与服饰搭配得当为礼，站姿挺拔与面部表情自然积极向上为礼，以及演讲过程中的手势动作与行走风度轻松怡人为礼等。初学演讲者往往最先关注上述部分的礼仪内容，比如会考虑演讲时站立于哪个位置为礼，演讲时眼睛看向何方为礼，手臂的摆动与放置在何处为礼等，都在演讲者的考虑之中，关注度甚至高过“讲”。如果上述这些内容不考虑清楚，或是不能完美地体现，会让演讲者感到极大困扰。也就是说，对演讲态势语的礼仪表达是否理解到位、把握得当、表达得体，这不仅影响演讲者的自信准备，也会影响演讲获得预期成功效果。无论我们如何看待态势语的礼仪表达，如何界定其在演讲中的地位与意义，这部分内容都只在演讲中发挥辅助作用。如果将演讲效果的满分定为100分，态势语的礼仪表达满分只占20分至30分的分值。演讲态势语的礼仪表达在演讲中居于次要地位，演讲者不可在演讲中使之出现喧宾夺主的效果，以免影响演讲本应获得的综合表达效果。

（三）演讲态势语礼仪表达的价值

演讲态势语礼仪表达的价值主要体现在以下四个方面。一是态势语的礼仪表达有助于演讲者良好公众形象的塑造，展示演讲者易于被听众接纳的卓越风采；二是态势语的礼仪表达助力演讲成功，辅助演讲获得预期成功效果；三是态势语的礼仪表达发挥着加强语言信息可信性的作用，助力演讲实现现实价值；四是态势语的礼仪表达发挥着弥补有声语言表达不充分的作用，助力演讲充满活力，赢得听众喜爱与尊重。美国心理学家艾伯特·梅拉比安认为，人的情感表达主要由三方面组成：55％是体态，38％是声调，7％是语气词，其中占一半分值以上的体态语表达体现了态势语在人感情表达中的作用。心理学研究显示，听众77％的感觉印象来自眼睛，14％来自耳朵，这两项之和为91％。而视觉印象在头脑中保持的时间也是超过其他感官的，因而演讲者的外在形象、言谈举止在演讲信息传递中体现出极为重要的价值和意义。

但凡演讲成功的学生，演讲中都是彬彬有礼、落落大方的，其表情语、眼神语、手势语都能适度向听众表达礼遇。因此，在平时的演讲练习中，学习者要遵守演讲时间限定，要依循演讲的规则与要求，努力体现演讲内容的丰富深刻，体现口语表达的熟练流利与抑扬顿挫，有节奏，还要特别重视演讲表达中的激情和热情，重视服饰打扮大方得体，注意眼神语言和微笑的运用到位，强调手势动作的规范与同步，与听众进行恰当交流和互动，注重上下台的行姿与站姿等，以体现演讲者对听众足够的礼仪表达素养。

二、演讲者态势语礼仪表达的具体内容

在演讲活动过程中，演讲的态势语发挥着重要的演绎作用，在其无声无息，或说是在有声有色中助力演讲收获预期的演讲表达效果。演讲者的服饰打扮、演讲姿态、手势语、表情语与眼神语、演讲者的礼仪与风度等始终在演讲中发挥着真真切切的作用，为成功演讲增光添彩。

(一)演讲者的妆容礼仪表达

演讲者的妆容礼仪表达主要涉及五个方面的内容。一是发型礼仪表达。男生的标准发型是短发，要求清洁整齐。尽量不留长发，脑后头发不长及衬衣领口，侧面头发不遮盖耳朵。不可蓬头乱发，不留过长鬓角。女生头发应保持适当长度，头发的长短可视自身情况而定，但不可遮挡面部表情。发型文雅庄重，修剪整洁，干净美观，着色自然，梳理整齐。不披头散发，不过多涂抹头油或发胶，不出现头皮屑。披肩发要整齐，看上去经过了梳理。不留怪异发型，头帘不长过眉头，不遮挡眼睛。二是面容礼仪表达。男生的面部干净整洁，不蓄须，不留长鬓角；女生可化淡妆，妆容应自然大方，恰到好处。三是手部礼仪表达。双手清洁卫生，不留长指甲，不涂过于艳丽的指甲油。四是口腔礼仪表达。保持口腔卫生，口气保持清新，牙缝不存留食物残渣。五是香水使用礼仪表达。男生尽量使用男士专用香水；女生使用的香水应以气味芬芳、清淡为佳，气味不宜浓重，不可有怪异感。

(二)演讲者眼神用语的礼仪表达

演讲者的眼神用语应做到镇定、从容、乐观、自信，时刻关注听众群，

注意与听众保持亲近的目光接触距离。视线应经常与听众进行交流，在讲至重要内容时，尤其要与听众有眼神交流。演讲者对听众行注目礼时，不能左顾右盼，也不能紧盯不放。演讲者的自然目光应落至听众的眉骨与鼻梁的三角区内，与听众进行道别或握手时，目光应正视听众的眼睛。演讲者的眼神语言忌慌乱不定，目光飘忽游移，不敢与听众进行有效交流；忌目光过高，超过听众群体位置，比如看演讲场的屋顶等；忌目光过低，紧盯讲稿、讲台与地面等；忌目光散漫游离，对听众的关注度不够，或是望向窗外等。

(三)演讲者面部表情语的礼仪表达

演讲者的面部表情应体现精神饱满、神态自然，具有较强自信心。面部表情应无明显的紧张情绪。最常见的面部表情是微笑，要做到肌肉放松，嘴角两端向上略微提起，面含笑意，亲切自然，笑不出声。其中亲切自然最为重要，体现为心到、眼到、意到，具有强烈的感染力，让听众能自然而然地感受演讲者的平和与笑意。演讲者的微笑应发自内心，发自肺腑，而无任何做作的神态。

(四)演讲者手势语的礼仪表达

演讲者的手势语是日常生活中的自然手势延伸。演讲手势语忌过于夸张、频繁使用，而应做到适度、不可过多，不能成为有效语表达的干扰因素。演讲的手势语言应做到与演讲者的体态自然同步，符合现场的实际需求。以下七个部分的内容供大家学习参考。

1. 演讲者的单、双手用语礼仪表达

演讲者使用单手做的手势叫单式手势，使用双手做的手势叫复式手势。演讲者的单、双手使用语可在不同程度上辅助口语表情达意。演讲者运用单、双手用语需注意三点差异，即感情强弱差异、听众多少差异、内容需要差异。在应用方式方面应有所区分，即听众越多、感情表达越强烈。越是需要强化表达内容时，越需要重视复式手势的使用，反之则使用单式手势即可。

2. 演讲者的手指用语礼仪表达

手指用语运用主要包含四个方面，即表示数字、表示演讲者的态度、指示事物或方向、用语集中听众的注意力等。手指用语要注意表达数字的精确，不能用错。比如，要讲两点内容，演讲者只需示意两个手指即可，而无须朝听众抬起双手。手指用语要十分注意不能用错手指，不能用错指示的方向。比如，赞赏听众用大拇指方向向上的动作，为加强语气可以使用双手大拇指，绝不能手指向下，或用其他手指代语。还要注意不能单独使用中指，或是食指直指听众，以免引起不必要的误会。

3. 演讲者的手掌与拳头用语礼仪表达

手掌的运用包括手掌向下或向上，手掌向侧(向内或向外)，向上或向内一般是褒义和正向用意，向下或向外则大多表示贬义或是负向用意，千万不能用错方向而造成歧义。拳头在演讲中一般表示无比激动、坚定信心、充满力量，或是表示斗争、奋斗、义愤，甚至仇恨等用意。拳头动作有较大的排他性，一般在演讲中要慎重使用。

4. 演讲者的胳膊和双手用语礼仪表达

心理学和形体语言学的经验表明：将双手放在腰部以下会产生负面效果，即失去指向意义，并让观众发出疑问：演讲者的手在做什么？转移听众的听讲注意力。所以演讲者的胳膊无论是垂在身前、身后还是身体的两侧，抑或是胳膊垂下时间过久，不在听众的视线中，都会给听众造成消极印象。当然，将双手插进裤子口袋同样是演讲的坏习惯，需要自觉改正。

5. 演讲者手臂预备姿势的用语礼仪表达

将下臂转至身体前方，双手挨着身体，两个拇指指向相对。调整胳膊的角度，使双手的高度与腰身齐平。手臂的这种预备姿势，便于演讲者做出丰富多样的手势，助力演讲成功。

6. 演讲手势语礼仪表达禁忌

忌在演讲中反复用手摸头发；听众双手乱动或乱晃；忌出现剔牙、挠痒痒、抠鼻子、揉眼睛、抓耳挠腮等不良习惯和小动作；忌摆弄衣角、纽扣等服饰物品；忌拍桌子、捶胸顿足、拍手掌等；忌拳头对着听众；忌手指对听众指指点点；忌双手交叉在胸前、忌双手叉腰或双手插入口袋；忌背手时间过久；忌乱动话筒；忌频繁摆弄讲台上的物品，如演讲稿等。

7. 最不受听众欢迎的手势语礼仪表达

演讲中最不受欢迎的手势语是“一指禅”手势，即演讲者在演讲中用食指指向听众。这种手势语暗含威胁性，尤其是加上胳膊的同时上下晃动，或是从手中伸出一支笔等类似的道具指向听众，这会令听众感受威胁或感到厌烦，导致演讲交流效果受损。

总之，演讲者的手势语在演讲礼仪表达中的作用极为重要，涉及手的动作与动态表达，这里引用演讲训练常用的“手语操”供大家练习参考。“左手表达关爱，右手表达真诚；双手相握送上美好祝福；侧手犹如包罗万象，摆手抛开所有烦恼，手指指示方向，拳头充满力量。压手控制场面，抬手迎来勇气，手心表达情感，推手势不可当。请你伸出左臂，揽住现在的幸福；请你张开右臂，抱住内心的快乐。双手打造美好的明天！”

(五)演讲者着装与服饰的礼仪表达

正式演讲的男生一般要着西装、衬衣并打领带，以下分八个方面进行阐释。一是西装要笔挺，颜色以藏青、深蓝、灰色和米色为主，尽量不穿白色、红色、黑色和绿色西装。穿新西装要注意将袖口的标签拆掉。西装一般只系第一个扣子，如果是穿有三个扣的西装，则可以系上前两个扣子。演讲者坐下时解开扣子，站起身后应随手将扣子系上。二是衬衣要干净、整齐，尽量不要穿带有明花、明格子的衬衣，最好穿质地好的长袖衬衣；浅颜色衬衣不要太薄；袖口、领口要干净、平整；袖口要系好，袖子应比西装的袖子长出1厘米，并能盖住手背；领角有扣的衬衫即使不打领带也要扣上；不打领带时，衬衣第一个扣子要解开；不要穿太旧、起球的衬衣。三是领带的颜色不能浅于衬衣，尽量不要黑衬衣配白领带；不要佩戴皮的或珍珠类材质的领带，不可佩戴令听众感到怪异的领带；除需要统一佩戴的领带外，最好不要佩戴带有广告性质的领带；领带下摆应略长过皮带扣少许；在穿毛衣或马甲时，领带应放在毛衣、马甲的里面，即贴住衬衣进行佩戴。四是腰带一般选择黑色皮质腰带，应尽量避免使用黑色之外的其他颜色的腰带，且不能过于陈旧，腰带扣不可花哨。五是裤子务必熨烫平整，避免有褶，最好能看到裤线；裤腿长至盖住鞋面为宜，避免裤腿过短。六是皮鞋应以深色为主，如黑色、棕色或灰色；皮鞋务必干净，鞋跟不能过高；不要穿太过陈旧的皮鞋。七是应穿深色、质地良好的袜子，如棕色、深蓝、黑色或灰色，不要穿质地薄而透明的袜子，不穿白色袜子。八是尽量不戴帽子和围巾登台演讲，但允许有戏剧化表达效果的演讲除外。

以上八个方面的着装与服饰礼仪同样适用于女生。女生应注意正式着装应以职业正装为主，或大多数听众可接受的端庄大方的服装，切忌奇装异服或做出格的打扮。还应特别注意以下六个方面。一是穿裙子要注意不穿超短裙、牛仔裙或带穗的休闲裙。二是裤子一定要整齐，不穿过瘦的裤子，不穿吊脚裤或三五裤。三是选择的鞋应与服装相搭配，不穿露脚趾的鞋；尽量不穿凉鞋，不穿颜色过于鲜艳的鞋。鞋跟不能太高，但也尽量不穿无跟鞋，以免影响女性化气质与魅力；鞋跟不要太细，鞋面要干净，不能有破损，鞋的装饰物不宜过多。四是演讲务必穿袜子，长筒袜不能有破损；高筒袜的上端应被裙子盖住；袜子的质地、颜色与裙子、鞋的颜色要相配，不可穿带花、白色、红色或颜色鲜艳的袜子。五是穿套装演讲切不可当众脱上衣，要特别注意不穿无袖上衣，不穿质地透亮、领口过低的上衣，不穿过于怪异的上衣，不穿露脐装，更不穿袒胸露背装等。六是女生用的手提包应与服装相搭配，体现庄重特点。包的质地一定要好，不一定非是皮质包，但也不可拎纸袋、塑料袋，背双肩包或拿化妆包上台演讲。

(六)演讲者体态语的“静态”与“动态”礼仪表达

1. 演讲体态语的“静态”礼仪表达

演讲体态语的“静态”礼仪表达主要由以下三部分具体内容组成，即演讲者的坐姿礼仪表达，演讲者的站姿礼仪表达，以及演讲者的行走中的体态礼仪表达。

(1)演讲者的坐姿礼仪表达。坐姿即坐着演讲时的姿势，总要求是入座要轻，坐满椅子的三分之二。就座时轻靠椅背，双膝自然并拢，男生可略分开些。头平正、挺胸、夹肩、立腰。若需要较长时间端坐，则可将两腿交叉叠放，但应注意将腿收至身侧。坐姿忌跷二郎腿，忌双腿抖动或是分开距离不自在、不舒服、不礼貌。

(2)演讲者的站姿礼仪表达。站姿要体现自然、大方、美好的特点，体态语整体表达追求舒展俊美。演讲者的站姿要做到头正颈直，双眼平视；身体正直，想象雕像体现出的体态美感。下颌微收；挺胸、收腹、双肩外展；两腿直立贴紧，脚跟并拢或两腿开立，或脚尖外展为45度夹角的状态。男生站姿力求站如松：身体立直，抬头挺胸，双目平视，两腿分开，两脚平行，宽不过肩，双手自然下垂贴近腿部，或交叉于身后，或叠放于腹部，收腹，下颌微收。女生站姿也是站如松，身体立直，抬头挺胸，双目平视，两脚成“V”字形，膝和脚后跟尽量靠拢，两脚尖张开为两拳距离，双手自然放下或交叉，收腹，下颌微收。

(3)演讲者行走中的体态礼仪表达。男生行走总体体现从容稳健的特点，具体要领是：眼平视，挺胸、收腹、肩放松；双肩平稳，两臂自然摆动，摆动幅度以30度为宜；步态协调、稳健，全身协调，匀速前进，两脚内侧踏在一条直线上。身姿挺拔，步伐稳重，充满自信。女生行走总体体现轻盈高雅的特点，行走时注意抬头、挺胸、收腹，微含下颚，身体保持有上拉的感觉，步伐尽量做到干净利落、轻盈优美，手臂自然摆动，切忌发出大的、沉重的声响。演讲者的行姿忌面无表情，精神萎靡不振；忌走路时低着头、眼向下看，或是后仰、眼光过高，忌身体摇晃、步履跳跃不稳等。

2. 演讲体态语的“动态”礼仪表达

演讲体态语的“动态”礼仪表达主要包括以下三部分具体内容，即上台前体态动作的礼仪表达，上台时体态动作的礼仪表达，以及上台后体态动作的礼仪表达。

(1)上台前体态动作的礼仪表达。上台前需练习上台礼仪，以免内心出现慌乱，所谓心里没底、脚下无根就是上台练习不够充分。应看好位置，看好地形，定好行走线路。演讲前了解观众，忌不在意仪容仪表，应整理好穿着、资料、道具与发型。可以通过照镜子进行整理，或征求朋友意见，然后自己在镜子前予以确认；忌对场地的音响情况了解不够，应进行充分的全要素式走场、彩排与练习，对音响效果与话筒的高度等要素了如指掌。

(2)上台时体态动作的礼仪表达。演讲者上台时的体态动作忌松松垮垮、随随便便或弯腰弓背，应是神采飞扬、积极乐观、气宇轩昂；忌矫揉造作、忸怩作态、虚张声势、怪模怪样，应为自然真诚、规范得体；忌匆匆忙忙、缺乏谨慎，应为从容不迫、落落大方；忌动作迟缓、拖拖拉拉、精神萎靡不振，应为注意力高度集中，精神饱满、潇洒自信。

(3)上台后体态动作的礼仪表达。演讲者上台后不要急于开口，而应用亲切的目光注视或扫视会场几秒钟，使听众的注意力集中到演讲者的身上，使大脑做好接收信息的准备，得到演讲者无声的感染和影响。上台后面对听众提问，要做到有问必答，及时回应。对听众提出的任何问题都应礼貌回应，与听众积极进行交流，要面带微笑、真诚自然，对听众恰当使用尊称和得当的手势语。

三、有效提升演讲态势语的礼仪表达素养

演讲者有效提升演讲态势语的礼仪表达修养，尤其应强化演讲者的仪容仪态与风度气质礼仪表达意识与能力。当演讲者拥有了良好的身材与容貌，这对其树立演讲者的成功形象非常重要。如果演讲者仪表堂堂，同时又关注仪容仪态与风度气质的礼仪表达素养，那么演讲者在具有靓丽外表与得当的言谈举止基础之上，更能体现出其内在的文化品位与道德修养。演讲者展现优秀的礼仪表达素养必须从点滴细小之处做起，有效提升态势语的礼仪表达修养，全面提升演讲综合实力。

(一)有效提升演讲者的仪容礼仪表达素养

演讲者的仪容礼仪表达素养指演讲者的外貌修饰礼仪，这是演讲者仪表

美的重要组成部分，包括头发、面容、颈部及手部等方面的修饰礼仪。由于相关内容在上面的论述中已做过表述，以下仅从着装、服饰与全程落实方面加以阐释。

1. 提升演讲者的着装礼仪表达素养

演讲者的着装礼仪表达素养总的体现为四个方面的协调，即着装与演讲者的体态协调，要得体美观；着装与演讲内容协调，要舒适自然；着装与听众风格协调，要亲切和谐；着装与演讲者的身份协调，要得当自信。

演讲者进行正式演讲一般要穿西服或套裙(女)，但如果没有特定要求，也可着便装，即上衣不穿西装，可以不打领带，衬衣的第一个扣子可以解开。可以穿质地较好的带领子的 T 恤衫，但衣服料子不可透明或衣服上面不可印有文字，尤其是广告文字；演讲时不穿短裤背心，不穿超短裙；不穿大衣演讲；不穿拖鞋、凉鞋上台演讲；不穿牛仔裤等。但着装要求也可因人因实际演讲场景而定，但总的风格是正式、端庄、舒适、轻松、自信满满。

2. 提升演讲者的配饰礼仪表达素养

提升演讲配饰的礼仪表达素养，应遵从以下各项要求：演讲者的配饰应与演讲者的身份及演讲主题表达相适宜，为多数听众接纳、欣赏与喜爱，不会引起歧义、嘲讽与不安，更不能影响听众对演讲者本人的关注。室内不戴围巾帽子演讲；尽量不戴项链、耳环、戒指等转移听众注意力的饰品；不戴有色或变色眼镜演讲；不戴手套演讲；不背小挂包、背包上台演讲；上台演讲宜化淡妆，不宜浓妆艳抹。女生用提包配饰需质地好，庄重为宜，并与服装相配；不拎纸袋或塑料袋上台演讲，不宜背双肩背包或拿化妆包上台演讲。演讲者所用配饰能提升演讲者的个人形象，但不过于吸引听众的注意力。适宜的配饰使演讲者更加充满活力，给听众留下较好的印象。

3. 提升演讲者的仪表风度礼仪表达素养

演讲者的仪表是他的容貌、表情、神态、姿势、举止以及服饰、发型等给听众留下的综合印象。演讲者的仪表礼仪表达是他外在美的体现，也是他内在美的体现。演讲者美好的仪表增强演讲者的自尊心，提高演讲自信力；可以向听众展示良好的形象和风度气质，对听众产生较强的吸引力。演讲者的风度是他在演讲过程中形成的风格和气质，是他的内在素养、言谈举止、仪表体态与装束打扮等给听众留下的综合印象。有效提升演讲者的仪表风度礼仪表达素养，有助于提升演讲者的综合礼仪表达素养，使演讲获得更精彩的效果，带来更持久的影响力。

(二)有效提升演讲者的仪态礼仪表达素养

演讲者的仪态礼仪表达素养主要包括面部与目光语的礼仪表达素养。演讲者应保持微笑，正视听众，微笑是仪态礼仪表达的重要内容，可以体现演讲者的内在热情、素养与魅力。微笑应是整个演讲表情的主体，但演讲者的表情应随演讲内容的不同而有变化，比如讲述严肃、悲伤、愤怒等方面的话题就不宜保持微笑表情。演讲者的目光语要亲切自然，大部分时间应面向正前方，看向听众，并能自然接受听众投来的善意目光，而不能左顾右盼，也不宜总是紧盯着听众。

1. 提升演讲者的表情语礼仪表达素养

演讲者的面部表情是其思想感情的外在表现，是演讲者思想感情最灵敏、最复杂，也是最准确、最微妙的无声语言表达。演讲者的面部表情和手势在态势语中最具传情达意的功效，在演讲中发挥着极其重要的作用。演讲者的礼仪表达通过眼神、眉目、脸部与口唇等的变化得以实现。演讲者面部表情语的礼仪表达原则有两点：一是自然真实而有艺术美感；二是准确灵敏而有鲜明感。

微笑是演讲者面部表情的核心元素。微笑反映演讲者的内心世界，是其自信的标志、礼貌的象征、内在素养的外化和情感的体现。微笑在演讲礼仪表达方面的作用至关重要，这里引用演讲界流传甚广的一段“微笑语”的描述加以佐证。“它几乎没有成本，却非常有效；它几乎不用打造，就非常美好。它是精神的外延，以物质的形式展现；它是温柔的情感，能掀起连天的波涛。它可强可弱，可大可小。弱小，如同盛开的鲜花，幽香的芬芳吸引蜜蜂飞绕；强大，宛若漫天的彩霞，无声的气场让冰雪融消。”微笑运用的原则为：一是要发自内心，笑得自然真诚；二是要得体适度，笑得要合适有度；三是要把握规则，绽放可适当放快速度，而收拢则相对要放缓速度。

2. 提升演讲者的目光语礼仪表达素养

演讲者的眼神语也叫目光语，是通过演讲者的眼神表达演讲者的想法和情感。眼睛是心灵的窗户。心理学研究表明，在人的各种感觉器官可获得的信息总量中，眼睛要占70%以上，人内心的隐秘，胸中的奔突，情感的起伏，总是自觉不自觉地在不断变换的眼神中流露出来，它犹如一面聚焦镜，凝聚着演讲者的神韵气质。

眼神语主要包括扫视眼神语言、点视眼神语言、虚视眼神语言与实视眼神语言等，演讲中结合使用，可以有效实现讲者与听众的眼神交流，促使演讲活动更顺利、更有效。演讲者运用生动有神、激发兴趣的目光，促成与听众之间的目光交流。演讲中如果演讲者始终是一脸严肃，眼睛毫无神采，或是目光呆滞、表情僵硬，或是目光游移不定等就会难以与听众实现有效的眼神交流。演讲者的眼神应和蔼可亲、温和暖人，应炯炯有神、富有神采，以此塑造演讲者优秀的公众表达形象，助力演讲活动的顺利开展与完美成功。

3. 提升演讲者的站姿礼仪表达素养

此部分内容在以上相关部分有所涉及，以下再做强调和补充。演讲者要选择好恰当的站立点，走上台要能实现一步到位且胸有成竹。坚定自信是站姿的礼仪原则，要做到站得稳、立得直，身体的重量均匀地分摊在两条腿上。在讲到某些转换点时，能够轻松自在地在台上变换位置或移动脚步，以配合演讲内容内在逻辑的礼仪表达。演讲中的站姿礼仪要领：站要直、立要稳、头要正、肩要平、眼要亮、脸要笑、手要松、腿要美。站姿要做到抬头、挺胸、含颚、收腹、提臀、双肩自然下垂。站姿忌懒散、扭转不稳或身体抖动。

演讲者端正站立的站姿要自然、挺拔、高雅，给听众精神饱满、积极向上、信心十足的印象。不可拘谨、呆板、僵直、不灵活。演讲站姿要表示对听众的尊重之意；应有助于与听众的交流，并能有助于演讲现场形成良好氛围。男生站立要体现得刚健、英武与稳健，努力给人庄严与壮美感。四指并拢，虎口张开，双臂自然放松；或是双手相握，叠放在腹前。女生站立要体现得轻盈、娴静与典雅，努力给人“静”中有“动”的优美感。四指并拢，虎口张开，双臂自然放松；或将右手搭在左手上，微微上台成“V”字形或丁字形。如果有演讲台，应自然站至讲台后，与讲台之间呈一拳半的距离，抬头挺胸，略向前倾，舒适而挺拔站立。不可手拄着讲台当支撑物，不要斜靠或用手掌敲击讲台。

在演讲站姿方面，演讲者还要特别注意不可违反站姿语礼仪表达的禁忌，这主要包括以下四个方面。一忌站立时双手撑在前排座椅靠背上，站姿过于前倾，呈弯腰驼背状态；二忌站立时双手握拳撑在低矮的桌子上，缺乏自信镇定；三忌站立时双手叠放在腰部以下，站立缺乏亲和力；四忌站立时双手合拢，手心相对，使听众感到困扰无礼。

4. 提升演讲者的致意礼仪表达素养

演讲者的致意礼仪表达包括向听众致以点头礼、挥手礼、鞠躬礼等。点头礼的正规做法是：头部向下低垂，向下点一下头，切不可频繁点头。点头时注意面带微笑，自然真诚，点头前与点头后有目视听众的意识。挥手礼是抬手向听众致意。适用于与听众距离 2 米至 5 米且听众较多的情况。行礼时演讲者需将手臂向上伸，略有弯曲，掌心朝向听众，轻轻摆动一两下即可，切不可反复摇动。行礼时演讲者需带着舒适、友善、优美、温和之感完成。多用单手挥动，但也可用双手挥动。鞠躬礼在正规的演讲场合最为常见，用于表达对听众深深的敬意或感激之情。行鞠躬礼时，演讲者应保持良好的站姿，将双手自然在体前搭好或垂于两侧，面带微笑，目视听众，身体以臀部为轴心，身体挺直向前倾斜。根据场合需要，鞠躬礼可分为 90 度、45 度、30 度、15 度 4 种，演讲者的目光随身体的倾斜自然下垂于脚尖 1.5 米处。鞠躬礼完成恢复站姿，目光应再次关注听众。鞠躬礼的姿态切忌拘谨、僵硬、呆板，或犹豫不定、身体站立不稳。

5. 提升演讲者的手势语礼仪表达素养

演讲者的手势语指演讲者运用手指、手掌、拳头和手臂的动作变化，配合有声语言的表达展示思想感情的体态语言。它是态势语言的重要组成部分，发挥着增强演讲说服力和感染力的作用。演讲中的手势动作必须遵循以下四条原则。一是高雅美观自然，不能僵硬或是让听众产生歧义；二是恰当协调，做到手势与全身动作相协调，手势与口语表达协调一致，手势与感情表达相协调；三是尽量做到适宜适量与简练，做到手势与演讲内容适宜，手势的多少适量，手势动作要简单精练，同时应因人而异，不可强求一致；四是准确表达手指指向的各类语意，如情意性手势、指示性手势、象形性手势与象征性手势等。同时准确按照手指的活动区域进行表达，如肩部以上的上区手势表达强烈情感，肩部至腰部的中区手势一般表达和缓与真诚的情意，而腰部以下的下区手势往往表达消极或负面情绪情感。总之，演讲礼仪表达中手势用语要做到规范得当，应尽量让所有听众都能看到，并被听众正确理解与善意接纳。

6. 提升演讲者的行姿礼仪表达素养

演讲者的行姿指演讲者在演讲台上进行演讲时的移动姿态。演讲者要体现出好的行姿礼仪表达素养，就要关注以下四点：一是尽量面向听众，而不是背对听众，更不要用身体遮挡听众观看 PPT 的内容或是展示板上的内容，不可长时间侧对听众；二是演讲者在台上的行走要有内在逻辑，比如讲到某个关键点可以移动，讲完某个知识点可以移动等，不可毫无意义地来回走动，也不可频繁走动；三是演讲者在台上行走要遵守规则，尽量在台上左右前后行走，尽量不要走下讲台，走到听众的身后，更不要在演讲主办方设置了录像环节后，有意或无意地行走至非摄像区域，给摄像师造成过多困扰；四是演讲者在演讲台上的行走要适当，要注意台风端庄大方，不必要不移动，避免出现行走路线长而复杂，造成听众理解困难。

总之，演讲者应将上述提到的仪容与仪态礼仪表达素养贯穿在以下八个环节，以综合提升演讲者的态势语礼仪表达素养。第一环节：步入赛场时的态势语礼仪表达素养；第二环节：在赛场就座前后的态势语礼仪表达素养；第三环节：在比赛开场进行介绍时的态势语礼仪表达素养；第四环节：登上演讲台时的态势语礼仪表达素养；第五环节：在演讲开始时的态势语礼仪表达素养；第六环节：在演讲过程中的态势语礼仪表达素养；第七环节：走下演讲台后的态势语礼仪表达素养；第八环节：离开赛场的态势语礼仪表达素养。演讲者如能在上述八个环节强化礼仪表达意识，并按照相应的礼仪表达规则进行表达，并持之以恒，必可全面有效地提升态势语礼仪表达素养。

【演讲实例】

向着标杆直跑

陈泰吉

大家好!

我是首都师范大学数学科学学院 2008 级数理实验班的陈泰吉，获得 2009—2010 学年度国家奖学金。

我曾连续两年获得“校级三好生”荣誉称号，获 2008—2009 学年度一等奖学金和学习优秀奖学金；在数学科学学院举办的 2008—2009 学年度数学竞赛中获得一等奖；在 2009 年第一届全国大学生数学竞赛中获得北京赛区二等奖。我还在首都师范大学校园之星评选活动中被光荣地评为“勤奋之星”。回想起来，这些成绩的取得与我平时的刻苦努力以及对数学的热爱是分不开的。

早在上高中的时候，我就已经被高等数学严谨的思维模式和深邃的数学思想所吸引，立志要成为一名优秀的数学家。进入大学以后，通过老师们对数学的不断介绍，我再一次被数学知识的广博和精深所震撼，同时也被其深厚的历史积淀所感染，这更增加了我深入理解数学知识、从事学术研究工作的愿望。

大一下半学期，在教授的指导下，我经过三个多月的潜心研究证明了几大实数定理之间的逻辑关系，写出了长达 20 多页的论文。那一次的学术研究经历使我的数学能力有了一个质的飞跃。如今，我已撰写多篇学术论文。在数学科学学院开设的代数学交流活动中，我为到来的老师和学者们做了一次数论专题报告，得到了在座各位专家的一致好评。

在我的倡议下，同学们学习数学的热情高涨起来，形成了浓厚的学术氛围。为了改革和创新教学模式，促进研究性学习，在数学科学学院领导的大力支持下，大一结束后的那个暑假，我组织我院 2008 级的 34 名同学参加了为期一个月的数学分析讨论班活动。在讨论活动中，我和同学们走上讲台，对书中的每一条定义、每一个定理都进行了详细的讨论和研究。不仅如此，我和同学们还有幸同两位海外资深数学教授畅谈数学学习的酸甜苦辣。教授们为我们的未来发展提出了很多的建议和期望，这使我更加坚定了从事数学研究的信心。为了解决讨论班中同学们在学习方法上的困惑，我连续三次进入北京大学的校园中，邀请北京大学数学系成绩最优秀的同学与我们交流学习经验，我们获益匪浅。

讨论班活动结束后，我将活动内容整理成《08级暑期数学分析原理讨论班讲义》一书，记录下了这一段丰富多彩的学习经历。一个月的讨论班活动虽然短暂，但我和同学们所付出的艰辛与汗水和收获的智慧与欢笑都将是我人生当中的一笔宝贵的财富。

到了大二，我更加努力地学习数学知识，并不断帮助其他同学解决学习上的困难。我曾作为学生代表在迎新大会上做迎新发言，向大一新生们介绍院系的情况，并鼓励他们以全新的精神面貌迎接大学生活。

在我院的分层教学中我选择了所有的A层课程，课程知识变得越来越艰深，需要付出的努力也是从前的几倍。但我并没有被艰深的数学知识所吓倒，我不断总结数学学习经验，探索新的学习方法。在我的刻苦努力下，我的学习成绩始终保持班级第一，多门专业课成绩获得满分，平均学分绩点达到4.36。

平时同学们在学习数学过程中遇到困难时，我也很愿意帮助大家，总是热情细致地为同学们讲解，直至对方透彻理解为止。在为同学们解答问题的过程中，我不仅体会到帮助别人的乐趣，同时也学到了他人的优点和方法，对自身的学习也有不小帮助。而今在数学科学学院，师生之间、同学之间互相帮助、共同进步已蔚然成风。

在学习数学的过程中，我总要进行大量的计算和反复的探索。每当阅读书中定理的证明时，我都会反复地思考作者的证明思路，力图揭示已被掩盖在大量逻辑推理下的解题思想。每当做完一道数学题目时，我也会详细地研究我的证明方法，并对其做出评价。到现在为止，我所用过的草稿纸已近千余张。当然，除数学之外，我也对文艺理论、历史和哲学有着浓厚的兴趣，徜徉其中，不仅可以扩展自己的知识面，也使我的人生阅历得到增强。现在，在图书馆这个知识的海洋中涉猎各种学术知识，已是我每天的一种习惯。

由于在数学学习以及其他各方面的刻苦努力，我在首都师范大学校园之星评选活动中被光荣地评为“勤奋之星”。当我站在领奖台上的时候，心潮澎湃，两年多以来的点点滴滴，如烟般掠过脑海，涌上心头：独坐孤灯下的笔耕不辍，悄立一隅时的冥思苦想，书海泛舟中的默默苦读，三尺讲台上的厚积薄发、妙语连珠……就像华罗庚先生说的那样“埋头苦干是第一，发白才知智叟呆。勤能补拙是良训，一分辛苦一分才”。我终于知道，我付出的所有努力都是值得的。

千淘万漉虽辛苦，吹尽黄沙始到金。我的刻苦努力使我获得了2009—2010学年度的国家奖学金。我相信，获得国家奖学金不仅是对我过去刻苦努力的一种肯定，也是对我今后的学习生活的一种激励。在余下的大学生活中，我一定会去挑战自我，完善自我，超越自我，用饱满的热情，向着我人生的标杆奋进！

谢谢大家！

陈泰吉系我教授演讲班上的学生。演讲稿摘录于他当年获评校青春榜样的展示稿。发表于《首都师大》报第501期。

【互动练习】

学习上述数学科学学院陈泰吉同学在首都师范大学“青春榜样”评选中的演讲稿。假定你被推选为2022年“青春榜样”候选人，请写一篇你参加展示活动的演讲稿。时间限定为5分钟，字数要求为1500字以内。

【思考题】

1. 演讲礼仪表达素养与生活礼貌、礼节有哪些异同？
2. 演讲者提升礼仪表达素养的原则与要求都包含哪些具体内容？
3. 演讲者遵循有声语言礼仪表达的标准、规则与要求有哪些具体内容？
4. 大学生提升态势语礼仪表达素养的途径与方法有哪些？
5. 你参加或聆听过哪些“青春榜样”的演讲？给你最深刻的感受是什么？

【参考文献】

1. [法]艾黎·福尔. 世界艺术史[M]. 张泽乾，张延风，译. 武汉：长江文艺出版社，2004.

2. 李燕杰. 磁性与魅力[M]. 呼和浩特：内蒙古人民出版社，1991.

3. 郭海燕等. 实用演讲艺术[M]. 北京：学苑出版社，1996.

4. 单宝华. 让躺着的文字站起来[M]. 北京：中国文联出版社，2007.

5. [美]克里斯·安德森. 演讲的力量[M]. 蒋贤萍，译. 北京：中信出版社，2016.

6. 颜永平，侯希平，李彩英. 李燕杰与演讲弟子的故事[M]. 北京：线装书局，2021.